Kurt H. Biedenkopf

Von Bonn nach Dresden

Aus meinem Tagebuch

Juni 1989 bis November 1990

Kurt H. Biedenkopf

Von Bonn nach Dresden

Aus meinem Tagebuch
Juni 1989 bis November 1990

Siedler

Das vorliegende Buch ist die aktualisierte Neuausgabe des Werkes, das unter dem Titel »1989–1990. Ein deutsches Tagebuch« im Jahre 2000 im Siedler Verlag erschienen ist.

MIX
Papier aus verantwortungsvollen Quellen
FSC® C014496

Verlagsgruppe Random House FSC® N001967
Das für dieses Buch verwendete FSC®-zertifizierte Papier
EOS liefert Salzer Papier, St. Pölten, Austria.

Erste Auflage
September 2015

Umschlaggestaltung: Rothfos & Gabler, Hamburg
Satz: Uhl + Massopust, Aalen
Druck und Bindung: GGP Media GmbH, Pößneck
Printed in Germany
ISBN 978-3-8275-0077-9
Weihnacht 2015 v. Hayke
www.siedler-verlag.de

Für Ingrid

Inhalt

Vorwort

Seit 1974 führe ich ein Tagebuch. Es entwickelte sich aus Briefen, die ich an meine heutige Frau Ingrid zu schreiben begann. Wir kannten uns als Kinder. Unsere Eltern waren befreundet, ich nannte ihre Eltern Onkel und Tante. Ende 1943 verloren wir uns aus den Augen und jeder ging die nächsten Jahrzehnte seine eigenen Wege. Im März 1974 trafen wir uns in Frankenthal wieder. Man erwartete mich zu einer Parteiveranstaltung, ihr Vater hatte zu einem anschließenden Abendessen im »Kurfürsten« eingeladen. Es schien uns, als wären keine dreißig Jahre vergangen.

Wir wollten uns nicht wieder aus den Augen verlieren. Ich versprach ihr zu schreiben und über das zu berichten, was ich tue. Vielleicht entstehe ein Tagebuch oder ein Briefbuch aus diesen Berichten. Versprechen könne ich es nicht. Aber die nächsten Monate und Jahre würden interessant sein, gesehen von dem Ort aus, an dem ich arbeitete und sie lebte. Wollen wir es versuchen? So endete der kurze Brief.

Das Tagebuch – Chronik meiner Arbeit und meines Lebens

Wir haben es versucht. Und das Tagebuch wuchs. Schon bald lösten sich die Eintragungen von der Briefform. An ihre Stelle traten Texte zu dem, was mir wichtig erschien, was mich umtrieb, und zu den Erfahrungen, die ich als Generalsekretär der CDU sammelte. Das Tagebuch wurde zu einer Chronik meiner Arbeit und meines Lebens. Skizzen zu Ideen und Einfällen wechselten mit Ausarbeitungen zu bestimmten Fragen, für die ich Antworten suchte. Ausarbeitungen zu Reden, Aufsätzen oder Interviews entstanden, die zur Klärung politischer und wissenschaftlicher Fragen beitragen sollten.

Daneben schrieb ich bei allen Sitzungen, Beratungen, Diskussionen oder Gremientreffen mit, die ich nicht zu leiten hatte. Manch einen der Anwesenden irritierte meine Mitschrift. Aber bald gewöhnte man sich daran. Als mich Helmut Kohl einmal fragte, was ich denn da so fleißig schriebe, zerstreute ich sein sichtbares Misstrauen mit der Antwort, ich sammelte Material für eine Kohl-Biografie. Später hätte diese Erklärung wohl nicht mehr ausgereicht. Aber bis dahin hatte ich an meiner Praxis, mitzuschreiben, einen Besitzstand erworben.

So wurde mir das Tagebuch zur Selbstverständlichkeit. Wenn auch nicht immer täglich, so doch regelmäßig trug ich ein, was mir wichtig erschien. Die Einträge wurden nicht mehr verändert. Auch längere Exposés, von denen einige in das Tagebuch aufgenommen wurden, wurden jeweils zu dem angegebenen Datum verfasst und nicht mehr verändert. Das ist bis heute so geblieben. Lediglich die Technik änderte sich. Bis 1990 waren die Eintragungen handschriftlich. Der vorliegende Band, der Auszüge aus den Eintragungen von 1989 und 1990 enthält, war der letzte, den ich von Hand verfasste. Seit Ende 1990 benutze ich die ständig weiterentwickelten Computertechniken, von der 1,44-MB-Diskette bis zur heutigen praktisch grenzenlosen und mit Optionen, genannt Apps, überladenen Technik.

Das Tagebuch umfasst inzwischen mehr als 12000 Seiten. Die Besonderheit des Tagebuchs 1989 bis 1990 besteht darin, dass es das gesamte Werk in der Mitte teilt. Der Abschnitt zwischen 1974 und Herbst 1989 ist den Ereignissen und Entwicklungen während der deutschen Teilung gewidmet. Ungekürzt umfassen sie rund 5000 Seiten. Aus den Jahren von November 1990 bis April 2002, in denen ich Ministerpräsident des Freistaates Sachsen war, beinhalten sie rund 7200 digital erfasste Seiten.

Überlegungen zur Veröffentlichung

Die Anregung, auch den »gesamtdeutschen Teil« des Tagebuchs in Auszügen zu veröffentlichen, verdanke ich Professor Hans-Peter Schwarz. Während eines Gespräches im Rahmen der Arbeit an seiner Kohl-Biografie interessierte er sich auch für mein Tagebuch. Ich gab ihm den Datenträger mit den bereits ausgeschriebenen Bänden ab 1990 mit. Wenige Wochen später erhielt ich von ihm einen Brief, der sich eher wie ein Gutachten las. Er begründete die Notwendigkeit, das Tagebuch gedruckt der Öffentlichkeit zugänglich zu machen. Dass dies natürlich nur in einer repräsentativen Auswahl aus dem gesamten Quellenbestand möglich sein würde, verstand sich von selbst. Seine Argumente waren unwiderstehlich. Sie überzeugten meine Frau und mich. Für seine fortdauernde Ermutigung und Bereitschaft, sich auch weiterhin in dem Vorhaben zu engagieren, sind wir ihm besonders dankbar.

Die Friedliche Revolution und der Mauerfall im Herbst 1989 haben das Zustandekommen der Wiedervereinigung 1990 ermöglicht. Ohne sie wäre der Freistaat Sachsen nicht wiedererstanden. Die ersten drei Bände dieser Tagebuchauszüge umfassen daher die entscheidenden Jahre 1989 bis 1994. Die Eintragungen aus meinem Tagebuch während der Schicksalsjahre, in denen sich die Wiedervereinigung vorbereitete, mit dem Fall der Mauer praktisch vollzog und schließlich durch die staatliche Einheit vollendet wurde, habe ich bereits im Jahre 2000 unter dem Titel »1989–1990. Ein deutsches Tagebuch« im Siedler Verlag publiziert. Es erfasste meine Erfahrungen in den entscheidenden Monaten der Wiedervereinigung Deutschlands vom 16. Juni 1989 bis 8. November 1990 und wird hier unter dem Titel »Von Bonn nach Dresden« mit Registern neu bearbeitet vorgelegt. So war es naheliegend, zeitlich und nach Möglichkeit auch formal daran anzuknüpfen und in weiteren Bänden Tagebuchauszüge aus den Jahren meiner Ministerpräsidentschaft zu veröffentlichen. Sie behandeln den Aufbau des Landes Sachsen, das Ringen um die Gestaltung der inneren Einheit des wiedervereinigten Deutschland und die Integration Europas nach dem Kalten Krieg.

Viel sprach deshalb dafür, das Gesamtwerk mit einer unveränderten Neuauflage der bereits veröffentlichten Tagebucheintragungen aus den Jahren 1989 und 1990 mit dem Titel »Von Bonn nach Dresden« zu beginnen. Parallel zu ihm werden zwei weitere Bände mit den Titeln »Ein neues Land entsteht« und »Ringen um die Einheit« erstmals im Siedler Verlag publiziert. Sie beinhalten die wesentlichen Einträge für die Zeit vom 9. November 1990 bis 30. August 1992 und vom 31. August 1992 bis 18. September 1994.

Für diese Reihe von Auswahlbänden wäre die Bezeichnung »Sächsisches Tagebuch« sicher gerechtfertigt. Sie würde zudem meiner tiefen Verbundenheit mit Sachsen entsprechen. Doch reicht die Thematik der Eintragungen vielfach über Sachsen hinaus. Somit erhält das Gesamtwerk für den Zeitraum von 1989 bis 2002 im Untertitel besser die Bezeichnung »Aus meinem Tagebuch« sowie die entsprechenden Jahresangaben.

Geplant sind drei weitere Bände für die Jahre von 1994 bis zum Ende meiner Zeit als Ministerpräsident im Jahre 2002.

Die Auswahl der Tagebucheinträge

Um einen Umfang von etwa 500 Druckseiten pro Band zu ermöglichen, konnten aus dem vorliegenden Textvolumen des Tagebuchs nur etwas mehr als ein Drittel ausgewählt werden. Da die Originaltagebücher jeweils umfangreiche Ausarbeitungen von Vorträgen, Aufsätzen, Beschlussvorlagen und Ähnliches enthalten, sind die Streichungen vor allem dort erfolgt, zugunsten der Tagebucheinträge im strengsten Sinne.

Schwerpunkte meiner Tagebucheintragungen aus der Zeit von 1990 bis 1994 sind vor allem: die Entwicklungen beim Aufbau des Freistaates Sachsen unter Berücksichtigung regionaler Gegebenheiten, die unterschiedlichsten landespolitischen Problemfelder und Beschlüsse, überregionale Entscheidungsfragen bei der inneren Neuordnung des wiedervereinigten Deutschland, wichtige Kontroversen innerhalb der CDU auf allen Parteiebenen, meine Auslandskontakte, Reisen und Einschätzungen der internationalen Entwicklungen, die Bewertung längerfristiger gesellschaftspolitischer und europapolitischer Veränderungen und meine auf sie bezogenen Reformvorstellungen, dazu Zeitdiagnosen und zeitkritische Betrachtungen im weitesten Sinne. Nicht zuletzt finden sich unter den Eintragungen auch private Begebenheiten und Ereignisse.

Ziel der Edition war es, in einem repräsentativen Mix von Vorgängen, Impressionen und Reflexionen all das einigermaßen gleichgewichtig wiederzugeben, wie es im Original vorkommt, und Redundanz weitgehend zu vermeiden. Die Entwicklungen im Freistaat Sachsen sollten mit Priorität beleuchtet werden, aber auch meine Rolle als eine Art Interessenvertreter der neuen Länder gegenüber den Besitzstandswahrern der »alten« Bundesrepublik. Generell galt die Linie, bei politisch umstrittenen Vorgängen möglichst wenig zu kürzen.

Als Verfasser des Tagebuchs tue ich mich, selbst aus größerem zeitlichen Abstand, schwer, eigene Aufzeichnungen in größerem Umfang zu kürzen. Deshalb habe ich die Herren Professoren Hanns Jürgen Küsters und Hans-Peter Schwarz gebeten, im Rahmen der hier skizzierten Überlegungen und Akzentsetzung jeweils die gesamten Originaltexte im Umfang von etwa 2600 Seiten durchzusehen und eine entsprechende Vorauswahl zu treffen. Diese wurde durch die bei der Konrad-Adenauer-Stiftung angesiedelten Mitarbeiter, Frau Dr. Christine Bach und Herrn Dr. Ralf Thomas Baus, intern abgeglichen, redaktionell überprüft und der neuen Rechtschreibung angepasst. Den konsolidierten Vorschlagstext, der mir weitgehend einleuchtete, habe ich sodann am Originaltext Eintrag für Eintrag überprüft. Soll eine lesbare, aber doch fachkundig überprüfte Auswahl entstehen, lässt sich nicht anders verfahren.

Dank für Unterstützung

Dass die ersten drei Bände des Tagebuchs in der vorliegenden Form im Herbst 2015 und die weiteren in den folgenden Jahren erscheinen können, ist der Entscheidung des Freistaates Sachsen und seines Ministerpräsidenten Stanislaw Tillich zu verdanken. Er machte die Publikation des Tagebuches zu seiner Sache und entschied, die Vorstellung der ersten Bände mit dem 25. Jubiläum des Freistaates zu verbinden. Über die damit verbundene Auszeichnung und Ermutigung haben meine Frau und ich uns besonders gefreut.

Nachdrücklicher Dank gilt auch der Konrad-Adenauer-Stiftung. Sie konnte zu meiner großen Freude für die Betreuung der anspruchsvollen Aufgabe gewonnen werden und die inhaltliche Substanz des Publikationsprojekts aus dem Gesamtkorpus der Tagebücher ableiten. Finanziert vom Freistaat Sachsen, betreute sie das Vorhaben von der Konzeptionsphase bis zum Erscheinen: die naturgemäß besonders schwierige Textauswahl, die Textüberprüfung, die Arbeiten an den Registern und zusammen mit dem Verlag den Produktionsprozess der drei Bände.

Ganz besonders danke ich Herrn Professor Küsters, dem Leiter der Hauptabteilung Wissenschaftliche Dienste/Archiv für Christlich-Demokratische Politik der Konrad-Adenauer-Stiftung. Er hat die Hauptlast der Arbeiten getragen. Ohne seinen unermüdlichen Einsatz und seine Geduld mit mir wäre es kaum gelungen. Für sein Engagement und die Zusammenarbeit mit ihm bin ich deshalb besonders dankbar. Auch dem Redaktionsteam, Frau Dr. Bach und Herrn Dr. Baus, gilt für ihre Arbeiten mein herzlicher Dank.

Dass der bewährte Siedler Verlag sich bereit fand, das Gesamtwerk der Tagebücher von 1989 bis 2002 zu verlegen, weiß ich wohl zu schätzen. Mein verbindlicher Dank gilt allen Beteiligten, namentlich Herrn Thomas Rathnow, dem Geschäftsführer der Verlagsgruppe Random House.

Zu diesen Helfern gesellten sich als weitere Begleiter des Projektes Herr Professor Thomas Bürger, der Chef der Staats-, Landes- und Universitätsbibliothek in Dresden, und Herr Professor Michael Göring, Vorsitzender des Vorstands der ZEIT-Stiftung Ebelin und Gerd Bucerius, Hamburg. Mit ihren Erfahrungen und der Überzeugung, mit der sie das Projekt unterstützten, sind sie für mich eine wichtige Hilfe.

Ebenso dankbar sind wir einigen Freunden für ihre großzügige finanzielle Unterstützung der notwendigen Büroinfrastruktur. Sie machten es mir möglich, die Arbeit an der Aufbereitung des Tagebuches mit meinen im Wissenschaftszentrum Berlin angesiedelten Demokratieforschungen zu verbinden. Sie boten mir damit die seltene Gelegenheit, wissenschaftliche, wirtschaftliche, politische und langjährige Regierungserfahrungen auf eine Weise zu verbinden, die sie fruchtbar werden lässt für die ordnungspolitischen Prinzipien und Vorstellungen vom freiheitlichen, demokratischen und rechtsstaatlichen Regieren und Führen.

Unbeschadet meiner Dankbarkeit für alle Hilfe wird auch die vorliegende Textauswahl für die beiden Bände der Jahre 1990 bis 1994 wie schon für den Band 1989 bis 1990, »Von Bonn nach Dresden«, allein von mir verantwortet. Zu gegebener Zeit wird das gesamte Tagebuch der wissenschaftlichen Forschung in angemessener digitaler Form zur Verfügung stehen.

Dresden im Mai 2015 Kurt Biedenkopf

Zur Einführung

Blickt man zurück auf die Zeit zwischen Sommer 1989 und Juli 1990, dann lassen sich vor allem folgende Aspekte der Wiedervereinigung ausmachen:

1. Wir verdanken sie in erster Linie dem Mut der ostdeutschen Bevölkerung. Ermutigt durch Entwicklungen in Polen, in Ungarn und in der damaligen Tschechoslowakei zeigte auch sie sich im Herbst 1989 entschlossen, Widerstand zu leisten und sich dem bestehenden System auf die verschiedenste Weise zu verweigern. Sie erzeugte damit politischen Druck auf die Herrschenden innerhalb der DDR und wachsende Aufmerksamkeit außerhalb ihrer Grenzen. Gorbatschow fasste sie in seiner berühmt gewordenen Formulierung zusammen: »Wer zu spät kommt, den bestraft das Leben.« Die Ostdeutschen besaßen den Mut zur Revolution und bewiesen – was in der deutschen Geschichte einmalig ist – die Kraft, die Klugheit und die Beherrschung, ohne die ihr die friedliche Eroberung der Freiheit nicht möglich gewesen wäre.

In wenigen Ereignissen wurde dies deutlicher als bei der Leipziger Demonstration vom 9. Oktober 1989, als Demonstranten Kerzen auf den Stufen des »Runden Ecks« aufstellten, um die im Gebäude versammelten Staatssicherheitskräfte vor Provokationen durch die Menge zu schützen. Es war der Beitrag – und wahrhaft kein einfacher – zum friedlichen Protest gegen Unfreiheit und Unterdrückung.

Im Frühjahr 1990 begann die ostdeutsche Bevölkerung erneut, Druck aufzubauen – diesmal um den Prozess der Wiedervereinigung durch die Drohung zu beschleunigen, die sich in dem Satz zusammenfassen ließ: Wenn die D-Mark nicht zu uns kommt, kommen wir zur D-Mark.

2. Als die Mauer fiel und die deutsche Einheit Realität gewor-

den war, wurde zugleich ein kaum erklärbares Defizit deutlich: In Westdeutschland wusste man praktisch nichts über die DDR. Dabei hatte Jakob Kaiser als Minister für gesamtdeutsche Fragen im Kabinett Adenauers schon in den fünfziger Jahren mit der Gründung des »Forschungsbeirates für Fragen der Wiedervereinigung« eine Einrichtung geschaffen, die sich mit den sozial- und wirtschaftspolitischen Folgen einer deutschen Wiedervereinigung befasste. 1975 wurden ihre Forschungen auf Drängen der Ostberliner Regierung eingestellt. Die sah in ihnen eine Einmischung in die inneren Angelegenheiten der DDR. Von da an war man, was die Beurteilung der Leistungsfähigkeit der ostdeutschen Wirtschaft anging, vor allem auf offizielle Daten angewiesen. Das Ergebnis war eine weitgehende Fehleinschätzung ihrer wirklichen Stärke.

Ihr fiel auch der Sachverständigenrat zur Beurteilung der gesamtwirtschaftlichen Lage zum Opfer, als er sich anschickte, in seinem Sondergutachten vom Januar 1990 Empfehlungen für den Umbau der DDR-Wirtschaft von einer sozialistischen Planwirtschaft zu einer sozialen Marktwirtschaft zu entwickeln. Die Arbeiten der 1950er bis 1970er Jahre waren damals weitgehend vergessen. Vor allem fehlte es an realistischen Erkenntnissen über die Auswirkungen einer jahrzehntelangen zentralplanwirtschaftlichen Politik auf die wirtschafts- und sozialpolitisch relevante Verhaltensweise der betroffenen Bevölkerung. Ihr war, rechnet man die unfreien Jahre ab 1939 mit ein, über 50 Jahre lang die Möglichkeit versagt geblieben, in einer offenen, freiheitlich gestalteten und privatrechtlich verfassten Wirtschaft zu leben und zu arbeiten. Nur durch die in der Zeit der Teilung entstandenen Wissenslücken lässt sich jedenfalls erklären, dass die Sachverständigen offenbar die planwirtschaftlich ausgebildete Bürokratie der DDR für fähig hielten, innerhalb der DDR eine marktwirtschaftliche Wirtschaftsordnung aufzubauen und zu lenken.

3. Die Gestaltung der friedlichen Wiedervereinigung zur politischen und nationalen Einheit – und dies mit Zustimmung der ehemaligen Siegermächte und aller weiteren europäischen Nachbarstaaten – ist die eigentliche historische Leistung Helmut Kohls. Mit der Bildung der parteipolitischen »Allianz« für die Volkskammerwahlen im März 1990 gelang es ihm, der CDU die Mehrheit und damit eine stabile politische Ausgangslage in der Volkskammer der

damals noch bestehenden DDR zu sichern. Präsident Bush sicherte ihm die Voraussetzungen für eine Zustimmung der Sowjetunion zur Wiedervereinigung. Die Voraussetzungen für die Wiederherstellung der staatlichen Einheit waren geschaffen. Am 3. Oktober 1990 wurde sie vollzogen. Allerdings ist es Helmut Kohl nicht gelungen, die neu gewonnene Einheit als Grundlage für eine Erneuerung ganz Deutschlands zu begreifen. Er fiel vielmehr in die alte politische Strategie zurück, die Bevölkerung vor den anstehenden Bundestagswahlen nicht durch politische Zumutungen zu irritieren. Mit seiner Weigerung, für die Finanzierung des Wiederaufbaus des östlichen Teils Deutschlands auch die Steuern zu erhöhen, verlor seine politische Leistung an Momentum. Er konnte es danach nicht wieder zurückgewinnen.

4. Mit der Wiedervereinigung begann in Ostdeutschland eine Zeit der Improvisation. Sie wurde nicht nur möglich. Sie war auch notwendig. Denn die alte Ordnung wurde nicht mehr akzeptiert und den neuen Herausforderungen stand man hilflos gegenüber. Die politische, gesetzliche und gesellschaftliche Ordnung Westdeutschlands wiederum konnte sich nicht schnell genug auf den Osten des Landes ausdehnen. So entstand ein Vakuum, das durch Spontanität, Improvisationsbereitschaft und gesunden Menschenverstand ausgefüllt wurde. Unbeschadet aller Fehler, die gemacht wurden – und aus denen man lernen konnte –, konnten wir so für längere Zeit gestalten, ohne auf bürokratische, gesetzliche, politische, wirtschaftliche und soziale Besitzstände zu stoßen. Es war eine kreative Zeit.

5. In Sachsen waren es auch die Geschichte und die Kultur des Landes, die der Bevölkerung in den schwierigsten Phasen des Umbruchs Mut machten und ihr halfen, die Kraft für die großen Aufgaben zu mobilisieren, vor denen sie stand. Sachsen war besonders. Trotz aller politischen und gesellschaftlichen Unterdrückung und Beeinträchtigung waren die eigene historische Identität und kulturelle Bedeutung Sachsens nicht in Vergessenheit geraten. Die Bevölkerung war stolz auf ihr Land und seine Einzigartigkeit. Dieser Stolz und die Erinnerung an die Leistungen der Vorfahren während fast 1000 Jahren sächsischer Geschichte verliehen ihr auch die Kraft für den Wiederaufbau und Neubeginn.

Von allen Erfahrungen, die ich den ersten Jahren in Sachsen verdanke, bleibt diese die wichtigste. Sie hat meine Überzeugung bestätigt, dass den Menschen ohne ihre bewusste Verankerung in der Geschichte und der Kultur ihres Landes das für die wirtschaftliche und soziale Ordnung und ihre nachhaltige politische Gestaltung notwendige Fundament fehlt. Es sind die historischen und kulturellen Erfahrungen, aus denen sich die mit der Freiheit verbundenen Verantwortungen ebenso erklären wie die Notwendigkeit der Begrenzung.

Tagebuch

16. Juni 1989

Im Deutschen Bundestag: Regierungserklärung über den Gorbatschow-Besuch in der Bundesrepublik. Der Besuch wird allgemein als Erfolg gewertet. Gegen Ende wurde auch über die Mauer gesprochen. Gorbatschow schließt offenbar ihre Beseitigung nicht aus. Seine Berater sollen in internen Gesprächen angedeutet haben, dass man sich im Kreml zwei deutsche Staaten auch ohne Mauer vorstellen könne, falls sich das wirtschaftliche Gefälle zur DDR abbauen lasse.

Die Dinge sind in einer Weise in Bewegung geraten, die sich schon als historisch bezeichnen lässt. In Polen haben Wałęsa und seine Solidarność die Mehrheit errungen. Die Kommunisten akzeptieren das Ergebnis und suchen die Zusammenarbeit. Die Solidarność ist dazu bereit und hilft auch bei der Nachwahl der 35 Listenmandate der Kommunisten, die alle keine Mehrheit erlangt hatten.

In Ungarn wird heute Imre Nagy feierlich zum zweiten Mal beerdigt, nachdem er und seine Mitstreiter bereits politisch und juristisch rehabilitiert wurden. Auch hier verhandelt man am »Runden Tisch« über ein Mehrparteiensystem. Die Kommunistische Partei will sich der demokratischen Entscheidung stellen und das Wahlresultat respektieren.

In der DDR wächst die Nervosität. Während Gorbatschow vor Hoesch-Arbeitern in Dortmund über die Öffnung des Ostens spricht und sich für die Solidarität der Arbeiter mit den Anstrengungen in der Sowjetunion bedankt, erklärt Frau Honecker als Wissenschaftsministerin, die Jugend müsse den Sozialismus und seine Errungenschaften notfalls mit der Waffe verteidigen. Während die Menschen in der DDR am Fernsehschirm den Jubel miterleben, mit dem Gorbatschow bei uns von der Bevölkerung begrüßt wird, betont Honecker die Unverzichtbarkeit der Mauer und weist jede Diskussion darüber als Einmischung in die inneren Angelegenheiten der DDR zurück.

Kohl wiederholt noch einmal die Feststellung Gorbatschows, die Nachkriegszeit sei zu Ende. Er teile diese Ansicht.

19. Juni 1989

Die Europawahl ist verlorengegangen. Die Union hat 37,8 Prozent der Stimmen, 8,1 Prozent weniger als beim letzten Mal erzielt, Kohl sieht eine Niederlage für uns. Sie sei umso schmerzhafter in Anbetracht der hervorragenden Großwetterlage. Die Bundesrepublik stehe außen- und innenpolitisch ausgezeichnet da: Außenpolitisch sei die Lage so gut wie schon lange nicht mehr. Innenpolitisch könne man auf eine geringe Jugendarbeitslosigkeit verweisen. Selbst die Inflation bewege sich im Vergleich zu anderen europäischen Staaten noch im Bereich des Erträglichen.

Die Wahlprognosen allerdings hätten ein noch schlechteres Ergebnis vorausgesagt. Die Union habe es geschafft, entgegen allen Erwartungen, stärkste Partei zu bleiben. Besonders unbefriedigend habe die CSU abgeschnitten: minus 11,8 Prozent. Die Republikaner haben in Bayern 14,6 Prozent erzielt und sind in Teilen des Landes zweitstärkste Partei geworden. In München sind die Grünen auf 13, die Republikaner auf 15 Prozent gekommen. In einer Stadt mit der höchsten Lebensqualität, so Kohl, sei also ein Drittel der Wähler zu den Extremen gegangen.

Kohls Schlussfolgerung aus dem Europawahl-Ergebnis: Links- und rechtsextreme Gruppen nachhaltig bekämpfen. Die Grünen redeten über Rechtsextreme, als gehörten sie bereits zu den etablierten Kräften. Das könne man nicht zulassen. Bisher hätten die Grünen noch kein gesichertes Verhältnis zur Gewalt entwickelt.

Mit den Republikanern könne man nicht zusammenarbeiten. Man müsse sie bekämpfen. Das dürfe man aber nicht blind tun. Man müsse auch nachfragen, ob es bei uns Defizite gäbe: Die Themen Aussiedler, Ausländer, Asylanten seien von uns vernachlässigt worden. Die Wiedervereinigung dürfe man nicht aufgeben. In Umfragen sei sie heute hoch besetzt; so hoch wie selten.

Angesichts des Harmoniebedürfnisses der Bevölkerung dürfe die Koalition sich nicht streiten. Das gelte auch für an sich notwendige Diskussionen über Sachfragen. Wer nicht begriffen habe, dass man nur mit Sach- und Personalloyalität erfolgreich sein könne, der solle es sagen, damit die Frage ausgetragen werden könne – auch noch vor dem Parteitag. Zusammenfassend sei es wichtig, die Sommerpause nicht mit neuen Diskussionen zu belasten.

20. Juni 1989

Nachmittags war ich in der Fraktion, wenn auch erst eine Stunde nach Beginn der Sitzung. Kohls Wahlkampfanalyse entging mir deshalb ebenso wie der erste Teil der Äußerungen Geißlers. Was ich hörte, war von Dogmatismus, aber auch von der Sorge gekennzeichnet, dass man ihn und seine Strategie für das Desaster der Europawahl, vor allem für das Erstarken der Republikaner verantwortlich machen werde. Deshalb verstieg Geißler sich gegen Ende seiner Ausführungen zu persönlichen Angriffen auf Schönhuber, bis hin zur Beschreibung angeblicher sexueller Verfehlungen. Die Unruhe in der Fraktion wuchs ständig. Man merkte, dass es den Kollegen peinlich war, Derartiges vom Generalsekretär zu hören.

Da Geißler Czaja angesprochen hatte, konterte dieser mit einer fulminanten Rechtfertigungsrede, die sich auch mit Geißler auseinandersetzte. Kohl trennte die Streitenden schließlich mit der Versicherung, auch wenn sie sich übereinander ärgerten, seien doch beide Patrioten. Dann ging er. Ich meldete mich später zu Wort, als viele bereits gegangen waren. Es ging mir vor allem um die Erklärung für den Zuwachs der Republikaner. Meine Ausführungen führten zu einer außerordentlichen Reaktion: viel Beifall, schon während ich sprach, und am Schluss Lob von Dregger, Nachfragen der Kollegen nach dem Text.

24. Juni 1989

Konferenz in Wien zu Ost-West-Beziehungen, veranstaltet vom Institut für die Wissenschaften vom Menschen. Uns beschäftigt die Frage, was man tun kann, um die Entwicklungen im Osten zu unterstützen, und in welchem Umfang die fortdauernde Existenz der kommunistischen Parteien den westlichen Beistand beeinflusst. Die Befürchtung wird geäußert, die Hilfe des Westens könne die herrschenden Kräfte stabilisieren oder die bestehenden Konflikte aufrechterhalten. Deshalb müsse sie mit Bedingungen verbunden werden; sonst handle es sich nur um die Unterstützung eines »muddling through« ohne wirkliche Veränderung. Wenn man von der Diktatur zur Demokratie kommen wolle, müssten die Anstrengungen beider Seiten zusammenkommen: des Westens und des Ostens. Sowohl die Polen wie die Ungarn haben im Ergebnis darum gebeten, Wege zu suchen, wie die politischen Kosten der notwendigen Reformen externalisiert werden können.

30. Juni 1989

Mittwochmorgen besuchte mich Staatssekretär Schreiner (Rheinland-Pfalz). Wir frühstückten zusammen. Schreiner hatte um das Gespräch gebeten. Man sei ratlos, was die weitere politische Entwicklung angehe. Mit den Tagesfragen habe man keine Probleme, wohl aber mit langfristigen Perspektiven. Man komme mit den derzeitigen Entwicklungsvorstellungen nicht mehr weiter. Deshalb wolle man die Hilfe des IWG Bonn in Anspruch nehmen.

Späth wollte noch anrufen, hat sich aber bisher nicht gemeldet. Ich werde von mir aus auch nichts unternehmen. Meinhard Miegel erzählt, Späth sei sehr resigniert nach der verlorenen Europawahl. Nach Bayern hat die Union in Baden-Württemberg die größten Verluste erlitten. Die Republikaner sind hier besonders stark geworden. Späth wisse sich im Grunde auch keinen Rat mehr. Sein Haushalt verschulde sich immer stärker. Mit neuen Wegen komme man nicht weiter; man wisse nicht, wo sie zu finden und wie sie zu begehen seien. Auch in Bonn sehe er keine Möglichkeiten mehr, habe dazu auch keine große Lust. Kohl sehe er wieder gestärkt, obwohl er doch geschwächt sein müsste.

Wahrscheinlich ist die allgemeine Ratlosigkeit, die zurzeit überall zu beobachten ist, Ausdruck einer sehr erfolgreichen, aber inzwischen an ihre Grenzen gestoßenen Entwicklung. Die alten Wege haben sich erschöpft. Die neuen Aufgaben sind mit ihnen nicht zu bewältigen. Diese Entwicklung lässt sich wie folgt einteilen: Die erste industrielle Revolution befreite die Marktkräfte aus der spätfeudalen, merkantilistischen Ordnung und ihrem Zunftwesen. Ihre ungebundene Entfaltung führte zu großen sozialen Spannungen. Die sozialpolitische Revolution war die Folge. Sie führte zur Bindung der wirtschaftlichen Freiheiten durch die Ordnung der sozialen Marktwirtschaft. Die ständige Expansion der Wirtschaft bedrohte jedoch zunehmend die Umwelt und die endlichen Ressourcen. Wirtschaftswachstum und Umweltschutz gerieten in Widerspruch. Um ihn aufzulösen, erweiterte sich die soziale Marktwirtschaft zur ökologischen und sozialen Marktwirtschaft. Wir stehen am Beginn dieser Entwicklung und damit am Beginn eines Paradigmenwechsels. Noch tun wir das Gewohnte, aber mit zunehmend schlechtem Gewissen: Es geht uns so gut wie noch nie, aber deshalb geht es uns eben bereits nicht mehr so gut. Denn wir beginnen zu begreifen, dass der Preis für die gegenwärtige Lebensweise immer höher wird. Unser schlechtes Gewissen lässt uns nicht länger genießen!

31. August 1989

Morgen jährt sich der Tag des Beginns des Zweiten Weltkriegs zum fünfzigsten Mal. Vor wenigen Tagen ist mit Tadeusz Mazowiecki der erste nichtkommunistische Ministerpräsident Polens nach 1945 gewählt worden. In den baltischen Sowjetrepubliken verlangt man die Unabhängigkeit von Russland. In Moldawien fordern die Einheimischen die Gleichberechtigung ihrer Sprache und die Rückkehr zur lateinischen Schrift. Tausende von DDR-Bürgern kommen über Ungarn und Österreich zu uns. Man schickt sie aus Ungarn nicht mehr in die DDR zurück. Ungarn bemüht sich vielmehr um eine Revision der Vereinbarungen mit der DDR, die es verbieten, DDR-Bürger nach dem Westen ausreisen zu lassen.

Zu alldem gibt es in der CDU und ihrer Führung keine konstruktiven oder gar konzeptionellen Reaktionen. Zum fünfzigsten Jahrestag des Kriegsausbruchs ist uns praktisch nichts eingefallen. Kohl hatte Polen noch nicht besucht. Deshalb konnte von Weizsäcker nicht nach Warschau reisen. Eine wirklich überzeugende Geste, die auch eine nationale Dimension hätte zum Ausdruck bringen können, ist unterblieben. Damit ist gleichzeitig die großartige Möglichkeit vertan, den 50. Jahrestag des Kriegsbeginns für eine Vision zu nutzen, die ganz Europa umfasst und die Deutschen in dieses Gesamteuropa einordnet. Die Regierungserklärung Kohls wird eine solche Dimension mit Sicherheit nicht erreichen und außerdem durch parteiische Diskussionen wieder zerredet werden. Wir versinken immer tiefer im Provinzialismus. Es ist ein Jammer!

1. September 1989

Die »Feierstunde« heute Morgen im Bundestag war eine beschämende Veranstaltung. Kohls Rede war ohne Ausblick und weiterführende Gedanken. Rund eine Stunde lang Beschwörung der Vergangenheit, der Toten und Gequälten, Fragen von Schuld und Sühne. So wichtig dies ist: Unversehens ist die Regierungserklärung zu einer Rede zum Volkstrauertag geworden. Brandt war besser und bekam zwischendurch viel Beifall. Er sprach von den Menschen jenseits von Mauer und Stacheldraht. Sie hätten zwar das kürzere Los gezogen. Aber sie hätten den Krieg nicht mehr verloren als die Deutschen im Westen. Ich spreche den gleichen Gedanken in einem Interview im WDR zur Deutschlandpolitik an. Weil dies so ist, müssen wir in einer nationalen Anstrengung einen Lastenausgleich anbieten. Erst wenn wir dazu bereit sind, können wir Forderungen nach Reformen und Erleichterungen stellen, die sonst hohl und unehrlich klingen. Praktisch heißt das, dass wir in der Bundesrepublik keiner Bevölkerung eines anderen Staates mehr verpflichtet sind, unseren Wohlstand mit ihr zu teilen, als den Deutschen im anderen Teil Deutschlands. Wer die Freiheit für alle Deutschen will, der muss auch die wirtschaftliche Freiheit für alle Deutschen wollen.

Das Traurige ist, dass wir es am 1. September nicht einmal fertiggebracht haben, eine gemeinsame Erklärung im Bundestag zu verabschieden. Die Union lehnte eine Resolution, in der das Schreiben Richard von Weizsäckers zur deutsch-polnischen Grenze wiedergegeben war, ab. Man könne nicht über Äußerungen des Bundespräsidenten abstimmen. Unehrlichkeit allenthalben. Als ob man sich die Aussagen des Bundespräsidenten nicht in einem neu formulierten Text hätte zu eigen machen können!

So mussten wir am Ende in namentlicher Abstimmung einen Entschließungsantrag der SPD zur Grenzfrage ablehnen und dann unsere eigene Resolution abschnittsweise verabschieden, weil die

SPD dem ersten, aber nicht dem zweiten Abschnitt zustimmen wollte. Ein trauriger Abschluss einer insgesamt missglückten Veranstaltung. Wir sind nicht mehr in der Lage, selbst historischen Ereignissen von einzigartiger Bedeutung zu entsprechen. Wie Mehltau legt sich Mittelmäßigkeit übers Land. Die Macht und die Pfründe sind zum alles bestimmenden Kriterium geworden.

Die Nachmittagssitzung der Vorsitzenden aus Nordrhein-Westfalen war ebenfalls deprimierend. Was ist aus der großen NRW-Partei geworden! Für Blüm war auch der 1. September nur ein Stichwort. Seine Äußerungen waren fahrig und unkonzentriert, ohne jede inhaltliche Strukturierung. Wenn NRW in diese Hände fällt, dann geht es dem Land um nichts besser als unter Rau. Der hat wenigstens Stil. Auch der fehlt Blüm. Man hat eine Wahlkampfkommission gebildet, der unter anderem Friedhelm Ost und Peter Boenisch, Coordt von Mannstein und Bernhard Worms angehören. Eine hervorragendere Ansammlung kann man sich kaum vorstellen. Unsere Landespartei wird geradewegs heruntergewirtschaftet. Angeblich sollen die demoskopischen Daten besser geworden sein. Die SPD verfüge derzeit nicht mehr über die absolute Mehrheit. Die CDU nähere sich den 40 Prozent. Wenn das in der Kommunalwahl hilft, soll es mir recht sein. Aber an einen Wahlsieg in NRW mit der FDP vermag ich nicht zu glauben. Eher an die Wiederholung des Ergebnisses von 1985. Die Stimmung in der Konferenz war schlecht. Viele verließen schon nach einer Stunde das Lokal. Von Motivation konnte keine Rede sein.

10. September 1989

Der Bundesvorstand beriet in Bremen vor dem Parteitag. Christa Thoben und ich sitzen wohl zum letzten Mal nebeneinander. Sie wird morgen für das Präsidium kandidieren, für die Nachfolge von Hanna-Renate Laurien.

Gestern Abend waren wir zu Gast bei Ronald Pofalla und seiner Frau Sabine. Wir sprachen auch über die Deutschlandpolitik. Der Zustrom von Flüchtlingen aus der DDR hält unvermindert an. Obwohl wir an diesem Abend noch nicht wissen, dass Tausende von meist jungen Menschen aus Ungarn über Österreich in die Bundesrepublik kommen werden, ist uns klar, dass wir für die DDR

Mitverantwortung übernehmen müssen. Wir beschließen, dass ich zu dieser nationalen Verantwortung etwas auf dem Parteitag sagen sollte, und zwar in der Aussprache zum Bericht des Vorsitzenden. Stellungnahmen zum Personalstreit erscheinen uns nach der Entwicklung im Vorfeld des Parteitages nicht mehr sinnvoll.

Auf dem Parteitag selbst trage ich zur deutschen Verantwortung unter anderem Folgendes vor:

»Helmut Kohl hat in seiner Rede zu Recht festgestellt, dass unsere Kinder und unsere Enkel uns eines Tages fragen werden, was wir denn in dieser historischen Stunde getan haben. Er hat von einer historischen Verantwortung und von unserem Ziel gesprochen, die dynamische Entwicklung im Westen und die Reformen im Osten schöpferisch zu verbinden.

Lassen Sie uns einmal ganz praktisch werden. In den letzten Wochen habe ich in der Zeitung verschiedentlich gelesen, einer der Vorteile der Zuwanderung junger Menschen in die Bundesrepublik Deutschland sei, dass sie an der Schaffung unseres Wohlstandes mitwirken und die Überalterung unserer Bevölkerung korrigieren und das zukünftige Defizit in unseren Rentenkassen verringern könnten. Damit kann man sich natürlich zufriedengeben. Nur, meine Damen und Herren, eine solche Betrachtungsweise ist jedenfalls in Bezug auf die Zuwanderung aus der DDR keine gesamtdeutsche Betrachtungsweise, sondern sie geht davon aus, dass die jungen Menschen von dort, die, weil sie drüben verzweifeln, freiheitssuchend hierherkommen, für uns ganz sicherlich auch einen materiellen Beitrag leisten. Gesamtdeutsch gesehen ist das nicht das ganze Bild.

Ich bin zutiefst davon überzeugt, dass gerade mit diesem Vorgang, der heute um Mitternacht begonnen hat, eine politische Zäsur sichtbar wird: Zum ersten Mal lässt ein früherer Satellit der Sowjetunion, ein Ostblockland, Deutsche aus dem anderen Teil Deutschlands in die Bundesrepublik ausreisen und bricht damit die Kette, mit der die Unfreiheit gegen die Freiheit bisher gesichert wurde.

Für uns muss sich daraus eine langfristige Konsequenz ergeben. Auf diese kommt es mir hier an. Wir müssen in Zukunft alle unsere politischen Entscheidungen und Bewertungen immer auch an der Frage messen, wie die jeweils gefundene Antwort mit unserer gesamtdeutschen Verantwortung vereinbar ist. Wir müssen bei allem, was wir tun, die Einheit der Deutschen mitbedenken, und das heißt: praktizierte Verantwortung für die Bürgerinnen und Bürger in der DDR üben, die ja nach unserer richtigen Überzeugung genauso Deutsche sind wie wir.

Was heißt das für die Menschenrechte? Helmut Kohl hat gesagt, Freiheit einzufordern bedeute, Menschenrechte einzufordern. Aus der Bewegung der großen sozialen Frage des neunzehnten Jahrhunderts bis weit in das zwanzigste Jahrhundert hinein wissen wir, dass es keine politische Freiheit ohne wirtschaftliche Freiheit gibt. Ein Mensch, der wirtschaftlich abhängig ist, der nichts hat, kann nur schwer politisch frei sein. Unsere Pflicht, Menschenrechte zu verwirklichen, schließt deshalb ein, alle wirtschaftlichen Voraussetzungen dafür zu schaffen, dass Menschenrechte sich verwirklichen können.

Unsere Bereitschaft, meine Freunde, zur wirtschaftlichen Mitwirkung in Polen, in Ungarn und vor allem in der DDR kann nicht das Ergebnis von Reformen sein. Für die DDR ist unsere Erklärung, dass wir bereit sind, wirtschaftlich mitzuwirken, die Voraussetzung für eine besser und wirkungsvoller vorgetragene Reformforderung in der DDR.

Und noch ein letzter Gedanke: Diese Verpflichtung erwächst uns, weil die Bürger im anderen Teil Deutschlands, in der DDR, nicht nur Bürger sind wie wir, sondern weil wir für sie Treuhänder sind. Wir haben für sie Freiheit gesichert und Wohlstand geschaffen. Die Menschen im anderen Teil Deutschlands sind durch die Kriegsfolgen und die ungleiche Art der Last daran gehindert worden, das Gleiche zu tun. Wir haben es treuhänderisch für sie getan. Wir haben die Talente vermehrt, die sie wegen Unfreiheit und Unterdrückung nicht vermehren konnten. Aus dieser Vermehrung haben sie heute einen Anspruch darauf, wenn sich Freiheit eröffnet, an der Arbeit, die wir geleistet haben, teilzuhaben.

Dieses ist eine Vision, und zwar eine nationale Vision, gerade für die Jüngeren. Sie können auf dem aufbauend weitermachen, was wir in den letzten Jahren geschaffen haben.«

Die Reaktion auf meine Rede war eher durch Überraschung und Verwunderung gekennzeichnet. Alle hatten erwartet, dass ich in der allgemeinen Aussprache kritisch zur Situation der Partei Stellung nehmen würde. Niemand konnte sich erklären, warum ich mich zur

Deutschlandpolitik äußerte. Viele sahen darin den Versuch, der parteipolitischen Diskussion auszuweichen, nachdem Kohl seine Position in den letzten Tagen vor dem Bundesparteitag auch dank des Rückziehers Lothar Späths wieder gefestigt hatte. »Kohl hat gesiegt«, lautete die Überschrift eines Jubelkommentars der *Frankfurter Allgemeinen* wenige Tage vor dem Bundesparteitag.

Meine Wiederwahl in den Bundesvorstand bereitete keine Schwierigkeiten, wenngleich das Ergebnis nicht besonders berühmt ist. Aber das war nach der Auseinandersetzung der vergangenen Wochen über die Politik des Parteivorsitzenden auch nicht verwunderlich. Der Parteitag scharte sich hinter Kohl, reagierte ungehalten auf jeden, der einen kritischen Maßstab anlegte, und teilte auch Bestrafungen aus. Unter anderem wurde Ulf Fink nicht wieder in den Vorstand gewählt.

21. September 1989

Zunehmend beschäftigt mich die ost- und deutschlandpolitische Entwicklung. Genscher hat in einer Rede in Wien die Ansicht vertreten, die nationalen deutschen Interessen seien mit den europäischen Interessen identisch. Davon kann in Wirklichkeit keine Rede sein. Weder können unsere Interessen ganz mit denen der Europäischen Gemeinschaft noch deren Interessen ganz mit den unseren übereinstimmen. Vielmehr muss es spezifische deutsche Interessen geben, wie es französische, italienische oder britische Interessen gibt. Unsere zukünftige Politik kann jedenfalls nicht von einer solchen Interessenkongruenz ausgehen. Denn die Gesamtheit deutscher Interessen kann nie zugleich identisch mit europäischen Interessen sein.

Die Ereignisse der letzten Wochen machen es möglich, wieder über die deutsche Einheit nachzudenken und zu reden, nicht nur als Utopie, sondern als reale Chance. Dies stellt uns jedoch vor ein weiteres Problem: Wir müssen Abschied nehmen von der lieb gewordenen Vorstellung, die Bundesrepublik sei ein ökonomischer Riese und ein politischer Zwerg (Helmut Schmidt). Wenn es zur Verbindung der beiden deutschen Staaten kommt, dann werden wir nicht nur ökonomisch, sondern auch politisch die dominierende Kraft in der EG sein. Daraus erwächst uns eine neue Verantwortung, die wir nicht mehr leugnen oder herunterspielen können. Niemand würde uns eine solche Haltung in Zukunft glauben. Wir würden mit ihr nur Misstrauen ernten.

Zu der neuen Verantwortung gehört, dass wir bei unseren politischen Maßnahmen die Interessen der Betroffenen mitbedenken. Dies verbietet es zum Beispiel, ständig in provinzieller Selbstgerechtigkeit davon zu sprechen, wir seien spitze, hätten die beste Regierung Europas und seien dessen treibende Kraft. Solche Sprüche sind abträglich, auch und gerade, wenn sie vom Bundeskanzler kommen. Sie belasten unser Verhältnis zu den Nachbarn und schaden unseren außenpolitischen Interessen.

Im Übrigen müssen wir, sobald die Wiedervereinigung Realität werden könnte, gesamtdeutsch denken. Unser politisches Handeln muss stets die Folgen mitbedenken, die es für die DDR und ihre Bewohner haben kann. So müssten die Übersiedler, wenn sie bei uns arbeiten, ihre Beiträge zur Rentenversicherung eigentlich für die Rentner in der DDR zahlen. Denn ihnen gegenüber sind sie aus dem Generationenvertrag verpflichtet. Da sie es nicht können, müssen ihre Beiträge treuhänderisch für diesen Zweck gehalten werden. Wir dürfen sie also nicht »vereinnahmen« und unsere Rentenkasse damit entlasten.

10. Oktober 1989

Zum vierzigsten Jahrestag der DDR war Gorbatschow in Ostberlin. Sein Ausspruch: »Wer zu spät kommt, den bestraft das Leben« wird schnell zum geflügelten Wort. Die Fackelzüge der FDJ stehen in krassem Widerspruch zur wirklichen Lage in der DDR. In den letzten Tagen kam es zu ersten großen Demonstrationen. Am 8. Oktober standen sich auf der Prager Straße in Dresden Tausende von Menschen und die Staatsgewalt gegenüber. Aber es kommt nicht zu blutigen Auseinandersetzungen, anders als am Tag zuvor in Berlin, sondern zum ersten Dialog mit der Staatsmacht. Oberbürgermeister Wolfgang Berghofer ist bereit, eine »Gruppe der 20« zum Gespräch zu empfangen. Die Gruppe hat sich während der Demonstration spontan gebildet.

Am 9. Oktober kommt es zur ersten großen Demonstration in Leipzig. Auch hier überwinden die Menschen ihre Angst vor der

Gewalt; auch hier kam es nicht zu einem Blutbad. Kurt Masur und dem Pfarrer der Nikolaikirche, Friedrich Magirius, soll es gelungen sein, in Gesprächen mit der Polizei und dem Militär einen Verzicht auf Gewaltanwendung zu erwirken.

29. Oktober 1989

Treffen der europäischen Gruppe der Trilateralen Kommission in London. Der Vormittag des zweiten Tages ist den Ost-West-Beziehungen gewidmet. Julian Bullard, der ehemalige britische Botschafter, führt in das Gespräch ein. Er wirkt wenig konzentriert. Aber es ist wohl auch zu viel verlangt, in der gegenwärtigen Umwälzung bereits Strukturen zu erkennen. Dietrich Stobbe spricht über die deutsche Frage und die Entwicklung in der DDR. Die Menschen dort befreiten sich von der Angst. Sie forderten »Demokratie jetzt!« Aber sie sprächen nicht über die Wiedervereinigung. Ihnen sei die Freiheit wichtiger. Freiheit vor Einheit gelte nun auch für die DDR-Bevölkerung.

In der Bundesrepublik gebe es einen breiten Konsens darüber, wie man mit der gegenwärtigen Entwicklung fertigwerden könne. Es sei unwahrscheinlich, dass Moskau militärisch intervenieren werde. Der sowjetische Tank habe seine drohende Rolle verloren.

Stobbes Ausführungen mögen interessant sein. Aber sie wirken auch in dem Kreis der Mitglieder der Trilateralen Kommission merkwürdig irrelevant. Ich habe nicht den Eindruck, dass er seine Zuhörer wirklich erreicht. Man macht sich Notizen, aber man weiß auch aus eigener Erfahrung, dass diese Notizen kaum wieder zur Hand genommen werden.

4. November 1989

In der Lufthansa-Lounge in München. Seit zwei Monaten habe ich nur noch sporadische Eintragungen gemacht. In dieser Zeit ist ein Sturm über Europa hinweggegangen. Eine beispiellose Fluchtbewegung aus dem Osten Deutschlands, gefördert durch die Öffnung des Eisernen Vorhanges in Ungarn, hat zu einem Regierungswechsel in der DDR geführt. Am 7. und 8. Oktober konnte man Demonstranten in Berlin noch niederknüppeln und die Festgenommenen misshandeln. Gegen 300 000 Demonstranten am 9. Oktober in Leipzig konnte auch die Gewaltherrschaft in der DDR nichts mehr unternehmen.

Drei Tage später war Honecker abgesetzt und Krenz als Nachfolger gewählt. Zahlreiche Rücktritte hat es seitdem gegeben. Karl-Eduard von Schnitzlers *Schwarzer Kanal* ist eingestellt, die Nachrichten im DDR-Fernsehen werden offener, Politiker stellen sich nun auch im Fernsehen der öffentlichen Diskussion. In einer neuen Nachrichtensendung bringt man ähnlich wie im *heute journal* Interviews und Reportagen vom Ort des Geschehens. Offizielle sprechen mit dem Neuen Forum und setzen sich für seine Anerkennung ein. Wolfgang Berghofer in Dresden erscheint immer häufiger in den Nachrichten.

Ungeachtet dieser Veränderungen hält der Strom der Übersiedler weiter an. Nachdem die DDR den Visumzwang zur ČSSR vor wenigen Tagen wieder aufgehoben hatte, strömten erneut Tausende in die deutsche Botschaft in Prag. Die Tschechen haben noch immer Schwierigkeiten, das Problem flexibel zu handhaben, anders als Ungarn und Polen. Aber die DDR versucht inzwischen, zu kooperieren und die Ausreise der Flüchtlinge zu erleichtern.

Seit zwei Monaten ist so die deutsche Wiedervereinigung, besser die Einheit der beiden deutschen Staaten, wieder zu einer greifbaren Möglichkeit geworden. Ein vom ungarischen und österreichischen Außenminister gemeinsam durchschnittener Stacheldrahtzaun an der Grenze zu Österreich hat den Zusammenbruch der Illusion der Eigenstaatlichkeit der DDR eingeleitet. Wie ein Kartenhaus sind die Fiktionen des realen Sozialismus zusammengebrochen, nachdem man offen über sie reden konnte. Der Ruf des Jungen im Märchen von des Kaisers neuen Kleidern hat die Herrschenden als das vorgeführt, was sie sind: nackt, wenn es um eine politische Legitimation ihrer Macht geht.

Am 24. Oktober besuchte mich ein junger Pastor, Steffen Reiche, Gründungsmitglied der SDP in der DDR. Er wollte in meinem Büro mit RIAS-TV Aufnahmen machen. Anschließend trafen wir uns zu einem Gespräch. Ich gab ihm eine Reihe von Anregungen mit auf den Weg, die er aufnahm und sich sogleich zu eigen machte. Einmal den Gedanken vom Lastenausgleich zwischen den beiden deutschen Staaten, zum Zweiten die Überlegung, dass viele, die jetzt übersiedeln, später zurückgehen können und dann wertvolles Wissen mitnehmen, das sie bei uns erworben haben – gute und schlechte Erfahrungen! Er wollte im Bundeskanzleramt empfangen werden. Ich vermittelte ihm einen Termin mit Rudolf Seiters. Später sagte er ihn ab. Man habe ihm aus dem SDP-Vorstand in der DDR bedeutet, dass es besser sei, den Termin nicht wahrzunehmen.

Reiche und ich wollen Verbindung halten. Die jungen Politiker saugen alles Neue auf wie ein Schwamm. Erstaunlich, mit welcher Professionalität sie sich in ihrer neuen Rolle zurechtfinden. Reiches Auftritte im Fernsehen waren ausgezeichnet. Er wirkt sicher, macht klare Aussagen, hat eine erfrischende Offenheit, kurzum, er ist unverbraucht und unverdorben durch die politische Routine und inhaltliche Entleerung unserer Tage.

Am 31. Oktober war ich bei Georg Leber. Ich sprach von der Notwendigkeit, einen nationalen Fonds einzurichten, um einen Beitrag zum Lastenausgleich zu leisten. Die Tarifparteien und die Bevölkerung sollten Gelegenheit haben, sich daran zu beteiligen. Leber nahm den Gedanken mit großem Engagement auf. Schon am nächsten Tag rief er an, um mir seine Ideen dazu vorzutragen: Arbeit am 1. Mai und am 17. Juni und Überweisung des gesamten Betrages (circa 1 Prozent des Bruttosozialprodukts) an den Nationalfonds. Wir sollten uns Gedanken machen, wofür das Geld eingesetzt werden kann.

6. November 1989

Bundesvorstand in Köln: Kohl äußert sich in seinem Bericht zur Lage in Polen und zur DDR. Mit Krenz werde es keine Beruhigung geben, wenn er an seinem gegenwärtigen Kurs festhalte. Die Politik der Bundesregierung habe sich bewährt. Sie müsse in die europäische Entwicklung eingebunden werden. Dass sich Bush und Mitterrand für die Möglichkeit einer Wiedervereinigung ausgesprochen hätten, sei ein großer Erfolg. Die Presse in Frankreich und England sei anders. Dort würden wir wieder verdächtigt, aus dem Westen auszubrechen.

Teltschik berichtet über die geplante Polenreise. Elf Verhandlungsrunden zu ihrer Vorbereitung hätten bereits stattgefunden. Grundlage sei der Warschauer Vertrag von 1970. Man habe keine

Veranlassung gesehen, die Rechtsfragen neu aufzugreifen. Kohl wolle in Warschau in seiner Tischrede wörtlich das Gleiche zur Oder-Neiße-Grenze sagen wie bei den Vertriebenen.

Kohl ergänzt den Bericht Teltschiks: Die polnische Wirtschaftsreform stehe vor ungeheuren Schwierigkeiten. Die Regierung sei über die bestehenden Verhältnisse gestülpt worden. Unterhalb des Regierungsniveaus hätte sich nichts geändert. Die polnische Regierung wolle, dass deutsche Banken und Unternehmen die Kontrolle über ihre Investitionen selbst übernähmen, weil man der polnischen Verwaltung nicht traue. Vor allem brauche Polen Menschen, die sich beteiligten. Er, Kohl, suche Personen, die in Polen mitarbeiteten, vor allem im Bankensystem. Die Kommunen sollten die polnischen Kommunalstrukturen mit aufbauen helfen. In der Landwirtschaft solle man prüfen, ob gebrauchtes Gerät geliefert werden könne. Die Kontakte zu den Universitäten sollten verstärkt werden. Im Bereich der Medizin und der Naturwissenschaften finde bereits eine umfangreiche Kooperation statt. Nun müssten auch die Geisteswissenschaften zusammenarbeiten, auch die Historiker.

Kohl wolle viele Orte besuchen, die man besuchen müsse. Zur Angelegenheit Annaberg: Der Bischof von Oppeln, Alfons Nossol, habe ihn im Sommer nach Annaberg eingeladen. Er sei deutschfreundlicher als die anderen polnischen Bischöfe. Teltschik habe dem Bischof die Annahme der Einladung mitgeteilt. Daraufhin sei auf kommunistischer Seite eine Hetze gegen uns losgegangen. Der Bischof habe deshalb dringend vom Besuch abgeraten. In den gemeinsamen Gesprächen sei dann der Gedanke geboren worden, nach Kreisau zu fahren. Kreisau liege ihm, Kohl, mehr. Denn dieser Ort zeige das andere Deutschland, das Deutschland des Widerstandes. Mitterrand habe die Idee gutgeheißen.

Die Reise werde auf einem schmalen Grat stattfinden und im Westen aufmerksam beobachtet. Das gelte insbesondere für Frankreich, aber auch für die USA, schon wegen der polnischstämmigen Bevölkerungsgruppe dort. Schließlich verfolge man die Reise natürlich auch in Moskau sehr genau. Dies umso mehr, als man in der DDR auf Polen blicke. Krenz habe es abgelehnt, sich am polnischen oder ungarischen Modell zu orientieren. Umso wichtiger sei der Erfolg der polnischen Entwicklung.

Wallmann dankt Kohl für seine Politik. Ohne sie wäre all das nicht möglich gewesen, was jetzt geschehe. Die Ereignisse im Osten seien das Ergebnis seiner Politik. Dafür wolle er ihm förmlich danken. Trotz zweimaliger Wiederholung dieser Feststellung rührt sich am Vorstandstisch keine Hand.

Seiters berichtet über die Entwicklung in der DDR. Bis zur Stunde seien rund 10 000 Pkws aus der DDR gekommen. Die Großdemonstrationen brächten Probleme mit sich, vor allem in der Nähe der Mauer. Der Prozess, der mit der Schließung der Ständigen Vertretung in Ostberlin begonnen habe, dauere nun genau drei Monate. Seitdem sei die DDR-Regierung ständig hinter der Entwicklung hergelaufen. Alles, was man bisher zugegeben habe, bewege sich in den bisherigen Strukturen. In der Bevölkerung sei kein neues Vertrauen in die Regierung entstanden.

Die Reformer gingen wesentlich weiter. Der Inhalt ihrer Forderungen entspreche dem, was die Synode der Evangelischen Kirchen in der DDR im September beschlossen habe. Aber noch habe sich kein politischer Führer oder eine Führung herausgebildet. Die Lage in der DDR verschärfe sich ständig, nicht zuletzt durch die Fluchtbewegung. Viel hänge nun von der Sitzung des Zentralkomitees der SED ab, die von Mittwoch bis Freitag stattfinden werde. Die Forderung nach Rücktritt des Politbüros sei gestellt worden. Selbst das aber sei nicht ausreichend. Notwendig seien freie Wahlen.

Auch uns stellten sich jetzt mit der Reisefreiheit und dem zu erwartenden großen Besucherstrom zentrale Fragen, zum Beispiel, wie man die Austeilung des Begrüßungsgelds und Ähnliches organisieren könne. Wir seien nicht in der Lage, die Reisen der DDR-Bürger zu finanzieren. Das sei Sache der DDR, die die Reisefreiheit gewährt habe.

Diepgen ist überzeugt, dass man sich in der DDR auf Dauer nicht gegen freie Wahlen werde wehren können. Die SED könne ihr verfassungsrechtlich anerkanntes Monopol nicht aufrechterhalten. Die neuen politischen Gruppierungen hätten bisher keine klaren Vorstellungen von dem, was der neue Sozialismus oder der Markt bedeute. Noch sei unklar, wie man sich die weitere Entwicklung vorzustellen habe.

Was könnten wir tun? Mit dem Begrüßungsgeld allein kämen wir nicht weiter. Man müsse den DDR-Bürgern in gewissem Umfange den Umtausch gestatten. Wir müssten in der DDR mindestens dasselbe tun wie die Polen. Auf die Zwischenfrage von Kohl, ob vor oder nach Reformen, erwidert Diepgen, man könne dies zeitlich kaum noch auseinanderhalten. Er sei sich sicher, dass die Behinderungen der Kleinhandwerker in der DDR bald fallen würden.

Was tun wir, wenn es zu freien Wahlen kommt? Wen sollen die Leute dann wählen? Kohl: In drei Jahren stehe eine Ost-CDU in der DDR. Darauf biete er eine Wette an. Diepgen selbst stimmt dem zu. Er stellt fest, dass die Führung der CDU in der DDR in wenigen Monaten ausgewechselt sein werde. Mit diesem Prozess werde man sich befassen müssen. Man müsse ihn auch beeinflussen. Die heutigen Reformer seien Träumer von einem neuen Sozialismus. Sie fänden in der Bundesrepublik Partner, die sie unterstützten. Man müsse auch offensiv über die Einheit sprechen und diejenigen in der Bundesrepublik bekämpfen, die von vornherein von der Zweistaatlichkeit ausgingen.

Kohl: Wenn es 1991 in der DDR zu freien Wahlen käme, dann seien wir in der Lage, dort innerhalb von drei Monaten eine politische Organisation aufzubauen. Es sei richtig gewesen, mit der Ost-CDU bisher keinen Kontakt aufzunehmen. Die innere Opposition achte genau darauf, mit wem wir in der DDR reden. Für ihn gebe es keinen Zweifel, dass mit Selbstbestimmung auch die Einheit gemeint sei.

Seiters betont noch einmal, dass übers Wochenende rund 18 000 Menschen aus der DDR gekommen seien. Die Zahl scheine derzeit rückläufig zu sein. Wenn die neue Reiseregelung in Kraft trete, könne man noch nicht absehen, wie die Finanzierung der Reisedevisen bewältigt werden könne. In der Bevölkerung seien noch immer Neidkomplexe virulent. Man müsse im Blick auf Weihnachten um Gastfreundschaft werben, um einen Teil der Probleme lösen zu können. Die Notwendigkeit, den Sozialismus in Frage zu stellen, werde zu wenig betont. Ihn öde es an, dass man in der DDR nach wie vor über den Sozialismus diskutieren wolle.

Wir müssten in der deutschlandpolitischen Diskussion stärker um die Führung werben, um zu verhindern, dass wir in dieser Frage durch SPD und FDP auf den zweiten Rang verwiesen würden. Die FDP dränge sich derzeit mit Mischnick und Bangemann in den Vordergrund.

Vom Vertreter der Exil-CDU wird die politische Leistung betont, die darin liege, dass die Revolution sich als Evolution vollziehe. Niemand habe bisher einem SED-Funktionär oder einem Stasimann ein Haar gekrümmt. Und das, obwohl viele der Reformer im Gefängnis gesessen hätten. Stoltenberg bezweifelt, dass die Sowjetunion einem Austritt der DDR aus dem Warschauer Pakt zustimmen werde. Die Sowjetunion wolle eine europäische Großmacht und in neuem Verständnis auch eine Weltmacht bleiben.

7. November 1989

Heute habe ich von Georg Leber den Text zu unserer gemeinsamen Erklärung erhalten. Ich habe ihn dem Leipziger Wirtschaftsprofessor Günter Nötzold vorgelesen, um seine Reaktion zu erhalten. Er stimmt dem Vorhaben zu, betont aber die Notwendigkeit, die Zweistaatlichkeit des deutschen Volkes nicht zu vernachlässigen. Die Zahl derer in der DDR, die auf der Grundlage der Eigenstaatlichkeit nach einem unabhängigen gesellschaftlichen und politischen Weg für die innere Ordnung suchten, sei groß. Man dürfe diese Suche nicht behindern. Nötzold ist davon überzeugt, dass viele in der DDR glauben, man könne einen neuen Sozialismus entwickeln. Nicht alle seien daran interessiert, dass sich die DDR in die Bundesrepublik integriere.

Heute Morgen waren schon um 7.40 Uhr zwei holländische Journalisten bei mir, die mich zu Europa und der deutschen Einheit befragen wollten. Das Gespräch war aufschlussreich. Die Sorge, die unsere Nachbarn ganz offensichtlich vor der Wiedervereinigung der Deutschen haben, war unverkennbar. Es dauerte lange, bis die beiden bereit waren, inhaltlichen Argumenten zu folgen. Noch weniger als bei uns hat man begriffen, dass ein ganz anderes Deutschland entsteht, wenn es zu einer Wiedervereinigung kommt: ein Deutschland, dessen Energien auf lange Zeit durch den Aufbau der DDR gebunden sein werden, das im Begriff ist zu vergreisen und dessen Bevölkerung wegen ihres inzwischen erlangten Wohlstandes wesentlich weniger belastbar ist, als sie es vor fünfzig oder gar fünfundsiebzig Jahren war. Wir werden viel Aufklärung betreiben müssen, denn der Prozess der Einigung und Integration wird weiter fortschreiten.

10. November 1989

Sitzung zu Fragen der DDR im Konrad-Adenauer-Haus unter dem Vorsitz von Rühe.

Heute Nacht ist der Krieg wirklich zu Ende gegangen. Die Menschen in Berlin haben die Mauer überwunden. Uns erreichte die Nachricht vom Fall der Mauer im Bundestag. Nach der Regierungserklärung zur Lage der Nation am 8. November ging das Hohe Haus am 9. November wie gewohnt seinen Geschäften nach. Gegen Abend standen die 2. und 3. Lesung des Vereinsförderungsgesetzes auf der Tagesordnung. Die SPD hatte namentliche Abstimmung verlangt. Das Plenum war deshalb voll besetzt.

Als der Abgeordnete Spilker als Berichterstatter das Wort erhielt, begann er seine Rede mit dem Satz: »Bevor ich zu meinem Thema komme, möchte ich Ihnen eine Meldung vorlesen, die ich im Moment erhalten habe.« Damit erntete er von der SPD den Zuruf: »Wir kennen sie schon!« Spilker fuhr fort: »Ich kannte sie nicht. – Ab sofort können DDR-Bürger direkt über alle Grenzstellen zwischen der DDR und der Bundesrepublik ausreisen.« Vom Beifall der CDU/CSU, der FDP und der SPD unterbrochen, fuhr er fort: »Ich dachte, dass es mir ausnahmsweise gestattet ist, das fernab vom Thema mitzuteilen«, worauf der Abgeordnete Dr. Penner (SPD) ihm zurief: »Darfst du!«

Spilker wandte sich sodann ohne weiteren Kommentar dem eigentlichen Gegenstand zu. Auch die folgenden Redner sahen keinen Anlass, auf das Ergebnis einzugehen, das Herr Spilker mitgeteilt hatte. Erst später fiel es dem Abgeordneten Tillmann auf, es könne »angesichts der sensationell wichtigen Meldung, die uns Herr Kollege Spilker soeben hier bekanntgegeben hat, dem einen oder anderen Zuhörer dieser Debatte als kleinkariert erscheinen, dass wir uns hier weiter, als ob nichts geschehen sei, über Pauschalen streiten und weiter über die Förderung des Sports reden«. Aber, so fuhr er fort, die Nachricht sei wichtig und erfreulich für alle Bürgerinnen und Bürger in beiden Teilen Deutschlands, die sich dem Sport verbunden fühlen und miteinander Sport treiben wollen. Es gebe uns Hoffnung, dass dies in Zukunft ohne größere Komplikationen möglich sein möge. Mit dieser Begründung wandte er sich wieder dem Vereinsförderungsgesetz zu.

Erst nach der namentlichen Abstimmung wurde die Sitzung unterbrochen, um den Fraktionsvorsitzenden Gelegenheit zu geben, sich zu dem Ereignis zu äußern. Nachdem Wolfgang Mischnick als letzter Redner geendet hatte, erhob sich der Abgeordnete Dr. Unland und stimmte die Nationalhymne an. Alle erhoben sich und sangen mit ihm. So begrüßte der Deutsche Bundestag die Wiedervereinigung der Deutschen.

Die Bilder, die man heute Morgen aus der letzten Nacht sehen konnte, waren so bewegend, dass mir die Tränen in die Augen stiegen. Tausende strömten ohne Kontrollen durch die Grenzübergänge nach Ost und West. Die Berliner feierten an allen Übergängen und schließlich in der ganzen Stadt die Wiedervereinigung. Der junge Mann aus Berlin, der über seine Erlebnisse in Berlin berichtet, wird ständig von seiner Rührung übermannt und kann unter Tränen nicht weiterreden. Der Nächste erzählt, er habe drüben im Gefängnis gesessen und sei freigekauft worden. Für ihn sei das alles ein Traum. Er könne das Ganze nicht fassen. Er fände es gut, wenn der Kanzler aus Polen zurückkehre. Er fände es gut, wenn er nach Berlin käme. Man könne dieses historische Ereignis nicht Momper überlassen.

Klaus Daweke erzählt, er sei gestern Abend zu einer Sitzung »40 Jahre politische Bildung« im Reichstag gewesen. Man habe abends darüber diskutiert, wie man die Menschen durch politische Bildung erreichen könne. Da sei einer in den Konferenzraum gekommen und habe gesagt, die Menschen seien da, man könne sie auf der Straße erreichen. Es sei unglaublich gewesen, was sich vor dem Reichstag abgespielt habe.

Worms berichtet sehr bewegend über das, was in der Nikolaikirche geschehen ist. Er schlägt die Gemeinde der Nikolaikirche für den Friedensnobelpreis vor. Der Pfarrer Christian Führer habe Großartiges geleistet. An einem Montag, Anfang Oktober, habe die Stasi mit ihren Leuten die Kirche besetzt. Der Pfarrer habe sie aufgefordert, mit ihm zu beten und sich zu erheben. Und alle hätten sich erhoben. Die Landtagsfraktion in Düsseldorf könne einen Teil der DDR abdecken, ohne in bestehende Zuständigkeiten einzugreifen.

Hannelore Rönsch plädiert ebenfalls für einen Besuch Kohls in Berlin. Ich unterstütze dies mit folgenden Argumenten:

1. Wir brauchen gute Bilder von Kohl in Berlin heute Abend. Denn die Bilder gestern Abend waren nicht gut. Er machte einen eher unwirschen Eindruck und zeigte nicht die Freude, die die Menschen in Berlin erfüllte.

2. Kohl muss als Kanzler sprechen, nicht als CDU-Vorsitzender. Er darf keinen Parteienstreit entfachen. Er muss Brandt in seine Aussagen einbeziehen und für alle Deutschen so sprechen, dass alle Deutschen zustimmen können. Fink ergänzt, dass auch die Bundesbürger angesprochen werden müssen, und zwar im Tenor der Chance, nicht des Appells an ihre Opfer- und Verzichtbereitschaft.

Es wird allgemein über die Möglichkeiten gesprochen, schnelle Kontakte mit der CDU in der DDR und anderen Organisationen aufzunehmen. Man solle nicht sofort über Wiedervereinigung reden. In der Ost-CDU bestehe die Sorge, im Sinne eines Anschlusses als Konkursmasse vereinnahmt zu werden.

Eben kommt die Nachricht, dass heute Abend in Berlin vor der Gedächtniskirche eine Kundgebung stattfinden wird. Ich melde mich für die Teilnahme an. Morgen werde ich in Berlin bleiben. Ich will diesen historischen Augenblick am Ort des Geschehens miterleben.

11. November 1989

Was hier in Berlin geschieht, ist unvorstellbar. »Unfassbar«, »Wahnsinn« sind die Begriffe, die man am häufigsten hört, wenn man die Menschen nach ihren Eindrücken und Gefühlen befragt. Das Volk hat die Teilung Deutschlands überwunden. Es hatte keine Geduld mehr und wollte nicht länger warten. »Die Deutschen sind heute das glücklichste Volk auf der Erde«, sagte Momper gestern vor dem Schöneberger Rathaus auf einer Kundgebung.

Gestern Nachmittag flogen wir mit einer Sondermaschine für die Fraktion nach Berlin. Viele waren nicht mehr in Bonn. Die meisten mussten oder wollten abends wieder zurück. Mit wenigen blieb ich in Berlin.

Zur Kundgebung kam ich etwas zu spät. Zu ihr hatten sich rund 150 000 Menschen an der Gedächtniskirche auf dem Breitscheidplatz versammelt. Als wir unsere Koffer im Interconti deponiert hatten und uns zu Fuß der Versammlung näherten, hörten wir bereits aus der Entfernung die Stimme Genschers. Warum Kohl ihn zur CDU-Kundgebung eingeladen hatte, ist mir unklar. Beide hatten auch schon vor dem Schöneberger Rathaus gesprochen. Genscher bekam viel Beifall. Ich mischte mich unter die Menge, zunächst in der Umgebung von Bierbuden (die sich eines reichlichen Zuspruchs erfreuten), dann in größerer Nähe zum Podium, auf dem Genscher, Landowsky, Waigel und Kohl ihre Reden hielten.

Der Eindruck aus der Sicht der Menge ist gänzlich anders als der von der Bühne, auch wenn man dort nur zuhört. Als Genscher sprach, waren die Menschen interessiert. Bei Waigel spürte man ihre Gleichgültigkeit. Er war in Erinnerung an Strauß eingeführt worden. Dessen Name scheidet selbst ein Jahr nach seinem Tod noch die Geister. Waigel ist kein guter Redner für Massenveranstaltungen. Ich habe ihn wohl überschätzt.

Zum Schluss dann Kohl. Sein Talent als Redner ist nicht größer. Was hätte man zu diesem Anlass alles sagen und bewegen können! Stattdessen eine überforderte Stimme, angestrengt und schon deshalb nicht überzeugend. Ohne wirklichen Kontakt zu den Menschen, die doch bereit sind, sich in Besitz nehmen zu lassen durch die Größe des Ereignisses, das sie zusammenführte. Kohl sprach zu lange, war voller Wiederholungen und Platitüden. Er verfehlte die Gefühle der Menschen und brachte den Staatsmann nicht rüber.

Die Störer waren hier kleiner an Zahl als vor dem Rathaus Schöneberg, wo Kohl auf ein andauerndes Pfeifkonzert getroffen war. Sie wurden von der großen Mehrheit auch abgelehnt. Als das Deutschlandlied gesungen war, das viele, auch junge Menschen mitsangen, zerstreute sich die Menge ohne Bewegung oder eine wirkliche Botschaft; dass sie handeln, war von ihnen nicht erwartet worden. Den konkreten Aufruf zur Solidarität hatte es nicht gegeben.

Ich ging zurück zum Schweizer Hof. Dort hatte die CDU einen Empfang vorbereitet. Man tat sich am Büfett gütlich und war Gott sei Dank wieder unter sich. Als Elmar Pieroth später ein Ehepaar aus der DDR mit Tochter vorstellte, konnte man den exotischen Charakter dieser Begegnung spüren. Man nahm sie als Besucher zur Kenntnis. Von der Gewalt der Ereignisse um uns herum war in diesem Raum kaum etwas zu spüren.

Ein junger Mann berichtete, ein Fackelzug zur Mauer sei vorbereitet, wir sollten uns anschließen. Mit einigen anderen ging ich mit, vom Hotel am Friedensengel vorbei, die Straße des 17. Juni entlang zum Brandenburger Tor. Auf halbem Weg wuchs die Menschenmenge an. Alle bewegten sich in eine Richtung. Gegen 20.30 Uhr erreichten wir die Mauer am Brandenburger Tor. Sie ist dort rund drei Meter dick und rund zwei Meter fünfzig hoch. Auf ihrer Krone standen dichtgedrängt die Menschen. Immer neue kletterten mit Hilfe anderer nach oben. So schoben und zogen sie einander auf das Bauwerk, das, durch Sprayer in kunstvoller Weise dekoriert, schon etwas von seiner drohenden Scheußlichkeit verloren hatte. Zehntausende drängten sich vor der Mauer. Immer wieder erhob sich der rhythmische Ruf: »Die Mauer muss weg!«, der uns schon unterwegs begleitet hatte.

An der Einmündung zur Straße des 17. Juni war eine kleine Fernsehstadt entstanden. Scheinwerfer tauchten Mauer und Menschen in helles Licht. Der Himmel war klar, der Mond fast voll. Aber es war nicht zu kalt. Auch Landowsky kletterte über eine einfache Leiter auf die Mauer; ein Bundestagskollege aus Berlin stand schon oben.

An den Flanken der Mauer, im Halbdunkel, wurde fleißig gehämmert. Junge Leute mit Hammer und Meißel schlugen Stücke aus der Betonkrone und verteilten sie an die Menge. Dutzende von Händen streckten sich ihnen entgegen, um ein Stück zu ergattern, fast so als handele es sich um eine Reliquie. Ein buntes, fröhliches Volk, ständig in Bewegung, mit einer merkwürdigen Mischung von Erstaunen, Ernst und Unbeschwertheit in den Gesichtern.

Das Volk hat die Mauer überwunden. Nie mehr wird sie ihre trennende Rolle spielen können. Nach 28 Jahren kann wieder zusammenwachsen, was zusammengehört. Die Teilung Europas ist zum Anachronismus geworden. So muss es der absoluten Monarchie zumute gewesen sein, als das Volk ihr plötzlich die Gefolgschaft verweigerte, sich einfach nicht mehr um sie kümmerte und sein Schicksal selbst zu gestalten begann. Als wir uns gegen 22.30 Uhr auf den Rückweg machten, um wieder zum Schweizer Hof zu gehen, kamen uns Tausende und Abertausende auf dem Weg zur Mauer entgegen. Viele junge Menschen, aber auch junge Paare mit Kinderwagen oder Kleinkindern auf den Schultern. Eine endlose Prozession zum Symbol überwundener Trennung und Tyrannei. Wo es zum Brandenburger Tor gehe, fragten uns junge Leute in der Nähe des Hotels. Selten habe ich so gerne den Weg gewiesen.

Heute Morgen fuhren Uwe Lehmann-Brauns und ich über den Übergang Invalidenstraße nach Ostberlin. Einem freundlichen DDR-Polizisten, der mich erkannte – er sähe ja auch Fernsehen –, verdankten wir einen problemlosen Übergang. Der Durchgang durch die Mauer ist schmal, etwa eine Busbreite. Deshalb müssen sich Auto- und Fußgängerverkehr abwechseln. Als wir kurz vor der Einfahrt stehen, müssen wir auf den Gegenverkehr warten. Und dann kommen die Menschen von drüben. Viele zum ersten Mal in ihrem Leben. Die Mauer steht seit gut 28 Jahren. Sie strömen durch den engen Durchlass wie durch einen gebrochenen Damm. Ihre Gesichter sind erwartungsvoll. Viele scheinen geblendet, als stiegen sie aus einem Keller herauf ans Tageslicht. Und in gewisser Weise kommen sie auch aus einem Keller, in dem sie eingesperrt waren. Manche fangen an zu weinen oder lächeln verlegen, als wir sie mit Beifall empfangen. Bilder, die ich nie vergessen werde.

Der Ostteil der Stadt ist menschenleer. Alles ist nach Westberlin geströmt. Auf dem riesigen Alexanderplatz treffen wir kaum jemanden an. Nur einige polnische Händler sind da. Aber selbst sie haben kaum Zulauf. Wir besuchen die internationale Buchhandlung in der Nähe des Nikolaiviertels. Wo es sonst samstagvormittags überfüllt ist, halten sich jetzt nur wenige Käufer auf. Nach einem Bummel durch das ebenfalls menschenleere Nikolaiviertel kehren wir in einem Restaurant ein. An unserem Tisch sitzt ein Ehepaar aus Thüringen. Man sei am Wochenende nach Berlin gefahren, um Näheres über die Veränderungen zu erfahren. Nach anfänglichem Stocken kommt ein Gespräch in Gang: über die Schwierigkeiten der Vergangenheit und die Hoffnungen der Zukunft. Ungläubigkeit allenthalben. Ein Gast hat mich erkannt und bittet um ein Autogramm. Der Umgang ist noch sehr linkisch und ungewohnt. Man wird erst lernen müssen, miteinander zu sprechen.

Auf dem Rückweg zum Auto treffen wir drei Frauen. Sie erkennen mich und freuen sich über die Begegnung. Eine von ihnen stammt aus Hamburg, die anderen beiden leben in Ostberlin. Sie sind auf dem Weg ins Kulturhaus Lichtenberg, wo am Abend das dreißigjährige Jubiläum einer Dixieland-Band, »Papa Binnes Band«, gefeiert werden soll. Ich müsste auf jeden Fall kommen und an der Feier teilnehmen. Man fordert mich mit so großer Herzlichkeit auf, dass ich nicht widerstehen kann.

So erkundige ich mich nach der Rückkehr nach Westberlin und ins Hotel, ob es möglich sei, gegen Abend mit einem Taxi wieder in den Ostteil der Stadt zu fahren. Es ist möglich. Ein Taxifahrer stellt sich zur Verfügung. Wir fahren also zum Dixielandfestival ins Kulturhaus. Es wird einer der überraschendsten, fröhlichsten und bewegendsten Abende, an die ich mich erinnern kann. Mehrere Dixielandbands sind gekommen, um den Jubilar mit ihrer Musik zu beschenken. Aber das schönste Geschenk, das er erhält, ist ein Stein aus der Berliner Mauer, sorgfältig verpackt und mit einer Schleife dekoriert.

14. November 1989

Arbeitsgruppe Wirtschaft in Bonn. Man berichtet aus dem Fraktionsvorstand. Dort habe man sich nicht über die Ereignisse gefreut, sondern darüber besorgt gezeigt, dass die Sternstunde der Union, die es hätte sein müssen, nicht stattgefunden habe. Alfred Dregger habe fast ausschließlich über die Wiedervereinigung geredet. Johannes Gerster habe dem relativierend widersprochen. Teilweise sei eine Viermächtekonferenz gefordert worden. Andere hätten eingewandt, dies sei das Letzte, was man jetzt gebrauchen könne. Man werte damit die gegenwärtige DDR-Führung auf. Am Schluss habe man festgestellt, die Bundesrepublik könne stolz sein auf die Art und Weise, wie man mit den Übersiedlern und Aussiedlern fertiggeworden sei. Im Vordergrund habe die Sorge gestanden, dass die Entwicklung zu wenig »auf unsere Mühlen« geht. Brandt sei aus der Versenkung geholt worden. Er spiele derzeit wieder eine wichtige Rolle, was man kritisch sehe.

Ludwig Gerstein berichtet von den Eindrücken seines Sohnes aus der Kundgebung vom vergangenen Freitag vor dem Schöneberger Rathaus. Kohl habe erst am Schluss gesprochen und nicht die richtigen Worte gefunden. Nicht nur die Chaoten, auch die normalen Bürger seien mit Kohl unzufrieden gewesen, wenn sie auch das Pfeifen missbilligt hätten. Ich melde mich und warne vor einer parteipolitischen Vereinnahmung der Entwicklung in der DDR. Wir hätten zur Befreiung der Menschen in der DDR in den vergangenen Monaten nichts beigetragen. Nun sollten wir das Ergebnis dieser Leistung auch nicht für uns reklamieren. Dieter Lattmann stimmt mir zu. Er betont die Notwendigkeit des intensiven Gesprächs mit den Menschen in der DDR. Sie wüssten zu wenig von uns und unserer Art, Politik zu machen.

15. November 1989

Georg Leber ist gestern nach Bonn gekommen, um heute mit mir auf einer Pressekonferenz unseren Vorschlag zu einer »Solidaritäts-Stiftung des deutschen Volkes« vorzutragen. Wir haben uns schon abends zur Besprechung des Textes getroffen. Ich habe seinen Entwurf nachhaltig überarbeitet, präziser gefasst und auch gekürzt.

Mit der Solidaritäts-Stiftung wollen wir unseren Beitrag leisten, damit Freiheit und Menschenwürde, soziale Gerechtigkeit und die Erhaltung unserer natürlichen Lebensgrundlagen sich auch im anderen Teil Deutschlands dauerhaft entfalten und gedeihen können. Zu diesem Beitrag verpflichtet uns die Solidarität. Die Deutschen in beiden Teilen Deutschlands haben den Krieg gemeinsam verloren. Aber die politischen und wirtschaftlichen Folgen der Katastrophe sind ungleich verteilt. Das hat zu nachhaltig unterschiedlichen Lebensbedingungen in den beiden deutschen Staaten geführt. Das ist nicht die Schuld der Menschen in der DDR. Diese Ungleichheit der Lebensbedingungen muss überwunden werden. Nur, wo vergleichbare Lebensverhältnisse herrschen, können sich Freiheit und Freizügigkeit voll entfalten. Dies gilt für die Europäische Gemeinschaft. Es gilt auch für die beiden deutschen Staaten. Die Überwindung ungleicher Lebensbedingungen ist unsere gemeinsame Aufgabe. Der Solidarbeitrag soll dieser Aufgabe dienen.

Wir schlagen vor: In den kommenden fünf Jahren, erstmals im Jahre 1990, wird am 17. Juni gearbeitet. Der Lohn, den die Arbeitnehmer an diesem Tag verdienen, wird von den Betrieben an die »Solidaritäts-Stiftung des deutschen Volkes« abgeführt. Die Arbeitgeber führen das Eineinhalbfache der Einkommen an die Stiftung ab, die die Arbeitnehmer an diesem Tag erarbeiten. Die Angestellten in der Wirtschaft und im öffentlichen Dienst und die Beamten leisten aus ihrem Monatseinkommen einen vergleichbaren Beitrag an die Stiftung. Die selbstständig Beschäftigten leisten als ihren Solidaritätsbeitrag 0,4 Prozent ihres jährlichen steuerpflichtigen Einkommens an die Stiftung. Die öffentlichen Hände leisten ebenfalls einen

Beitrag an die Stiftung. Über die Verwendung der Mittel entscheidet ein Stiftungsrat. Zu den Bereichen, in denen nach unseren Vorstellungen die Stiftungsmittel wirksam eingesetzt werden könnten, gehören unter anderem: die Verbesserung der Infrastruktur, vor allem der Kommunikation, des Telefonsystems, des öffentlichen Transportwesens (Eisenbahn) und des Straßennetzes. Die Verbesserung der ökologischen Bedingungen der Produktion und des Lebens in der DDR, die Verbesserung der beruflichen Aus- und Weiterbildung auf allen Ebenen, speziell die Vermittlung von Management-Know-how im Bereich von Wirtschaft und Verwaltung.

Nun sind wir gespannt auf die Reaktionen in der Öffentlichkeit und bei den gesellschaftlichen Gruppen. Mit den Gewerkschaftsführern Monika Wulff-Matthies, Franz Steinkühler und Heinz-Werner Meyer hatte Leber vorher noch telefoniert. Alle hatten ihm wohlwollende Prüfung zugesagt. Hermann Rappe, der Vorsitzende der IG-Chemie, hatte ihm bereits versprochen, den Vorschlag öffentlich zu unterstützen.

Leber gab später RIAS-TV noch ein Interview, das am kommenden Morgen gesendet werden soll. Einer Telefonumfrage nach der Sendung zufolge lehnten etwa 75 Prozent die Idee ab. Andere Umfragen ergaben allerdings bessere Resultate.

Anschließend Bundesvorstandssitzung in Bonn. Kohl ist von seiner Polenreise zurückgekehrt. Er zeigt sich beeindruckt von der politischen Leistung der heutigen Führung. Die Minister seien teilweise aus dem Gefängnis gekommen und säßen nun im Kabinett neben denen, die sie unter der Herrschaft des Kriegsrechts verhaftet hätten. Der Patriotismus verbinde sie, auch den katholischen Ministerpräsidenten und den kommunistischen Staatspräsidenten. Der Idealismus sei ungeheuer, Professionalität dagegen kaum vorhanden. Die beiden Säulen, die Kirche und der Glaube an Polen, trügen die Entwicklung. Die Reformbewegung habe das noch immer ungebrochene Vertrauen der Menschen. Das Abschlusskommuniqué seines Besuches enthalte alles, was möglich war. Die deutsche Minderheit sei geschützt. Man werde jedes Jahr eine Leistungskontrolle durchführen.

Zur DDR: Was sich in der DDR ereigne, sei faszinierend und einmalig. Wir müssten nun darauf achten, was um uns herum geschehe. Ob unser Weg zu einem guten Ende führe, sei weitgehend von uns abhängig. Der Prozess werde aber genauso von außen beeinflusst. Bemerkenswert seien die Zustimmung sozialistischer Regierungschefs aus dem Ausland und die Zurückhaltung der Christdemokraten. Vorschläge zu einem Friedensvertrag seien falsch. Die »Siegermächte« würden wieder wirtschaftliche Forderungen stellen. Wir riskierten eine Souveränitätsdebatte, wenn die Alliierten plötzlich über unser Land sprächen, und könnten dann die Bundestagswahlen vergessen.

Wie es in der DDR weitergehe, wüssten die Leute dort selbst nicht. Er müsse in den kommenden vier Wochen mit Krenz reden. Aber er wisse noch nicht, wann. Zu den Bedingungen, deren Einlösung wir verlangen müssten, gehörten freie Wahlen in unserem Sinne, also mit unabhängigen Parteien. Krenz habe ihm gesagt, sein Modell sei Moskau, nicht Warschau. Modrow sehe das möglicherweise anders.

Wir könnten aber auch nicht warten, bis freie Wahlen durchgeführt seien und die soziale Marktwirtschaft sich etabliert habe. Der Zeitpunkt unserer Mitwirkung sei dann gekommen, wenn der Reformprozess in Bewegung gerate und irreversibel sei. Unsere bisherigen Aktivitäten, etwa im Bereich Umwelt, müssten wir fortsetzen. Telefonverbindungen mit der DDR, Sondertarife der Bahn zu Weihnachten und dergleichen müssten gewährleistet sein. Eine Paketaktion solle es nicht geben. Das Begrüßungsgeld von 100 DM werde uns etwa eine Milliarde kosten. Die DDR-Bürger würden nur in ihrer Heimat bleiben, wenn etwas geschehe. Deshalb dürften sie nicht enttäuscht werden. Wir müssten die Initiative behalten. Diese Woche sei es noch falsch, die SPD anzugreifen. Sie sei jedoch mit ihrer Politik gescheitert. Alle Prognosen und Annahmen der SPD hätten sich als falsch erwiesen.

Mit Kontakten zwischen dem Bundestag und der Volkskammer solle man warten, bis man wisse, was aus der Volkskammer werde. Wenn sie freie Wahlen beschließe, dann könne man mit ihr auch schon vor den Wahlen reden. Dregger ist anderer Ansicht. Über neue Feiertage solle man jetzt um Gottes willen nicht reden. Zum Medienbild habe er seinen ganzen Zorn schon am Freitagabend abgeladen. Es sei eine geplante Geschichte gewesen, ihn aus Berlin fernzuhalten. Man habe eine neue Legende bilden wollen, wonach er, Kohl, wie Adenauer im entscheidenden Moment nicht in Berlin gewesen sei.

Wir beschließen, auf der Sitzung des Bundesausschusses in Berlin die neue Situation zu behandeln. Es sollen auch Teilnehmer aus der DDR eingeladen werden, um zu berichten und mit uns zu diskutieren.

In Berlin halte ich nachmittags einen Vortrag zu sicherheitspolitischen Fragen. Er ist den dramatischen Veränderungen in Deutschland und Europa, vor allem auch in Polen und Ungarn, und den Auswirkungen gewidmet, die der Umbruch auf die bisherigen sicherheitspolitischen Strukturen haben wird. Entscheidend scheint mir dabei, dass die Bedrohungen heute nicht mehr von einer Verletzung des Status quo ausgehen, sondern von der Unfähigkeit, den Wandel zu beherrschen und zu stabilisieren.

Die Senatorin Heide Pfarr, die Herrn Momper vertritt, äußert mir anschließend ihre Sorge, dass man in Bonn vernünftige Maßnahmen blockieren könne, um die DDR auszuhungern und damit wiedervereinigungsgefügig zu machen. Ich versichere ihr, dass es für eine solche Politik keine Mehrheit geben werde.

Vor dem Rückflug gehen wir noch einmal zur Mauer am Brandenburger Tor. Sie ist nicht mehr »besetzt« wie am vergangenen Freitag. Ein Polizist der DDR läuft auf der Mauerkrone hin und her. Später, als wir schon wieder gegangen sind, wird er von Berlinern gefragt, wann das Brandenburger Tor geöffnet würde. Er wisse es nicht, antwortete der Mann. Aber man habe schon einen losgeschickt, den Schlüssel zu suchen! Eine großartige Antwort.

16. November 1989

Unsere Idee einer Solidaritäts-Stiftung ist von der *FAZ* und der *Welt* ignoriert worden. Aber die elektronischen Medien und die Regionalzeitungen helfen uns. Von einem Journalisten höre ich später, Regierungssprecher Hans Klein habe in seiner Pressekonferenz empfohlen, den Vorschlag ganz niedrigzuhängen. Georg Leber ist über diese Reaktion enttäuscht und verbittert. Er will sich nicht mehr dafür einsetzen. Nachmittags kann ich ihm die gute Nachricht mitteilen, dass der deutschlandpolitische Sprecher Eduard Lintner den Vorschlag im Namen der CDU/CSU-Fraktion begrüßt.

Brandt erwähnt unsere Anregung in seiner Antwort auf Kohls Regierungserklärung zu Polen und der DDR. Beide finden auf beiden Seiten des Hauses Beifall. Missklänge kommen erst mit Momper und Rühe in die Debatte. Rühe ist ruppig, Momper nicht ausreichend souverän.

17. November 1989

Morgens zwei Interviews zur Stiftung mit Radio Nürnberg und TV 5. Beide Journalisten sind Feuer und Flamme für den Vorschlag. Der Vorsitzende der Gewerkschaft HBV hat ihn inzwischen als unsozial abgelehnt. Man solle auf die Steuerreform verzichten und dieses Geld nutzen. Verkäuferinnen könnten nicht veranlasst werden, umsonst zu arbeiten!

In Marburg bin ich zu einem Interview mit der *Oberhessischen Presse* verabredet. Als wir in der Stadt nach dem Weg zum Hotel fragen, sagt uns der Passant, er könne uns nicht helfen, er sei aus der DDR. Morgen wird in ARD und ZDF die Sitzung der Volkskammer übertragen, in der der gestern zum neuen Ministerpräsidenten gewählte Hans Modrow seine Regierung vorstellt und seine Regierungserklärung abgibt. Beides sind Symptome eines unglaublichen Vorgangs.

18. November 1989

Wir fahren nach Lampertheim bei Mannheim. Ich hatte dem Bundestagskollegen Franz-Hermann Kappes versprochen, zu einem Kreisparteitag zu kommen. Thema war die Sozialpolitik. Die Delegierten diskutieren eine Reihe von Anträgen in ungewöhnlich disziplinierter Form und mit viel Sachverstand.

Meine Rede handelt von den Grundwerten, auch im Verhältnis zur DDR. Man widerspricht mir nicht, findet es wohl auch richtig, dass ich die tatsächliche Umsetzung der Prinzipien praktisch einfordere. Aber man merkt doch, dass viele sich gestört fühlen. Es ist ihnen lästig, mit Verpflichtungen konfrontiert zu werden, die sich aus ihrem Wohlstand ableiten. Man hat sich in den bestehenden Verhältnissen doch so gut eingerichtet. Warum soll man nun alles ändern, bloß weil die anderen die Mauer durchbrochen und praktisch eingerissen haben?

20. November 1989

Als ich am Sonntag in Berlin im Hotel ankomme, treffe ich auf den Hamburger Unternehmer Kurt Körber, der mir gerade eine Nachricht hinterlassen wollte. Körber ist fasziniert von der Entwicklung in der DDR. Er will in Dresden seinen zweiten Wohnsitz nehmen und eine Zweigstelle seiner Körber-Stiftung einrichten. Der Stadt hat er Baufahrzeuge und Verputzmaschinen zur Verfügung gestellt, mit deren Hilfe alte Gebäude restauriert werden sollen. Rund eine Million will er dafür ausgeben. Aber dabei soll es nicht bleiben.

Auch mich beschäftigt schon seit einigen Tagen die Frage, was ich zur Gesundung der DDR beitragen könnte. Der Gedanke lässt mich nicht mehr los, in die DDR zu gehen und dort mit meinen Erfahrungen am Aufbau einer politischen und wirtschaftlichen Infrastruktur mitzuwirken. Körbers Gedanken gehen in eine ähnliche Richtung. Wir überlegen, ob es eine Zweigstelle des Bonner Instituts für Wirtschaft und Gesellschaft in Leipzig geben könnte und ob ich nicht in Leipzig lehren und jedenfalls einen Teil meiner Zeit auch dort arbeiten sollte. Körber sagt, er würde sich mit der Stiftung auch an der Finanzierung eines solchen Projektes beteiligen.

Nachts schlafe ich nicht gut, das DDR-Projekt geht mir ständig im Kopf herum. Soll ich für längere Zeit nach Leipzig gehen oder sogar ganz? Sollen wir dort ein Institut aufbauen, junge Leute gewinnen und mit ihnen in Leipzig über die marktwirtschaftliche Ordnung und über die Möglichkeiten einer sozialistischen Marktwirtschaft arbeiten? Soll ich dann in Leipzig wohnen, gar die Staatsangehörigkeit der DDR erwerben, um mich auch am politischen Leben beteiligen zu können? Soll ich, kurzum, mit sechzig noch einmal etwas ganz Neues anfangen? Was kann ich im Bundestag noch bewirken, das nicht auch außerhalb des Parlaments angestoßen werden könnte? So stellen sich mir mit dem ausgehenden Jahr, wenn auch aus ganz anderen Gründen, ähnliche Fragen wie zum letzten Jahresende, als ich mich entschloss, nicht mehr für den Bundestag zu kandidieren und auch nicht mehr in den Bundesvorstand zu gehen.

Diese Überlegungen werden auch deshalb aktuell, weil Hans Daniels, der Bonner Oberbürgermeister, mich für den Wahlkreis der Bundeshauptstadt gewinnen möchte. Das ist an sich eine reizvolle

Aufgabe. Aber es würde bedeuten, dass ich mich in der kommenden, spätestens in der übernächsten Woche darauf festlegen müsste, wieder für den Bundestag zu kandidieren. Wenn ich für die Landesliste kandidiere, dann hätte ich mich erst im Mai oder Juni endgültig zu erklären. Das ließe mir genug Zeit, mich auch für die Arbeit in der DDR zu entscheiden.

Der Tag war interessant und lehrreich. Es ging um einen Kooperationsvertrag zwischen Deutrans und dem Spediteur Weickert in Dresden. Ich habe mich bereit erklärt, das Projekt als Anwalt zu begleiten. Das Vorhaben enthält alle Elemente eines Experiments: Investitionen, Dienstleistungen, Bau eines Gebäudes, Grundstücksfragen, Beteiligungen, Verrechnungsformen, Konvertibilität der Währung und so weiter. Unsere Gesprächspartner waren Herr Paul, Hauptabteilungsleiter des Bereichs Kommerzielle Koordinierung, der Staatssekretär Schalck im Außenhandelsministerium und der Generaldirektor von Deutrans, Schwabe. Die DDR-Vertreter waren kompetente und angenehme Gesprächspartner, wenn mich auch die Parteiabzeichen bei Paul und seinen Mitarbeitern störten.

Vor unserer Fahrt nach Ostberlin besuche ich noch einmal Körber, der inzwischen den Physiker Manfred von Ardenne zu Gast hat. Ardenne zeigt sich erfreut über unseren Vorschlag, eine Solidaritäts-Stiftung einzurichten und den 17. Juni dafür zu nutzen. Er deutet an, dass er es bedauern würde, wenn ich nicht mehr aktiv in der Politik wäre. Ich gratuliere ihm zu seiner Rede in der Volkskammer und den sieben Punkten, die er zur Reform der Wirtschaft formuliert hat.

21. November 1989

IWG-Gespräch in Raesfeld über deutsch-deutsche Fragen im Bereich von Wirtschaft und Gesellschaft. Die im Frühjahr geplante Tagung ist heute von überraschend hoher Aktualität. Kaum jemand hat über die anstehenden Probleme nachgedacht. Auf der Ebene der Entscheidungsträger fehlt jegliche Information. Die Entwicklungen verlaufen so schnell, dass man die Vorbereitung von Entscheidungen nicht beliebig verlängern kann.

In der Diskussion kommen wir auf die Bedeutung des Sozialismus für die DDR zu sprechen. Friedrich Haffner weist auf die

Konditionierung der Menschen durch die Indoktrination hin. Erst den Jüngeren seien die wachsenden Diskrepanzen zwischen Versprechen und Wirklichkeit deutlich geworden. Die älteren Bürger hätten noch den Verweis auf die Zukunft als Erklärung für die Defizite akzeptieren können. Es seien deshalb auch die Jüngeren gewesen, die revoltiert hätten.

22. November 1989

Im weiteren Verlauf unserer Tagung in Raesfeld fragen wir nach wünschenswerten Entwicklungen in der DDR und danach, welcher der beiden Wege, Einstaatlichkeit oder Zweistaatlichkeit, gegangen werden soll. Bei Zweistaatlichkeit ist nicht mit dem massiven Kapitalimport zu rechnen, der notwendig wäre, um den Abstand zum Westen aufzuholen. Auch öffentliche Mittel können in ausreichendem Umfang nur unter den Bedingungen der Einstaatlichkeit gegeben werden. Privates Kapital wird ebenfalls nur unter der Prämisse der Einstaatlichkeit fließen, denn nur dann lassen sich die gesetzlichen Rahmenbedingungen sichern, unter denen Kapital bereitgestellt wird.

In meinen Worten zum Abschluss der Tagung betone ich erneut, dass wir darauf verzichten müssen, von der DDR Vorausleistungen zu erwarten oder ihr Bedingungen zu stellen. Eine solche Haltung würde übersehen, dass die Bevölkerung der DDR mit der Überwindung der Angst, der politischen Diktatur und der Mauer bereits entscheidende, wenn auch politische Vorleistungen erbracht hat. Beharren wir jetzt auf dem Standpunkt, weitere Leistungen müssten folgen, so bedeutet dies, dass die bereits erbrachten gering oder gar nicht bewertet werden. Damit nehmen wir den Menschen in der DDR etwas, auf das wir uns selbst nicht berufen können und das sie von uns unterscheidet: die Erkämpfung der Freiheit.

Dass sie die Freiheit erkämpft haben, ist eine Leistung, die wir im Verhältnis zu unseren wirtschaftlichen Möglichkeiten weit höher bewerten müssen. Nur wenn wir diese außerökonomische Leistung angemessen bewerten, können wir zwischen unserer wirtschaftlichen Hilfe und dieser Errungenschaft ein Verhältnis von Leistung und Gegenleistung herstellen. Verweigern wir der politischen Leistung die Anerkennung, so erwecken wir mit unserer wirtschaftlichen Leistung den Eindruck, als wollten wir den Menschen in der DDR etwas schenken.

Wir schenken jedoch nichts. Wir bringen in die Aufgabe »Einheit des Volkes« vielmehr das ein, was wir einbringen können, nämlich unsere Wirtschaftskraft, nachdem die Bevölkerung der DDR das eingebracht hat, ohne das jede Form der Einheit überhaupt nicht möglich wäre, nämlich die politische Selbstbefreiung.

Zu den Leistungen der Bundesrepublik als Gegenleistung für die erfolgreichen Anstrengungen der DDR-Bevölkerung gehört nach meiner Auffassung eine zumindest vorübergehende Stützung der Währung der DDR. Nur so kann Luft geschaffen und Zeit gewonnen werden für die Gestaltung der weiteren Entwicklung. Alle Kooperationsvorhaben auf der Ebene der Wissenschaften, der Industrie und der Städtepartnerschaften sollten umfassend unterstützt werden. Schließlich muss Kapital für die Erneuerung der öffentlichen Infrastruktur bereitgestellt werden.

Im Unterschied zu anderen bin ich nicht der Auffassung, dass solche Leistungen nicht erbracht werden dürften, ehe nicht die Einstaatlichkeit gewährleistet sei. Wir geben auch anderen Ländern, insbesondere Entwicklungsländern, Kapitalhilfe, ohne ihre staatliche Identität in Frage zu stellen. Umso leichter müsste es uns bei der DDR fallen, zumal wir hier im Rahmen unserer mittelfristigen Perspektive mit späterem gemeinsamen Nutzen rechnen können. Dabei sollte die Kooperation vor allem auf der Kommunal- und Bezirksebene angesiedelt sein mit dem Ziel, dort die Gemeindeautonomie wieder aufzubauen. Mir scheint der Aufbau der Gemeindeautonomie von entscheidender Bedeutung. Die Städte, aber auch die Bezirke, sollten in die Lage versetzt werden, durch direkte Zusammenarbeit mit vergleichbaren Städten oder Regionen in der Bundesrepublik an Identität und Bedeutung zu gewinnen.

Schließlich sollten zwei Expertenkommissionen berufen werden. Die eine sollte sich mit Fragen der Währung und der Währungsangleichung befassen, ihre Arbeit noch in diesem Jahr aufnehmen und bis Ende Februar 1990 erledigt haben. Die zweite sollte die Konsequenzen erörtern, die sich aus der Einbeziehung der DDR in die Europäische Gemeinschaft ergeben. Die Initiative zu beiden Fragen sollte bei der Bundesrepublik, nicht bei den vier Mächten liegen.

Bundesvorstand in Bonn: Die Situation, in der wir tagen, ist in der Tat dramatisch. Nach Ungarn, Polen und der DDR hat die Reformbewegung jetzt auch die ČSSR erreicht. Selbst in Bulgarien sind die Dinge in Bewegung geraten. Wir sehen uns einem langsamen, aber sich beschleunigenden Zusammenbruch des stalinistischen Großreiches im östlichen Teil Europas gegenüber. Der Warschauer Pakt ist de facto auseinandergefallen. Die Wirtschaftskooperation des Rats für gegenseitige Wirtschaftshilfe (RGW) funktioniert nicht mehr.

Morgen will Kohl die Konditionen definieren, unter denen wir die DDR bei der Bewältigung ihrer Probleme unterstützen wollen. Auch ohne weitere Voraussetzungen sollen Telefon- und Eisenbahnverbindungen ausgebaut werden. Solange die politische Justiz in der DDR nicht aufgehoben ist, soll es keine Diskussion über die Erfassungsstelle in Salzgitter geben.

Mit der SPD müsse man sich auch unter dem Gesichtspunkt auseinandersetzen, dass sie uns den politischen Erfolg wegzunehmen drohe. Er will das SPD/SED-Papier noch einmal verteilen lassen. Es sei ein Dokument der absoluten Zementierung der bestehenden Verhältnisse gewesen, Verhältnisse, die das Volk inzwischen über den Haufen geworfen habe. Kohl kommt dann auf die elektronischen Medien zu sprechen. Mit der jetzigen Entwicklung in Funk und Fernsehen könne man auf Dauer keine Wahl mehr gewinnen. Nicht nur die Personalpolitik sei linksorientiert, sondern auch die Programmgestaltung. Sichtbar sei das wieder bei Lafontaine geworden und bei der Reaktion auf seinen Vorschlag, die DDR-Staatsangehörigkeit anzuerkennen. Deshalb müssten wir hier intensiver arbeiten. Im öffentlichen Meinungsklima wirkten sich weder der wirtschaftliche Aufstieg der letzten Jahre noch der wachsende Erfolg der Gesundheitsreform positiv für uns aus.

Man dürfe die europäische Integration jetzt nicht verlangsamen, sondern müsse sie vorantreiben. Nur wenn man die Integration Europas beschleunige, könne man auch die deutsche Teilung überwinden.

Wallmann berichtet über seine Gespräche mit Modrow und dem CDU-Vertreter Eppelmann in Ostberlin: Die Menschen wollten nicht belehrt und nicht als arme Vettern behandelt werden. Die

Parteien und Gruppen befänden sich in einem Selbstfindungsprozess. Die Überlegungen zu einer Konföderation solle man positiv begleiten. Konföderation bedeute zunächst Währungseinheit und wirtschaftliche Integration. Darüber wolle man letztlich zur Einheit kommen. Aber man brauche Zeit. Beim Gedanken an staatliche Einheit habe man Angst vor der Vereinnahmung durch die Bundesrepublik. Es seien aber bedeutsame Veränderungen gegenüber den Haltungen von vor drei Wochen erkennbar. Die Bereitschaft, über Einheit und soziale Marktwirtschaft zu sprechen, sei gewachsen.

Bei de Maizière handle es sich um einen sehr lauteren, vom Gewissen geleiteten Mann mit hohem persönlichen Mut. Ob er die Autorität gewinnen werde, die man zur Führung brauche, sei noch offen, aber möglich. Der Demokratische Aufbruch habe auf ihn den nachhaltigsten Eindruck gemacht; er sei selbstbewusster als die Blockparteien, die sich auch in Schuld verstrickt fühlten. Über die SPD könne er noch nichts sagen. Man solle die CDU in der DDR nicht zurückstoßen, sich aber auch für andere Entwicklungen offenhalten.

Seine Gesprächspartner verträten unterschiedliche Meinungen. Modrow habe ihm gesagt, für Investitionen würden bald die Voraussetzungen geschaffen.

1. Dezember 1989

In Bonn treffe ich mit Daniels zusammen, in dessen Bonner Bundestagswahlkreis ich kandidieren soll. Er will den Wahlkreis aufgeben und sich auf sein Amt als Oberbürgermeister konzentrieren. Er möchte mich für die Kandidatur auch gewinnen, um den Klüngel in Bonn besser bekämpfen zu können, der ihm selbst schon erhebliche Schwierigkeiten bereitet hat. Als Kandidaten für die Kommunalwahl hatte der Kreisvorstand den Neffen des Kreisvorsitzenden Alois Hauser nominiert. Die Mitgliederversammlung hatte dann mit großer Mehrheit Daniels wieder aufgestellt. Allerdings musste dieser versprechen, sich von seinem Bundestagsmandat zu trennen. Nun wird sich das Gleiche wohl bei mir wiederholen: Der Kreisvorstand spricht sich für Editha Limbach aus; die Mitgliederversammlung muss diese Nominierung korrigieren. Voraussetzung ist, dass ich mich der Mitgliederversammlung stelle und das Risiko einer Niederlage eingehe.

Daniels will einen Brief an den Kreisvorstand schreiben, sich für meine Kandidatur im Wahlkreis aussprechen und sich zugleich für einen Platz für Frau Limbach auf der Reserveliste Nordrhein-Westfalen einsetzen. Er ist sicher, dass ich unter diesen Bedingungen mit einer Mehrheit bei der Mitgliederversammlung rechnen könne. Ich stimme dem Vorschlag zu und verabrede mit ihm, dass wir den Brief vorher abstimmen.

Am Dienstag überraschte Kohl in der Haushaltsdebatte alle mit einem Zehn-Punkte-Programm zur deutschen Frage. Er strukturierte damit eine amorphe Debatte und bewies Führung. Die Presse am Mittwoch ist gut. SPD und FDP hatten dem Zehn-Punkte-Programm des Kanzlers in der Debatte zugestimmt.

Mittags bin ich beim Politischen Club in der Karl-Arnold-Bildungsstätte. Thema ist eigentlich mein Buch über die gegenwärtige Parteienlandschaft. Im Vordergrund stehen jedoch die Entwicklung in der DDR und die Sorge um mögliche weitere Erfolge der Republikaner. Zurzeit haben Schönhubers Leute wenige Ansatzmöglichkeiten, denn die nationale Frage wird von allen Parteien auf die eine oder andere Weise besetzt. Niemand will den Polen die ehemaligen Ostgebiete nehmen, außer einigen Vertriebenenfunktionären. Aber die Zeit der Republikaner könnte wiederkommen, wenn es mit Beginn des nächsten Jahres nicht gelingt, die Ost-West-Wanderung unter Kontrolle zu bringen, und der Missbrauch unseres Sozialsystems zunimmt.

Alois Hauser ist ebenfalls gekommen und sitzt als Kreisvorsitzender mit am Präsidiumstisch. Anschließend unterhalten wir uns über Daniels' Vorschlag und meine Reaktion. Hauser will mich nicht, ebenso wie er Daniels nicht wollte. Auch von mir wird erwartet, dass ich mich gegen ein Votum des Kreisvorstandes in der Mitgliederversammlung durchsetze. Meine vorläufige Nominierung durch Daniels läuft den Absichten der Kreispartei zuwider. Nach deren Vorstellung soll Frau Limbach den Wahlkreis erhalten, Ruth Hieronymi soll sie dann beerben und Daniels will man in der nächsten Kommunalwahl stürzen. Der Hauser- und der Daniels-Clan halten die Kreispartei der Bundeshauptstadt mit ihren persönlichen Streitigkeiten auf Trab. Ganz wohl ist mir bei alldem nicht. Aber ich habe nun einmal ja gesagt, und so wollen wir weitersehen.

Am Mittwoch meldet Daniels die ersten Reaktionen. Die Presse ist überwiegend positiv, was meine Kandidatur anbetrifft. Wir hören aber auch von erheblichen Widerständen im Lager Limbachs. Vor allem Frau Hieronymi erregt sich sehr. Sie hatte sich alles so schön ausgerechnet, und nun sieht sie ihre Lebensplanung gefährdet. Andererseits gibt es viel Zustimmung aus dem Kreisverband. Der Reigen beginnt!

2./3. Dezember 1989

Bergedorfer Gesprächskreis in Prag: Unser Thema sind die Chancen für die europäische Kultur am Ende des zwanzigsten Jahrhunderts, deren Gemeinsamkeiten und Gegensätze. Im Verlauf der zweitägigen Diskussion kommen wir immer wieder auf die Entwicklung in Deutschland zurück.

In seiner Einführung zu unserem Gespräch beschreibt Komárek die europäische Dimension der Veränderungen. Man stehe am Anfang einer neuen Entwicklung in Europa. Der Prozess der Selbstbefreiung der Völker sei durch Perestroika ausgelöst worden. Beide großen Blöcke, die Europa ausbalanciert haben, verließen nun die Bühne. Europa könne wieder es selbst sein. Die Probleme Europas könnten nicht auf den Schiffen im Mittelmeer gelöst werden (zur gleichen Zeit fand das Treffen von Gorbatschow und Bush in Malta statt). Es werde nicht mehr kleine und große Völker geben in Europa und in der Welt, sondern nur noch gleiche Völker. So sollte es auch sein.

Max Schmidt, der Direktor des Ostberliner Instituts für Internationale Politik, meldet sich zu Wort. Der Aufbruch der Länder Osteuropas sei eine Renaissance der europäischen Werte. Eine große Lehre sei die Art und Weise, wie sich die Veränderung vollzogen habe, nämlich friedlich und von unten, durch die Menschen. Eine unabdingbare Konsequenz seien vor allem die demokratischen Wahlen, die jetzt kämen. Mit ihnen sei eine Erneuerung der Legitimation der DDR verbunden, vielleicht überhaupt erst ihre Legitimation. Diese Erneuerung solle und dürfe nicht dazu führen, dass es nun zu einer äußeren Bevormundung komme. Das betreffe vor allem die Beziehungen zwischen den beiden deutschen Staaten.

Zum Zweiten behandelt er die Frage, wie es um die deutsche Nation stehe. Er sieht die nationale Komponente, die die beiden verschiedenen sozialen Ordnungen verbinde. Er halte die Theorie von der Entwicklung zweier deutscher Nationen für ebenso unhistorisch wie das alte stalinistische System, das »wir hatten«. Er geht von zwei Staaten einer deutschen Nation aus. Die stalinistische Ordnung habe die Integration in der deutschen Nation nicht zugelassen. Die Identität der DDR sei auch auf den Antifaschismus gegründet worden. Es wäre, nach seiner Ansicht, ein Fehler, »den Geleitzug der Wiedervereinigung als Gesetzmäßigkeit in Gang zu setzen, der nichts entgegengestellt werden kann«. Man habe den Gedanken der Vertragsgemeinschaft bis hin zu konföderativen Strukturen ins Gespräch gebracht. Auf diesem Wege würden auch Hindernisse für die Überwindung der Spaltung Europas vermieden. Ein konföderatives Verhältnis sei durchlässig genug. Für ihn sei die Geschichte offen. Aber gegenwärtig stehe die Frage der Wiedervereinigung nicht auf der Tagesordnung. Dies festzustellen sei auch im Blick auf die Sicherheitsinteressen der Nachbarn notwendig.

Mir kommt es auf die Feststellung an, dass die Sicherheit Europas bisher durch den Status quo gewährleistet worden ist. In Zukunft wird die Sicherheit Europas durch den Wandel gewährleistet. Die Herausforderung besteht darin, den Wandel in Frieden und Freiheit zu bewältigen. Europa hat nur eine Chance mit der europäischen Kultur. Das europäische Haus als Friedensordnung ist nicht ohne eine europäische Kultur denkbar. Die Kultur liefert seinen Zusammenhalt. Sie verhindert, dass aus dem Bau des europäischen Hauses ein Turmbau zu Babel wird, dass Hybris und Sprachverwirrung an die Stelle des europäischen Hauses treten.

Ohne die europäische Kultur kann es nicht gelingen, die industriellen Kräfte zu bändigen und Europa damit vor der Selbstzerstörung zu schützen. Bei der ökologischen Frage des 20. und 21. Jahrhunderts geht es letztlich um eine kulturelle Bändigung der Expansionskraft ökonomischer Energien. Es geht um den Schutz vor Rebarbarisierung des industriellen Lebens, um die kulturelle Begrenzung der menschlichen technisch-naturwissenschaftlichen Möglichkeiten; letztlich darum, zu erreichen, dass nicht alles, was wir können, auch verwirklicht wird.

Die europäische Kultur hat Menschen und Gesellschaft aufgefangen. Die kulturelle Substanz hat sich als gestaltende Kraft erwiesen. Kultur kann eine neue politische Ordnung nicht ersetzen. Aber sie prägt die Ordnung, wenn diese in Freiheit entstehen kann. Die europäische Kultur macht eine Selbstorganisation der Gesellschaft möglich, die nicht auf dem Kampf aller gegen alle beruht.

Die Kultur ist das Fundament der europäischen Friedensordnung. Ihre Aufrechterhaltung setzt eine dauerhafte kulturelle Anstrengung voraus. Die kulturelle Substanz Europas erhält sich nicht von selbst. Sie muss ständig erneuert und erhalten werden.

Zu dieser kulturellen Anstrengung gehört die Erhaltung des Wertekonsenses als des normativen Rahmens für die kulturelle politische und wirtschaftlich-gesellschaftliche Vielfalt Europas; als Rahmen zur Kultivierung der Kräfte, die im Menschen schlummern.

Der Chef des Bundespräsidialamts Andreas Meyer-Landrut antwortet auf Max Schmidt, es sei Aufgabe der Deutschen, den Lebensstandard in der DDR schnell anzuheben, um die Wanderung von Ost nach West abzubauen. In der DDR wie in der Bundesrepublik gebe es starke Kräfte, die die Wiedervereinigung als Herzenswunsch hätten. Diesem Wunsch müsse langfristig entsprochen werden. Dabei müsse man das Viermächtestatut und die Bindungen aus den internationalen Verträgen beachten.

5. Dezember 1989

Kohl berichtet in der Fraktion über seine Gespräche mit Bush und den Regierungschefs der NATO. Bush und Gorbatschow hätten sich auf dem Gipfel in Malta gut verstanden. Sie könnten miteinander. Man habe auch über Deutschland gesprochen. Im nächsten Jahr werde es zu wesentlichen Fortschritten kommen. Bei den Wiener Verhandlungen rechne man mit ersten Truppenreduzierungen. Allerdings müsse man ein teures Kontrollsystem entwickeln. Deshalb sei mit den Reduktionen keine Einsparung verbunden. Auch bei den START-Verhandlungen und jenen über den Abbau der Chemiewaffen zeichneten sich Ergebnisse ab. Damit werde auch das Versprechen »Frieden schaffen mit weniger Waffen« eingelöst.

Die Sowjetunion brauche Hilfe. Die Lage im Land sei außerordentlich kritisch. Der Winter habe mit aller Härte eingesetzt. Auch der Westen müsse sich an dieser Hilfe für die Sowjetunion beteiligen.

Was die Deutschlandpolitik angehe, so empfinde er die Ermahnungen von DGB-Chef Breit und Lafontaine zur deutschen Zusammengehörigkeit als merkwürdig. Herr Breit habe sich doch noch vor kurzem mit Harry Tisch, dem Vorsitzenden des FDGB der DDR, getroffen und mit ihm geprahlt. Auch Lafontaine habe sich mit Leuten eingelassen, die jetzt zum Teil im Gefängnis säßen.

Das Zehn-Punkte-Programm sei eine Wegweisung, kein Zeitplan. Strauß habe früher immer darauf hingewiesen, dass die deutsche Einheit nur unter einem europäischen Dach möglich sei. Auch der Harmel-Bericht der NATO sei 1967 von einem untrennbaren Zusammenhang zwischen dem Frieden in Europa und der Überwindung der deutschen Teilung ausgegangen.

Präsident Bush habe die deutsche Position nachhaltig unterstützt. Auch Paris sei kooperativ, obwohl den Franzosen das Einverständnis schwererfalle als den Amerikanern. Die meisten Probleme hätten die Italiener und die Briten. Er habe den deutschen Standpunkt noch einmal leidenschaftlich vertreten. Wenn man erwäge, in Berlin im Jahre 2004 die Olympischen Spiele zu veranstalten, könne man kaum noch von einer Teilung der Stadt ausgehen.

Kohl fordert die Fraktion auf, Geduld zu haben und in längeren Zeiträumen zu denken. Schon Bismarck habe über die Unfähigkeit der Deutschen meditiert, sich Zeit zu lassen und Geduld zu üben.

7. Dezember 1989

Alles steht unter dem Eindruck der Veränderungen in Europa. Krenz ist inzwischen aller Ämter ledig. In Prag muss Ladislav Adamec seine am vergangenen Sonntag gebildete Regierung erneut umbilden. Die Opposition, vor allem das Bürgerforum, hatte die geringe Beteiligung nichtkommunistischer Kräfte beanstandet. Die SED hat ihren Parteitag vom 15. auf den 8. Dezember vorgezogen. Gysi und Berghofer dominieren die Arbeitsgruppe, welche die Vorbereitungen für den Parteitag übernommen hat, und stellen derzeit praktisch die SED-Führung dar. Als Staatsratsvorsitzender fungiert der LDPD-Chef Gerlach, der sich aber selbst nur als Übergangslösung bis zur Wahl einer neuen Volkskammer ansieht.

Sitzung des Beirats für das Europa-Projekt der Bertelsmann Stiftung. Im Verlauf der Aussprache äußert sich Horst Teltschik zu den Veränderungen in Europa. Der revolutionäre Umbruch finde nicht nur in Osteuropa, sondern in ganz Europa statt. Deshalb dürfe es keine Tabus geben, auch nicht für die eigenen Positionen, die man in der Vergangenheit bezogen hat.

Die Sowjetunion denke längst über die Wiedervereinigung nach. Sie sei nicht sicher, ob sie den Prozess in der DDR, den sie selbst in Gang gesetzt hat, noch beeinflussen könne und, wenn nicht, ob sie einen Preis für die deutsche Einheit verlangen solle. Davor hätten unsere Verbündeten Angst.

Man müsse jedoch auch im Westen über die mit der weiteren Entwicklung zusammenhängenden Fragen sprechen: Wer nimmt an einer Friedenskonferenz teil, mit welchem Ziel? Auch wir müssten uns zu Wort melden. Zunehmend werde die Frage auch in der DDR diskutiert. Die Menschen dort wollten grundlegende Reformen unter einer glaubwürdigen Führung. Wenn dies aus eigener Kraft nicht möglich sein sollte, dann überlege man in der DDR, ob die Vereinigung als Alternative in Frage kommt.

Teltschik fügt später hinzu, dass auch einige unserer Partner die deutsche Frage für ihre eigenen Interessen und deren Durchsetzung instrumentalisierten. Im Oktober noch habe sich Mitterrand in Bonn klar und positiv zum Selbstbestimmungsrecht der Deutschen und zur deutschen Einheit ausgesprochen. Nach dem 9. November habe er sich noch einmal für den Hinweis auf die Bedeutung der Wiedervereinigung bedankt. Inzwischen jedoch werde die Frage der Wirtschafts- und Währungsunion instrumentalisiert, um so die Deutschen zu binden und eine Einflussmöglichkeit auf die deutsch-deutsche Entwicklung zu erhalten.

Heute habe ich mich auch mit einem Brief an die Ortsvorsitzenden und Vereinigungsvorsitzenden im Kreisverband Bonn gewandt, um der Kreispartei mitzuteilen, dass ich für eine Kandidatur im Wahlkreis zur Verfügung stehe. Der Vorschlag des jetzigen Bonner Bundestagsabgeordneten sei für mich sehr ehrenvoll.

8. Dezember 1989

Heute Morgen melden die Nachrichten, dass es in der DDR am 6. Mai 1990 freie Wahlen geben soll. Der Staatssicherheitsdienst wird aufgelöst. Die SED beginnt ihren Parteitag. Berghofer rechnet mit einer »neuen Partei«, ähnlich wie in Ungarn. Ein Staatsanwalt der DDR lässt sich von RTL über die Verfahren gegen führende SED-

Mitglieder interviewen und äußert sich auch zu seiner eigenen Verwicklung in die zurückliegende Unrechtsherrschaft. Die neue Regierung der ČSSR soll mehr als die Hälfte Nichtkommunisten umfassen. Václav Havel, der Friedenspreisträger des Deutschen Buchhandels, der im Oktober nicht nach Frankfurt kommen durfte, um seinen Preis entgegenzunehmen, gestaltet jetzt die tschechoslowakische Politik. Er soll nach den Wünschen des Bürgerforums Präsident werden.

Die Umwälzungen sind atemberaubend. Jeden Tag geschieht etwas Neues. Im kommenden Jahr werden die Tschechen und Slowaken, die Ungarn und die Deutschen in der DDR frei wählen. Der ideologische Unterbau des Warschauer Paktes ist verschwunden. Die Länder lösen sich auch militärisch aus dem Bündnis. Sie rüsten selbstständig ab. In der DDR kann sich in Zukunft jeder junge Mann dem Militärdienst in der NVA durch die Reise in die Bundesrepublik entziehen. Damit verliert diese Armee den Boden unter den Füßen. Die Polen reduzieren ebenfalls ihre Truppen.

In Litauen hat der Oberste Sowjet beschlossen, den politischen Alleinvertretungsanspruch der Kommunistischen Partei aufzuheben und andere Parteien zuzulassen. Die wichtigste neue politische Kraft ist die Freiheitsbewegung, die den Austritt Litauens aus der Sowjetunion betreibt.

Gestern Abend haben wir in einer Runde mit Joseph Rovan, Luigi Vittorio Ferraris und Reinhold Biskup festgestellt, dass die Sowjetunion in Wirklichkeit den Krieg verloren hat. Man kann in der Sowjetunion Raketen kaufen, aber keine Hemden, Schuhe, Brillen, Autos, Waschmaschinen aus eigener Produktion. Die politische und wirtschaftliche Ordnung des Landes ist leistungsunfähig. Gorbatschow hat dies erkannt, eine gewisse Schicht in der Armee ebenfalls, aber die Mehrheit der Bürger noch nicht. Der Generalsekretär erhofft sich von seiner Politik, dass die Sowjetunion wieder einmal zu einer Großmacht werden könnte. Derzeit ist sie es nicht mehr.

Wir sprechen auch über die Entwicklung in Europa. Kohls Position, sich auf weitere Diskussionen über die europäische Währungsunion nur einzulassen, wenn auch die Rechte des Parlaments gestärkt werden – eine richtige Position –, ist in Frankreich auf Ablehnung gestoßen. Man sieht darin ein Zeichen dafür, dass uns das deutsche Hemd näher ist als der europäische Rock. Mitterrand fürchtet, dass wir uns zunächst einmal auf die DDR und die Vereinigung der beiden deutschen Staaten konzentrieren könnten. Deshalb wird unsere Bereitschaft, die auch von Jacques Delors geforderte Währungskonferenz bis spätestens 1990 zu akzeptieren, als Prüfstein für unsere Loyalität gegenüber Europa angesehen. Kohl wird wohl auf diesen Vorschlag eingehen, sollte es aber nur tun, wenn er sich dafür die französische Unterstützung für die zehn Punkte und das Selbstbestimmungsrecht der Deutschen einhandeln kann. Besser noch wäre es, wenn die Unterstützung von der EG ausginge, was aber kaum wahrscheinlich ist.

Unser Gespräch dreht sich heute um die kulturelle Dimension der europäischen Entwicklung. Im Dialog zwischen Ferraris und Rovan kommt der entscheidende Punkt auf die Tagesordnung: Wollen wir in Europa eine multikulturelle Gesellschaft (mit etwa 10 bis 12 Millionen Moslems in Europa am Ende des Jahrhunderts), oder würde das die europäische Kultur sprengen? Ich rege an, bei unseren weiteren Beratungen auch den Begriff der multikulturellen Gesellschaft weiter zu behandeln. Er ist von großer politischer Bedeutung, enthält auch Sprengkraft. Das hat sich in den letzten Jahren sowohl in Frankreich wie in Deutschland gezeigt. Bei dem Wunsch nach kultureller Eigenständigkeit, auch im sprachlichen Sinne, geht es nicht nur um Identität, sondern auch um Selbstbehauptung. Man will nicht nur die eigene Identität sichern, man will sie auch behaupten und damit das eigene Sein. Diese Behauptung ist eine Machtfrage. Sie muss als solche erkannt werden. Widerstreitende kulturelle Identitäten und deren Behauptungen sind eine wichtige Quelle von Konflikten. Solche Konflikte lassen sich nur schwer allein argumentativ lösen. Sie können auch nur im begrenzten Umfang durch Appelle an die Toleranz überwunden werden. An der eigenen Identität endet jede Toleranz. Die Identität zu wahren und zu behaupten wird in Europa jedoch immer schwieriger werden in dem Maße, in dem die Völker Südeuropas, vor allem der Nordküste Afrikas, nach Europa drängen.

10. Dezember 1989

Gestern habe ich lange mit Meinhard Miegel gesprochen. Wir werden nicht nur in der DDR, sondern auch bei uns eine neue Systemdiskussion erleben. Ludwig Erhards Positionen, die er Ende der fünfziger, Anfang der sechziger Jahre entwickelt hat, werden immer aktueller. Er hat damals mit der formierten Gesellschaft nach einem dritten Weg, nach einer Begrenzung der materiellen Expansion, gesucht. Man hat nicht auf ihn gehört.

Die Menschen in der DDR haben andere Denk- und Motivationsstrukturen entwickelt. Sie können nicht in wenigen Monaten nachholen, was wir in rund 35 Jahren erarbeitet haben. Wir treiben heute einen enormen Aufwand, um die Menschen zu Höchstleistungen zu motivieren. Die außerökonomischen Faktoren, die dabei wirksam werden, fehlen in der DDR weitgehend.

In der Fraktionssitzung melde ich mich mit Anmerkungen zum Thema DDR. Ich weise auf die Gleichwertigkeit der wirtschaftlichen und der politischen Leistungen hin und wiederhole meinen Rat, nicht Forderungen an die DDR zu richten und Voraussetzungen für unsere Unterstützung zu formulieren, sondern vor allem unseren Willen zur Zusammenarbeit mit den Deutschen in der DDR zu betonen. Wir dürfen, so stelle ich fest, den DDR-Bürgern nicht ihr Land wegnehmen. Deshalb sei es notwendig, sie vor der Gefahr eines Ausverkaufs zu schützen. Gelänge uns das nicht, brauchten wir über Marktwirtschaft und deren Vorteile auch für die DDR nicht zu reden. Die Diskussion mit den Reformgruppen und den Kirchen sei von deren Angst geprägt, durch die »starke Mark an die Wand gedrückt zu werden«.

Bei den weiteren Überlegungen müsse man zwischen drei Ebenen unterscheiden: den Leistungen des Staates, solidarischen Beiträgen der Bevölkerung (Leber-Biedenkopf-Vorschlag) und privatwirtschaftlichen Aktivitäten. Die Fragen der Währung, des Wechselkurses und der Unterstützung eines begrenzten Umtausches müssten sofort angegangen werden. Die Freizügigkeit laufe leer, wenn es für die Bürger der DDR nicht möglich sei, zumindest in begrenztem Umfang Reisedevisen einzutauschen. Um Investitionen zu erleichtern, müsse mit der DDR-Regierung über einen Investitionsschutz und die Möglichkeit eines Gewinntransfers verhandelt werden. Besonders wichtig sei die Kooperation bei der Lösung von Problemen auf dem Arbeitsmarkt und im Bereich der sozialen Systeme. Auch hier sollte die Bereitschaft zur Zusammenarbeit nicht von einer Fülle von Voraussetzungen oder Vorleistungen abhängig gemacht werden.

Dregger nimmt meinen Beitrag eher unwillig auf. Er will die

Euphorie, die er beim Gedanken an die deutsche Einheit empfindet, nicht durch die Beschreibung von Problemen oder durch differenziertes Denken gestört sehen. Deshalb antwortet er auf meine Ausführungen mit einigen recht abfälligen Bemerkungen. Ich nehme dies zum Anlass, um ihn nach dem Ende der Fraktionssitzung am Vorstandstisch aufzusuchen und ihn meine Verärgerung über seine Intervention wissen zu lassen. Er habe sich in der letzten Zeit schon mehrfach in dieser Weise unkollegial verhalten, und ich verbäte mir ähnliche Kommentare in Zukunft. Sie lägen weder im Bereich der Befugnisse des Vorsitzenden, noch sei sein Verhalten mit der Gleichberechtigung im Rahmen der Fraktion vereinbar.

14. Dezember 1989

Gespräch mit Heinz Ruhnau, dem Vorstandsvorsitzenden der Lufthansa. Wir diskutieren über die deutsch-deutsche Entwicklung. Lufthansa und Interflug kooperieren bereits wie zwei Schwesterunternehmen. Ruhnau ist überzeugt, dass die beiden Volkswirtschaften sich unter der Überschrift »Made in Germany« verbinden werden. Man spüre einen neuen Antrieb und die Bereitschaft zur unternehmerischen Handlungsweise. Dass Deutschland zusammenwächst, daran besteht für ihn kein Zweifel. Der Prozess werde unten beginnen, nicht oben, und vom Grenzgebiet ausgehen. Die Leute würden von Hof nach Erfurt fahren und dort Garagen oder Werkstätten bauen. Handel und Gewerbe, vor allem kleinere und mittlere Unternehmen, würden schnell über die Grenze nach Osten vordringen.

16. Dezember 1989

Ich bin heute Morgen nach Berlin gekommen, um die nächsten Tage in der DDR zu verbringen. Ab morgen will meine Tochter Susanne mich begleiten. Mit Künstlern und Schriftstellern aus der DDR bin ich zu einem Gespräch in der Kirche in Blankenburg verabredet, einem Ortsteil des Ostberliner Bezirks Weißensee. In unserer Begegnung bemühen wir uns, unsere Begriffe zu klären, unsere Gesprächsfähigkeit wiederherzustellen und die »Diktatur-Schäden« zu überwinden. Es wird uns deutlich, dass wir es nicht mit einer

Krise zu tun haben, sondern mit einem Zusammenbruch, der uns zu einer Neuorientierung und dazu zwingt, die sensationellen Dimensionen der Auseinandersetzung zu überwinden. Wer vor acht Wochen gerufen hätte, »Honecker ist ein Verbrecher«, hätte Schlagzeilen im *Spiegel* bekommen. Heute höre keiner mehr hin.

Lehmann-Brauns liest einen Vermerk des bundesrepublikanischen Botschafters in Paris über die Reaktion der Franzosen auf den 9. November und die Folgeereignisse vor. Der Text zeigt die Verbundenheit der Franzosen mit uns und ihre Freude an der neuen Entwicklung. Lea Rosh will ihre im Westteil der Stadt produzierte Talkshow auch für Ostberlin öffnen. Sie hofft, das DDR-Fernsehen dafür zu gewinnen. Gemeinsam soll ergründet werden, was mit uns Deutschen los war, und zwar nicht erst seit 1945, sondern schon seit den zwanziger Jahren. Die Angst, sich einzumischen, so Lea Rosh, sei falsch. Man müsse sich an der Diskussion beteiligen, sich einmischen, aber auch nach den »Diktatur-Schäden« bei uns fragen. Anders sei ein Neuanfang nicht möglich.

Dazu müsse man im Westen und im Osten die Freiräume schaffen, in denen sich künstlerisches und kulturelles spontanes Handeln entwickeln könne. Wenn diese Freiräume gesichert wären, würde sich alles andere, wie die Ökologie, von selbst entwickeln.

Man erwartet, dass Begegnungen zwischen Ost und West Alltäglichkeit erlangen und nicht mehr das besondere, das exzeptionelle Ereignis sein werden. Dies sei schwerer für die Menschen in der DDR als für jene im Westen. Kulturelles dürfe nicht eingeebnet werden. Das Eigenständige des kulturellen Lebens in der DDR dürfe nicht verlorengehen.

Ein Filmproduzent hat die Sorge, dass keine Kulturfilme mehr gemacht werden können, weil man jetzt zu rechnen anfangen müsse. Man habe viele ehrliche Kulturfilme machen können und wie in einer Oase gelebt. Die Partei habe sich den Luxus geleistet. Filmemacher aus Westberlin hätten sie beneidet, weil sie selbst kein Geld gehabt hätten.

Jürgen Rennert, ein Schriftsteller aus Ostberlin, fühlt die Mauer noch immer in sich. Er geht nicht nach Westberlin. Er will das Begrüßungsgeld nicht abholen. Für die Zukunft sieht er schwarz, denn er fürchtet, dass die alten Strukturen bestehen bleiben. Ein Putsch gegen das Volk sei immer noch möglich. Rennert ist Mitglied des

Untersuchungsausschusses, der die Übergriffe der Volkspolizei vom 7. Oktober untersuchen soll.

Eine Sängerin berichtet, viele in der DDR hätten in den letzten Jahren mehr und mehr das Normale zu erobern versucht. Deshalb empfinde sie es als Beleidigung der Gebliebenen, wenn ihnen Mitläuferschaft vorgeworfen werde.

Der Maler und Grafiker Sieghard Pohl betont, es gebe nicht nur im Osten, sondern auch im Westen Wendehälse. Sein Werk in der DDR sei beschlagnahmt worden und weitgehend vernichtet. Man solle sich dafür einsetzen, dass die konfiszierten Werke zurückgegeben werden. Eine Rehabilitation derer, die nicht Kommunisten waren, müsse erfolgen. Er sucht eine Gelegenheit, die unterdrückten Kunstwerke auszustellen.

Es folgt eine Diskussion über die Frage, ob es jetzt politische Kontakte zwischen den Kulturverwaltungen der Regierungen geben soll. Lehmann-Brauns warnt vor zu hastigen Arrangements. Man solle nicht zu schnell mit den bisher Etablierten sprechen. Ein Schlucken oder Überwältigen durch die Bundesrepublik werde es nicht geben. Denn mit der Einheit werde auch die Bundesrepublik verschwinden. Darüber, so Lehmann-Brauns, sei er froh. Er habe die Bundesrepublik nie als einen endgültigen Zustand angesehen.

Ich melde mich zu Wort, weil ich etwas zum »Schlucken« der DDR sagen möchte. Es gehe nicht um Staaten, die sich schlucken, sondern um die Durchdringung der Kulturen und Regionen.

Ein Einwohner Blankenburgs wirft ein: Nicht nur Europa, sondern die ganze Welt habe Angst vor den deutschen Entwicklungen. Was wir gegenüber den Ländern der Dritten Welt, gegenüber Rassismus und Ausländerfeindlichkeit tun könnten. Was ich über Solidarität sagen könnte, Solidarität der Mehrheit gegenüber der Minderheit. Eine andere Teilnehmerin aus Blankenburg warnt davor, den Berg der Probleme zu unterschätzen, der sich angesammelt habe. Man könne die Anpassung an die veränderten Bedingungen und die Überwindung des alten Denkens bei den jungen Menschen nicht allein den Lehrern überlassen. Das müssten auch die Eltern und Nachbarn, die Gemeinden und Kirchen mitleisten. Sie beobachtete, dass die Menschen in der DDR nicht über die Spontaneität verfügten, die man haben müsse, um zu diskutieren. Man habe vierzig Jahre Diktatur erlebt und könne sich nicht ohne weiteres der

Freiheit des Wortes bedienen. Man müsse im Westen Geduld haben mit den Menschen im Osten, diese könnten die neue Welt nicht so schnell verstehen.

Mein Hinweis auf die Länder und ihre Eigenständigkeit ist nur teilweise verstanden worden. Man kann sich wohl eine pluralistische Bundesrepublik nicht vorstellen. Mir wird klar, dass man das Ganze unserer westlichen Befindlichkeit sehr viel sorgfältiger darstellen muss, als ich bisher annahm.

Lea Rosh weist darauf hin, dass unser Wohlstand zum Teil auf Kosten der Dritten Welt erarbeitet worden sei. Das müssten wir auch den Menschen in der DDR nahebringen, wenngleich es schwer sei, sich schon wieder zu begrenzen.

Rennert trägt noch einmal seine Sorge vor, dass die Künstler brotlos werden könnten, wenn die Subventionen entfallen. Denn bisher, das heißt unter diktatorischen Bedingungen, seien die Künstler gut versorgt gewesen durch den »vormundschaftlichen Staat«.

Frau Christel Hartmann, die ein Kulturhaus in Kreuzberg leitet, weist auf die wachsende Aggressivität in ihrem Stadtteil hin. Die Türken hätten Angst vor dem deutsch-deutschen Bündnis gegen sie. Zwei Deutsche aus Ost und West haben einen Türken aus der U-Bahn geworfen, weil er nach Knoblauch roch.

Ein weiterer Teilnehmer hebt die Verschiedenheiten hervor, die in den zurückliegenden vierzig Jahren entstanden sind, und die Schocks, die man in der DDR erfahren habe: Staatsgründung, Enteignung und Kollektivierung, Mauerbau und so weiter: »Wir haben Angst wegen der Schäden, die wir davongetragen haben und von denen wir uns nicht so schnell befreien werden. Wir sind zurückgeblieben und werden es schwerhaben, uns in der westlichen Gesellschaft durchzusetzen. Denn die Ordnung im Westen ist eine natürlichere Gesellschaft. Ihre Entwicklung ist weit vorangeschritten. Diese Entwicklung einzuholen ist kaum möglich.«

Die Schriftstellerin Helga Schubert berichtet, dass der Aufbau-Verlag der SED gehöre. Das habe man nicht gewusst. Die SED habe sich den Verlag kalt angeeignet. Sie, Frau Schubert, arbeite jetzt praktisch für die SED. Niemand könne die Frage beantworten, wie die Partei in den Besitz der Verlage gekommen sei. Erst nach und nach werde man erfassen, was die SED sich alles einverleibt hat, so zum Beispiel auch die Devisen, die sie mit ihren Büchern verdient habe.

Frau Feyl sagt, man habe keine Verfassung und keinen Rechtsstaat gehabt. Sie wünsche sich gleichwohl, dass die Ideale bewahrt würden, die man in der DDR entwickelt habe.

Der Maler Volker Stelzmann fragt, daran anknüpfend, was man eigentlich hinüberretten wolle. Er habe lange darüber nachgedacht, was es sein könne. Er wisse es aber nicht zu sagen. Oder gebe es gar nichts? Wovor habe man denn Angst? Umgekehrt müsse man sich doch auch fragen, was man vom anderen Teil Deutschlands weglassen könne, wenn man zusammenkomme.

Lehmann-Brauns wirft ein, wir im Westen seien durch die Teilung auch beschädigt. Die DDR habe keinen Grund für kulturelle Minderwertigkeitskomplexe. Die Angst könne er nicht ganz verstehen. Die DDR habe kulturell viel geleistet. Darauf könne sie bauen. Deshalb sei mehr Selbstbewusstsein gerechtfertigt.

Rennert fragt sich, wie man die Menschen bewegen könne, im Land zu bleiben. Uns graut vor der nächsten Ausreisewelle. Wie können Wirtschaft und Politik erreichen, dass die Menschen nicht weglaufen? Die Sängerin erinnert an den Jubel und die Hoffnung, die am 9. Oktober und am 4. November von allen empfunden wurden – dann der ganze Dreck, der jetzt hochkomme, von dem man nichts gewusst habe. Sie hat Sorge, dass ihr kleines Fischerdorf jetzt zubetoniert wird.

Die DDR-Menschen brauchen einen Ombudsmann!

17. Dezember 1989

Susanne und ich fahren nach Leipzig zum Gründungskongress des Demokratischen Aufbruchs. Wir treffen gegen Mittag ein. Nachdem sich herumgesprochen hat, dass wir anwesend sind, werden wir freundlich begrüßt. Der Bundestagsabgeordnete Gert Weisskirchen, SPD, und der Generalsekretär der CSU, Erwin Huber, sind ebenfalls zugegen. Beide werden eingeladen, zu der Versammlung zu sprechen.

In der Pause haben wir Gelegenheit zu einem kurzen Gespräch mit Wolfgang Schnur, dem Vorsitzenden des Demokratischen Aufbruchs. Er macht auf mich keinen besonders nachhaltigen Eindruck, wirkt etwas nervös und überfordert, was wohl auch mit den anstehenden Wahlen zu tun hat. Abends treffen wir mit Hans-Wilhelm

Ebeling und seinem neuen Generalsekretär Peter-Michael Diestel in Ebelings Wohnung zusammen. Ebeling ist Pfarrer der Thomaskirche. Wir haben ihn bereits vor Jahren kennengelernt, als wir mit unserem »Privatissimum« in Leipzig waren und er uns damals die Thomaskirche zeigte. Er hat vor wenigen Wochen eine Christlich-Soziale Partei Deutschlands (CSPD) gegründet. Auf einem Tisch im Flur seiner großen Pfarrhauswohnung türmen sich Briefe. Noch fehlt es an jeder Büroausstattung. Die CSU hat eingewilligt, ihn zu unterstützen. Ebeling ist überzeugt, dass die Neugründung große Chancen habe. Die Bevölkerung sei nicht bereit, die CDU zu wählen. Sie sei zu sehr in die Vergangenheit verstrickt. Die sogenannten »Blockflöten-Parteien« seien bei der Bevölkerung häufig unbeliebter gewesen als die SED selbst.

Diestel ist besonders zuversichtlich. Er hält es für möglich, die Mehrheit der Wähler für die CSPD zu gewinnen. Alle Versuche der Ost-CDU, selbst mit Unterstützung der CDU im Westen mehrheitsfähig zu werden, seien zum Scheitern verurteilt. Sein Enthusiasmus ist ansteckend, auch wenn er reichlich naiv wirkt. Kenntnisse über die wirtschaftlichen Grundlagen der deutschen Entwicklung fehlen beiden weitgehend. So wird aus unserer Unterhaltung teilweise ein wirtschaftswissenschaftliches und wirtschaftspolitisches Kolleg, dem vor allem Diestel mit großer Aufmerksamkeit folgt.

Ebeling selbst hält sich zurück, auch was die Bewertung der Chancen seiner neuen Partei anbetrifft. Er ist nicht ohne Ausstrahlung. Seine Sprache ist angenehm, seine Diktion eingängig. Seine Sanftheit kann allerdings nicht darüber hinwegtäuschen, dass der Mann einen starken Willen hat, der ihn die schier aussichtslose Unternehmung vorantreiben lässt, aus dem Nichts eine neue politische Partei aufzubauen.

18. Dezember 1989

Morgens treffen wir an der Universität mit Professoren aus den Rechtswissenschaften zusammen, mit denen wir über Lehrveranstaltungen und mögliche Unterstützung durch bundesdeutsche Hochschulen sprechen. Es folgt ein Gespräch mit dem Generaldirektor des Kombinats Polygraph, Herbert Beschnitt. In seinem Unternehmen sei in ausreichendem Umfang Hochtechnologie verfügbar.

Wichtig sei jetzt die Kooperation mit dem Westen. Das Produktivitätsgefälle zwischen der Bundesrepublik und der DDR werde nicht durch Technologie verursacht, sondern durch die Sozialstrukturen und die Organisation der Wirtschaft. Es gebe ein Potenzial an Arbeitskultur, das sich relativ leicht mobilisieren lasse. Auch die Widerstände gegen Veränderungen würden nicht so stark werden, denn die Grundsätze der sozialistischen Gesellschaftsordnung seien den Menschen fremd geblieben. Sie wollten im Blick auf Qualität und Leistung wieder deutsch werden.

Nachmittags sind wir mit Wirtschaftswissenschaftlern verabredet. Es entwickelt sich ein ausführliches Gespräch über die augenblickliche Lage der DDR-Wirtschaft. Die DDR-Volkswirtschaft sei voller Strukturwidersprüche. Leistungsfähige Kombinate sollte man nicht zerschlagen, sondern in die weltwirtschaftliche Kooperation einbeziehen. Sie seien echte Kooperationspartner, könnten auch selbst Kapital im Westen anlegen und müssten nicht aufgekauft werden.

Demgegenüber gebe es eine ganze Reihe von Schwächen. Die Infrastruktur sei unzureichend. Klein- und Mittelbetriebe seien in Betriebskombinaten zusammengefasst worden. Diese Zusammenfassung habe sich nicht bewährt. Es fehle an Initiativen, um die gegebenen Strukturen zu verändern.

Als Grundtenor stellt sich dabei heraus, dass es bei der DDR anders als bei Polen nicht um Hilfsmaßnahmen gehe, sondern um die Steigerung der Produktivität vorhandener Potenziale und um die Ausschöpfung der geistigen Ressourcen. In der DDR sei weit mehr Leistungsfähigkeit vorhanden, als bisher sichtbar geworden sei. Sie sei durch die bestehenden Strukturen gehemmt worden.

Die gegenwärtige Gefühlslage sei durch Verunsicherung bis hin zu Angst gekennzeichnet, zugleich aber auch durch Aufbruchstimmung bis hin zu einer Gründerzeiteuphorie. Eine enorme Dynamik zeichne sich ab. Die westlichen Konzerne stünden vor der Tür, machten auch vielfach Angebote, die dem beiderseitigen Vorteil dienten.

Chancenreich und im gleichen Maße gefährlich ist die Geschwindigkeit, mit der der Prozess der Veränderung abläuft. Die bestehenden Administrationen werden abgebaut, aber neue sind noch nicht vorhanden. Ganze Produktionsketten fliegen auf. Man befreit sich vom Zwang der erzwungenen Arbeitsteilung, ohne eine neue Arbeitsteilung zu organisieren. Dies kann zu Versorgungsengpässen führen, die die Wende zunichtemachen.

Ein Teilnehmer beschreibt die praktischen Bedingungen eines DDR-Bürgers wie folgt: Wir leben seit mehr als 40 Jahren in einer Mangelwirtschaft. Die Preise sind politisch. Sie haben keinen Bezug zur Wirklichkeit. Eine Ungleichheit durch unterschiedliche Chancen, D-Mark zu verwenden, besteht längst. Intershop-Läden, handwerkliche Leistung, Austausch in der DDR-Wirtschaft auf der Grundlage von D-Mark sind die einzigen Beziehungen im Wirtschaftsbereich, die funktionieren, ohne durch »Bilanzen« der Planwirtschaft erzwungen zu werden. Bei Knappheiten mit hohem Zwang spielt der Umtauschkurs keine praktische Rolle (Heizöfchen oder frieren).

Meine Gesprächspartner schließen nicht aus, dass die Territorialversorgung der DDR zusammenbricht. Ein ungeheurer Ressourcenabfluss sowohl an Menschen wie an Geld finde statt. In den letzten Wochen seien 300 Straßenbahnfahrer ausgefallen. Sie würden durch 200 NVA-Leute ersetzt. Der Fahrgast verachte den NVA-Mann und spucke ihn an. Bei 20 Grad Minus könne alles kollabieren. Unsicher sei auch, ob es gelinge, die Gewaltlosigkeit zu erhalten. Wenn die DDR es nicht schaffe, Veränderungen auf dem Binnenmarkt zu bewirken, dann würden die Menschen nicht mehr mitmachen. Denn ihre Loyalität sei aufgezehrt.

Keiner der Wirtschaftswissenschaftler bestreitet die Notwendigkeit einer Währungsreform. Aber ein Wechsel 1:5 wäre die politische Schmerzgrenze. Bis dahin könnte man gehen. Wenn man Gewissheit hätte, dass die Währungsreform in absehbarer Zeit stattfinde, dann werde Ruhe eintreten. Deshalb sei eine solche Klärung unbedingt notwendig.

Mein Fazit aus der Diskussion ist: Alle Zwischenlösungen zur Währungsfrage werden nicht funktionieren. Man muss die Entscheidung auf einmal treffen, also Preisreform und Währungsreform auf einen Schlag durchführen. Wenn man den Prozess in Teilschritte zerlegt, werden die Schmerzen des ersten Schrittes die weiteren Schritte verhindern, besonders wenn die politischen Parteien im Wettbewerb um Mehrheiten stehen. Insgesamt ist mein Eindruck, dass die Voraussetzungen für die Einführung der sozialen Marktwirtschaft nicht gegeben sind. Die rechtlichen, wirtschaftlichen und politischen Schwierigkeiten sind zu groß, als dass man sie sofort etablieren könnte. Vor allem fehlt das notwendige Wissen.

Gegen 17.00 Uhr gehen wir zur Nikolaikirche. Für den Abend ist eine Demonstration angesagt. Sie soll der Aufforderung zur Friedfertigkeit dienen und jeglicher Gewalt eine Absage erteilen. Die Sorge ist weitverbreitet, dass sich radikale Elemente unter die Montagsdemonstrationen mischen und diese zu Ausschreitungen verführen könnten. Deshalb haben Pfarrer Magirius und Kurt Masur gemeinsam einen Aufruf unterschrieben, in dem sie die Menschen bitten, Frieden und Gewaltlosigkeit zu wahren.

Die Thomaskirche ist überfüllt. Die Gebete erinnern an die gewonnene Freiheit und mahnen den Erhalt der Friedfertigkeit der Revolution an. Anschließend begeben wir uns auf die Ringstraße. Die Menschen stehen zu Hunderttausenden zunächst am Rand der Straße. Um 18.15 Uhr bewegen sie sich wie von Geisterhand geleitet zur Mitte der Fahrbahn. Die meisten von ihnen, auch wir, halten Kerzen oder Leuchter in der Hand. Kaum ein Laut stört die ernste Stille. Dann beginnen die Glocken aller Kirchen zu läuten. Neben uns steht ein junger Mann. Er trägt einen Ansteckknopf mit Hammer und Sichel. In seinen schwieligen Händen hält er ein Bierglas, in dem ein Teelicht brennt. Er betrachtet das Licht ebenso bewegt wie alle anderen. Noch selten im Leben habe ich mich so umfangen gefühlt von Menschen gleichen Geistes und gleichen Strebens wie in dieser Abendstunde.

Später gehen wir zum Karl-Marx-Platz, auf dem sich diskutierende Gruppen versammelt haben. Es geht um die Frage, wie man die alte Führung in den Betrieben durch eine neue ersetzen kann, wie man sicherstellen kann, dass die friedliche Revolution nicht steckenbleibt und die alten Verhältnisse wiederkehren. Den Menschen ist die Angst anzumerken, dass die bisherigen Gewalten, die untergetaucht sind, wieder auf der Bildfläche erscheinen könnten. Aber die Art, wie sie miteinander sprechen, ist eindrucksvoll. Niemand fällt dem anderen ins Wort. Jeder hört zu, wenn einer spricht, auch wenn es kein kluges Argument ist, das der andere vorträgt. Man geht aufeinander ein, ist füreinander da und toleriert einander. Eine besondere Art der Solidarität hat sich entwickelt, an der wir uns für unsere eigenen politischen Diskussionen ein Beispiel nehmen können.

19. Dezember 1989

Kohl ist heute in Dresden. Er hat sich kurzfristig zu dem Besuch entschlossen, nachdem Mitterrand eine Reise in die DDR angekündigt hatte. Es wäre auch politisch nicht günstig, wenn der französische Präsident die DDR nach der Öffnung der Mauer eher besuchen würde als der Bundeskanzler der Bundesrepublik Deutschland. Wir wollen nachmittags auch nach Dresden fahren, um Professor von Ardenne zu besuchen.

Morgens empfängt uns Kurt Masur. Nach einem Gespräch in seinem Büro zeigt er uns das Gewandhaus, berichtet von seiner Entstehung und erläutert uns das Beethoven-Denkmal, das den Innenhof zwischen Großem und Kleinem Haus beherrscht. Als wir nach dem Rundgang wieder sein Büro betreten, hören wir über den Lautsprecher die Orgel. Masur entspricht unserer Bitte, noch einmal in den Konzertsaal zurückzukehren, um dem Organisten zuzuhören. Von den mittleren Rängen aus ruft er dem Organisten zu, ich sei zu Besuch und er möge uns mit einem kurzen Vorspiel erfreuen. Der Organist entfaltet die ganze Größe seiner Orgel. Die Musik überwältigt mich so, dass ich in Tränen ausbreche. Eine tiefe Bewegung erfasst mich. Ich gehe nach dem Orgelspiel auf Masur zu, umarme ihn und sage ihm, dass ich gerne helfen möchte. Wir haben uns in einer Weise gefunden, wie es mir noch nie begegnet ist.

Nachmittags sind wir in Dresden bei von Ardenne. Er empfängt uns zunächst in seinem Besprechungszimmer, in dem zahlreiche Geräte aus seiner früheren wissenschaftlichen Tätigkeit aufgestellt sind. Später trinken wir in seinem wundervollen Wohnzimmer Tee und essen vom köstlichen Stollen, den Frau von Ardenne serviert.

Unsere Unterhaltung dreht sich um die Frage, wie der Ministerpräsident der DDR, Modrow, bei seinen wirtschafts-, währungs-, arbeitsmarkt- und sozialpolitischen Entscheidungen beraten werden kann. Wir kommen zu dem Ergebnis, dass die Aufgabe, zusätzlichen Sachverstand zu mobilisieren und das Informationsgefälle zur BRD zu verringern, durch einen ständigen, in Berlin ansässigen Beraterkreis geleistet werden könnte, dem Experten aus beiden deutschen Staaten angehören. Die Mitglieder, nicht mehr als zehn, sollten vom Ministerpräsidenten nach informeller Vorklärung mit den Betroffenen berufen werden. Allerdings müsste die Ernennung eines Beraterkreises die Zustimmung des Runden Tisches haben. Nur so lässt sich vermeiden, dass der Kreis von einzelnen Teilnehmern als verdeckte Wahlhilfe abgelehnt wird, was die Wirksamkeit der Beratung verringern würde.

Eine Konkurrenz zur in Dresden vereinbarten gemeinsamen Wirtschaftskommission sehe ich nicht. Der Beraterkreis soll bei der Formulierung der DDR-Positionen mitwirken und dadurch mögliche Ungleichgewichte der Positionen ausgleichen helfen, die in der Wirtschaftskommission verhandelt werden.

Abends in Leipzig besuchen wir die Academixer, ein Kabarett in der Nähe der Universität. Wir erleben eine wunderbare Vorstellung mit viel Witz, guten Pointen und in herrlichem Sächsisch. Anschließend sitzen wir in der Kellerkneipe der Academixer zusammen. Es geht um die Zukunft des Kabaretts in einer Zeit, in der das bisher Verbotene laut auf den Platz gerufen werden darf. Aber wir reden auch über die Schwierigkeiten, uns gegenseitig zu verstehen. Ich lerne an diesem Abend viel über die Ängste und Sorgen der Menschen hier, über die Not der Neuorientierung, über den Schmerz, den der Verlust von Erfahrungen bereitet, selbst wenn es Erfahrungen mit einer ungeliebten Ordnung waren. Die junge Frau des Anführers der Gruppe verbreitet Optimismus. Sie spielte die weiblichen Rollen in den verschiedenen Sketchen und besitzt eine gewinnende Natürlichkeit. Als wir das Lokal verlassen, setze ich ihr meinen Hut auf. Er steht ihr so entzückend, dass ich ihn ihr überlasse.

20./21. Dezember 1989

Um zehn Uhr sind wir mit Praktikern verabredet, ein Gespräch, um das ich besonders gebeten hatte. Gleich zu Beginn wird auf die Bedeutung der Entscheidung hingewiesen, D-Mark in Ostmark zum Kurs von 1:3 zu wechseln. Man sieht darin eine Öffnung zur Entwicklung einer konvertiblen Währung.

Herr Freitag vom Kombinat Robotron in Dresden ist dort zuständig für die Weiterbildung der Führungskräfte. Er sieht enorme Probleme bei der Vermittlung des neuen Wissens, vor allem im Bereich des betrieblichen Rechnungswesens. Für die personelle Seite sei bestimmend: Wer gut war, wird gut sein. Aber viele kämen mit der neuen Entwicklung nicht mit. Deshalb müsse man schon heute

Gewicht auf die menschliche Dimension der Umstellung legen. Die Betreuung der Menschen, sozialpsychologisches Verhaltenstraining und Ähnliches, sieht er als besonders wichtig an.

Herr Sachse von Polygraph äußert sich ablehnend zu der Frage, ob man Leihmanager aus der Bundesrepublik annehmen solle. Er halte das nicht für realisierbar. Sie könnten hier kaum wirksam werden, denn sie kennten die Umwelt nicht. Deshalb sei es notwendig, dass auch in der Bundesrepublik Kenntnisse darüber verbreitet würden, wie die DDR-Wirtschaft funktioniert.

Herr Kretschmar vom Kombinat Trikotagen berichtet, dass sein Unternehmen derzeit 53000 Mitarbeiter habe. Exporte fänden in beide Wirtschaftsgebiete, die sozialistische und die nichtsozialistische Wirtschaft, statt. Das Kombinat verfüge über letzte Technologie, sei wettbewerbsfähig im Bereich der Strickwaren etc. Quelle und andere kauften bei ihnen. Dennoch müsse die Produktion marktgerechter werden. Sie dürfe sich nicht mehr am Bedarf, sondern müsse sich am Markt orientieren. Zusammenarbeit sei geplant mit Triumph und Schiesser. Bei den Mitarbeitern stoße man an Grenzen im Bereich der Technologie, vor allem der modernen Technik. Deshalb sei eine Entwicklung des Menschen zu den Technologien notwendig. Modernste Technik sei zugänglich. Aber die Gegebenheiten des sozialistischen Denkens behinderten die Nutzung wegen falscher Denkstrukturen. Wie könne man vor allem das Bewusstsein zur Leistung fördern?

Nachmittags halte ich die Georg-Mayer-Vorlesung zum Thema: »Europäische Integration und deutsch-deutsche Zusammenarbeit: Wie lange haben wir auf diesen Augenblick gewartet?«

Ehe wir Leipzig verlassen, treffen wir uns noch einmal mit Masur. Er möchte von mir wissen, was er dem französischen Präsidenten sagen soll, mit dem er zum Mittagessen verabredet ist. Mitterrand hatte sich für den Nachmittag angesagt, um in der Universität zu sprechen und mit den Studenten zu diskutieren. Ich rate Masur, Mitterrand auf die große Bedeutung der französischen Politik für den europäischen Einigungsprozess hinzuweisen. Frankreichs Rolle sei dabei entscheidend. Es schlage die Brücke zu Polen und habe damit schon immer die Teilung Europas ignoriert. Nun sei es Frankreichs Aufgabe, das sich einigende Deutschland in die europäische Gemeinschaft einzubeziehen und diesen Prozess so zu gestalten, dass er im Konsens mit allen Nachbarn vollzogen werden könne.

24. Dezember 1989

Heiligabend schreibe ich Kurt Masur einen Brief:

»Verehrter, lieber Herr Masur,
noch immer stehe ich unter dem Eindruck unserer Begegnung in Leipzig. Ich danke Ihnen dafür, dass Sie für uns Zeit hatten, und für die erste Bekanntschaft mit Ihrer herrlichen Orgel.

Ministerpräsident Modrow hat mich inzwischen wissen lassen, dass er mich am 3. Januar morgens sehen möchte. Wenn es geht, möchte ich mit Ihnen vorher noch einmal sprechen.

In einem Augenblick, den ich nicht vergessen habe, haben Sie mir gesagt, Sie brauchten meine Hilfe. Ich möchte gerne helfen und bin bereit, zu diesem Zweck für längere Zeit in die DDR zu kommen, wenn und soweit Sie und die politischen Gruppierungen das für sinnvoll halten und wir geeignete Formen einer Einladung oder Aufforderung und sinnvolle Formen der Mitarbeit finden können. Es wird dabei auf jede Einzelheit ankommen. Denn ohne Vertrauen auf beiden Seiten und ohne Verständnis für eine solche Entscheidung bei uns wäre die gute Absicht gefährdet.

Ich kann mir keine Aufgabe denken, bei der sich Pflicht und Freude so verbinden ließen wie die, einem Ruf in die DDR zu folgen und einen Beitrag zur Bewältigung der Herausforderungen zu leisten, vor die das Volk sich und uns gestellt hat. Mit allen guten Wünschen für ein gesegnetes Weihnachten und ein gesundes und glückliches neues Jahr, stets Ihr Kurt H. Biedenkopf – An Silvester werden wir unter Ihren Zuhörern sein.«

7. Januar 1990

In den letzten Tagen ist so viel geschehen, dass keine Zeit blieb, es zu notieren. Am 2. Januar flog ich morgens nach Berlin. Susanne holte mich am Flughafen ab. Wir fuhren direkt weiter nach Leipzig zu Masur. Als wir gegen 15.00 Uhr bei ihm eintrafen, wurden wir bereits erwartet. Masur schlug vor, dass ich als Gastprofessor an die Universität Leipzig kommen solle. »Dann«, so sagte er, »sind

Sie einer von uns.« Der Gedanke überraschte mich zunächst. Wir vertieften ihn nicht weiter, sondern bereiteten mein Gespräch mit Modrow vor, das für den nächsten Morgen vorgesehen war. Wir diskutierten vor allem das Für und Wider einer schnellen Klärung der Währungsfragen und einer entsprechenden Reform des Preissystems. Masur war nun anders als im Dezember der Ansicht, die Reform müsse rasch kommen. Dann erörterten wir mögliche Reaktionen, falls Modrow nach weiterer Beratung fragen würde. Masur empfahl Zurückhaltung: Die SED beginne wieder, ihr Haupt zu erheben, und versuche, sich als wesentliche stabilisierende Kraft in der DDR darzustellen. Die Oppositionsgruppen seien nach wie vor zersplittert. Sie müssten sich, um wirksam zu werden, auf ein gemeinsames Programm und einen gemeinsamen Spitzenmann einigen.

Am Schluss vereinbarten wir, dass ich nach dem Gespräch mit Modrow noch einmal nach Leipzig kommen würde. Im Übrigen, so Masur, hätte er mit Mitterrand im Sinne meiner Empfehlung gesprochen. Ich hätte mit meiner Vermutung ins Schwarze getroffen, dass Mitterrand sich um die politische Führungsrolle Frankreichs sorge. Deshalb sei es gut gewesen, ihm zu versichern, Frankreich werde auch in Zukunft eine zentrale Stellung in der deutschen und europäischen Außenpolitik einnehmen. Ohne Frankreich sei die Wiedervereinigung der beiden Teile Deutschlands nicht möglich.

Modrow empfing uns freundlich und mit der Bemerkung, wir sähen uns nicht zum ersten Mal. Als wir unter uns sind – der Ministerpräsident, sein Staatssekretär, der Vorsitzende der Kommission Wirtschaftsreform und sein Persönlicher Referent –, fordert Modrow mich auf, kurz zu referieren. Meine Themen sind die Währungsreform, die EG-Kompatibilität und der Lastenausgleich. Modrow macht sich zahlreiche Notizen und antwortet ausführlich. Er erläutert zunächst seine Rolle als Ministerpräsident der 16 Millionen Menschen in der DDR. Das Amt empfinde er nicht nur als Bürde, sondern auch als den Auftrag, Bedingungen für Demokratie und freie Wahlen zu schaffen. In großer Breite befasst er sich mit dem Runden Tisch und der Weigerung des Neuen Forums, mit ihm ein Gespräch zu führen, wozu er die Oppositionsgruppen eingeladen hatte.

Dann behandelt er nach und nach Fragen des Lastenausgleichs, der internationalen Kooperation, der Verpflichtungen der DDR aus den Bindungen des RGW, des Verhältnisses der DDR zur EG und der Zukunftsaussichten der jungen Menschen. Schließlich geht er auf die Notwendigkeit einer baldigen Konvertibilität und die Rahmenbedingungen für eine Belebung der DDR-Wirtschaft ein. An unserer anschließenden Diskussion beteiligt sich seine Begleitung kaum.

Aus dem Gespräch nehme ich von Modrow den Eindruck eines eher für bürokratische Prozesse geeigneten Mannes mit, der zwar kompetent und auch entschlossen wirkt, seine Aufgabe zu leisten, aber nach außen nicht sehr stark und ohne wesentliche Ausstrahlung ist. Gleichwohl war es lohnend.

Nach dem Gespräch fahren wir nach Leipzig zurück, um Masur noch einmal zu treffen. Als wir in sein Büro kommen, wartet dort bereits Horst Hennig, der Rektor der Leipziger Universität, auf uns. Er freut sich über die Idee, eine Gastprofessur einzurichten, und bietet mir eine solche an. Zwar könne er noch nicht endgültig darüber entscheiden, denn die Regierung in Berlin müsse die Gastprofessur erst bewilligen. An einer Genehmigung habe er jedoch keinen Zweifel. Sobald dies geschehen sei, werde er ein Berufungsverfahren einleiten und die Berufung aussprechen. Masur ist dankbar für meine Bereitschaft, einen solchen Ruf anzunehmen. Andererseits hält er es auch für selbstverständlich. »Die Dinge geschehen eben«, war seine Begründung.

Ingrid, die ich am Abend von dem Angebot unterrichtet hatte, fand es ebenfalls ganz natürlich, nach Leipzig zu gehen. Sie hatte nicht den geringsten Zweifel daran, dass man den Menschen im anderen Teil Deutschlands helfen müsse.

Wieder in Bonn, muss ich mit Daniels sprechen. Meine Kandidatur für den Wahlkreis Bonn kann ich nicht länger aufrechterhalten. Gastprofessur und Direktmandat sind nicht miteinander zu vereinbaren. Daniels ist betroffen von der Nachricht, aber sehr verständnisvoll für meine Entscheidung zugunsten Leipzigs und gegen Bonn. Ein solches Angebot mitzuhelfen, könne man nicht abschlagen. Wir überlegten, dass ich, um Daniels nicht zu beschädigen, selbst zum Kreisvorstand gehen und dort den Verzicht auf die Kandidatur erklären werde.

8. Januar 1990

In einer Presseerklärung, die am Abend verteilt werden soll, begründe ich meine Entscheidung, nach Leipzig zu gehen, um dort als Gastprofessor die Grundlagen der sozialen Marktwirtschaft zu lehren. Voraussetzung für eine erfolgreiche Erneuerung der Wirtschaft in der DDR sei es auch, das Defizit an Wissen zu überwinden, das durch die Abschottung von Lehre und Forschung und durch ihre einseitige Ausrichtung auf die Bedürfnisse einer Zentralplanwirtschaft und ihrer ideologischen Grundlagen entstanden ist. Die Bedeutung dieser Aufgabe könne kaum überschätzt werden. Jede Möglichkeit, an ihrer Bewältigung mitzuwirken, müsse deshalb genutzt werden. Aus diesem Grunde sei ich bereit, dem Ruf nach Leipzig zu folgen. Meine Bereitschaft, für eine solche Aufgabe zur Verfügung zu stehen, bedeute allerdings, dass ich meine bisherige Absicht nicht weiterverfolgen könne, mich im Wahlkreis Bonn als Direktkandidat für den Bundestag zu bewerben.

Abends suche ich den Kreisvorstand auf. Wenige Tage vorher hatte ich noch an einer Diskussion aller vier Konkurrenten um das Bonner Direktmandat teilgenommen. Sie war von jungen Leuten veranstaltet worden, die überwiegend meine Kandidatur unterstützten. Als ich eintreffe, sind Kameras aufgestellt und Journalisten anwesend. Der Kreisvorstand nimmt die Erklärung entgegen. Herr Hauser und Frau Limbach scheinen sichtlich erleichtert, dass ihnen die unbequeme Konkurrenz erspart bleiben wird. Zufrieden und ohne Wehmut gehe ich durch die Stadt zurück zu einem Taxistand. Die Aufgabe in Leipzig nimmt mich schon ganz gefangen.

9. Januar 1990

Die öffentliche Reaktion auf meine Ankündigung, eine Gastprofessur in Leipzig anzunehmen, ist überwältigend. Heute muss ich 23 Telefon- und Zeitungsinterviews geben. Der Gedanke, dass ein bekannter westdeutscher Politiker sich in der DDR engagiert, fasziniert die Medien und die Öffentlichkeit. Viele sprechen mich an, auch auf der Straße, um ihr Bedauern darüber zu äußern, dass ich nicht in Bonn kandidiere, mir aber gleichzeitig zu der Entscheidung gratulieren, nach Leipzig zu gehen.

10. Januar 1990

Nachmittags spreche ich in Tutzing über das Thema »Sozial-Dumping: Welches Europa brauchen wir?« Die herannahende Vollendung des europäischen Marktes lenkt die Aufmerksamkeit der Wirtschaft und der Gewerkschaften nun endlich auch auf die sozialen Konsequenzen eines wirtschaftlich integrierten Europas. Auch hier überschattet die deutsch-deutsche Entwicklung jedoch das Interesse an dem weiteren Verlauf der europäischen Integration.

11. Januar 1990

Wieder muss ich in einer ganzen Reihe von Interviews erläutern, was mich zu der Entscheidung, nach Leipzig zu gehen, veranlasst habe. Durch die zahlreichen Gespräche verschaffe ich mir selbst zunehmend Klarheit über die Aufgaben, die vor mir liegen. In erster Linie muss es darum gehen, den Studenten die Grundlagen für das Verständnis der marktwirtschaftlichen Ordnung zu vermitteln und sie mit den Institutionen des Privatrechts, allgemeiner: mit Fragen der Rechtsstaatlichkeit, vertraut zu machen. Aber es ist offensichtlich, dass man von meinem Engagement in Leipzig nicht nur eine akademische Dienstleistung in der Universität erwartet. Meine Entscheidung wird auch als ein politisches Votum für die Menschen in der DDR gewertet und ist wohl auch so zu verstehen.

15. Januar 1990

Der Bundesvorstand trifft sich in Saarbrücken, im Vorfeld der Landtagswahlen im Saarland. Kohl spricht von der dramatischen Veränderung der Themen in der Bundesrepublik. Auf der Tagesordnung stehe unvermittelt die weitere Entwicklung Deutschlands. Unsere Chancen für den Bundestagswahlkampf seien hervorragend. Das gelte nicht für die Landtagswahlen. Hier im Saarland habe die SPD alles im Griff, einschließlich der Medien. Das Saarland sei stolz auf Lafontaine. Man führe hier den Wahlkampf mit Sozialneid. Dieser Strategie werde man sich stellen müssen. Das demoskopische Bild sei für uns positiv.

Die SPD habe es fertiggebracht, ihre Kumpanei mit der SED vom

Tisch zu bringen. Das zeige, wozu die SPD fähig sei. Die Sache sei heute praktisch vergessen. Er prophezeie, dass die Ost-SPD jetzt in beachtlichem Umfang Mitglieder aus der SED übernehmen werde. Sie würde dadurch als »gereinigt« gelten. Kritisierten wir dies, dann werde uns der Vorwurf gemacht, wir verhinderten die Demokratisierung. Die Sozialdemokraten hätten zurzeit die Nase vorn. Der Sprecher der Ost-SPD habe erklärt, wenn seine Partei im März gewinne, sei das auch ein Sieg der SPD im Westen.

Auch bei den Grünen seien grundsätzliche Veränderungen feststellbar. Ein Teil sei für die Einheit, ein Teil dagegen. An dem Programm der Republikaner, das gestern verabschiedet worden sei, hätten respektable Persönlichkeiten mitgearbeitet. Wenn wir selbst konservative Positionen leidenschaftlich verträten, könnten wir die Republikaner unter fünf Prozent halten.

Kohl beklagt die törichte Diskussion über die Westgrenze Polens. Er habe alles Notwendige gesagt und würde nicht mehr sagen. Es gebe echte Besorgnis im Osten. In Frankreich und Großbritannien spreche man über die Grenzen, womit man auch die innerdeutsche Grenze meine. Im innenpolitischen Bereich führe man diese Debatte, um der CDU zu schaden. Die FDP bemühe sich, in eine Position zu kommen, die es ihr erlaube, den Partner zu wechseln. Sie wolle aus der strukturellen Mehrheit heraus. Da eine Koalition aus SPD, FDP und Grünen auf Bundesebene kaum vorstellbar sei, strebe sie eine entsprechende Stärke an. Deshalb bestünden unterschiedliche Kampfziele von CDU und FDP. Er, Kohl, werde für die Sicherung der strukturellen Mehrheit kämpfen, während die FDP dies nicht tue. Die Themen Abrüstung und Entspannung dürften den Liberalen nicht überlassen werden. Wir hätten hier wesentliche Beiträge geleistet. Das müsse man deutlich machen.

Auch die europäische Entwicklung verlaufe erfolgreich. Frankreich sei in den deutschlandpolitischen Fragen auf unserer Seite. 80 Millionen Deutsche müsse man als Realität anerkennen. Wenn sie zusammenwollten, könne das niemand verhindern. Der Prozess müsse in Europa eingebettet werden. Deshalb dürften wir keinen Widerspruch zwischen Deutschland und Europa aufkommen lassen, etwa in dem Sinne: erst Deutschland, dann Europa. Die Freundschaft mit Frankreich müsse man pflegen.

Es seien Stimmen zu hören, man habe die Deutschen zweimal

besiegt, und nun seien sie wieder da und die Japaner auch. Die Bilder aus Berlin, die wirtschaftliche Entwicklung in Deutschland und die Börse: Diese Kombination von Faktoren gäbe vielen im Ausland Anlass zur Sorge.

Für uns sei es wichtig, dass Gorbatschow erfolgreich bleibe. Wir müssten im Blick auf Polen, die ČSSR und Ungarn unsere Hilfe bereithalten.

In der DDR sei alles in stürmischem Fluss. Im Dezember hätten die Medien noch behauptet, die Mehrheit in der DDR sei gegen die Einheit. Das habe sich inzwischen bereits geändert. Das Problem bestehe darin, dass es in der DDR unterhalb der politischen Führung keinen wirklichen Wachwechsel gegeben habe. Deshalb vor allem liefen die Leute weg. Wenn aber die Menschen in großen Zahlen weglaufen, dann hätten wir bald die Situation, dass man hier die Mauer bauen wolle. Sein Ziel sei, den Menschen Vertrauen zu geben, damit sie dort blieben. Wir brauchten 50 bis 60 Projekte in der DDR, die erkennbar eine wirtschaftliche Belebung bedeuten. Das sei in diesem Jahr möglich.

Dass das Wahlrecht solche Schwierigkeiten aufwerfe, bereite auch in der DDR Sorge. Das Wahlrecht müsse wirklich demokratisch sein. Es gehe nicht an, dass die SPD sich in der DDR einen Platzvorteil verschaffe. Das könnten wir nicht hinnehmen.

Kohl erläutert seinen Zwei-Stufen-Plan, mit dem er die Vertragsgemeinschaft erreichen will. Nur der erste Teil könne ohne Ratifikation abgeschlossen werden. Sodann wendet er sich unseren Nachteilen in der DDR-Parteienlandschaft zu. Die SPD sei neu gegründet. Die LDPD werde ihren Namen auch noch an den der FDP anpassen. Wir hätten mit unseren Partnern Probleme. De Maizière habe sich an der Regierung beteiligt. Er, Kohl, wäre nicht überrascht, wenn die SED aus der Regierung ausscheide. Berghofer sei zu beobachten. Er werde noch eine große Rolle spielen.

Kohl philosophiert dann über die Bedeutsamkeit der Vorgänge. Wir hätten eine ähnliche Lage in ganz Deutschland wie zwischen 1949 und 1953 in der Bundesrepublik. Wir müssten neu gestalten, und dies mit dem gleichen Elan wie damals. Trotz der enormen Probleme, auch im sozialen Bereich, sei diese Erneuerung möglich. Sie könne, zusammen mit der europäischen Integration, das letzte Jahrzehnt dieses Jahrhunderts bestimmen.

In der Diskussion fordert Hans-Otto Wilhelm dazu auf, in der DDR klar Position zu beziehen und die Ost-CDU offen zu unterstützen. Kohl ist hier gänzlich anderer Ansicht. De Maizière habe sein Kapital als neue Persönlichkeit der CDU durch die Teilnahme an der Regierung weitgehend verspielt. Die CDU im Osten habe, wie alle Blockparteien, enorme Mittel bekommen. Sie habe Vermögen und Betriebe. Die SPD werde diese Umstände gegen sie ausspielen. Er müsse in vier Wochen entscheiden, wen er sprechen solle, wenn er in der DDR auftrete und zum Beispiel in Leipzig rede. Wenn die Klärung nicht sorgfältig erfolge, dann könnten solche Engagements kontraproduktiv sein. Die Ost-CDU müsse einen gewaltigen Befreiungsschlag tun. Sie müsse sich von vielen Bezirksvorsitzenden trennen. Sie habe ein enormes Personal zur Verfügung. Wir seien die einzige Partei, deren Name durch die Ost-CDU missbraucht werden könne. Die SPD und diejenigen, die sie aus der SED aufgenommen habe, würden sich jetzt als Verfolgte des SED-Regimes darstellen.

In meiner Wortmeldung weise ich darauf hin, dass bei der Bewertung der Übertritte von SED-Mitgliedern in die SPD eine differenzierte Bewertung angezeigt sei. Man müsse berücksichtigen, dass die SED 2,3 Millionen Mitglieder bei einer Gesamtbevölkerung von knapp 18 Millionen gehabt habe. Schwierigkeiten erwachsen uns aus der gleichzeitigen Präsenz der CSU im mittleren und südlichen Teil der DDR. Zur weiteren Entwicklung lasse sich Folgendes sagen:

Berghofer werde möglicherweise zur SPD gehen und dann wichtige Teile der SED mitnehmen. Das Neue Forum werde seine Bedeutung eher verlieren. Die bürgerlichen Parteien seien zurzeit am wenigsten klar konturiert. Hier sei der Konsolidierungsbedarf am größten. Aber auch dabei bereite uns die Konkurrenz von CDU und CSU Schwierigkeiten. Hinsichtlich der Stimmenanteile schätze man, dass die SED fünf bis sieben Prozent und die SPD wahrscheinlich um 50 Prozent erhalten werden; das Kräfteverhältnis von Liberalen und Bürgerlichen sei noch unklar. Derzeit werde in der Ost-CDU darüber verhandelt, ob man in der Regierung bleiben und die Opposition ihr hinzutreten solle oder ob man aus der Regierung ganz herausgehe. Wichtig für unsere politische Profilierung sei auch die Betonung der Begriffe »sozial« und »ökologisch« im Zusammenhang mit der marktwirtschaftlichen Ordnung.

Die Abwanderung der Menschen aus dem Osten lasse sich letztlich nur durch die wirtschaftliche Integration beider Teile Deutschlands beenden. Die Schwierigkeiten seien nicht unüberwindlich, die Kosten zudem wesentlich geringer als die politischen und damit auch die finanziellen Folgekosten, die entstehen, wenn die Ursachen für den Übersiedlerstrom nicht bewältigt werden.

16. Januar 1990

Morgens treffe ich mich mit Egon Bahr zum Frühstück. Wir tauschen unsere Erfahrungen aus, die wir bisher mit dem deutsch-deutschen Prozess gemacht haben. In weiten Teilen stimmen unsere Analysen ebenso überein wie unsere Schlussfolgerungen. Beide sind wir der Ansicht, dass die Überwindung der deutschen Teilung eine gesamtdeutsche Aufgabe ist, an der sich der Westen nach seiner Leistungsfähigkeit genauso beteiligen muss wie der Osten.

18. Januar 1990

Inzwischen häufen sich die Anrufe und Anfragen von Leuten, die sich im Osten engagieren und von mir erfahren wollen, was sie unternehmen können. Man will Büros eröffnen, ostdeutsche Partner zur Zusammenarbeit gewinnen, Klein- und Mittelbetriebe beraten, selbst Betriebe gründen, an frühere Aktivitäten anknüpfen oder ganz einfach wissen, wie ich die Aussichten eines Engagements im Osten beurteile.

19. Januar 1990

Nachmittags halte ich an der Universität Hohenheim einen Vortrag über die ökologische Marktwirtschaft. Die anschließende Diskussion mit Joschka Fischer, der das Zweitreferat hält, ist lehrreich und unterhaltsam. Zu Beginn nenne ich ihn versehentlich Oskar Fischer, was große Heiterkeit auslöst. Abends fahren wir nach Weimar zu dem Gespräch über Wirtschaftspolitik, zu dem der Landesvorstand der nordrhein-westfälischen CDU eingeladen hat.

20. Januar 1990

Wir kommen nach Mitternacht in Weimar an und wohnen im Hotel »Elephant«. Das Wirtschaftsgespräch ist auf zwei Tage bemessen. Christa Thoben führt den Vorsitz. Neben mir sitzt Frau Kögler vom Demokratischen Aufbruch. Sie meint, die Einheit käme viel schneller, als alle erwarteten. Nach der Wahl am 6. Mai werde man wahrscheinlich eher eine Situation der Regierungsunfähigkeit vorfinden. Dann werde man vom Westen aus sehr schnell helfend einspringen müssen. Sie fürchtet außerdem, dass die SPD stärkste Partei wird. Sie werde sich als Sammelbecken für viele SED-Mitglieder erweisen. Deshalb müsse man für eine starke Opposition sorgen. Die Voraussetzungen seien dafür bisher nicht gegeben. Das bereite ihr Sorge.

Herr Schoser vom Deutschen Industrie- und Handelstag analysiert die Schwächen der DDR-Wirtschaft. Er sieht sie in der Abwanderung der Aktiven, dem veralteten Maschinenpark, der fehlenden Motivation der Mitarbeiter auch wegen der Verzerrung des Lohngefüges, dem Mangel an Konsumgütern und der einseitigen Wirtschaftsstruktur. Dritte-Welt-Länder seien im Bereich der Konsumgüterproduktion zum Teil wettbewerbsfähiger als die DDR. Nach dem 9. November 1989 sei eine große Bereitschaft des westlichen Mittelstandes aufgekommen, sich in der DDR zu engagieren. In der DDR selbst gebe es eine große Bereitschaft, sich zu informieren. Die notwendigen Aktivitäten sollten vor allem im Bereich der kleineren und mittleren Industrie stattfinden. Spektakuläre Abmachungen, wie von Volkswagen, seien wichtig, aber nicht entscheidend.

Wolfgang Puppe, der Generaldirektor der VEB-Elektro-Apparatewerke in Berlin-Treptow mit 32 000 Mitarbeitern in 18 Betrieben, berichtet, die Anlagen seien zum größten Teil auf null abgeschrieben. Seine Werkzeugmacher empfänden sich als Künstler, weil sie mit solchen Anlagen noch arbeiten könnten. Man müsse die Produktionsvielfalt abbauen. 50 000 Produkte in seinem Unternehmen seien zu viel. Man habe versucht, alles herzustellen, und an der weltwirtschaftlichen Arbeitsteilung praktisch nicht teilgenommen. Das Unternehmen müsse entflochten und privatisiert werden. Es bestehe ein enormer Bedarf an Schulung über praktisch alle Aspekte des Unternehmenslebens. Das gelte auch für ihn selbst. Der

Vortrag zeigt, wie gering der Informationsstand sogar bei dem Generaldirektor eines modernen Kombinats ist.

Herr Bergmann, der in der DDR freie Gewerkschaften gründen will und selbst Forschungsingenieur ist, meint, viele Menschen hätten Angst vor den bestehenden Strukturen und verließen deshalb die DDR. Man glaube nicht daran, dass sich diese Strukturen änderten. Bei einer Tagung über neue Gewerkschaften seien 75 Prozent der Teilnehmer Funktionäre der bisherigen Ordnung gewesen. Sie seien überall, und man könne sie nicht loswerden.

Insgesamt ergibt sich für mich aus dem Gespräch folgendes Bild: Das Land DDR befindet sich praktisch in einem gesetzlosen Zustand. Die alte Ordnung ist de facto zusammengebrochen. Man sieht sich gezwungen, in einer bestimmten Weise zu handeln, auch wenn dies durch die bisherigen Gesetze verboten ist. Das technische Wissen in der DDR ist groß, das Potenzial, die Produktivität zu steigern, enorm. Es gibt Vorbehalte gegen den Transfer der bundesdeutschen Gesetze in die DDR. Dabei liegt es auf der Hand, dass ohne eine Übernahme der wesentlichen gesetzlichen Regelungen, auf denen die soziale Marktwirtschaft beruht, eine Reform der Wirtschaftsstruktur kaum möglich sein wird.

In der Mittagspause besuche ich die konstituierende Sitzung der CDU Thüringen. Ich setze mich unten zu den Delegierten, um ein Gefühl für deren Stimmungslage und Denken zu bekommen. Der Generalsekretär der Ost-CDU, Herr Martin Kirchner, hält eine aufmunternde Rede. Er berichtet über die Anstrengungen der CDU, sich von ihren Altlasten zu befreien, argumentiert kämpferisch gegen die SPD und vermittelt den Delegierten Zuversicht in eine erneuerte CDU. Die Diskussionsbeiträge machen die Schwierigkeiten deutlich, die mit der Entwicklung einer neuen Identität verbunden sind. Blüm hatte sich geweigert, an der Sitzung teilzunehmen. Er halte nichts von der Ost-CDU und glaube nicht, dass von ihr politische Reformen ausgehen könnten.

Nachmittags berichtet Kirchner, der thüringische Landesverband der CDU habe beschlossen, die Regierung zu verlassen. Er gehe davon aus, dass der Präsidiumsbeschluss der Ost-CDU vom 19. Januar revidiert werde und die Partei in die Opposition wechsle.

Die Partei trage aus der Vergangenheit Schuld und bekenne sich auch dazu, er selbst schließe sich da mit ein. Man müsse aber nun einmal die Revolution mit den Menschen machen, die da seien. Wer mitgemacht habe, solle keine Führungsfunktion mehr übernehmen. Doch dürfe es keine Entstalinisierung geben. Man müsse nach vorne blicken und Geschlossenheit auch mit anderen Gruppierungen suchen, die in der Mitte oder rechts stehen, auch wenn sie nicht das »C« im Namen führen. Eine Koalition mit der SED komme nicht in Frage. Gegen die SPD bestünden Vorbehalte; vor allem seit deren Aufforderung an die CDU, in der Regierung zu bleiben, während sich die SPD unter keinen Umständen an ihr beteiligen werde. Man sieht darin den Versuch der SPD, die CDU in der gespaltenen Situation zu halten, in der sie sich derzeit befindet.

Selbst das konservative Element im Lande könne nicht verhindern, dass die SPD mit Brandt eine große Zustimmung finden werde. Dennoch werde sie nach den Wahlen einen Koalitionspartner brauchen. Eine radikal erneuerte SED könne ein solcher Koalitionspartner sein. Dabei würden die Ängste der Menschen vor sozialer Unsicherheit, Arbeitslosigkeit und der künftigen Wohnungs- und Gesundheitspolitik ausgenutzt.

Auf den Namen CDU wolle man nicht verzichten, denn er sei nicht belastet. Man wünsche sich noch eine starke weitere politische bürgerliche Kraft. Meine Frage, ob er andere Koalitionspartner für die SPD sehe, verneint Kirchner. Die Ost-CDU erwähnt er nicht.

Luise Schramm vom Neuen Forum meint, alle wüssten, was sie nicht wählen wollten, aber nicht, was sie wählen sollten. Das könne zur Wahlenthaltung führen, die wiederum die SED stärken werde. Deshalb brauche man eine Bewegung wie das Neue Forum. Was dem Land fehle, seien Persönlichkeiten, an die man sich klammern, an denen man sich ausrichten könne. Das Volk betrachte die Entwicklung ungewöhnlich scharf und aufmerksam. Die SED müsse sich auflösen. Sie habe kein moralisches Recht mehr, zu kandidieren.

22. Januar 1990

Ich bin zu dem Ergebnis gekommen, dass wir die DDR wirtschaftlich übernehmen und die damit verbundenen Belastungen tragen müssen. Jede andere Lösung ist wesentlich teurer, politisch und finanziell. Wir müssen den Bundesbürgern klarmachen, dass dies möglich ist und sie weniger belastet als jede andere Variante. Da sie sich dem Problem schlechthin nicht entziehen können, ist ein Ende der schrecklichen Wirtschaftssituation in der DDR besser als ein Schrecken ohne Ende. Um das zu verdeutlichen, muss man ihnen beschreiben, wie die Alternativen aussehen könnten.

Politisch ist jetzt der Zeitpunkt gekommen zu handeln. Man kann inzwischen nicht mehr einwenden, die Maßnahmen unterstützten Modrow. Denn nach Berghofers Ausscheiden vorgestern hat die SED keine Chance mehr. Es lässt sich auch nicht argumentieren, wir begünstigten damit die SPD. Denn ein Handeln vor dem 6. Mai stärkt die CDU respektive die DSU in der DDR. Immerhin kommen die Hilfen von unserer Regierung.

23. Januar 1990

Bundesvorstand in Bonn. Wir hören die Berichte zur Vorbereitung der Wahlkämpfe. Die Entwicklung in der DDR wird nur am Rande berührt, wobei der Strom der Ausreisenden im Vordergrund steht. Schäuble weist auf bevorstehende Initiativen der SPD hin, die Übersiedlerzahlen durch Kürzungen von Leistungen zu verringern. Dagegen müssten wir massiv vorgehen. Ich vertrete die Auffassung, das Problem der vielen Abwanderer sei nur zu lösen, wenn man es an der Wurzel packe: Wir müssten die Währungsfrage beantworten. Stoltenberg hält mir entgegen, die Währungsfrage sei zwar populär, könne aber nicht bewältigt werden. Schon die Subvention des Umtausches koste rund 2,5 Milliarden DM. Rita Süssmuth ist der Auffassung, eine Sozialneiddebatte könnten wir nicht gewinnen. Doch wir müssten uns fragen, wie es weitergehen solle? Wir nähmen die Unterdrückten auf – aber die Menschen seien nicht mehr unterdrückt. Wie erklärten wir das den Bürgern? Geißler bekräftigt, er halte dies nicht nur für eine Stammtischdiskussion. 1989 seien 720 000 Übersiedler und Aussiedler in die Bundesrepublik gekommen. Wenn in diesem Jahr 800 000 kämen, was dann? Wenn die deutsche Frage zu einer sozialen Frage würde, dann würden wir uns schwertun. Wenn sie als nationale Frage verstanden werde, stünden wir gut da.

24. Januar 1990

Sitzung des Ausschusses für Wirtschaft des Deutschen Bundestages. Wirtschaftsminister Haussmann nimmt selbst teil, um über seine Gespräche mit der DDR zu berichten. Gestern hat die erste Konferenz der gemeinsamen Wirtschaftskommission stattgefunden. Die DDR erhält rund sechs Milliarden DM zu günstigen Konditionen für den Aufbau des Mittelstandes. Das ist sicher sinnvoll. Allerdings müssen die Hindernisse gegen die Gründung kleiner und mittlerer Unternehmen vor Ort abgebaut werden. Dort sind nach wie vor die alten Bürokratien tätig und wirken als Fesseln der Eigeninitiative.

Der Gesamteindruck seiner Gespräche, so Haussmann, sei überraschend positiv. Seine Wünsche seien im Wesentlichen erfüllt. Die isolierte Forderung nach einer Währungsreform halte er für falsch. Einmal werde dadurch der Reformdruck in der DDR selbst verringert; zum Zweiten müsste die Bundesbank die Währung stützen. Dies würde zur Geldschöpfung und damit zur Beschädigung der D-Mark führen.

Anschließend eine Veranstaltung des Historischen Seminars der Universität Düsseldorf im Wissenschaftszentrum zum Thema: »Wie geht es weiter mit Deutschland?« Niemand weiß so recht, wie es weitergehen soll. Noch nie wurde eine Befehlswirtschaft in eine Marktwirtschaft umgewandelt. Es gibt praktisch keine theoretischen Grundlagen für derartige Prozesse. Wir müssen die Aufgabe ohne entsprechende Erfahrungen angehen.

Das Sondergutachten, das der Sachverständigenrat dazu vorgelegt hat, ist praktisch nicht umsetzbar. Denn es geht von völlig unrealistischen Erwartungen an die Reformfähigkeit der DDR-Wirtschaft aus.

Friedrich Schorlemmer fordert in der Diskussion, aus den Nachtrevolutionären müssten Tagesrevolutionäre werden. Sie sollten nicht nur nachts die Welt verändern, sondern auch am Tage, zum Beispiel im Betrieb. Schorlemmer nennt vier Ängste, von denen die Deutschen in der DDR momentan beherrscht werden: die Angst, zurückgelassen zu werden, vor allem von den Kindern; die Angst vor einem Ausverkauf der DDR, die vor sozialem Abstieg und schließlich die, im eigenen Land ein Fremder zu werden.

Nach der Pause setze ich mich auf deren Wunsch mit Schnur

und Eppelmann zusammen. Beide fragen mich, sie hätten sich abgestimmt, ob ich bereit sei, wirtschaftspolitischer Berater des Demokratischen Aufbruchs zu werden. Meine Ansicht, die Bundesrepublik müsse ihre Wirtschaftskraft sofort und nachhaltig zum Aufbau in der DDR einsetzen, hielten sie für entscheidend. Genau darum ginge es.

Ich bedanke mich für die Ehre und sage ihnen zu, darüber nachzudenken. Allgemein hätte ich Bedenken, mir ein parteipolitisches Abzeichen anzuheften. Im Blick auf mein Engagement an der Universität in Leipzig wolle ich mich aus dem praktischen Wahlkampf heraushalten. Ich kenne auch Ebeling und Diestel und hätte vor, sie zu beraten. Doch auch mit Schnur und Eppelmann würde ich gerne zusammenarbeiten.

Mittags sprechen Diestel und ich über das, was sie in den Wochen seit unserer ersten Begegnung geleistet haben. Am vergangenen Wochenende haben Ebeling und Diestel die bürgerlichen Splittergruppen zusammengebracht. Sie stellen jetzt die Führung der DSU. Diestel ist zugleich als Anwalt Berater einer Reihe von Baubetrieben. Mit diesen könnten wir in Leipzig zusammenarbeiten.

In der Fortsetzung unseres Gespräches kann mein früherer Bochumer Kollege Christian Watrin den DDR-Pessimismus nicht verstehen. Wenn die Marktwirtschaft eingeführt werde, dann entstehe in Ostdeutschland ein beachtliches Wohlstandspotenzial. Eine qualifizierte Bevölkerung und ein Arbeitskostenvorteil im Verhältnis zur Bundesrepublik seien vorhanden, also wichtige Voraussetzungen für Wachstum. Viele seien im Westen bereit, in der DDR zu investieren. Die DDR könne zum Beispiel Dienstleistungen an Bundesbürger exportieren, habe direkten Zugang zur Bundesrepublik und zur EG. Es bestehe zudem dann ja auch die Möglichkeit, durch Gastarbeit in der Bundesrepublik Einkommen für die DDR zu erzielen.

Die DDR solle bundesdeutsche Fehler nicht wiederholen, so etwa die Behauptung, durch die Umstellung der Wirtschaft würden die Menschen massenweise arbeitslos. Wenn eine Bereitschaft zur Anpassung gegeben sei, dann könne die Produktivität sprunghaft ansteigen.

Wirtschaftlich sei die DDR kein Problem. Die Probleme lägen im politischen Bereich. Wenn die Leute wieder richtiges Geld verdienten, dann machten sie auch mit, selbst wenn es weniger ist als zuvor.

25. Januar 1990

Morgens Staatsakt für Herbert Wehner in der Beethovenhalle in Bonn. Wie wenige andere deutsche Politiker hat er nicht nur seine Partei, sondern auch die Nachkriegszeit geprägt. Wäre er heute noch aktiv, er hätte wenig Verständnis für die Reduktion der deutschen Frage auf ihre sozialpolitische Dimension, wie sie sich bei der SPD abzeichnet.

Abends setzen wir die Veranstaltung der Heinrich-Heine-Universität in Düsseldorf fort, die Professor Süssmuth organisiert hat. Professor Berg (SED/PDS) erklärt die alte Ordnung für zusammengebrochen. Man sei für politischen Pluralismus und eine neue soziale Marktwirtschaft. Allerdings dürfe der Übergang nicht unvermittelt geschehen, denn sonst würden die Menschen die Verlierer sein. Es dürfe nicht um eine Anpassung der Strukturen an die Bundesrepublik gehen. Ein eigenständiger Prozess müsse gestaltet werden, der es erlaube, auch eigene Erfahrungen einzubringen.

Interessant die Äußerungen von Pfarrer Axel Noack aus Wolfen. Die Kirche stehe mittlerweile abseits der Entwicklungen, die zum großen Teil von ihrer Sphäre ausgegangen sind. Sie würde zwar für ihre Leistung bewundert, aber am Sonntag bleiben die Kirchen leer. Man habe alles erreicht, und nun gingen die Leute wieder auseinander.

Freude herrsche über die wiedergewonnene Freiheit; zugleich würden die engen Grenzen der Entscheidungsfreiheit, besser der Entscheidungsmöglichkeiten, deutlich. Was solle man mit den alten Identitäten tun: mit der Kirche im Sozialismus? Kritische Gruppen seien dabei, die Kirchen zu verlassen und in die Politik zu gehen.

Was sei heute das Mandat der Kirche? Sie müsse weiter für Gewaltfreiheit eintreten. Aggressionen würde es auch in Zukunft geben; aber gegen wen? Die alten Themen seien verschwunden. Jetzt herrsche eher Angst vor dem Chaos, vor Rechtsradikalen, vor Abrechnung mit der Vergangenheit. Müsse man auch gegenüber der Stasi Nächstenliebe predigen?

29. Januar 1990

Gestern habe ich meinen 60. Geburtstag gefeiert. Die Familie war in unserem Haus in Übersee versammelt. Es war ein wirklich schönes Fest.

Heute gibt das Institut einen Geburtstagsempfang für mich. Mein Bundestagsbüro ist überschwemmt mit Glückwünschen. Zum Empfang erscheinen der Bundespräsident, wie er sagt, als Privatperson, und fast das ganze SPD-Präsidium. Die CDU ist durch Walther Leisler Kiep und Peter Radunski vertreten. Meinhard Miegel beschenkt mich mit einem wundervollen Buch: »Sentenzen am Wege«. Über 400 Freunde, Weggefährten und Bekannte haben sich beteiligt; eine unglaubliche Sammlung von Einfällen, Beobachtungen und Weisheiten. Meinhards Laudatio war bewegend. Mit dem Menschen, den er beschrieb, bin ich einverstanden.

Überhaupt scheint mir manches von den Schultern genommen, das mich noch vor Monaten beschwerte. Vieles von dem, was mich in den vergangenen Jahren gequält hat, ist kleiner und unwichtiger geworden. Dazu gehören auch die ganzen Irritationen und Schmerzen, die Kohl und sein Anhang mir verursacht haben. Sie sind mir nicht mehr wichtig.

30. Januar 1990

Wieder in Leipzig. Vor mir liegt, in einer roten Mappe mit schwarz-rot-goldenem Schnürband, das Glückwunschschreiben des Rektors der Karl-Marx-Universität zum 60. Geburtstag. Heute ist hier die Entscheidung für meine Gastprofessur gefallen.

Gestern hat die Fakultät der Rechts- und Wirtschaftswissenschaften nach meiner Vorstellung und einer ausführlichen Diskussion beschlossen, mich auf den neu begründeten Georg-Mayer-Lehrstuhl als Gastprofessor zu berufen. Damit ist auch den formellen Bedürfnissen Genüge getan. Der Rektor hatte Wert darauf gelegt, dass die Fakultät einen eigenständigen Beschluss herbeiführt. Er wolle die neu errungene demokratische Form der Willensbildung auch in der Universität beachten, meinte er.

Dem Dekan, Professor Klaus Gläß, blieb nicht verborgen, dass ich bei der Vorstellung Lampenfieber hatte. Zwar rechnete ich nicht mit einem ablehnenden Votum. Aber die Präsentation vor einer mir fremden Fakultät und die Diskussion mit den Kollegen über das, was ich in Leipzig zum Lehrprogramm beitragen könnte, ließ mich nicht unberührt.

Es herrschte jedoch eine insgesamt sehr freundliche Atmosphäre. Viele Kollegen sind offenbar mehr noch als an den Vorlesungen daran interessiert, dass ich ihnen selbst zu Gesprächen und Informationen zur Verfügung stehe. Sie möchten ihren eigenen Wissensstand verbreitern und damit auch ihre Vorlesungen mit größerer Autorität ausgestalten, denn wesentliche Teile des bisherigen Lehrprogramms sind zu Makulatur geworden. Vor allem die Wirtschaftswissenschaften stehen vor der Schwierigkeit, die bisher zentralwirtschaftlich angelegten und ideologisch stark befrachteten Lehrinhalte den neuen Verhältnissen anzupassen.

Die Juristen müssen ein seit Jahren brachliegendes Feld beackern. Das BGB gilt seit Mitte der siebziger Jahre nicht mehr. Das Gesellschaftsrecht wird schon seit dreißig Jahren nicht mehr angewendet. Es gibt keine zivilrechtliche Praxis von nennenswertem Umfang in der DDR, wenn man einmal von Ehescheidungen und einfachen Vertragsangelegenheiten absieht. Der gesamte Koordinationsprozess in der arbeitsteiligen Wirtschaft beruht nicht auf Verträgen, sondern auf staatlichen Befehlen. Deshalb gibt es auch kaum strittige Auseinandersetzungen im wirtschaftsrechtlichen Bereich.

Ein Kollege berichtete, man sei derzeit auf eine willkürliche Auswahl rechtlicher und wirtschaftswissenschaftlicher Literatur aus der Bundesrepublik angewiesen. Man könne nicht genau beurteilen, ob das Buch, das einem zufällig in die Hand falle, nun die herrschende Meinung wiedergebe oder eine Nebenmeinung enthalte, deren Verbreitung im Unterricht nicht angezeigt sei. Deshalb erhoffe man sich von mir auch eine Mitwirkung bei der Auswahl der Literatur und bei der Bewertung dessen, was aus der Literatur für den Unterricht verwendet werden könne. Andere wünschen sich, dass ich auch für die Bewertung von Diplomarbeiten und Doktorarbeiten zur Verfügung stehe. Wieder ein anderer riet mir, meine Vorlesungen so anzulegen, dass die Studenten zu ihrem Inhalt auch geprüft werden könnten.

Nicht für einen, sondern für zehn Gastprofessoren wäre genug zu tun, um in der Leipziger Universität zum Aufbau einer jungen Elite beizutragen, die die kulturelle Leistung erbringen kann, welche mit der Organisation und Aufrechterhaltung einer marktwirtschaftlichen Ordnung verbunden sein wird.

Abends lud uns der stellvertretende Rektor noch zu einem kleinen Abendessen im Haus der Wissenschaften ein. Das Gespräch drehte sich nicht nur um andere Vorlesungen und die weitere Entwicklung meiner Mitwirkung an der Leipziger Universität, sondern auch um die große öffentliche Aufmerksamkeit, die meine Entscheidung, nach Leipzig zu gehen, offenbar gefunden hat. Es sei auch in der DDR ein »großer Wirbel« entstanden, etwas, das die Kollegen hier nicht gewohnt seien und mit dem sie erst fertigwerden müssten. Deshalb müssten wir auch dafür Sorge tragen, dass die Antrittsvorlesung nicht zu einem akademischen Happening ausarte. Ich erzähle den Kollegen von meiner Begegnung mit Kurt Masur und meinem Wunsch, die Menschen in der DDR davor zu schützen, dass man sie über den Tisch zieht. Ohne funktionierende Rechtsordnung, ohne Erfahrung mit unserer Ordnung und ohne ausreichende Information über deren Gefahren sind die Deutschen in der DDR praktisch schutzlos. Nachdem die Euphorie über die Öffnung der Mauer und das Freiheitserlebnis verklungen ist, setzt sich langsam der Egoismus durch. Er wird hier noch nicht sozial und ökonomisch gebunden, denn unser Recht gilt nicht in der DDR. Deshalb sind ein besonderer Einsatz und Schutz erforderlich.

Wir sprechen auch über die vorgezogenen Wahlen, die jetzt am 18. März stattfinden sollen. Nach Auffassung von Diestel, mit dem ich zwischendurch telefonierte, handelt es sich um eine Art Komplott von SED und SPD mit dem Ziel, die neu entstehenden bürgerlichen Parteien auszuschalten oder in ihren Startchancen zumindest wesentlich zu beeinträchtigen. Andererseits spricht manches dafür, dass ein Zuwarten bis zum 6. Mai den Zerfallsprozess beschleunigt hätte, der im öffentlichen Bereich der DDR inzwischen in vollem Gange ist. Die Rechtsordnung wird in großen Teilen nicht mehr angewendet. Das Planungssystem ist praktisch zusammengebrochen, auch wenn die Bürokratie noch immer den Versuch unternimmt zu intervenieren. Von den Unternehmen werden ihre Anmerkungen kaum noch zur Kenntnis genommen. Für viele ist es nur noch eine Frage von Wochen, bis die DDR-Wirtschaft kollabiert. Deshalb, darin waren wir uns auch im abendlichen Gespräch einig, ist die Neuordnung der Währungsfrage von höchster Dringlichkeit.

31. Januar 1990

Heute Morgen erster Termin beim amtierenden Oberbürgermeister Günther Hädrich und seinem Stellvertreter. Hädrich weiß, dass er die Kommunalwahl am 6. Mai politisch nicht überleben wird. Das wirkt nicht gerade motivierend. Dennoch tut er viel. Er bemüht sich derzeit, vom Runden Tisch die Zustimmung dazu zu erlangen, dass die Stadt Grundstücke im Rahmen des Erbbaurechts zur Bebauung freigibt, wozu man sich in Berlin inzwischen auch tatsächlich entschlossen hat. Damit ist zunächst einmal ein wichtiges Hindernis aus dem Weg geräumt, das bisher jede Neubebauung mit Hilfe westlichen Kapitals unmöglich machte.

Das Stadtparlament hat sich vor einigen Tagen aufgelöst. Angesichts all der Aufgaben, die auf die Stadt zukommen, wenn die Gemeindeautonomie verwirklicht und die Stadt damit aus der Befehlsstruktur entlassen wird, die von Berlin ausgeht, hatten viele Abgeordnete erklärt, sie seien solchen Anforderungen nicht gewachsen und könnten ihre Tätigkeit deshalb nicht fortsetzen. So arbeitet der Bürgermeister gegenwärtig ohne ein funktionsfähiges Stadtparlament nur mit dem Runden Tisch zusammen, dem wiederum jede demokratische Legitimation fehlt. Auch hier ist ein rechtliches und organisatorisches Vakuum entstanden, das für die unmittelbare Zukunft der Stadt nicht ohne Gefahr ist.

Sein Stellvertreter Gruber macht einen guten Eindruck. Er ist ein jüngerer Mann, der sich inzwischen entschlossen hat, vor allem zum Wohle der Stadt zu handeln und dabei in Kauf zu nehmen, dass auch er nach dem 6. Mai wohl keine politische Zukunft haben wird. Mit ihm sprechen Günter Nötzold und ich über die Möglichkeit, ein Bürogebäude in Leipzig zu errichten, um der dringenden Nachfrage nach Büroraum Rechnung zu tragen.

Mittags besuche ich das Kombinat Chemieanlagenbau in Grimma, das ich schon während meines Leipziger Aufenthalts im Dezember kennengelernt habe. Diesmal ist auch der Generaldirektor Gert Wohllebe anwesend. Von ihm erfahre ich, dass westdeutsche Investoren versuchen, Einzelteile aus dem Kombinat herauszubrechen, insbesondere jene Bereiche, in denen die Kundenbeziehungen und damit das Herzstück der Absatzorganisation des Kombinats zusammengefasst sind.

Ein ausführliches Gespräch mit etwa sechzig leitenden Mitarbeitern des Kombinats schließt sich an. Nach meiner Einführung zu Problemen der deutsch-deutschen Wirtschaftsbeziehungen diskutieren wir über die Chance des Chemieanlagenbaus, über strukturelle Defizite der DDR-Wirtschaft und Wege, sie zu beheben. Später stellt mir ein Chemiker eine verblüffende Frage: Wozu braucht man Eigentum? Ich versuche, die wirtschaftliche Funktion des Eigentums zu erläutern. Dabei wünsche ich mir, dass an meiner Stelle die westlichen Unternehmensvorstände die Frage hätten beantworten müssen, die sich den Menschen im Osten Deutschlands so sehr überlegen fühlen.

Ins Hotel zurückgekehrt, treffe ich Heinz Barth. Er ist begeistert von den Aufgaben, die in Leipzig auf ihn warten. Mit Blick auf eine Karte der Stadt in der Hotelhalle sagt er, dass er hier mindestens zehn Jahre zu tun haben werde.

Wir gehen durch die Stadt, um in Auerbachs Keller zu essen. Der Keller ist jedoch wegen Renovierung geschlossen. Heinz entdeckt die Häuser neu. Er musste die Stadt 1952 verlassen. Viele Erinnerungen kehren zurück. Beim Abendessen im Merkur sprechen wir über die Aufgaben, die ins Haus stehen. Als die Rede auf meinen Auftrag an der Universität kommt, bietet Heinz an, den Grundstock für eine Handbibliothek für die Rechts- und Wirtschaftswissenschaftliche Fakultät zu spenden. Er erklärt sich bereit, 250 000 bis 300 000 DM zur Verfügung zu stellen. So wird mir nicht nur die Gastprofessur zuteil, sondern auch gleich der Handapparat, den meine Kollegen und ich in Leipzig brauchen. 60. Geburtstag, Berufung nach Leipzig, Aufbau der Bibliothek, Mitwirkung an der Erneuerung der Stadt: Kann man sich zu Beginn seines siebten Lebensjahrzehnts eine schönere Perspektive wünschen?

2. Februar 1990

Modrow hat sich gestern für die deutsche Einheit ausgesprochen. Es ist das Ergebnis seines Besuches bei Gorbatschow. Die Presse reagiert heute ebenso wie die Politik mit großer Zustimmung. Der

Ministerpräsident der DDR war allerdings nicht von nationalen Gefühlen erfasst, als er diesen Vorschlag machte. Vielmehr besagt seine Äußerung in praxi, dass die Sowjetunion nicht in der Lage ist, die DDR aufzufangen. Modrow wird Gorbatschow berichtet haben, dass nicht nur die Wirtschaft, sondern auch das Rechtswesen und die öffentliche Ordnung in der DDR kurz vor dem Zusammenbruch stehen. Er wird ihm weiter mitgeteilt haben, dass er, Modrow, ebenso wenig in der Lage sei, mit seiner Regierung die Situation zu meistern, wie es die Regierung sein wird, die aus den Wahlen am 18. März hervorgeht. Denn selbst wenn die SPD die absolute Mehrheit erringen sollte, werden wir nach dem Wahltag eine schwache Regierung in der DDR haben.

Gorbatschow wird Modrow geantwortet haben, die Sowjetunion habe weder die Kraft noch die Möglichkeit, die DDR zu stabilisieren. Solange die sicherheitspolitischen Interessen der Sowjetunion gewahrt blieben, sei es ihm, Gorbatschow, gleichgültig, wie die Probleme gelöst werden. Da die DDR sie selbst nicht bewältigen kann, gibt es nur eine Alternative: die Bundesrepublik Deutschland. Diese wiederum wird die DDR nur auffangen, wenn sie dafür die Einheit gewinnt. Deshalb schlägt Modrow jetzt die Einheit vor. Für Modrow bedeutet die Einheit die Übernahme der politischen, wirtschaftlichen und gesellschaftlichen Lasten und Risiken, kurz, der Kriegsfolgelasten, die aus der vierzigjährigen Herrschaft der Sowjetunion und ihres Parteisatelliten, der SED, in der DDR entstanden sind, durch die Bundesrepublik. Für Gorbatschow gilt das Gleiche. Tatsächlich hat der Generalsekretär die Sowjetunion mit der Zustimmung zur deutschen Einheit von der Haftung für die Auswirkungen ihrer bisherigen Politik in der DDR entbunden.

Kohl hat sich gestern Abend in Berlin darum bemüht, die Deutsche Soziale Union (DSU), den Demokratischen Aufbruch (DA) und die Ost-CDU zu einem Wahlbündnis zu überreden. Handlungsbedarf ergibt sich für ihn vor allem aus dem Umstand, dass die SPD in der DDR neu entstanden ist und Willy Brandt ihr eine geschichtliche Dimension sichert. Er legt die Wurzeln der sozialdemokratischen Tradition frei, beschwört Gotha und Eisenach und vermittelt den Menschen in der DDR damit ein Stück eigenständige historische Identität, die sie durch eine Entscheidung für die SPD beanspruchen können. Die Kombination aus Brandt als dem Übervater der beiden sozialdemokratischen Parteien, deren Ehrenvorsitzender er in Kürze sein wird, und Lafontaine als Vertreter der jüngeren Generation, der gerade einen großen Wahlsieg im Saarland errungen hat, erscheint ungewöhnlich attraktiv. Die bürgerliche Presse fordert deshalb bei Kohl Anstrengungen ein, ein vergleichbares Bündnis des bürgerlichen Lagers in der DDR zustande zu bringen. Daher sind die Bemühungen des CDU-Vorsitzenden Kohl durchaus verständlich. Gleichwohl sind sie riskant. Zwingt Kohl die DSU und den DA mit der Ost-CDU zusammen und erweist sich dieses Bündnis dann als wenig erfolgreich, wird man Helmut Kohl vorwerfen, dass er der DSU und dem DA nicht die selbstständige Entfaltung ermöglicht habe. Andererseits wird die SPD, wenn sie die absolute Mehrheit erringt, auch die ganzen Anpassungslasten übernehmen müssen, die nach dem 18. März auf die DDR zukommen. Und die werden gewaltig sein. Da die Ost-SPD nicht über angemessenes Führungspersonal verfügt, wird sie sich bei der Bewältigung dieser Aufgabe nachhaltig verschleißen. Dies kann schon in den Kommunalwahlen im Mai zugunsten der bürgerlichen Gruppierungen ausschlagen. Entwickelt sich jedoch im Mai eine Tendenz zu einer stärkeren konservativen Ausrichtung der Wählerschaft in der DDR, dann wird sich dieser Trend auch bei kommenden Wahlen fortsetzen, wenn das Ganze nicht durch den Prozess der staatlichen Einigung ohnehin überholt wird.

6. Februar 1990

Nach einem schönen Wochenende zu Hause am Chiemsee, bei herrlichem und viel zu warmem Wetter, bin ich seit gestern wieder in Bonn. Auf der Tagesordnung stand eine Sitzung des Fraktionsvorstands.

Gestern habe ich Friedrich Kronenberg zu seinem Sechzigsten geschrieben. Wir seien 60 geworden zu einer Zeit, in der man sich wünsche, 30 zu sein. Aber wahrscheinlich könnten nur diejenigen die Aufgaben lösen, vor die uns die revolutionären Veränderungen in Osteuropa und in der DDR stellen, die wie wir bereits über Erfahrungen mit dem Wiederaufbau verfügten. Die Vierzigjährigen in unserem Land gehören nicht zu den initiativreichsten und risikofreudigsten Menschen. Sie sind in behüteten Verhältnissen und bei wachsendem Wohlstand aufgewachsen und haben bisher noch nicht lernen müssen, sich zu begrenzen und sich unbekannten Herausforderungen zu stellen. Vielleicht ist dies wirklich die Zeit der Großväter und Enkel.

An der Fraktionsvorstandssitzung habe ich wohl zum letzten Mal teilgenommen. Ich will Dregger bitten, mich aus dem Amt eines Beisitzers zu entpflichten. Ich habe einfach nicht mehr die Zeit, bei all den Sitzungen dabei zu sein, die mit dem parlamentarischen und parteipolitischen Betrieb verbunden sind. Außerdem lohnt es sich nicht. Dregger gab gestern wieder einen seiner schlichten und weitgehend inkohärenten Berichte mit denselben alten Formeln, die man schon seit Jahren von ihm hört. Schon begrifflich ist er kaum in der Lage, die revolutionäre Veränderung zu erfassen, deren Zeugen wir sind. Zu Fragen der Währungsunion zwischen den beiden deutschen Staaten, die inzwischen alle Welt beschäftigen, wollte Dregger keine ausführliche Diskussion zulassen. Der Bundeskanzler habe ihn darum gebeten. Kohl habe die Absicht, sich vor der Fraktion zu dieser Frage zu äußern.

Das hat uns allerdings nicht abgehalten, gleichwohl über dieses Thema zu reden. Es brennt allen auf den Nägeln. Ich nahm als Erster das Wort und trug die wesentlichen Gedanken meiner Stellungnahme zum Sondergutachten der Sachverständigen vom 20. Januar vor. Zu meiner Überraschung stieß ich auf allgemeine Zustimmung. Selbst Dorothee Wilms, die nicht zu meinen Freunden zählt, unterstützte meine Auffassung, dass die Währungsunion nicht am Ende, sondern nur am Anfang der Erneuerung und Reform in der DDR stehen könne.

Offiziell vertritt die Bundesregierung noch immer die sogenannte Krönungstheorie. Sie wurde vom Sachverständigenrat entwickelt und besagt, dass die gemeinsame Währung gewissermaßen als krönender Abschluss erst eingeführt werden könne, nachdem die DDR die marktwirtschaftliche Ordnung verwirklicht und die Konvertibilität ihrer Währung mit der D-Mark gesichert habe. Außerdem wehrt sich Kohl offenbar gegen die Vorstellung eines Lastenausgleichs, der die Bundesrepublik verpflichten könnte, die Kosten für einen Teil der Erneuerungen in der DDR zu übernehmen. Wahrscheinlich hält er eine solche Politik nicht für mehrheitsfähig, was wohl auch nicht falsch ist. Die Bereitschaft der Bürger im Westen

Deutschlands anzuerkennen, dass es sich bei den wirtschaftlichen und politischen Verhältnissen in der DDR um eine der letzten großen Folgen des Zweiten Weltkrieges handelt, ist nicht besonders ausgeprägt.

Kohl ist gestern Abend gelungen, woran er am vergangenen Donnerstag gescheitert war: die Zusammenführung der drei politischen Gruppierungen CDU, Demokratischer Aufbruch und DSU. Diestel hatte von dem ersten Gespräch Folgendes berichtet: In den drei Stunden, die sie bei Kohl gewesen seien, hätten sie zwanzig Minuten Gelegenheit gehabt, ihre Überlegungen vorzutragen. Zwei Stunden vierzig Minuten habe Kohl selbst gesprochen, um ihnen ausführlich zu belegen, welch bedeutender Mann er sei. Er, Diestel, sei von Herrn Kohl nicht beeindruckt gewesen. Die Sitzung habe ihn vielmehr enttäuscht und deprimiert. Dennoch müssten sie weiterreden, denn sie seien arm und auf die Hilfe der Bundes-CDU angewiesen. Ohne Unterstützung könnten sie sich nicht ausreichend bekannt machen und hätten deshalb keine Aussicht, in der vorgezogenen Wahl erfolgreich abzuschneiden.

Gestern Abend nun haben sich die drei Gruppierungen also entschlossen, doch eine Allianz zu bilden. Im Fernsehen konnte man ihre Vorsitzenden zusammen mit Kohl und Seiters das Ergebnis verkünden sehen. Von einem Zettel las Ebeling mit eher bürokratischer Stimme die Vereinbarung ab, die unter dem Vorsitz von Kohl in Westberlin im Gästehaus der Bundesregierung zustande gekommen war. Man habe eine Allianz vereinbart, die die Selbstständigkeit der einzelnen Parteien unberührt lasse. Listenverbindungen seien vorgesehen. Während Ebeling den Beschluss vorlas, stand Kohl mit eher finsterem Gesicht neben ihm. Selten ist mir so deutlich geworden, wie groß die Gefahr ist, dass die Menschen in der DDR von einer Vormundschaft in die andere wechseln. All das mag parteipolitisch vernünftig und durch die Erfahrungen in der Bundesrepublik gerechtfertigt sein. Man kann überzeugend begründen, dass es den Reformern in der DDR an der notwendigen Erfahrung fehlt und dass das Geld nur zu geben bereit sein wird, wer auch die Musik bestimmt. Aber von der Selbstbestimmung, die wir den Menschen in der DDR zugesagt haben, ist kaum etwas übrig geblieben.

Ein Gutes hat das Ganze allerdings: Nun hat auch Kohl endgültig deutlich gemacht, dass er die Verantwortung für die weitere politische Entwicklung in der DDR zu tragen entschlossen ist. Zwar bezieht sich diese Entschlossenheit zunächst nur auf die Gestaltung der parteipolitischen Landschaft in der DDR, soweit wir darauf Einfluss nehmen können. Tatsächlich bedeutet die praktische Übernahme der Führungsrolle im bürgerlichen Lager der DDR jedoch auch die Übernahme der politischen Verantwortung für das, was hinfort in der DDR als Folge des politischen Handelns dieser Gruppierung geschieht. Fasst man das Engagement Kohls und das der Sozialdemokraten zusammen, so kann man sagen, dass die beiden großen Volksparteien inzwischen die politische Führung in der DDR übernommen haben. Sie handeln de facto durch »Tochtergesellschaften« in der DDR. So tritt auch im Wahlkampf in der DDR ganz zurück, worum es den Menschen zunächst ging: die Befreiung vom Regime der SED und die Allianz aller Reformkräfte mit dem Ziel, eine Wiederkehr des sozialistischen Regimes unter allen Umständen zu verhindern.

An die Stelle dieses einigenden Bandes tritt mehr und mehr die durch bundesrepublikanische Muster geprägte Auseinandersetzung zwischen SPD und CDU. Dass diese Konfrontation der beiden sich gerade bildenden politischen Lager in der DDR nicht unbedingt zur Handlungsfähigkeit einer neuen Regierung nach dem 18. März beiträgt, ist offensichtlich.

Wenn jedoch beide großen Volksparteien ungeachtet dieser voraussehbaren Wirkung die Wahlkampfstrukturen der Bundesrepublik auf die DDR erstrecken, so übernehmen sie auch in vollem Umfang die Verantwortung für die politischen Resultate einer solchen Entwicklung. Praktisch heißt dies, dass, unabhängig von allen anderen Ursachen und Begründungen, die Bundesrepublik schon als Folge dieses Tuns verpflichtet ist, auch für die wirtschaftlichen, gesellschaftlichen und sozialen Konsequenzen einzustehen, die sich aus der weiteren Entwicklung in der DDR ergeben. Damit brauchen wir den Gedanken eines Lastenausgleichs als Konsequenz ungleich verteilter Kriegsfolgen nicht mehr. Die politischen Parteien in der Bundesrepublik haben durch ihr gegenwärtiges Verhalten die Verpflichtung begründet, die DDR-Wirtschaft und das soziale System in der DDR zu sanieren und dafür unsere Wirtschaftskraft und die Leistungsfähigkeit unserer Sozialsysteme voll in Anspruch zu nehmen.

Unsere Frühstücksrunde hat heute Morgen über die Frage beraten, ob Bonn Hauptstadt bleiben soll. Die schnelle Entwicklung des deutsch-deutschen Verhältnisses hat auch diese Debatte aufs Tapet gebracht. In der öffentlichen Diskussion wird allgemein davon ausgegangen, dass Berlin wieder Hauptstadt einer einheitlichen deutschen Republik werden müsse.

Ich halte allerdings das Vorhaben, die Regierung Deutschlands nach Berlin zu legen, nicht für gut. Berlin steht für Zentralismus, für Nationalstaatlichkeit und für stärkere Orientierung nach Osten. Bonn steht für Westbindung, für Dezentralisation, Föderalismus und für eine starke Öffnung nach Europa. Die Verlegung der Hauptstadt nach Berlin würde bedeuten, dass sich die gesamte innenpolitische Struktur der Bundesrepublik, insbesondere ihr föderaler Aufbau, verändern. Die gesellschaftlichen Gruppierungen würden zweifellos ihre Hauptsitze früher oder später wieder in Berlin ansiedeln. Die jetzt für die Struktur der Bundesrepublik charakteristische Streuung der gesellschaftlichen Kräfte über das ganze Land wäre jedenfalls gefährdet. Wir nehmen uns vor, der gefühlsmäßigen Entscheidung in der öffentlichen Auseinandersetzung mit verstandesbegründeten Argumenten zu begegnen.

In der Arbeitsgruppe Wirtschaft berichtet Wissmann über das World Economic Forum in Davos, ich lege meine Überlegungen zur Währungsunion dar. Unter den Kollegen zeichnet sich, ebenso wie am Vortag im Fraktionsvorstand, weitgehende Zustimmung zu meiner Auffassung ab.

Um 15.00 Uhr Fraktionssitzung. Dregger wünscht mir zum Sechzigsten alles Gute mit der Bemerkung, dass man in diesem Alter weiser werde. Ich sage den Kollegen später Dank und warne sie vor allzu großen Hoffnungen, was das Weisewerden anbetrifft. Ich wolle mir alle Mühe geben, glaubte aber nicht, dass ich besonders erfolgreich sein werde.

In seinem Bericht schlägt Helmut Kohl vor, mit der DDR in unverzügliche Verhandlungen über eine Währungsunion einzutreten. Er hat die Dimension des Problems ebenso erkannt wie seine historische Bedeutung. Waigel wirkt demgegenüber eher zögerlich. Wahrscheinlich kann er als Finanzminister nicht anders argumentieren. Obwohl auch er die Währungsunion als den einzig praktikablen Weg aus dem bestehenden Dilemma bezeichnet, setzt er den staatlichen Handlungsspielraum wesentlich kleiner an.

In der Diskussion begrüße ich Kohls Vorschlag; ich sei darüber sehr glücklich. Es handle sich um eine historische Stunde. Die Währungsunion sei unsere Antwort auf die großartige Befreiungsleistung der Menschen in der DDR. Was den Souveränitätsverzicht anbetreffe, den die DDR mit einer Währungsunion hinnehmen müsse, so lasse sich dieser als ein Vorgriff auf die ohnehin im Zusammenhang mit der europäischen Währungsunion ins Haus stehenden Abgabe von Hoheitsrechten verstehen. Im Übrigen könne die Bundesrepublik über eine Währungsunion im Rahmen der Europäischen Gemeinschaft nicht verhandeln, ohne zunächst ihre deutsch-deutsche Flanke zu schließen. Schon aus diesem Grunde sei eine Währungsunion mit der DDR unverzichtbar.

Im Verlauf der weiteren Diskussion äußern zahlreiche Kollegen ihre Sorge, dass der weitere Übersiedlerstrom uns wahlpolitisch schaden könne. Viel Ängstlichkeit ist in den Argumenten. Schäubles Versuch, gegen diesen Kleinmut die Größe der Aufgabe ins Feld zu führen, überzeugt viele nicht. Sie sehen ihr Mandat in der nächsten Bundestagswahl gefährdet.

Kohl hatte zuvor auch über seine Bemühungen berichtet, die drei christlichen und bürgerlichen Parteien in der DDR zu einem Bündnis zusammenzuführen. Er war damit erfolgreich. Doch das Bild, das die Beteiligten im Fernsehen abgaben, war nicht positiv. Zum einen hat Kohl den Fehler gemacht, die Parteiführer in das Dahlemer Gästehaus der Bundesregierung zu bestellen, statt mit ihnen in der DDR oder zumindest in Ostberlin zu verhandeln. Schon auf den ersten Eindruck wurde damit unterstrichen, dass die drei DDR-Parteien durch äußere Einwirkung verbunden wurden. Ob dies im Wahlkampf hilfreich ist, kann ich nicht beurteilen. Brandt ging zumindest nach Gotha, als er eine Art Patenschaft für die Ost-SPD übernahm.

Zum Zweiten glaube ich nicht, dass die Allianz sehr lange halten wird. Dazu sind die Widersprüche zwischen den drei Gruppierungen zu groß. Insbesondere zwischen DSU und Ost-CDU, aber auch zwischen Demokratischem Aufbruch und Ost-CDU bestehen Spannungen aus dem früheren Blockparteiendasein der CDU. Wahrscheinlich wird es auch mit der Gründung der Allianz nicht gelingen zu verhindern, dass die Sozialdemokraten in der Wahl am 18. März die stärkste politische Kraft werden.

Insgesamt war dies ein bedeutender Tag. Mit der Entscheidung für die Währungsunion tritt der Prozess der deutschen Einheit in eine praktische, auch von uns Westdeutschen politisch gestaltete Phase ein. Zugleich wird mit der Durchführung der Währungsunion der ganze Umfang der Aufgaben sichtbar, die vor uns liegen. Wir werden Jahre damit zu tun haben, die Volkswirtschaften der beiden deutschen Staaten wieder zusammenzuführen. Ich freue mich auf diese Aufgabe.

7. Februar 1990

Kohls Absicht, der DDR Verhandlungen über eine Währungs- und Wirtschaftsunion vorzuschlagen, beherrscht die öffentliche Diskussion. Seine Entscheidung ist nicht nur deutschlandpolitisch, sondern auch parteipolitisch richtig. Gelingt es ihm, die Initiative in der deutsch-deutschen Frage auf wirtschaftspolitischem Gebiet zu erringen, dann wird er mit der CDU die Nase vorn haben. Nur wenn die Deutschlandpolitik vor allem eine sozialpolitische Frage wird, haben die Sozialdemokraten die besseren Aussichten.

Im Wirtschaftsausschuss bitte ich die Regierung, bei ihrem nächsten Bericht über die deutsch-deutschen Wirtschaftsbeziehungen und die geplante Währungs- und Wirtschaftsunion neben der Einschätzung der möglichen Belastungen für die Bundesrepublik auch Alternativrechnungen über diejenigen Kosten vorzulegen, die uns entstünden, wenn wir erst warteten, bis ein Kollaps der DDR-Wirtschaft eintritt. Nur aus einer solchen Vergleichsrechnung könne man überzeugende Begründungen dafür herleiten, dass jetzt gehandelt werden müsse.

In der Aktuellen Stunde nehme ich zu Fragen der Währungsunion Stellung. Die Einführung der D-Mark werde zwar nicht die Probleme der DDR lösen, aber zwei entscheidende Dinge seien mit ihr gewonnen: Sie werde die Menschen ermutigen und ihnen wieder Hoffnung geben. Arbeit und Leistung werden sich wieder lohnen. Die Arbeitsteilung, die praktisch zusammengebrochen ist, wird wieder in Gang kommen. Kapitalinvestitionen und der Kapitalmarkt können sich entwickeln, und die Reformmaßnahmen, die wir von den Menschen in der DDR verlangen müssen, werden einen Sinn erhalten.

Zwar sei die Währungsunion auch mit erheblichen Belastungen verbunden. Sie werden sich aber nach meiner Überzeugung innerhalb der Grenzen bewegen, die durch den Zuwachs des Bruttosozialprodukts in unserem Land gezogen sind. Das heißt, wir werden nichts von unserem Besitzstand aufgeben müssen, allenfalls zusätzliche Expansionschancen.

9. Februar 1990

SIPRI-Konferenz in Potsdam zu Fragen der Sicherheitspolitik und der deutsch-deutschen Entwicklung. Genscher spricht als Erster. Die DDR habe hinsichtlich der EG drei Optionen, über die nach dem 18. März entschieden werden soll: ein Kooperations- und Assoziationsabkommen, einen Antrag auf Mitgliedschaft und den Eintritt in die EG über die Einheit mit der Bundesrepublik. Modrow habe sich bisher für die erste Alternative ausgesprochen.

Die wieder auflebende Angst vor den Deutschen könne und müsse durch die europäische Integration abgebaut werden. Das deutsch-deutsche Zusammenwachsen werde den Prozess der europäischen Einigung beschleunigen. Ohne reale Vereinigungsperspektive könne die DDR zu einem Faktor der Instabilität in Europa werden. Deshalb sei das Angebot der Bundesrepublik an die DDR, über eine Währungsunion zu verhandeln, auch ein Ausdruck von Stabilitätspolitik.

Kurz vor meinem Referat berichtet Ferraris, er habe im Radio die Meldung gehört, die DDR sei nicht mehr zahlungsfähig. Der Regierungssprecher habe dies zwar eine Stunde später dementiert, die Meldung sei jedoch erneut verbreitet worden. Man führe sie auf Teltschik zurück, der offenbar vor Journalisten die Reise Kohls nach Moskau mit der Notwendigkeit begründet habe, den Vorschlag einer Währungsunion zu erläutern. Dieser Vorschlag habe gemacht werden müssen, weil die DDR kurz vor der Zahlungsunfähigkeit stehe.

Nichts wäre schlimmer, als wenn ein solcher Eindruck von offizieller Seite erzeugt würde. Denn derartige Botschaften können einen Run auf die D-Mark auslösen, die Zinsen hochtreiben und die Kreditfähigkeit der DDR zerstören. Damit werden nicht nur die Kosten der DDR-Politik gesteigert, sondern auch der Preis, den wir der Sowjetunion für die Zustimmung zur Währungsunion zahlen müssten.

Abends im Podiumsgespräch diskutieren wir das durch Modrow überbrachte Angebot Gorbatschows: Einheit gegen Neutralität. Jahrelang hat man ein solches Angebot von der Sowjetunion gefürchtet oder erhofft. Nun kommt es, aber man regt sich nicht mehr auf. Denn wir haben die Einheit im Grunde schon. Man kann von uns keinen wirklichen Preis mehr dafür verlangen. So verändern sich historische Situationen.

In der Podiumsdiskussion zeigt sich die Trauer um die verlorengegangene Revolution. Bärbel Bohley befürchtet eine geistige Besetzung der DDR, und Gregor Gysi stellt fest, viele Arbeiter hätten den Eindruck, ihre Revolution hätte ihnen nichts gebracht außer sozialer Unsicherheit. Es gebe viele praktische Fragen, die nicht beantwortet würden: Was werde aus den Mietverträgen, aus den Grundstücken, auf denen man gebaut hat, aus dem landwirtschaftlichen Betrieb, aus enteigneten Fabriken, was aus den Arbeitsverträgen und der Solidarität, die im Land herrschte, allerdings auch Folge der damaligen Strukturen gewesen sei? Er befürchtet im Falle einer überschnellen Einigung auch soziale Konflikte zwischen den Deutschen. Viele Übersiedler gingen heute, gerade weil sie die schnelle Einheit befürchteten: Sie wollten schon drüben sein, ehe der »Anschluss« kommt. Ihm gehe es nicht nur um das Ob und Wie der Einheit, sondern auch um die Frage, welche Art von Deutschland entstehe. Voraussetzung für den Einigungsprozess sei eine starke DDR. Sie habe sonst nichts einzubringen. Dafür müsse man sich auch an die Sowjetunion anlehnen.

Andere Teilnehmer aus der DDR verunsichert die »unheimliche Individualisierung« der Menschen im Westen und die bei uns üblichen Leistungsanforderungen. Man habe im Büro viel zusammengesessen und nicht gearbeitet, war aber eben zusammen. Freundschaften und Familie nähmen mit der Westorientierung an Bedeutung ab.

Gysi geht bei seinen Äußerungen zur anderen deutschen Ordnung von einer Beherrschbarkeit politischer Verhältnisse aus, an der es tatsächlich fehlt. Auch andere wollen nicht nur die deutsch-deutschen und die europäischen Probleme im Blick haben, sondern auch die Weltprobleme und die der Dritten Welt. Als ob man mit dem Gewicht der DDR solche Fragen bewegen könnte.

Bärbel Bohley bezweifelt, dass die Wahlen am 18. März wirklich freie Wahlen werden. Der Druck und die Überlagerung durch die Parteien in der Bundesrepublik machten das kaum möglich. Man wähle Brandt und Kohl, aber nicht die eigenen Parteien. Deshalb werde es nach dem 18. März ein böses Erwachen geben.

Frau Bohley macht einen traurigen, auch etwas verbitterten Eindruck. Warum man nicht mit Kommunalwahlen begonnen habe? Damit hätte man doch eine wirklich demokratische Grundlage legen können.

Gysi beeindruckt mich als ein unglaublich zynischer Mensch. Er argumentiert für seine Partei in einer Weise, als habe sie nichts mit dem Elend zu tun, in das die Menschen in der DDR gestürzt worden sind. Sie sind durch den vormundschaftlichen Staat deformiert. Die Zuversicht aus der Aufbruchphase, so Gysi, sei erloschen. Als habe er mit seiner Demonstration am Teltower Denkmal und seiner Stasiwiederbelebung selbst nicht wesentlich dazu beigetragen.

Frau Bohley gab ein Votum zur eigenen Substanz der DDR ab, das mich rührte. Die DDR war ein Gegenstand, in den sie ihre Begabung einbringen konnte, die Begabung zum Widerstand. Aber zur Politik wird sie dadurch nicht befähigt. Deshalb hatte Ferraris recht, als er auf die Eigengesetzlichkeit der Politik hinwies mit dem Zusatz, damit habe er sich als Italiener nicht in die Nähe von Machiavelli begeben wollen.

12. Februar 1990

Gegen Mittag komme ich von einem schönen Wochenende in Übersee nach Bonn zurück. Ich habe mich einmal richtig ausgeschlafen. Am vergangenen Samstag war ich so müde, dass ich auf der Fahrt von Düsseldorf nach Gelsenkirchen zur Jungen Union an einer Tankstelle haltmachen musste, um eine halbe Stunde zu schlafen.

Am frühen Nachmittag besuchte mich Professor Michalski vom Wiener Institut für die Wissenschaften vom Menschen. In unserem Gespräch erläutere ich ihm meine Ansicht, dass die Religion in den kommenden Jahren wieder eine größere Bedeutung haben werde. Die mit der Säkularisierung verbundene Privatisierung der Kirche und der Religion wird sich in Zukunft kaum aufrechterhalten lassen. Dabei geht es nicht nur um die Rolle, die die Kirche bei der Befreiung vom Stalinismus in Polen und auch in der DDR gespielt hat. Wichtiger noch ist die Frage, wo die Menschen Halt finden können, wenn es darum geht, Begrenzungen zu definieren und durchzusetzen, die uns in die Lage versetzen, im Gleichgewicht mit der Umwelt zu leben und in unserem politischen Handeln auch die Bedürfnisse der Zukunft zu berücksichtigen. Ziel aller demokratischen Bewegungen ist es, die Verwirklichung der Menschenrechte zu befördern und die Freiheit des Menschen zu sichern.

Unsere modernen Industriegesellschaften verletzen jedoch auf neue Weise die Menschenrechte: nämlich die Rechte der Ungeborenen. Wir lassen ihnen nicht die gleichen Lebenschancen. Wir verbrauchen ihre Umwelt, ihre Rohstoffe und ihre natürlichen Ressourcen. Sieht man die Verwirklichung der Menschenrechte in der Abfolge der Generationen, so sind wir weit davon entfernt, die Forderungen einzulösen, die der Menschenrechtskatalog uns aufgibt.

Nach der Öffnung der Mauer wird zunehmend der ganze Schaden sichtbar, den die kommunistische Gewaltherrschaft nicht nur in der Wirtschaft, in der Infrastruktur, sondern vor allem in den Köpfen der Menschen angerichtet hat. Gebäude kann man schnell aufbauen, genauso wie Straßen erneuern und zusätzliche Telefonleitungen legen; aber es wird Jahre dauern, bis die seelischen und geistigen Schäden überwunden sind, die der vormundschaftliche Staat, die Durchdringung aller gesellschaftlichen Bereiche mit staatlichen und politischen Mitteln und die umfassende Observierung der ganzen Bevölkerung verursacht haben.

Was die weitere Entwicklung in der Bundesrepublik anbetrifft, so lässt sich voraussehen, dass sich die wirtschaftliche Unterstützung, die die Bundesrepublik der DDR leisten muss, innenpolitisch sehr schnell auf die Frage nach der gerechten Lastenverteilung konzentrieren wird. In keinem Fall ist zu erwarten, dass die bisher vorherrschende Freude über die deutsche Wiedervereinigung länger anhält.

Dregger verkündet derzeit bei jeder Gelegenheit, Helmut Kohl sei der größte deutsche Kanzler seit Konrad Adenauer. Ob die Historiker ihn einst als den bedeutendsten Kanzler und den Besuch Kohls in Moskau als epochemachendes Ereignis bewerten werden, das, so meinte das *Handelsblatt*, werde nicht heute, sondern erst durch die Geschichte entschieden. Wahrscheinlich werden in wenigen Monaten viele Menschen in der Bundesrepublik in Helmut Kohl denjenigen sehen, der ihnen mit der forcierten Wiedervereinigung so, wie sie es dann empfinden werden, eine Fülle von Problemen beschert hat, die sie nicht gewollt haben. Heinz Schwarz meinte in der Fraktionsvorstandssitzung, man müsse aufpassen, dass es Kohl nicht gehe wie Churchill, der für die Engländer den Krieg gewonnen habe und dann abgewählt worden sei.

In der Fraktionsvorstandssitzung informierte uns Kohl über seine Gespräche mit Gorbatschow. Es war ein guter Bericht. Seine politischen Auffassungen schienen mir vernünftig. Ich hätte keine wesentlich andere Position bezogen. Gorbatschow war offenbar entschlossen, die mit der DDR verbundenen Lasten loszuwerden. Ihm ging es ausschließlich darum, die sicherheitspolitischen Interessen der Sowjetunion gewahrt zu sehen. Insoweit hat Helmut Kohl in Moskau lediglich entgegengenommen, was bereits sowjetische Politik ist. Zu verhandeln gab es kaum etwas.

Kohl äußerte sich dann zur Haltung der Vereinigten Staaten. Bush und Außenminister Baker hätten in eindrucksvoller Weise ihre Freundschaft mit den Deutschen bewiesen. Bush habe Baker instruiert, Gorbatschow vor Kohls Besuch in Moskau deutlich zu machen, dass die Vereinigten Staaten bereit seien, an der Verwirklichung der Sicherheitsinteressen der Sowjetunion in Europa mitzuwirken und damit die Voraussetzungen zu schaffen für eine selbstbestimmte Neugestaltung des deutsch-deutschen Verhältnisses einschließlich der Einheit der beiden deutschen Staaten.

In Europa hätten die Freunde aus dem christlich-demokratischen oder konservativen Lager dagegen wenig Interesse oder Enthusiasmus für die Entwicklung in Deutschland an den Tag gelegt. Auch Margaret Thatcher habe ihre Position nur unter dem Druck des veränderten Meinungsklimas in Großbritannien revidiert. Sowohl Labour als auch Teile der Konservativen seien nicht länger bereit, die ablehnende Haltung der Premierministerin gegenüber der deutschen Einheit mitzutragen. Wenn sie nicht an den Rand gedrängt werden wolle, müsse sie sich wohl oder übel an dem Prozess beteiligen. Thatcher habe daraus die Konsequenzen gezogen und ihren Kurs korrigiert. Mit dem Herzen sei sie allerdings nicht dabei.

Kohl machte einen aufgeräumten und zuversichtlichen Eindruck. Er ist mit sich selbst und der Welt zufrieden. In seiner »Botschaft an alle Deutschen« bezeichnete er seinen Besuch in Moskau als einen guten Tag für die Deutschen und einen glücklichen für sich selbst. Manche irritiert, wie sehr er die deutsch-deutsche Frage zu seiner ureigenen Angelegenheit erklärt. Ich habe dafür Verständnis, politisch ist es gleichwohl nicht klug. Denn die Deutschen in der Bundesrepublik werden nur bereit sein, sich an den beachtlichen Lasten einer Erneuerung der DDR zu beteiligen, wenn sie überzeugt sind, dass es sich um ihre Sache handelt. Die Art, wie Helmut Kohl das Thema besetzt, schließt sie praktisch als aktiv Mitwirkende vom Prozess der Wiedervereinigung aus. Deshalb werden sie auch nicht willens sein, die Konsequenzen dieses historischen Vorgangs als Konsequenzen ihres eigenen Handelns zu begreifen. Sie werden vielmehr die Politik dafür verantwortlich machen, das heißt, Helmut Kohl. Jedenfalls birgt sein Verhalten ein entsprechendes Risiko.

In der Aussprache plädiere ich ebenso wie Schäuble für eine breit angelegte Diskussion im Bundestag im Anschluss an die für Donnerstag vorgesehene Regierungserklärung. Nach der Planung der Fraktion sind für die ganze Debatte drei Stunden vorgesehen. Das reicht gerade für die Stellungnahme von Dregger für die Fraktion. Weitere Redner haben keine Chance. Es ist absurd, dass das Parlament an einer solchen historischen Wegscheide im Wesentlichen den Auslassungen der Regierungsmitglieder zuhören und sich an dem Meinungsaustausch selbst praktisch nicht beteiligen können soll. Dabei wäre es so notwendig, schon jetzt der Gefahr entgegenzuwirken, dass die ganze Diskussion über die Wiedervereinigung zu einer Auseinandersetzung über die Stabilität der D-Mark und die Sicherung von Besitzständen verkommt. Der *Spiegel* ist unter dem Titel »Teure Einheit« mit dem Bild eines zerfließenden Markstückes erschienen. Er hat damit die Gefühle eines großen Teils der Bevölkerung auf den Punkt gebracht, allerdings nicht besonders verantwortungsvoll gehandelt. Je länger wir mit der umfassenden Erläuterung der großen Herausforderung warten, die auf uns alle zukommt, umso schwieriger wird es werden, den Konsens für diese Aufgabe zu gewinnen.

13. Februar 1990

Frühmorgens spreche ich mit Günter Nötzold. Die Telefonverbindungen nach Leipzig sind besser geworden. Wir planen meinen Aufenthalt für die kommende Woche.

Haussmann und Waigel haben sich inzwischen bereits darauf festgelegt, dass es keine Steuererhöhungen geben dürfe. Praktisch heißt dies, dass wir uns schon jetzt den Zugang zur Finanzierung der Leistungen versperren, die im Zusammenhang mit der deutschdeutschen Entwicklung auf uns zukommen werden. Der Wahlkampf bestimmt auch hier das Denken.

Nachmittags Fraktionssitzung. Gerhard Baumgärtel von der Ost-CDU, Ebeling (DSU) und Eppelmann (Demokratischer Aufbruch) nehmen daran teil. Kohl kommt später. Er veranstaltet mit Modrow zunächst eine Pressekonferenz. Die Zahl der Journalisten und Fernsehkameras ist so groß, dass die beiden nur über eine Außentreppe in den Vortragssaal der Bundespressekonferenz gelangen können. Unsere Gäste aus der DDR stellen sich der Fraktion vor. Baumgärtel, der in der Regierung Modrow das Amt des Bauministers innehat, wirkt farblos. Ebeling verrät ebenso wie Eppelmann den redegewandten Pastor. Er spricht davon, dass man vierzig Jahre lang mit dem Herzen im Parlament der Bundesrepublik gewesen sei. Nun könne er selbst an einer Fraktionssitzung teilnehmen. Wessen Herz nicht verhärtet ist, der muss die Bewegung empfinden, die Ebeling erfasst hat.

Im Verlauf der Sitzung wird deutlich, dass es zwischen den drei Allianzpartnern, die Kohl zusammengeführt hat, nach wie vor erhebliche Spannungen gibt. Sie werden auch in den Vorstellungsreden angesprochen. Formulierungen, die uns als normal erscheinen, werden von den Politikern der DDR als kränkend empfunden. Es fehlt ihnen jede Erfahrung mit der Polemik demokratischer Auseinandersetzung. Schorlemmer hatte mich schon am Rande der SIPRI-Konferenz in Potsdam darauf hingewiesen, dass unsere Form, politische Kontroversen zu führen, für die Menschen in der DDR, wie er es nannte, tödlich sei. Sie wüssten noch nicht zwischen Ernst und Rhetorik zu unterscheiden. Sie seien bisher die leisen Töne gewöhnt gewesen. Die lauten erschienen ihnen deshalb gefährlich und verletzend.

14. Februar 1990

Der Modrow-Besuch in Bonn ist zu Ende. Die DDR-Delegation ist enttäuscht nach Berlin zurückgefahren. Der Runde Tisch hatte dem Ministerpräsidenten die Weisung mit auf den Weg gegeben, von der Bundesregierung einen Solidaritätsbeitrag in Höhe von fünfzehn Milliarden D-Mark zu verlangen. Zugleich hatte er Modrow die Hände bei den Verhandlungen über eine Wirtschafts- und Währungsunion gebunden. Schon deshalb waren die Voraussetzungen für fruchtbare Gespräche nicht günstig. Die Bundesregierung hat die Forderung nach einem Solidaritätsbeitrag zu Recht abgelehnt. Zahlungen ohne Klarheit darüber, wofür die Mittel eingesetzt werden sollen, sind in keinem Falle sinnvoll. Dies gilt erst recht für eine Regierung, deren Tage gezählt sind. Im Zusammenhang mit der Wirtschafts- und Währungsunion werden wir weit höhere Beiträge aufwenden müssen. Allerdings steht dann jeweils fest, wofür sie ausgegeben werden.

16. Februar 1990

Gestern Morgen Regierungserklärung zur Deutschlandfrage und anschließende Debatte im Bundestag. Mein im Fraktionsvorstand zusammen mit Schäuble vorgebrachtes Plädoyer für eine ausführliche parlamentarische Diskussion ohne zeitliche Befristung war nicht auf fruchtbaren Boden gefallen. Das Ergebnis unserer Intervention war die Verlängerung der Aussprache von drei auf vier Stunden. Die zusätzliche, auf die Regierungsfraktionen entfallende Zeit wurde zwischen den bereits angemeldeten Rednern verteilt. Dregger, Waigel und Haussmann konnten also länger reden.

Aus der historischen Stunde, die es hätte werden müssen, wurde eine Wahlkampfveranstaltung. Schon bei Kohls Rede kam es zu Tumulten, weil er die SPD der Kumpanei mit der SED beschuldigte. Er bestand auf dieser Aussage und steigerte damit die Unruhe und den Lärm. Er trieb, zur Freude und zum Jubel der Fraktion, die SPD vor sich her. Waigel tat es ihm gleich. Er verlas Zitate, in denen Sozialdemokraten Zweifel an der Möglichkeit oder Wünschbarkeit der Wiedervereinigung geäußert hatten. So wurde die Chance einer aufklärenden Debatte vergeben. Die Zuhörer erfuhren nichts über die wirklichen Dimensionen der Aufgabe, nichts über deren historische Bedeutung, nichts über die eigentlichen Ursachen der Katastrophe in der DDR. Kohl nahm zwar eine ganze Reihe von Gedanken meiner Stellungnahme zum Sondergutachten des Sachverständigenrats auf, die er offensichtlich hatte auswerten lassen (wenn er die Fakten und Hinweise auch auf Bundesbankpräsident Pöhl bezog). Er schilderte auch zutreffend die Probleme in der DDR. Aber wieder war von Hilfe die Rede, nicht von gemeinsamer Aufgabe. Waigel erboste sich über die »Frechheit« Modrows, 15 Milliarden D-Mark Ausgleichsleistung zu verlangen oder sich anzumaßen, die Interessen der Bürger in der DDR zu vertreten. Er schloss Steuererhöhungen zur Finanzierung der DDR-Leistungen aus und erhöhte damit den Begründungsaufwand für den Fall, dass dann doch staatliche Leistungen durch Abschöpfungen finanziert werden müssen.

Nach dieser rein bundespolitischen Debatte sind die Gräben zwischen Union und SPD tiefer als vorher. Kohl hatte weder die Größe noch die Weitsicht, die SPD einzubeziehen. Wäre ich an seiner Stelle gewesen, hätte ich Brandt gelobt, die Ostverträge und Helsinki hervorgehoben, zum Letzteren die Fehleinschätzungen der Union anklingen lassen und dann die Sozialdemokraten voll in die Bewältigung der Folgen der Revolution eingebunden, sie praktisch so kraftvoll umarmt, dass ihnen die Luft zum Protest und zur Konfrontation weggeblieben wäre. Kohl hätte damit nicht nur Format bewiesen, sondern auch die Fähigkeit zur Integration in schwierigen Zeiten. Lafontaine hätte es schwergehabt, ein solches Angebot auszuschlagen. Bei Hanns Martin Schleyers Entführung hat man so zusammengearbeitet.

Die Bevölkerung hätte die Bereitschaft zur Gemeinsamkeit sicherlich belohnt. Zugleich wäre es für die SPD weit schwieriger geworden, über die Verteilung der Lasten eine neue Polarisierung auszulösen. Und ein Kanzler, der die Nation auch im Inneren eint, indem er alle in die Verantwortung einbezieht, wird kaum abgewählt.

20. Februar 1990

Auf der Fahrt von Berlin nach Leipzig. Ich will dort bis Donnerstagmittag bleiben.

Die Aufmerksamkeit der Bundesbürger richtet sich inzwischen, wenn man den Medien glauben darf, immer mehr auf die Lasten, die mit der Wirtschafts- und Währungsunion verbunden sind. Dem widerspricht allerdings das *Politbarometer* von gestern Abend. Danach sind 77 Prozent der Bundesbürger bereit, auch wirtschaftliche Opfer für die deutsche Einheit auf sich zu nehmen. Überhaupt ist die Einstellung der Bundesbürger zur deutschen Frage und zu den mit ihr verbundenen Erfordernissen außerordentlich positiv. Sie begrüßen die deutsche Einheit mit großer Mehrheit. Natürlich macht man sich gewisse Sorgen, die aber nicht die Bereitschaft zur Mitwirkung und auch zur finanziellen Unterstützung beeinträchtigen. Man sieht kurzfristig Probleme, langfristig aber überwiegend Vorteile. Das Urteil der Bürger, wie es sich im *Politbarometer* darbietet, ist von erstaunlicher Vernünftigkeit, Weitsicht und Reife.

Das kann man von der politischen Diskussion selbst nicht behaupten. Der Verlauf der deutschlandpolitischen Debatte im Bundestag am vergangenen Donnerstag hat Richard von Weizsäcker zu deutlichen Tönen veranlasst.

Weizsäcker, der die Sitzung vom Besucherforum des Parlaments verfolgte, äußerte später sein Entsetzen über die Art und Weise der Auseinandersetzung und forderte am Sonntag darauf in der Sendung *Bonn direkt* die Politiker auf, die große Dimension der jetzt anstehenden Aufgaben nicht aus den Augen zu verlieren. Eine Partei allein, so der Bundespräsident, sei gar nicht in der Lage, das Gewicht der daraus resultierenden Verantwortung zu tragen.

Der Modrow-Besuch war aus Sicht der DDR-Regierung ein kompletter Fehlschlag. So konnte lediglich eine gemeinsame Kommission zur Vorbereitung der Wirtschafts- und Währungsunion eingerichtet werden. Sie nimmt heute in Berlin ihre Arbeit auf. Aber weniger die fehlende materielle Unterstützung als die äußeren, auch atmosphärischen Umstände des Besuches wurden in der DDR als Enttäuschung empfunden. Susanne berichtet, dass die Menschen in der DDR zum Teil hinter Modrow zusammenrücken, weil sie sich nicht so behandeln lassen wollen, wie dies in den letzten Tagen durch führende Unionspolitiker in der Bundesrepublik, aber auch durch die FDP, geschehen sei. Insbesondere Äußerungen Waigels und Haussmanns zeigen, dass wir längst die Hochachtung und den Respekt vor der politischen Leistung der Bevölkerung in der DDR verloren haben. Es geht diesen Politikern nur noch um die eigene Positionierung in dem deutsch-deutschen Einigungsprozess und im Wahlkampf. Haussmann mokiert sich bei der Eröffnung der Frankfurter Frühjahrsmesse über die fehlenden marktwirtschaftlichen Kenntnisse in der DDR, als ob er über solche Kenntnisse verfügen würde, hätte er die letzten vierzig Jahre in der DDR gelebt. Er wirft der DDR mangelnde Dankbarkeit dafür vor, dass wir bereit seien, ihnen »unsere D-Mark« zu geben. Waigel bezeichnete es auf einem Landesparteitag der CSU in München erneut als eine »Unverschämtheit« von Modrow und Frau Luft, finanzielle Forderungen für die DDR geltend zu machen. Man will helfen, aber man will Dank dafür und geliebt sein. Wie demütigend dies auf die Menschen in der DDR wirken muss, darüber machen sich unsere führenden Politiker offenbar keine Gedanken.

Dabei haben wir unsere politischen Gestaltungsspielräume längst zum großen Teil an die DDR-Bevölkerung verloren. Die Menschen dort diktieren das Tempo der Entwicklung, nicht die Politiker in Bonn oder in Ostberlin. Sie sind in der Lage, alle Pläne zunichtezumachen, indem sie die DDR verlassen. Ich bin sicher, die Bürger der DDR werden früher oder später erkennen, dass sie den Schlüssel für die weitere Entwicklung in Händen halten. Was wollen wir denn tun, wenn die Ostdeutschen die Mitwirkung am Aufbauwerk verweigern? Was wollen wir tun, wenn sie uns sagen: Baut ihr doch den östlichen Teil Deutschlands wieder auf, ihr wisst ja ohnehin alles besser. Wir gehen solange in den Westen und holen etwas von dem guten Leben nach, das ihr in den vergangenen Jahrzehnten genossen habt!

Unser Verhalten ist auch gegenüber der Ostberliner Regierung und dem Runden Tisch widersprüchlich. Nach seiner Gründung wurde der Runde Tisch von uns als die eigentlich rechtmäßige Institution zur Kontrolle der DDR-Regierung anerkannt, da die Volkskammer offensichtlich keine demokratische Legitimation besaß. Seitdem er beschlossen hat, bundesrepublikanische Politiker sollten am Wahlkampf in der DDR nicht teilnehmen, ist der Runde Tisch für uns nicht mehr maßgeblich. Jetzt sehen wir in ihm allenfalls ein Empfehlungsgremium, aber keine Entscheidungsinstanz. Darin stimmen im Übrigen alle Parteien in der Bundesrepublik mit Ausnahme der Grünen überein. Beschlüsse des Runden Tisches, die mit wirtschaftlichen Leistungen der Bundesrepublik zu tun haben, weisen wir empört zurück. Andere, die die Regierung Modrow an bestimmte Verhandlungsmandate binden, halten wir für falsch und kontraproduktiv. Längst haben wir aufgehört, die Selbstbestimmung der Menschen in der DDR als ein politisches Datum zu akzeptieren. Wer zahlt, bestimmt! Das ist gegenwärtig das Motto bundesrepublikanischer Deutschlandpolitik.

Mir wird immer deutlicher, wie dringend die Menschen in der DDR Anwälte brauchen, die sie vor der wirtschaftlichen, politischen und geistigen Überwältigung durch die weit stärkere Bundesrepublik schützen und ihnen die Räume schaffen, die ihnen eine Anpassung an die tiefgreifenden Veränderungen gestatten, ohne dass sie dabei neue geistige und seelische Schäden erleiden. Dazu gehört nicht nur, den Menschen in der DDR ihr Selbstbewusstsein zu erhalten oder wiederzugeben, das sie sich durch die große politische Leistung in den letzten Monaten erworben haben. Dazu gehört auch, der Vorstellung in der Bundesrepublik entgegenzutreten, unsere finanzielle Leistung sei als altruistische, als freiwillige Hilfe für die DDR-Bevölkerung zu verstehen, für die diese dankbar sein müsse. Dankbarkeit, das habe ich schon 1950 von einem amerikanischen Freund gelernt, ist keine verlässliche politische Kategorie. Wer Menschen dauerhaft zur Dankbarkeit zwingt, nimmt ihnen ihre Würde und macht sie sich deshalb zu Feinden. Abgesehen davon ist die Selbstgerechtigkeit unerträglich, mit der vor allem unsere führenden Politiker diese Dankbarkeit für sich gewissermaßen persönlich in Anspruch nehmen.

Am Wochenende sorgte die deutsch-deutsche Problematik auch für Auseinandersetzungen innerhalb der Regierung. So tat sich Gerhard Stoltenberg mit Vorschlägen zur Ausdehnung des NATO-Gebietes auf die bisherige DDR hervor, die auf den schärfsten Widerstand Hans-Dietrich Genschers stoßen mussten. Kohl hat die beiden gestern zu einer gemeinsamen Erklärung gezwungen, die im Wesentlichen auf der Linie des Außenministers liegt.

Norbert Blüm hatte sich offenbar in der Illustrierten *Bunte* zur Finanzierung der Erneuerung der DDR dahingehend geäußert, dass er auch Steuererhöhungen nicht ausschließen könne. Dies hat zu sofortigen Reaktionen bei Theo Waigel und Otto Graf Lambsdorff geführt, so dass Blüm gestern seine Bemerkungen korrigieren musste. Er sei nicht der Meinung, so ließ er verbreiten, dass Steuererhöhungen notwendig seien. Die konjunkturelle Entwicklung mache es möglich, die erforderlichen Maßnahmen auch ohne Steuererhöhungen zu finanzieren. Wie er sich das denkt, hat er allerdings nicht erklärt.

Es ist offensichtlich unrealistisch, die während der nächsten Jahre anstehenden Aufgaben ohne zusätzliche Belastungen der Einkommen, das heißt ohne die Abschöpfung jedenfalls eines Teiles des Zuwachses des Bruttosozialprodukts, bewältigen zu wollen. Haussmann und Waigel haben sich dagegen auf eine Ablehnung jeder Steuererhöhung festgelegt. Dies bedeutet, dass sie sich auch die Möglichkeit verbaut haben, die indirekten Steuern zu erhöhen, obwohl diese im Zuge der Verwirklichung der Europäischen Gemeinschaft unvermeidlich steigen werden. So wachsen die durch kurzfristige Wahlrücksichten erzeugten Widersprüche ständig an. Eine klare politische Konzeption, die wiederum Voraussetzung dafür ist, die Menschen im Land von der Notwendigkeit der Maßnahmen zu überzeugen, ist jedenfalls nicht in Sicht.

Am vergangenen Freitag waren wir bei Heinz Barth und haben die Leipziger Initiative als Verein gegründet. Herbert Beschnitt hat wohl inzwischen gute Aussichten, ein Grundstück für den Bau eines Bürohauses zu gewinnen. Damit wäre das erste große Leipziger Projekt auf den Weg gebracht. Wir haben uns vorgenommen, im März den Runden Tisch in Leipzig aufzusuchen, um für ein Umweltprojekt zu werben, das die Leipziger Initiative realisieren möchte. Ich habe es übernommen, Carl Hahn von VW und Heinz Ruhnau von der Lufthansa anzusprechen und sie als zahlende Mitglieder der Leipziger Initiative zu gewinnen. Das Budget der Initiative soll zunächst eine Million Mark im Jahr betragen.

22. Februar 1990

Die politische Landschaft in der DDR beginnt sich zu verändern. Die Sozialdemokraten befinden sich nicht mehr in dem Hoch, das sie noch vor vierzehn Tagen euphorisch gestimmt hat. Die Allianz erweist sich wider Erwarten als lebensfähig und holt auf. Kohl hatte am Dienstag in Erfurt vor rund 130 000 Zuhörern seinen ersten Auftritt im DDR-Wahlkampf. Seine Rede war durch Zuversicht gekennzeichnet, ging jedoch nicht auf Einzelheiten ein. Die Wirtschafts- und Währungsunion soll durch eine Sozialunion ergänzt werden, um den Menschen die Angst vor Sozialabbau zu nehmen. Auch Frau Luft hat inzwischen eine Sozialcharta zwischen den beiden deutschen Staaten gefordert. Die Allianz tritt selbstbewusst auf. Sie verspricht Wohlstand, ein neues Wirtschaftswunder in der DDR und in der Bundesrepublik und die staatliche Einheit. Sie appelliert an den Wunsch der Menschen in der DDR, dass Schluss sein möge mit gesellschaftlichen und politischen Experimenten. Ihre Formel lautet: Einheit und Wohlstand jetzt.

Die bürgerlichen Parteien konzentrieren sich in ihrer Kampagne ganz auf die Sozialdemokratische Partei. Von der ehemaligen SED, der heutigen PDS, ist kaum noch die Rede. Damit ist in der politischen Auseinandersetzung auf dem linken Flügel des Parteienspektrums ein Vakuum entstanden. Der Allianz, insbesondere der DSU, gelingt es, die Sozialdemokraten in dieses Vakuum zu drängen. Man wirft der neuen SPD Unterwanderung durch die PDS vor und identifiziert sie damit zunehmend mit der alten SED. Dies hat die SPD in die Defensive gebracht. Mit ihrem ersten ordentlichen Parteitag, der heute in Leipzig beginnt, will sie versuchen, aus dieser Position wieder herauszukommen. Brandt wird am Sonntag in Leipzig auf einer Kundgebung sprechen. Er ist überall unterwegs. Kohl hat insgesamt sechs Wahlkampfeinsätze in der DDR geplant.

Susanne berichtet von ihren Besuchen in der Provinz. Sie ist seit 14 Tagen in der DDR mit einem Kamerateam unterwegs und ist beeindruckt von der Aktivität der DSU. Die Unterstützung durch die CSU zahle sich aus. Sie sei überall im Leipziger Raum zu sehen, auch in den Betrieben. Susanne meint, dass die jüngeren Arbeitnehmer eher geneigt seien, DSU zu wählen oder CDU, weniger den Demokratischen Aufbruch. Ihre Entscheidung sei vor allem eine für den Wohlstand und gegen weitere sozialistische oder sozialdemokratische Experimente. Dagegen halte die ältere Bevölkerung eher der SPD die Treue. So ergebe sich die verkehrte Welt, dass die Jüngeren für die Konservativen, die Älteren und die Kirche für die Sozialdemokraten seien.

Am Abend wurde kolportiert, Elmar Pieroth solle Wirtschaftsminister in der neuen DDR-Regierung werden. Zweifellos wäre es gut, einen Mann wie Pieroth zu gewinnen. Ich selbst könnte mir eine solche Aufgabe auch sehr interessant vorstellen. Allerdings wäre sie nicht mit den Verpflichtungen vereinbar, die ich inzwischen in Leipzig übernommen habe. Ich könnte auch nicht Mitglied des Bundestages bleiben. Deshalb kommt für mich allenfalls eine beratende Funktion in Frage. Eine solche würde ich allerdings auch im Falle Pieroths für besser halten. Man sollte alles vermeiden, was den Eindruck erweckt, dass die Bevölkerung in der DDR in den kommenden Interessenkonflikten mit der Bundesrepublik nicht eigenständig vertreten ist.

Für Helmut Kohl spielen solche Überlegungen wahrscheinlich eine geringere Rolle. Er ist bestrebt, die Dinge in die Hand zu bekommen und selbst zu gestalten. Wahrscheinlich hat er sogar recht. Die Handlungsfähigkeit des öffentlichen Bereichs in der DDR besteht praktisch nicht mehr. Eine kraftvolle Gestaltung der politischen Verhältnisse durch die Bundesrepublik und damit auch durch die Bundesregierung und die sie tragenden Parteien ist wahrscheinlich unvermeidlich. Gleichwohl sollte man die Schäden bedenken, die man durch allzu grobes, unsensibles und häufig rücksichtsloses Vorgehen bei den Menschen hier anrichtet. Sie können sich als besonders hinderlich erweisen, wenn es darum geht, die Einzelheiten der Währungs- und Wirtschaftsunion zu verwirklichen und die gemeinsame Aufbauleistung durchzuführen.

Am Dienstagnachmittag hatten wir in der Universität zunächst ein Arbeitsgespräch über Fragen der Wirtschafts- und Währungsunion. Die zwei Stunden waren interessant und lehrreich, auch für mich. Ich gewinne erste Einblicke in den Wissensstand nicht nur der Kollegen, sondern auch des wissenschaftlichen Mittelbaus und der fortgeschrittenen Semester. Vieles, gerade im Bereich marktwirtschaftlicher Ordnungspolitik und europäischer Wirtschaftspolitik fehlt. Aber die Bereitschaft zu lernen und zusammenzuarbeiten ist groß. Die Beschreibung der ökonomischen Möglichkeiten der Bundesrepublik und der Leistungsfähigkeit des europäischen Marktes wirkte auf meine Gesprächspartner beruhigend. Man gibt sich keine Rechenschaft darüber, dass die DDR, gemessen an ihrer Bevölkerung und ihrem Bruttosozialprodukt, ein kleines europäisches Land ist, dessen Aufnahme in die Europäische Gemeinschaft diese wirtschaftspolitisch kaum verändert. Schwierigkeiten bereitet es vor allem, das soziale System der Bundesrepublik zu begreifen und darauf zu vertrauen, dass die Verwirklichung der Wirtschafts- und

Währungsunion nicht zu untragbaren sozialen Spannungen, Verwerfungen und Ungerechtigkeiten führen wird.

Schwer fällt es den Hörern auch, sich einen mobilen Arbeitsmarkt vorzustellen. Zu lange hat man in einer Welt gelebt, in der es nicht nur einen Anspruch auf Arbeit, sondern praktisch auf die Erhaltung des konkreten Arbeitsplatzes gab. Die Menschen haben sich unter dem Zwang des Regimes eine Güterabwägung zugunsten von Fremdbestimmung und Sicherheit angeeignet, die nicht nur die Initiative lähmt und die Bereitschaft, Risiken einzugehen, sondern auch die Vorstellungskraft beeinträchtigt hat, mit der Alternativen gedacht werden könnten. Trotzdem ist die Aufgabe nicht aussichtslos. Es gibt, gerade unter den Jüngeren, viel Bereitschaft, Neues zu unternehmen.

Um 17.00 Uhr war ich mit dem Rektor verabredet. Die Berufung auf den Georg-Mayer-Lehrstuhl soll ab 1. April wirksam werden. Ich werde ein Monatsgehalt von 3050 Ostmark beziehen, das höchste Gehalt beträgt 3600 Mark im Monat. Im Gästehaus der Universität, nahe der Nikolaikirche, wird mir eine Zweizimmerwohnung zur Verfügung stehen, so dass ich nicht mehr im Hotel wohnen muss. Die Universität wird mit meiner Hilfe einen Antrag bei der Volkswagenstiftung stellen, der die Finanzierung der sachlichen und personellen Ausstattung des Georg-Mayer-Lehrstuhls zum Gegenstand hat. Die Vergütung meiner Gastprofessur durch die Volkswagenstiftung ist nicht möglich. Ich nehme aber an, dass sich im Lauf der Zeit in Leipzig für mich Einkunftsmöglichkeiten im Bereich der Beratung eröffnen werden, die es überflüssig machen, die Lehrtätigkeit an der Leipziger Universität zusätzlich vergütet zu erhalten.

Als wir auf die Erneuerung der Universitätsverfassung zu sprechen kommen, rate ich dem Rektor, dem Reformvorhaben nicht nur die bundesrepublikanischen Erfahrungen zugrunde zu legen, sondern auch das, was sich in anderen europäischen Ländern, etwa in Norwegen, entwickelt hat.

Im Grunde fehlen die notwendigen Erfahrungen für eine solche Arbeit. Man streitet sich in der Senatskommission bereits über Paritäten in den Gremien und durchläuft damit die gleiche Debatte, die wir Ende der sechziger, Anfang der siebziger Jahre in der Bundesrepublik geführt haben.

Heute Morgen bin ich in der Stadtverwaltung bei Herrn Gruber. Er zieht Herrn Dr. Schröder bei, den Baurat der Stadt. Gruber berichtet, der Runde Tisch habe grünes Licht für die weitere Verfolgung des Projektes »Bürohaus« gegeben. Als Grundstück kommt wohl eine Fläche westlich des Hotels Merkur in Frage – eine ausgezeichnete Lage.

Zur Vorbereitung der Autonomie der Stadt Leipzig schlage ich vor, ein Kolloquium mit den Mitarbeitern von Herrn Gruber und Herrn Schröder zu veranstalten, auf dem Georg Milbradt, der Kämmerer der Stadt Münster, die Beamten der Stadtverwaltung in die Grundzüge der Organisations- und Finanzstruktur einer großen Kommune einführen könnte. Man nimmt den Gedanken dankbar auf und hofft, dass er sich möglichst schnell realisieren lasse. Die Gesprächsatmosphäre ist positiv. Wir haben eine gute Grundlage für eine enge Zusammenarbeit gelegt. Die beiden noch relativ jungen Herren wären auch als Geschäftsführer von Aktivitäten gut geeignet, wie sie die Leipziger Initiative entfalten will.

23. Februar 1990

Im ZDF verfolge ich ein ausgezeichnetes Gespräch der Journalisten Klaus Bresser und Klaus-Peter Siegloch mit Ibrahim Böhme und Rainer Eppelmann. Böhme, aber auch Eppelmann beeindrucken durch die Klarheit und Offenheit ihrer Sprache und durch die Pflege einer vorbildlichen politischen Kultur. Verglichen mit der Kraftmeierei oder der dümmlichen Arroganz eines Haussmann eine wohltuende Alternative.

Die herablassende Art, in der Modrow bei seinem Bonn-Besuch von Kohl behandelt wurde, hat das Ansehen des DDR-Ministerpräsidenten eher erhöht. Die *Süddeutsche* schreibt heute zu Modrow unter der Überschrift: »Durch Demütigung geadelt«. Modrow ist derzeit der bei weitem angesehenste Politiker in der DDR. Er hat Berghofer weit hinter sich gelassen. Man wünscht sich vielfach die Möglichkeit, ihn zu wählen, will allerdings nicht die alte SED unterstützen.

Wie unbeständig gegenwärtig die Gefühle sind, die durch die Einheitsentwicklung ausgelöst werden, erfahre ich an mir selbst: Hin- und hergezogen zwischen Hoffen auf schnelle Einheit und dem Wunsch nach Zeit für die Menschen in der DDR, die Veränderungen zu verkraften, schwanke auch ich in meiner Zustimmung zwischen der SPD und den Parteien der Allianz. Ebeling war gestern zusammen mit Rolf Henrich vom Neuen Forum, Gregor Gysi und einigen anderen Gast einer ARD-Sendung, die Fritz Pleitgen moderierte. Die Zuschauer sollten Fragen stellen, was sie auch taten. Die Sendung war nicht nur chaotisch im Ablauf und insoweit durchaus repräsentativ für die Diskussionslage in der DDR. Aufschlussreich waren auch die Hilflosigkeit und Naivität der Politiker, wenn es um praktische Probleme der Wirtschafts- und Sozialordnung ging. Keiner, vielleicht mit Ausnahme von Rolf Henrich, war in der Lage, die zum Teil erregten Fragen der Teilnehmer zu beantworten. Das galt für die Auswirkungen des Subventionsabbaus ebenso wie für die Themen Mieten und Eigentum. Ebeling vertrat hier Ansichten, die man politisch kaum durchhalten kann. Er widersprach der Möglichkeit, die Subventionen abzubauen und dafür die Einkommen zu erhöhen. Aus Gründen, die eigentlich nur im Konflikt mit der SPD gesucht werden können, hielt er eine solche Politik für ganz schlimm und verurteilte deshalb alle entsprechenden Vorschläge.

Die Art, wie Ebeling derzeit argumentiert, gefällt mir nicht. Susanne bezeichnet ihn als einen sanften Demagogen.

27. Februar 1990

Kohl ist aus den USA zurück. Die Presse-Nachlese ist eher skeptisch. Im Mittelpunkt der Betrachtungen steht die erneute Weigerung Kohls, sich zum endgültigen Charakter der polnischen Westgrenze zu äußern. Die Regierung und die CDU-Führung beginnen, sich in Widersprüche zu verstricken. Rühe weist jeden Gedanken an eine gemeinsame Verfassungsberatung zurück und setzt sich für den Anschluss der deutschen Länder nach Artikel 23 des Grundgesetzes ein. In einem solchen Falle entsteht Gesamtdeutschland auf der Grundlage der Bundesrepublik. Dann könnte sich deren Regierung aber auch heute bereits zur Oder-Neiße-Grenze äußern. Kohl ist gegen einen Friedensvertrag und für eine europäische Sicherheitsordnung, in deren Rahmen auch die deutsche Einheit verwirklicht werden soll. Dann kann er sich aber nicht mehr auf den Vorbehalt des Artikels 7 des Deutschlandvertrags von 1952/54 berufen, nach dem die endgültige Entscheidung der Grenzfrage einem Friedensvertrag überlassen bleibt. Zudem haben sich alle drei Alliierten bereits für die Endgültigkeit der polnischen Westgrenze ausgesprochen. Wir würden uns also nur deren Votum anschließen, wenn wir es auch tun. Mit Sicherheit könnten wir die Zustimmung der Alliierten zu einer solchen Erklärung auch vor einem Friedensvertrag erhalten.

Zurzeit wächst auch die Unruhe unserer Nachbarn wegen des Tempos des Einigungsprozesses. Josef Joffe schreibt heute in der *Süddeutschen*, die Metapher vom fahrenden Zug, den keiner aufhalten kann, sei gefährlich. Ein aus der Kontrolle geratener Zug sei das programmierte Unglück. Schäuble spekuliert bereits über gemeinsame Wahlen im Dezember, Rühe widerspricht ihm, ohne ihn zu nennen, und bezeichnet solche Reden als töricht. Die außenpolitischen Risiken wachsen und mit ihnen auch die Gefahr innerer Emotionalisierung.

Dabei gibt es keinen zwingenden Grund, die Vereinigung zu überstürzen. Wir könnten uns auf die Wirtschafts- und Währungsunion konzentrieren und diese realisieren. Was dazu nötig ist, lässt sich auch zwischen zwei deutschen Staaten aushandeln und umsetzen. Mit dem krönenden Abschluss könnte man auch noch zwei bis drei Jahre warten, bis alle Probleme der Sicherheit und der europäischen Gemeinschaft sauber durchdacht und geregelt sind. Wenn wir uns in solchen Fragen selbst unter Zeitdruck setzen, machen wir uns nicht nur zum Opfer unserer eigenen Ungeduld. Wir müssen dann auch Lösungen akzeptieren, die für uns ungünstiger sind, als sie es wären, wenn wir uns Zeit lassen.

Auf die finanziellen Folgen der Wirtschafts- und Währungsunion sind wir nicht vorbereitet. Haussmann und Waigel bestreiten weiter die Notwendigkeit von Steuererhöhungen und verbauen sich damit später eventuell erforderliche Handlungsoptionen. Kohl macht, wie vor einer Woche in Erfurt, allgemeine Zusagen, ohne allerdings Rechenschaft darüber abzulegen, wie er etwa die Unterstützung für die Sozialsysteme finanzieren will.

2. März 1990

Immer mehr habe ich den Eindruck, Kohl hat nur noch ein Ziel: der erste Kanzler des geeinten Deutschlands zu werden. Gewissermaßen in der Nachfolge von Bismarck will er das Deutsche Reich zum zweiten Mal einen. Dafür nimmt er so ziemlich alle Stilbrüche und sonstigen Fehler in Kauf. Denn alles werden keine Fehler mehr sein, wenn er von einem gesamtdeutschen Bundestag zum Kanzler gewählt wird.

Seine Aussichten sind nicht schlecht. In der Union gibt es zu ihm keine Alternative mehr. Lafontaine werden sich viele nicht so leicht als den ersten Kanzler eines geeinten Deutschlands vorstellen können. Abgesehen davon wird Lafontaine von der Geschwindigkeit der Entwicklung benachteiligt. Seine Versuche, den Einigungsprozess vor allem mit Blick auf die sozialen Implikationen zu bremsen, wirken hilflos. Wenn Kohl die Probleme mit großzügigen Angeboten auffängt und die Stärke unserer Wirtschaft einsetzt, dann wird er die Fantasie und die positive Motivation auf seiner Seite haben.

Gestern empfing Kohl die Allianzparteien, um mit ihnen ein Sofortprogramm für die deutsche Einheit zu verkünden. Darin wird den Wählern in der DDR der Schutz ihrer Sparkonten, die Anhebung der Renten, umfassende Hilfe und Investitionen, eine angemessene Arbeitslosenversicherung und Ähnliches versprochen. Alles vernünftige Angebote. Gestört hat mich deshalb auch nur die Art, wie die ostdeutschen Parteien zu Dienern unseres Interesses gemacht werden.

Nach herrlichen frühlingshaften Tagen ist der Winter wieder eingekehrt. Am vergangenen Sonntag stieg das Thermometer auf fast 20 Grad. Wir konnten auf der Terrasse sitzen und unseren Nachmittagstee trinken. Die Temperaturunterschiede über dem Atlantik betrugen bis zu 40 Grad. Stürme waren die Folge. Sie tobten bereits am Montagabend über Deutschland. Die Sorge vor einer dauerhaften Klimaveränderung und ihren Folgen beschäftigt die Öffentlichkeit zunehmend.

Vor allem von einem Anstieg des Meeresspiegels wären Hunderte Millionen von Menschen in allen Erdteilen, auch bei uns in Europa, betroffen. Unwillkürlich denkt man an die Beschreibung der Sintflut im Alten Testament. Sie kann eine Realität werden, noch in der Lebenszeit meiner Enkel.

Das muss nicht heißen, dass die Menschen als Gattung von der Vernichtung bedroht wären. Aber vernichtet würde unsere Art zu leben, die Entfesselung des Individuums ohne Rücksicht auf die Zukunftsfähigkeit seiner Lebensweise und die Schäden, die unsere Lebensführung der Schöpfung zufügt. Warum soll der HERR nicht diese Form des Daseins zugrunde gehen lassen, um mit Menschen einen neuen Anfang zu versuchen, die wieder lernen, im Gleichgewicht mit der Natur zu existieren?

Die Entwicklung, die wir in den vergangenen Jahrhunderten in Gang gesetzt haben, hat eine Wucht angenommen, die eine Korrektur schwer vorstellbar macht. Andererseits darf man den Menschen auch nicht den Mut nehmen, indem man ihnen die Hoffnungslosigkeit unserer Situation vor Augen führt.

Kapital und Arbeit sind nicht länger Antagonisten. Diesen Widerspruch der Industrialisierung haben wir überwunden. Aber was ist mit den neuen Widersprüchen, mit der Zerstörung der Natur und der Übervölkerung? Können wir es ertragen, wenn ein nicht unwesentlicher Teil der Menschen verhungert? Wie wollen wir uns gegen den Anspruch der Armen dieser Erde schützen, mit ihnen zu teilen, wenn wir kaum bereit sind zu teilen. Werden wir in der Lage sein, uns zu begrenzen, so wie es angezeigt wäre, um überleben zu können? Die Trägheit, mit der wir solch dringlichen Fragen nachgehen, steht im umgekehrten Verhältnis zur Geschwindigkeit der Veränderungen, die wir bereits in Gang gesetzt haben und die deshalb unumkehrbar geworden sind. Die Natur kann sich kaum noch anpassen, und wir beschleunigen den Prozess weiter.

Welche kriegerischen Gefahren erwachsen uns aus diesen Entwicklungen? Können wir die Menschenrechte noch aufrechterhalten, jetzt, wo sie allenthalben anerkannt werden, wenn fremde Völker in unser Land drängen, unsere kulturellen Wurzeln bedrohen? Wenn die Klimaveränderungen riesige Völkerwanderungen auslösen und ebenso riesige Gemeinschaftsleistungen zur Abwehr der Gefahren erforderlich machen?

Ich kenne die Antworten nicht. Aber bereits die Fragen lassen erkennen, wie wichtig es ist, sich mit ihnen zu befassen und an Lösungen zu arbeiten. Die Veranstaltung von Professor Heiner Dürr in Tutzing hat mir gezeigt, wie gering die Zahl derer ist, die sich wirklich sachverständig engagieren, und wie groß die Zahl der Schwätzer, die von Konferenz zu Konferenz fahren, sich immer wieder begegnen und keinen neuen Gedanken mehr zustande bringen.

Wir werden den Menschen die Wahrheit sagen müssen, auch wenn sie uns dafür steinigen. Und sie werden alles tun, um sich den Einsichten zu entziehen. Nichts werden wir am Ende dieses Jahrhunderts wirklich getan haben, um die Katastrophe zu verhindern. Wir werden in Europa noch eine Blüte erleben: des Wohlstandes, der wissenschaftlichen Entwicklung, der Selbstverwirklichung. Es wird eine Zeit des Friedens sein, bis die Natur ihre Rechnung präsentiert. Dann wird es um die Verteilung der Lasten gehen. Das wird den Frieden jäh beenden. Ein friedens- und wohlstandsverwöhntes Volk kann sich nicht begrenzen und nicht teilen, bis dass die Not es zwingt.

Wir staunen über die Völker Mittel- und Südamerikas, die zu großen kulturellen und wirtschaftlichen Leistungen gelangten, aber ihre Gesellschaften so organisiert hatten, dass sie nicht überlebensfähig waren. Aber verhalten wir uns in den Augen derer, die einmal unsere Zivilisation studieren werden, denn anders? Auch wir haben unser Gemeinwesen in einer Weise strukturiert, das es uns zunehmend überlebensunfähig macht. Auch wir zerstören die Grundlagen unserer Existenz, indem wir angeblichen Sachzwängen folgen, die doch nicht elementare, sondern selbstgeschaffene, nicht von der Natur vorgegebene, in unserer Veranlagung begründete, sondern solche sind, die aus unseren eigenen gesellschaftlichen Konstrukten folgen. Ihrem Wesen nach unterscheiden sie sich nicht von den Sachzwängen, an denen die Azteken scheiterten.

So ist es durchaus möglich, dass sich in rund fünfhunderttausend Jahren – bezogen auf die Evolutionsgeschichte der Erde ist dies ein kleiner Zeitraum – herausstellt: Auch der zweite Versuch von Gottes Schöpfung, ein vernunftbegabtes Wesen hervorzubringen, das im Einvernehmen mit der Natur existieren kann, ist gescheitert. Die Erde ist noch jung genug, um ein oder mehrere neue Versuche unternehmen zu können.

5. März 1990

Der Tag begann mit einem Interview mit RTL im Frühstücksfernsehen. Gegenstand waren der Wahlkampf in der DDR und meine Tätigkeit in Leipzig. Die Umstände eines solchen Interviews – alleine im Studio – sind nicht angenehm. Auf den Zuschauer hat die Trickzusammenschaltung des Fragestellers mit dem Befragten im Fernsehbild gleichwohl eine suggestive Wirkung.

Nachmittags Fraktionsvorstand. Kohl referiert zur deutsch-deutschen Entwicklung. Am Wochenende gab es heftige Kontroversen über seinen Vorschlag, die Garantie der polnischen Westgrenze mit der Zusicherung Polens zu verbinden, auf Reparationen zu verzichten und sich für die Minderheitsrechte der Deutschen in Polen zu verbürgen. Diese neue Wende in der Diskussion über die Oder-Neiße-Grenze hatte Kohl nicht mit dem Außenminister abgesprochen. Sie war das Ergebnis interner Konsultationen im Bundeskanzleramt.

Kohl trägt in der ihm eigenen, gekonnten Weise sehr ausführlich vor, um dem aufkommenden Unwillen im Fraktionsvorstand wegen der erneuten Auseinandersetzungen innerhalb der Koalition von vornherein die Spitze zu nehmen. Deshalb beginnt er auch nicht mit dem Streit über die Westgrenze Polens, sondern mit allgemeinen Betrachtungen zur weiteren Entwicklung in der DDR.

Der Wahlkampf dort verlaufe befriedigend. Die Allianz gewinne an Zustimmung. Die Aussichten für eine starke Stellung der Allianz in den Wahlen am 18. März seien gut. In seinen sechs Wahlkampfeinsätzen habe er über eine Million Menschen in der DDR persönlich erreicht. So etwas habe es in der Geschichte der Bundesrepublik nie gegeben. Im Übrigen dürfe man das Ergebnis vom 18. März nicht als endgültig betrachten. Auch in der DDR werde sich ein Klärungsprozess ergeben, dem nach der ersten Bundestagswahl vergleichbar. Spätere Wahlen würden deshalb mit Sicherheit auch anders ausfallen. In keinem Fall sei der Ausgang der Volkskammerwahl als eine endgültige Festschreibung der Machtverhältnisse in der DDR zu werten.

Was die Diskussion über Artikel 23 oder 146 GG und damit das Verfahren anbetreffe, mit dem die Einheit hergestellt werden könne, so handle es sich nicht um ein formales Problem. Die Wahl zwischen den beiden Varianten sei die Wahl zwischen grundsätzlich unterschiedlichen Verfahren. Er habe die feste Absicht, über diese Frage den Wahlkampf im Dezember 1990 zu führen. Während CDU und CSU entschlossen seien, den Weg des Artikels 23 GG zu gehen, werde sich die SPD wohl für die Anwendung des Artikels 146 GG entscheiden. Die FDP sei derzeit noch unentschlossen.

Entscheide man sich für den Beitritt nach Artikel 23 GG, dann werde das Grundgesetz unverändert beibehalten. Wähle man den Weg des Artikels 146 GG, müsse eine deutsche Verfassung neu beraten und beschlossen werden. Diese Beschlussfassungen seien mit einfacher Mehrheit möglich. Die Sperren, die das Grundgesetz gegen Verfassungsänderungen vorsehe, würden nicht wirksam. Für ihn sei die Entscheidung zwischen den beiden Wegen die Entscheidung für diese oder für eine andere Republik. Das Ergebnis der Beratungen einer neuen Verfassung sei unkalkulierbar. Man müsse damit rechnen, dass die Beratungen zu enormen plebiszitären Unsicherheiten führen werden. Die Verfassungsväter hätten aus gutem Grund alle plebiszitären Elemente aus dem Grundgesetz ferngehalten. Bei einer erneuten Verfassungsberatung sei dies wohl nicht mehr möglich. Schon deshalb sei es erforderlich, am gegenwärtigen Grundgesetz festzuhalten. Dies wiederum verlange, dass der Beitritt der DDR oder der Länder der DDR nach Artikel 23 GG erfolge. Die Auseinandersetzung über die beiden möglichen Wege liefere das ideale Thema für eine Kampagne unter dem Motto Freiheit statt Sozialismus.

Zur künftigen Rolle Deutschlands in den Bündnissystemen vertritt Kohl die Auffassung, die Einschränkung der deutschen Souveränität durch die Anwesenheit sowjetischer Truppen sei für ihn akzeptabel. Natürlich müsse Deutschland in der NATO bleiben und auch durch das Bündnis weiter geschützt werden. Wenn das russische Sicherheitsinteresse es erfordere, könne man für eine Übergangszeit die Stationierung sowjetischer Truppen auch in einem geeinten Deutschland akzeptieren, das der NATO angehöre. Er habe den Eindruck, dass letztlich auch die Sowjetunion für diesen Weg zu gewinnen sei. Eine Alternative komme für ihn nicht in Frage.

Allgemein müsse man jeden Anschein vermeiden, wir betrieben die deutsche Einheit in Hektik. Es sei damit zu rechnen, dass dieser Vorwurf erhoben werde, vor allem auch im Ausland. Tatsächlich hätten wir an einer solchen Hektik kein Interesse. Das Problem bestehe darin, dass die Menschen in der DDR durch die große Zahl der Übersiedler das Tempo der Einheit bestimmten, aber nicht wir. Seit dem 1. Januar 1990 seien rund 127 000 Übersiedler in die Bundesrepublik gekommen. Diesen Zusammenhang könne man unseren ausländischen Freunden in Einzelgesprächen auch begreiflich machen; in der Öffentlichkeit gehe er jedoch weitgehend unter. Tatsächlich schreckten im Ausland die 75 Millionen Deutschen, und zwar wegen ihrer Wirtschaftskraft. Wir befänden uns, was die Erklärung der gegenwärtigen Vorgänge angehe, auf einer Durststrecke. Die Umstände verlangten von uns, alle Anstrengungen zu unternehmen, um die Sorgen unserer Nachbarn zu zerstreuen.

Entscheidend sei, dass der internationale Abstimmungsprozess nicht zu einer Friedenskonferenz führe. Eine Friedenskonferenz dürften wir nicht zulassen. Sie öffne unkalkulierbare Entwicklungen und lade förmlich zu neuen Ansprüchen an die Bundesrepublik ein. Deshalb sei nur der Weg akzeptabel, den man mit den ehemaligen Alliierten vereinbart habe und der durch die Formel »Zwei plus Vier« definiert werde. Die KSZE im Herbst solle von dem Ergebnis dieser Beratungen zustimmend Kenntnis nehmen, aber die Bedingungen der deutschen Einheit selbst nicht mehr diskutieren.

Schließlich wendet sich Kohl doch noch dem Thema Oder-Neiße-Grenze zu. Innenpolitisch sei die Union die einzige Kraft, die kein Interesse daran habe, dass die Republikaner in den Bundestag kämen. Die anderen politischen Gruppierungen hätten zwar auch kein ausdrückliches Interesse am Erfolg Franz Schönhubers. Er sei ihnen jedoch, parteipolitisch gesehen, gleichgültig. Genau genommen würden sie eine Schwächung der Union durch die Republikaner sogar begrüßen. Deshalb müssten wir als Union darauf achten, dass Schönhuber keinen zusätzlichen Zulauf erhalte.

Die rechtliche Position in der deutschen Frage sei klar. Nur der gesamtdeutsche Souverän könne handeln. Dies sei immer seine Meinung gewesen. Allerdings seien die Polen derzeit damit beschäftigt, eine Druckkulisse aufzubauen, die uns zum Handeln zwingen solle. Deshalb habe er jetzt eine gemeinsame Erklärung beider Parlamente nach der Volkskammerwahl vorgeschlagen, die zur Vorbereitung einer endgültigen Vereinbarung führen und nach der Verwirklichung der Einheit auch völkerrechtlich ratifiziert werden könne. In der Sache sei die Lage eindeutig. Dennoch werde zunehmend Druck erzeugt, auch im amerikanischen Senat. Am Beispiel seines Besuchs in Bitburg mit Präsident Reagan hätten wir erlebt, wie schnell es möglich sei, im Senat eine große Mehrheit in einer solchen oder ähnlichen Frage zu organisieren.

Man könne deshalb auf der Grundlage der Resolution des Bundestages vom 8. November 1989 erneut entscheiden. Damals hatte sich eine große Mehrheit für die Garantie der polnischen Westgrenze ausgesprochen. Die Bezugnahme auf diese Erklärung alleine werde jedoch wohl nicht ausreichen. Die Sache werde auch inhaltlich noch einmal den Bundestag beschäftigen.

Wenn man sich zu diesem Weg entschließe, dann sollten zwei Dinge mit eingebracht werden: die gemeinsame Erklärung von Mazowiecki und ihm aus Anlass seines Polenbesuches, die die Stellung der deutschen Minderheiten und ihre Rechte in Polen betreffe, und die Frage der Reparationen. Hier gehe es nicht um Bedingungen, sondern um die Wiederholung der Entschließung der polnischen Regierung vom August 1953, wonach die Polen gegenüber ganz Deutschland keine Reparationszahlungen mehr geltend machen wollten.

Wenn man von allen vor Reparationsforderungen gestellt werde, nicht nur von den Polen, sondern auch von den Finnen, den Jugoslawen und anderen, dann sei unsere bisherige innenpolitische Position, dass wir Polen und den anderen Ostblockländern großzügig helfen müssten, nicht mehr durchzuhalten. Deshalb müsste man international um Verständnis für den Wunsch bitten, zugleich mit der endgültigen Regelung der polnischen Westgrenze auch diese Fragen ein für alle Mal zu regeln. Im Grunde liege dies auch im Interesse der betroffenen Länder, die auf weitere großzügige finanzielle Unterstützung der Bundesrepublik bei ihren Demokratisierungs- und Reformprozessen rechnen.

Kohl wirbt sodann um die Zustimmung des Fraktionsvorstandes. Er, Kohl, müsse es ertragen, dass er international als schnöder Kapitalist und innenpolitisch als unmoralisch dargestellt werde. Man müsse nur Frau Hamm-Brücher hören. Er wisse, was auf ihn zukomme. Dann baut er eine Solidaritätsposition auf, die man nicht in Zweifel ziehen kann, ohne ihn selbst moralisch in Frage zu stellen. Man müsse, so Kohl, jetzt den Kurs halten, trotz aller Anfechtungen und Anfeindungen. Die Entscheidung, über welchen Grundgesetzartikel man die Einheit herstellen will, werde auch in der Koalition große Schwierigkeiten bereiten. Er wisse um seine Verantwortung, könne auch die Bedeutung der jeweiligen Positionen angemessen gewichten. Für ihn sei dies eine entscheidende Frage, in der er seine Pflicht kenne.

Wolfgang Bötsch, der Vorsitzende der CSU-Landesgruppe, meldet sich als Erster zu Wort. Er dankt dem Kanzler für die klaren Worte. Voller Empörung berichtet er über die in der DDR geäußerte Meinung, die Bundesrepublik müsse sich im Prozess der Einheit auch mit Reformen auf die DDR zubewegen. Wo käme man da hin? Schließlich hätte man nicht vierzig Jahre den Sozialismus bekämpft, um sich jetzt von denjenigen die Richtung diktieren zu lassen, die die DDR heruntergewirtschaftet hätten. Diese Position käme auch bei unseren Wählern gut an.

Die Frage sei zu klären, wer der Bundesrepublik nach Artikel 23 GG beitreten solle, die DDR als Ganzes oder ihre Länder. Man solle – darin bestätigt Kohl ihn – diese Frage jetzt offenlassen. Man könne sie ja kurz nach dem 18. März entscheiden.

Dabei kommt weder Kohl noch Bötsch die Idee, dass die Wahl zwischen den Artikeln 23 und 146 GG gar nicht uns, sondern den zuständigen Gremien in der DDR vorbehalten ist. Wir können naturgemäß die dortigen Parteien bei ihrer Meinungsbildung beeinflussen. Aber wir haben selbst keinerlei Entscheidungskompetenz und können sie auch nicht für uns in Anspruch nehmen.

Bötsch unterstützt Kohl ausdrücklich auch darin, die Grenzfrage mit den Reparationen und den Minderheitenrechten zu verbinden. Er meint, man müsse dieses Junktim nur positiv formulieren, etwa in dem Sinne, dass mit der Grenzfrage auch alle anderen Fragen uno actu gelöst werden müssten, um die Sicherheit in Europa zu gewährleisten. Kohl ist damit einverstanden. Ich habe den Bundeskanzler selten so unsympathisch erlebt wie an diesem Nachmittag.

Gestern war ich in Hannover zu einer vom Fernsehen aufgezeichneten Diskussion. Schon am Abend vorher beim Essen und nach der Veranstaltung hatte ich Gelegenheit, mit Berghofer zu sprechen. Ich habe ihn eingeladen, uns in Übersee zu besuchen. Berghofer hält sich derzeit politisch zurück. Sein Ziel ist, sächsischer Ministerpräsident zu werden, falls er in der Kommunalwahl am 6. Mai erneut zum Oberbürgermeister gewählt wird. Er verfügt über ein großes politisches Talent, eine klare Ausdrucksweise und die Fähigkeit, die wichtigsten Gesichtspunkte eines Arguments einleuchtend und überzeugend zusammenzufassen. Er und seine Frau sind mir auch persönlich sympathisch. Ich denke, dass wir noch viel miteinander zu tun haben werden.

Wirtschaftsausschuss in Bonn. Der Bundesbankpräsident Karl-Otto Pöhl ist zu Gast. Er begründet ausführlich, warum man die Sparkonten in der DDR nicht 1:1 umstellen kann. Der Kaufkraftüberhang, der dadurch entstehen könne, sei nicht das Problem. Betrachte man die DDR als Bank, so komme man zu Verpflichtungen von rund 400 Milliarden Ostmark, die sich aus Auslandsschulden, Sparguthaben, umlaufendem Geld und so weiter ergeben. Gedeckt seien diese Passiva durch Forderungen an die Betriebe, die Kommunen, die Wohnungsunternehmen und durch Auslandsguthaben, wobei Letztere allerdings kaum ins Gewicht fielen. Auch diese Forderungen müssten in D-Mark umgestellt werden und mit D-Mark-Zinsen bedient werden. Stelle man nun 1:1 um, dann seien alle Betriebe in der DDR mit erheblichen D-Mark-Schulden belastet. Ähnliches gelte für die Finanzierung der Gehälter und Löhne durch die Betriebe. Die Umstellung der Forderungen und Verbindlichkeiten stelle also das eigentliche Problem dar.

In der Diskussion äußert Pöhl noch einmal seine Verärgerung darüber, dass er vor dem Beschluss, der DDR Verhandlungen über die Wirtschafts- und Währungsunion anzubieten, nicht konsultiert wurde. Alle hätten einer Schritt-für-Schritt-Entwicklung, die auch die Sachverständigen empfehlen, den Vorzug gegeben. Er habe seine Meinung nicht geändert. Von der Entscheidung der Bundesregierung sei er überrascht worden. Er habe sich lange überlegt, ob er in einer solchen Frage die Bundesbank auf Konfrontationskurs bringen solle. Schließlich habe er den Gesichtsverlust der Bundesbank – vor allem im Ausland – in Kauf genommen, um die Bundesregierung zu unterstützen. Jetzt komme es darauf an, die Verhandlungen so zu führen, dass die Risiken minimiert werden.

Der Staatssekretär im Wirtschaftsministerium, Otto Schlecht, betont, die zeitgleiche Einführung der Währung und der Wirtschaftsordnung solle weitere Abwanderungen verhindern. Die Wahl zwischen den Artikeln 23 und 146 GG spiele insoweit eine Rolle, als ohne staatliche Einheit die Währungsunion nicht durchführbar sei. Folglich gebe es auch ökonomische Gründe, die für die Anwendung des Artikels 23 GG sprächen. Wolle man den DDR-Bürgern Perspektiven vermitteln, um sie – auch bei niedrigerem Lohnniveau –

zum Bleiben zu bewegen, so reichten Stufenpläne nicht mehr aus. Das jetzige Verfahren habe auch den Vorteil, dass man zur raschen realwirtschaftlichen Anpassung gezwungen werde.

Auch Pöhl äußert sich noch einmal zur Vertragsproblematik. Man könne die Währungsunion nur im Rahmen einer Währungs- und Wirtschaftsunion als Teil der staatlichen Einheit verantworten. Prämisse für die ganze Operation sei somit die Einheit. Es sei sehr schwierig, die Voraussetzungen für die Währungsunion im Rahmen eines Vertrages zu regeln. Der Weg über Artikel 23 GG sei einfacher. Die Anpassung der Löhne dürfe nicht zu schnell gehen, denn niedrigere Löhne seien auch ein Wettbewerbsvorteil.

Im Zusammenhang mit der Diskussion über die Betriebsschulden weise ich erneut darauf hin, dass die Verschuldung der Betriebe nach meiner Auffassung nicht gleichzusetzen sei mit Krediten im marktwirtschaftlichen Sinne. Die Verschuldung sei Teil der planwirtschaftlichen Struktur. Mit der Planwirtschaft entfalle auch die Geschäftsgrundlage für die jetzige Verschuldung der Betriebe. Nach meiner Überzeugung könnten die Betriebe den Wegfall der Geschäftsgrundlage geltend machen, wenn sie für die »Kredite« der Staatsbank in Anspruch genommen würden. In keinem Fall könne man die »Kredite« nach einer Währungsumstellung zu Marktpreisen verzinsen. Ich hätte schon früher darauf hingewiesen, dass planwirtschaftliche Kredite und marktwirtschaftliche Kredite nicht vergleichbar seien, bisher aber vom Wirtschaftsministerium darauf keine Antwort erhalten.

Die Auseinandersetzung über die polnische Westgrenze ist zu Ende. Kohl hat gestern in einer Koalitionsrunde der Fraktionen von CDU/CSU und FDP auf die weitere Verfolgung seiner Absicht verzichtet, eine Garantieerklärung für die polnische Westgrenze durch den Bundestag und die Volkskammer mit Bedingungen zu verknüpfen, die den polnischen Verzicht auf Reparationen und den Schutz der deutschen Minderheiten in Polen zum Gegenstand haben. Indem er auf die Stimmungslage der Mehrheit der Abgeordneten einging und in geschickter Weise nationale Gefühle mobilisierte, versuchte er, die Bedeutung des Konflikts herunterzuspielen und für seine Politik in Sachen polnische Westgrenze Kontinuität zu beanspruchen. Noch ehe die Diskussion beendet war, verabschiedete er sich, um nach Magdeburg zu fahren. Sein Auftritt dort muss für ihn jedoch eine Enttäuschung gewesen sein. Er hatte weit weniger Zuhörer als Willy Brandt am gleichen Ort. Allgemein stellt man fest, dass die Begeisterung der Bürger in der DDR für große Wahlversammlungen nachgelassen hat. Angesichts der Intensität, mit der bundesrepublikanische Politiker am Wahlkampf in der DDR teilnehmen, ist das auch kein Wunder.

In seinem Bericht an die Fraktion erneuerte Kohl zugleich die Auseinandersetzung über die Beitrittsfrage. Er sehe allein in Artikel 23 GG den »Königsweg« zur Einheit. Die nach Artikel 146 GG gegebene Möglichkeit, durch eine gesamtdeutsche verfassunggebende Versammlung eine neue gesamtdeutsche Verfassung ausarbeiten zu lassen, gefährde den Verfassungsbesitzstand der Bundesrepublik. Für ihn gebe die Auseinandersetzung um die beiden Wege Rechenschaft darüber, ob man »diese Republik wolle oder eine andere«.

Mir ist der ganze Streit unverständlich. Für Artikel 23 GG kann man sich nur entscheiden, wenn es in der DDR Länder gibt, die einen Beitritt zur Bundesrepublik beschließen können. In ihrer jetzigen Struktur kann die DDR selbst einen solchen Beschluss kaum fassen. Sie ist kein Gebiet, sondern ein selbstständiger Staat, jedenfalls nach allgemeinem Völkerrecht und nach eigenem Verständnis. Selbst wenn man den Artikel 23 GG als Weg zur Einheit wählt, wird es umfangreicher Vorbereitungen und langfristiger Überleitungen bedürfen, die von der Bundesrepublik nicht einseitig geregelt werden können. In die Erörterung dieser Regelungen würden zweifellos auch Fragen einfließen, die die Veränderung der gegenwärtigen Bundesverfassung zum Gegenstand haben.

Die Dogmatisierung der unterschiedlichen Möglichkeiten, die deutsche Einheit herbeizuführen, verhindert, dass sich unsere Regierung auf beide Alternativen vorbereitet. Wenn Kohl in der Bevorzugung von Artikel 23 oder Artikel 146 GG eine Entscheidung über Freiheit oder Sozialismus sieht: Wie will er sich dann politisch verhalten, wenn das Parlament in der DDR oder die Mehrheit der Bevölkerung für einen »Anschluss« nach Artikel 23 GG nicht zur Verfügung steht und stattdessen den Weg des Artikels 146 GG gehen möchte?

Kohls Position ist in sich widersprüchlich. Die Garantie der polnischen Westgrenze durch die Bundesrepublik lehnt er mit dem Argument ab, nur ein gesamtdeutscher Souverän könne solche Erklärungen abgeben. Würde man die deutsche Einheit über Artikel

23 GG herstellen, so wäre die Bundesrepublik Deutschland aber bereits der gesamtdeutsche Staat und damit berechtigt, Grenzfragen für ganz Deutschland zu erörtern. Von dieser Berechtigung geht Kohl im Übrigen aus, wenn er mit den westlichen Alliierten über die Konsequenzen der Einheit für die NATO verhandelt. Hier tritt er als Repräsentant des ganzen Deutschlands auf, obwohl er dazu, wie er in der Frage der polnischen Grenze behauptet, gar nicht legitimiert ist. Widersprüchlichkeiten dieser Art mögen in der Innenpolitik verkraftbar sein. In der Außenpolitik sind sie gefährlich. Denn jeder Widerspruch muss das Misstrauen unserer Nachbarn erhöhen, dass die Deutschen etwas anderes im Schilde führen, als das, was sie anzustreben vorgeben.

Dass das Misstrauen in den letzten Wochen gestiegen ist, ist förmlich mit Händen zu greifen. Verschiedene Interviews, die ich in den vergangenen Tagen gegeben habe, zum Beispiel der BBC und dem dänischen Fernsehen, haben mir vor Augen geführt, wie virulent die Ängste unserer Nachbarn sind, die Bundesrepublik und die DDR könnten als ein deutscher Staat die europäische Entwicklung maßgeblich beeinflussen. Gedanken an die Vergangenheit drängen sich auf. Die Art, wie Kohl auftritt, erinnert viele an das Auftreten Wilhelms II. vor dem Ersten Weltkrieg. Kohl muss aufpassen, dass er bei seinem Streben, ein neuer Bismarck zu werden, nicht als neuer Wilhelm II. endet.

Gestern Abend traf ich mich noch mit dem Journalistenkreis »Gelbe Karte« im Restaurant Steinhaus in Godesberg. Es war ein, wie ich meine, für beide Seiten wertvoller Gedankenaustausch über die Situation in der DDR. Wichtig fand ich den Hinweis der Journalisten, die gerade von einer DDR-Reise kamen, dass sowohl Ebeling wie Schnur bei der Bevölkerung nicht beliebt sind. Ebeling wird vorgeworfen, dass er seine Kirche für die Widerstandsbewegung viel zu spät geöffnet habe. Noch im November habe er die Türen aus Gründen der öffentlichen Sicherheit verschlossen gehalten. Schnur wird abgelehnt, weil es sich bei ihm um einen besonders ausgeprägten »Wendehals« handeln soll. Das Urteil über Schnur stimmt mit meinen eigenen Eindrücken überein. Obwohl ich mehrfach mit ihm gesprochen habe, habe ich mit dem Mann nie besonders viel anfangen können und auch nie wirkliches Vertrauen zu ihm gewonnen. Seine praktische Unterwerfung unter den politischen Willen Helmut Kohls hat mich immer gestört. Männer wie er können die selbstständigen Interessen der DDR-Bürger gegenüber unserer Regierung nicht ausreichend vertreten.

Dagegen hat mich das Urteil über Ebeling überrascht. Er hat sich mit einer Leidenschaft, mit einem Idealismus und mit einer Intensität in eine zu Beginn scheinbar aussichtslose Aufgabe gestürzt, die mich beeindruckt haben. Zusammen mit seinem Generalsekretär Diestel hat er das schier Unmögliche erreicht, praktisch aus dem Nichts eine politische Partei aufzubauen, die so stark war, dass sie beim Zusammenschluss vieler östlicher Gruppierungen zur DSU die Führung übernehmen konnte.

Allerdings zeigt sich auch Ebeling in letzter Zeit von Helmut Kohl in einer Weise gebannt, die mich irritiert. Will man diesem Phänomen gerecht werden, so sollte man jedoch berücksichtigen, dass Helmut Kohl Menschen nicht nur beeindrucken kann, sondern als Kanzler der starken Bundesrepublik Ebeling wohl auch beeindrucken muss. Diestel hat sich in diesem Zusammenhang mehr Unabhängigkeit bewahrt als sein Vorsitzender.

Schließlich darf man nicht vergessen: Für die DDR-Bevölkerung ist Helmut Kohl der Kanzler der Bundesrepublik Deutschland, des großen deutschen Nachbarn und damit zugleich derjenige, der politisch über die Wirtschaftskraft der Bundesrepublik Deutschland verfügt. Die Menschen in der DDR haben in den letzten Jahrzehnten erfahren, dass die Führung vom Mann an der Spitze ausgeht. Parlamente hatten für sie eine untergeordnete Bedeutung. Sie waren im Wesentlichen Ratifikationsorgane, wie es die Volkskammer bis heute geblieben ist. Wohl auch deshalb ihre starke Ausrichtung auf den Regierungschef in der Bundesrepublik. Selbst wenn es dabei auf Dauer nicht bleiben wird, so bestimmen diese über viele Jahrzehnte erworbenen Verhaltensweisen doch zunächst die Einstellung der Bevölkerung. So ist es durchaus verständlich, dass Ebeling sich vom Kraftfeld des Kanzlers angezogen fühlte.

9. März 1990

Gestern Abend wurde die Nachricht verbreitet, Schnur vom Demokratischen Aufbruch habe für die Stasi gearbeitet. Angeblich soll sich dies aus Unterlagen ergeben, die aus den Stasiakten stammen und die ein unabhängiger Untersuchungsausschuss in Rostock gesichtet hat. Die Sache sieht eher nach einer Verleumdungskampagne aus, der Schnur so wenige Tage vor der Wahl praktisch hilflos ausgeliefert ist. Wie ein Reporter heute Morgen im Radio aus Rostock berichtete, war der örtliche Vorsitzende des Demokratischen Aufbruchs nicht bereit, seine Hand für Schnur ins Feuer zu legen. Begründung: Er kenne ihn erst seit fünf Monaten, und auf der Grundlage einer so kurzfristigen Beurteilungszeit lege er für niemanden die Hand ins Feuer. Der Journalist meinte, Schnur werde sich wohl nicht halten können.

Heute Nachmittag will sich der geschäftsführende Fraktionsvorstand der CDU/CSU-Bundestagsfraktion in Dresden mit der Führungsgruppe der Allianz zu einer gemeinsamen Sitzung treffen. Dem Vernehmen nach will man einen Beschluss herbeiführen, wonach allein Artikel 23 GG der richtige Weg zur Einheit sei. In der Fraktion ist über diese Frage bisher weder diskutiert noch entschieden worden. Sollte es zu einer gemeinsamen Erklärung dieser Art kommen, so muss sie die Fraktion binden, ohne dass der geschäftsführende Vorstand Gelegenheit gehabt hätte, sie zu konsultieren. Dregger hat längst aufgehört, für die Fraktion da zu sein. Das »Mitregieren« am Kabinettstisch macht ihm so viel Freude, dass er die Funktion, der er diese Möglichkeit verdankt, nicht ausübt, um seinen Einfluss am Kabinettstisch nicht zu verringern.

Richard von Weizsäcker hat sich bereits kritisch zu der augenblicklichen Debatte geäußert. Ihm geht es vor allem um die Sicherung des Selbstbestimmungsrechts der Menschen in der DDR. Es werde praktisch beseitigt, wenn sich die Ansicht durchsetze, wer sich für Artikel 146 GG ausspreche, sei in Wirklichkeit ein verkappter Sozialist. Der Bundespräsident wird immer mehr zum Fürsprecher der Menschen in der DDR.

Gestern Morgen hat der Bundestag erneut eine Erklärung zur Westgrenze Polens verabschiedet. Die Debatte war keine Sternstunde des Parlaments. Die beste Rede hielt Genscher, der zunehmend von allen Seiten des Hauses als ehrlicher Makler und praktisch überparteilicher Außenminister akzeptiert wird. Kohl fiel in das alte Schema der Konfrontation zurück, was Hans-Jochen Vogel allerdings durch eine wenig überzeugende Rede vorbereitet hatte. Beide große Volksparteien werden der Dimension der historischen

Stunde nicht gerecht. Die Aufteilung des »Wählermarktes« DDR unter sich ist ihnen wichtiger als die Pflege des gemeinsamen nationalen Anliegens. Ich fürchte, dass sich daran auch in den kommenden Wochen nichts ändern wird.

Überhaupt werden die Tage nach dem 18. März eine große Ernüchterung bringen. Alles blickt inzwischen auf dieses Datum wie auf eine magische Wegscheide, nach der das Gelobte Land beginnt. Die Einlösung der Versprechen, die bereits gemacht worden sind, wird für die Zeit nach den ersten freien Wahlen in Aussicht gestellt. Man erwartet, dass dann die Dinge schnell besser werden. Diese Erwartungen müssen enttäuscht werden. Nur gibt es dann keine Möglichkeit mehr, auf ein neues Schlüsselereignis zu verweisen, nach dessen Eintritt sich alles wendet.

Gerade fällt mir das *Politbarometer* vom 19. Februar 1990 in die Hand. Es spiegelt eine erstaunlich gut informierte und die Dinge nüchtern einschätzende Bevölkerung wider: 71 Prozent sind für Berlin als Hauptstadt eines vereinigten Deutschlands, nur 21 Prozent für Bonn. 67 Prozent meinen, das Tempo der Vereinigung sei zu schnell, 25 Prozent halten es gerade für richtig. 56 Prozent empfinden bei der Wiedervereinigung eher Freude, 19 Prozent eher Angst, 18 Prozent geht der Prozess nicht nahe. 55 Prozent sehen eher Nachteile, 33 Prozent Vor- und Nachteile und 10 Prozent eher Vorteile, jedenfalls kurzfristig. Fragt man nach der langfristigen Perspektive, dann überwiegen in den Augen der Bundesbürger die Vorteile bei weitem. Ungeachtet der Tatsache, dass sich die Wiedervereinigung in den Augen von zwei Dritteln der Bevölkerung zu schnell vollzieht und auch die Freude eher gedämpft ist, sind 77 Prozent der Befragten dafür, der Bevölkerung der DDR finanziell zu helfen, nur 20 Prozent sind dagegen.

10. März 1990

Vorhin mit Susanne gesprochen. Die Regierung hat gestern durch Staatssekretär Ottfried Hennig erklärt, Herr Schnur könne schon deshalb kein Mitarbeiter der Stasi gewesen sein, weil er jahrelang die Bundesregierung über rechtswidrige Verhaltensweisen der DDR-Regierung informiert habe. Damit hat die Bundesregierung Schnur den Fangschuss gegeben. Sie hat bestätigt, dass es sich bei ihm um einen Informanten, wenn auch für die Bundesrepublik, gehandelt hat. Niemand in der DDR wird jedoch glauben, dass Schnur über längere Zeit Informant der Bundesrepublik sein konnte, ohne dass die Staatssicherheit dies erfahren hat. Deshalb wird man in der Erklärung Hennigs eine Bestätigung für die in den letzten Tagen erhobenen Vorwürfe gegen Schnur sehen.

Eppelmann hat sich bereits von Schnur distanziert. Bärbel Bohley und andere, die Mandanten von Schnur waren, haben nach Einsicht in ihre Akten erklärt, der Rostocker Anwalt habe sie nicht ordnungsgemäß vertreten, sondern zu Maßnahmen veranlasst, die eigentlich nicht geboten gewesen wären. Schnur ist politisch erledigt. Am Wochenende findet ein Parteitag des Demokratischen Aufbruchs in Dresden statt. Wahrscheinlich wird man Eppelmann bitten, die Führung der Partei zu übernehmen.

Die handwerkliche Unfähigkeit der Bundesregierung, die komplexe Situation zu beherrschen, ist erschreckend. Noch vor wenigen Tagen trifft sich Kohl mit den Vorsitzenden der drei Allianzparteien, unter anderem mit Schnur. Und dies, obwohl die Bundesregierung wissen musste, dass Schnur jahrelang ein Informant war. Jetzt lässt die Bundesregierung Schnur praktisch über die Klinge springen. Allerdings glaubte Hennig wohl Schnur einen Gefallen zu tun – ein weiterer Ausdruck der Inkompetenz der Beteiligten.

Viele Widersprüche in diesen Tagen: So kann man heute in der Zeitung lesen, die Bundesregierung beruhige die Alliierten und versuche, deren Sorge wegen einer schnellen Einigung nach Artikel 23 GG zu zerstreuen. Gleichzeitig halten sich Dregger und der geschäftsführende Fraktionsvorstand in Dresden auf, um mit den Vertretern der Allianz zu verkünden, nur ein Beitritt der DDR beziehungsweise ihrer Länder nach Artikel 23 GG komme in Frage. Kohl erklärte am letzten Dienstag in der Fraktion und schon am Montag im Fraktionsvorstand, eine Entscheidung zwischen Artikel 23 und 146 GG entspreche einer Entscheidung zwischen Freiheit und Sozialismus. In der Fraktion sagte er, eine erneute Verfassungsberatung in Deutschland könne schon deshalb nicht zugelassen werden, weil es an der Elite fehle, die – ähnlich wie die in Herrenchiemsee versammelten Politikerinnen und Politiker – in der Lage sei, ein neues Verfassungswerk zu beraten und zu verabschieden. Er beziehe sich selbst durchaus in diese Bewertung ein. Meine Bemerkung in der Fraktion, vor mich hingemurmelt, es könne sein, dass die Elite in diesem Saal nicht repräsentiert sei, löst bei meinen Nachbarn Heiterkeit aus. Tatsächlich erklärt der Bundeskanzler der Bundesrepublik Deutschland damit, dass die politische Klasse in Deutschland nicht imstande sei, eine neue Verfassung zu gestalten; ein atemberaubendes Zeugnis der Unfähigkeit. Dies alles, um die eigenen wahlkampfpolitisch orientierten Ziele zu erreichen.

Auch die Entschließung zur polnischen Westgrenze, die wir am Donnerstag im Bundestag verabschiedet haben, hält nicht. Gestern waren Jaruzelski und Mazowiecki bei Mitterrand in Paris. Der französische Staatspräsident hat sich die polnische Position zu eigen gemacht, wonach unsere Erklärung nicht ausreiche. Offenbar hat Kohl ihren Inhalt nicht mit seinem engsten Verbündeten abgestimmt. Zwar behauptet Kohl ständig, dass die befreundeten Regierungen ihn uneingeschränkt unterstützten. Aber nachdem Bush sich bereits in der Abschlusspressekonferenz nach dem Besuch Kohls in Camp David veranlasst sah, die uneingeschränkte Anerkennung der polnischen Westgrenze durch die Vereinigten Staaten festzustellen, während Kohl sich nicht präzise äußern wollte, fühlt sich jetzt auch Mitterrand bemüßigt, Kohl in der Polenfrage öffentlich zu ermahnen. Margaret Thatcher vertritt die gleiche Position. Damit haben wir in der Polenfrage unsere wichtigsten Verbündeten nicht auf unserer Seite.

Andererseits ist es kaum möglich, eine weitere Erklärung zur Polenfrage nachzuschieben. Die ganze Sache liegt deshalb inzwischen bei den Alliierten, um von ihnen gelöst zu werden, ein Vorgang, der wiederum die Rechten in der Bundesrepublik erregen wird.

Nachdem Kohl schon den Vorschlag einer Währungs- und Wirtschaftsunion weder mit Frankreich noch mit den Vereinigten Staaten abgestimmt hat und auch den Bundesbankpräsidenten im Unklaren darüber ließ, dass er im Begriff sei, einen solchen Vorschlag zu machen, fehlt es jetzt ein weiteres Mal an der nötigen Abstimmung. Als Folge müssen Kohl und Genscher ständig zu unseren Verbündeten und zu den Mitgliedsländern der Europäischen Gemeinschaft reisen, um sie wieder zu beruhigen. Allein in den vergangenen zehn Tagen ist ein Mangel an handwerklichem Können und diplomatischer Fähigkeit deutlich geworden, der mir Sorge bereitet. Wie soll das alles nach dem 18. März weitergehen, wenn wir die Zukunft Deutschlands diplomatisch, wirtschaftspolitisch und sicherheitspolitisch gestalten und zugleich auf die Neuordnung Europas in unserem Sinne Einfluss nehmen müssen?

Meinhard berichtet, den Polen sei das Hin und Her um die polnische Westgrenze durchaus zupassgekommen. Mazowiecki habe in dieser Auseinandersetzung eine gute Gelegenheit gesehen, von innenpolitischen Schwierigkeiten abzulenken. Deshalb sei man in Warschau enttäuscht gewesen, dass die Deutschen so schnell nachgegeben hätten. Nun versuche man offenbar mit Hilfe Frankreichs, das Thema am Kochen zu halten. Wir können dies den Polen nicht vorwerfen, ohne internationale Empörung auszulösen. Auch aus diesem Grunde wäre eine rechtzeitige und gründliche Abstimmung zwischen Bonn und Paris sinnvoll gewesen. So befinden wir uns dauernd in einem Prozess des Beschwichtigens und Reparierens – bis zum nächsten Vorpreschen Kohls und zum nächsten Fehler.

Der massive Einsatz des Bundeskanzlers in der DDR hat inzwischen dazu geführt, dass die PDS wieder Zustimmung findet. Sie ist derzeit die einzige Partei im Osten, die für die Selbstständigkeit der DDR und für einen langsamen Prozess der Einigung eintritt. In einer Umfrage, die Ernst-Dieter Lueg gestern Abend bekanntgab, bezeichneten 15 Prozent der Befragten die PDS als die sympathischste Partei. 30 Prozent nannten die SPD, 21 Prozent die Allianz. Alle anderen lagen unter »fernerliefen«. Immerhin 26 Prozent erklärten sich bei dieser Frage unentschieden. Das starke Ansteigen der PDS ist auch eine Reaktion auf die Diskussion über den Weg zur Einheit (Artikel 23 oder 146 GG). Viele Menschen in der DDR wenden sich inzwischen wieder an die PDS, weil sie nur in ihr einen wirksamen politischen Bremsklotz gegen den »Anschluss« der DDR an die Bundesrepublik sehen. Bei der völligen Ungeklärtheit der Bedingungen, unter denen ein Beitritt zur Bundesrepublik, besser zum Grundgesetz, stattfinden könnte, sind solche Ängste und Verhaltensweisen verständlich. Nun kommt noch hinzu, dass einer der drei Vorsitzenden der Allianzparteien ein »Spitzel der BRD« war. Auch dies wird nicht dazu beitragen, die Position der Allianz zu stärken. Auch über Ebeling wird gesprochen. Viele sehen in der Art, wie er sich Kohl anpasst, ebenfalls einen Verlust an Selbstständigkeit, den man – bei allem Drängen nach Einheit – nicht ohne weiteres hinnehmen möchte.

11. März 1990

Heute Mittag ruft Günter Nötzold aus Leipzig an. Auch er ist der Meinung, dass Schnur durch die Mitteilung seiner verdeckten Aktivitäten für die Bundesregierung ein enormer Schaden entstanden ist. Einmal ein Spitzel, immer ein Spitzel: Das wird die Reaktion in der DDR sein.

13. März 1990

Ibrahim Böhme, der Vorsitzende der Ost-SPD, war gestern in Bonn, um sich mit Genscher zu treffen. Beide wollten sich näher kennenlernen und über die weitere Entwicklung des deutsch-deutschen Verhältnisses nach den Volkskammerwahlen sprechen. Böhme nutzte seinen Aufenthalt in Bonn, um Schnur in Schutz zu nehmen, über den noch immer der Schatten der Beschuldigung liegt, für den Staatssicherheitsdienst gearbeitet zu haben. Zwar konnte Eppelmann gestern die Akten in Berlin einsehen. Er ist überzeugt davon, dass die *Spiegel*-Geschichte schlampig recherchiert und im Übrigen auch unter dem Gesichtspunkt der deutsch-deutschen Entwicklung verantwortungslos sei. Man könne nicht in dieser Weise in den Prozess der Aufarbeitung einer vierzigjährigen Vergangenheit eingreifen, wie der *Spiegel* dies aus kurzsichtigen Erwägungen getan habe. Offenbar wolle der *Spiegel* Kohls Position schwächen. Der Preis, den er dafür zu bezahlen bereit sei, sei verantwortungslos. Er betreffe nicht nur Schnur, sondern die geistige Situation in der DDR. Inzwischen hat sich die Diskussion über die Artikel 23 und 146 GG beruhigt. Auch die Bundesregierung hat erkannt, dass eine überstürzte Wiedervereinigung nach Artikel 23 GG weder im deutschen Interesse liegt noch mit den Interessen der ehemaligen Siegermächte vereinbar wäre. Kohl hat die Verbündeten beruhigen lassen. Genscher hat erklärt, selbstverständlich werde auch im Falle einer Wiedervereinigung nach Artikel 23 GG ein umfangreiches Vertragswerk notwendig sein. Es wird deutlich, dass die ganze Aufgeregtheit im Wesentlichen wahlkampfbedingt war und die Unterschiede zwischen beiden Wegen nicht so groß sind, wie sie zunächst erschienen.

Der Runde Tisch ist gestern zum letzten Mal in Berlin zusammengetreten. Auch er hat sich mit der Verfassungsfrage befasst und einen Verfassungsentwurf vorgelegt, der nach seinem Wunsch am 17. Juni 1990 Gegenstand einer Volksabstimmung in der DDR sein soll. Der Entwurf orientiert sich am Grundgesetz, ist jedoch um eine ganze Reihe sozialer Grundsätze erweitert, die der Bevölkerung in der DDR wichtig sind. Diese Grundsätze werden auch von einer neuen DDR-Regierung in die Diskussion eingebracht werden.

Böhme hat gestern auch erklärt, er wolle im Falle eines Wahlsieges der Sozialdemokraten in der DDR eine breite politische Grundlage schaffen, auf der die Regierung aufbauen könne. Eine Koalition mit der PDS oder mit der DSU lehne er ausdrücklich ab. Der DSU hat ihre uneingeschränkte und bedingungslose Unterstützung des schnellen Wiedervereinigungskurses Kohls auf der Basis von Artikel 23 GG geschadet. Der Eindruck ist entstanden, die DSU berücksichtige die Interessen der DDR weniger stark als die der CDU und der CSU in der Bundesrepublik. Ebeling hat in den Augen vieler das Ansehen eines wirksamen Vertreters der DDR-Interessen verloren. Ich empfinde dies ähnlich. Mich stören bei Ebeling ebenso wie bei Haussmann Äußerungen zur Einheit, die mit der Formel »ohne Wenn und Aber« unterstrichen werden. So verlangt Ebeling die Wiedervereinigung jetzt und ohne Wenn und Aber; Haussmann verlangt die Einführung der sozialen Marktwirtschaft in der DDR ohne Wenn und Aber und so weiter. Als ob wir eine Marktwirtschaft ohne Wenn und Aber hätten. Und als ob man die Wiedervereinigung ohne Wenn und Aber durchführen könne. Man kann nicht eine vierzigjährige Geschichte ignorieren. Tut man es, so kommt sie an unerwarteter Stelle und mit unerwarteten Konsequenzen zu einem späteren Zeitpunkt wieder zum Vorschein und ist dann in ihren Folgen weit weniger kontrollierbar als im Zuge einer systematischen Aufarbeitung. Verdrängung war noch nie eine vernünftige Form der Vergangenheitsbewältigung.

Susanne berichtet heute Morgen, sie habe lange mit Rolf Henrich gesprochen. Dieser fürchte, wie inzwischen viele nachdenkliche Beobachter in der DDR, dass die Menschen in Ostdeutschland den Wunsch hätten, von einer Vormundschaft in die andere zu kommen. Sie hätten Schwierigkeiten, mit der erworbenen Freiheit zurechtzukommen. Unser Angebot, alles für sie zu regeln, sei deshalb für viele eine große Versuchung. Zu einem wesentlichen Teil sei die

Ost-West-Wanderung auch als eine Flucht in eine neue, bereits geordnete Welt zu verstehen.

Rolf Henrich ist inzwischen bei Gruner + Jahr als »Lehrling« tätig. Er berichtet, er habe das Gefühl, im Westen zu verflachen. Es gebe keinen Druck mehr, der ihn zur Leistung zwinge. Als er sein Buch »Der vormundschaftliche Staat« unter dem Druck der Gefahren geschrieben habe, die vom alten Regime in der DDR ausgingen, sei er am ehesten mit sich im Reinen gewesen. Jetzt habe er das Gefühl, es biete sich ihm keine Möglichkeit mehr, sich mit dem Bösen auseinanderzusetzen. Ich finde diese Beobachtung sehr wichtig für die weitere Entwicklung des deutsch-deutschen Verhältnisses und möchte gerne von Henrich mehr darüber erfahren.

Im Grunde befindet sich die Bevölkerung in der DDR kollektiv in einer ähnlichen Situation wie der Strafgefangene, der nach einem langen Aufenthalt im Gefängnis entlassen wird. Man gibt ihm einen ordentlichen Anzug, drückt ihm Geld in die Hand, öffnet die Gefängnistür und entlässt ihn in die Freiheit. Darüber, dass er verlernt haben könnte, mit dieser Freiheit etwas anzufangen, macht man sich wenig Gedanken. Man gibt ihm einige Verhaltensmaßregeln mit auf den Weg und ermutigt ihn im Übrigen, nun eigene Initiative zu entfalten.

Genau dies hat er jedoch jahrzehntelang nicht gekonnt und nicht gedurft. Er hat sich in einer unfreien Ordnung kleine Nischen der Selbständigkeit und der Selbstverwirklichung geschaffen. Am Widerstand gegen die unfreie Ordnung hat sich seine eigene kleine Freiheit aufgerichtet und festgehalten. Er hat gelernt, sich anzupassen und einzurichten, die Wünsche seiner Herren im Voraus zu erkennen und ihre Launen auszunutzen. Nimmt man ihm jetzt die Struktur der Unfreiheit, so erzeugt man ein Vakuum, das er nicht auszufüllen weiß.

Zwar trifft er in der Freiheit zunächst auf freundliche Menschen. Sie nehmen ihn auf, behandeln ihn anständig und bieten ihm Rat an. Aber schon nach drei Wochen haben sie das Interesse an ihm verloren. Wenn er dann Fehler macht, fragen sie ihn, ob er denn nicht in der Lage sei zu lernen. Dass man nach vierzigjähriger Abgeschiedenheit das Leben in Freiheit erst einüben muss, dass man im wahrsten Sinne des Wortes lernen muss zu laufen, das können die Menschen, die immer in Freiheit gelebt haben, genauso wenig begreifen, genauso wenig, wie sie Auskunft darüber geben können, wie diese Freiheit wirklich funktioniert.

Den meisten von ihnen ist die freiheitliche Ordnung ebenso ein Buch mit sieben Siegeln wie das Fernsehgerät, das sie täglich benutzen, oder das Auto, mit dem sie zur Arbeit fahren. Sie wissen, wie man diese komplexen Systeme gebraucht. Aber sie wissen nicht, wie sie funktionieren. Bei der Technik reicht die Kenntnis von der Handhabung der Systeme aus. Bei den gesellschaftlichen Zusammenhängen, in die man sich selbst einbringt, reicht sie im Grunde nicht. Jedenfalls reicht sie nicht für denjenigen, der nicht in der freien Gesellschaft aufgewachsen ist, sondern mit ihr erst als Erwachsener konfrontiert wird. Er muss wissen, wie sie funktioniert, denn er muss wissen, in was er sich einbringt. Kennt er die Zusammenhänge nicht, kann er sie nicht erfahren, werden sie ihm nicht erklärt und wird er nicht in sie eingeführt, so muss er sich erneut anpassen. So sehnt er sich nach einer neuen Vormundschaft, die ihm die Orientierung in der komplexen Unübersichtlichkeit gewährt, ohne die er meint, nicht leben zu können.

Die wirtschaftliche Entwicklung des deutsch-deutschen Verhältnisses beginnt, ihre Dynamik zu entfalten. Die Leipziger Messe ist bisher ein großer Erfolg. Volkswagen, Opel und Mercedes haben weitreichende Kooperationsvorhaben in Aussicht genommen. Volkswagen will in den Bau von Personenwagen investieren, bis 1994 insgesamt rund fünf Milliarden Mark. Opel hat mit Wartburg die Produktion von Fahrzeugen vereinbart. Mercedes will in Ostberlin Lastwagen für den Osten Europas bauen. Die Stadt Leipzig ist voller Leben. Viele fliegende Händler sind gekommen, um ihre Waren anzubieten. Sie lassen sich in Ostmark bezahlen und demonstrieren den Menschen in Leipzig, wie eine offene Gesellschaft funktioniert und was der freie Handel und Wandel bewirken kann.

Auch unsere Leipziger Initiative ist schon sehr erfolgreich. Heinz Barth hat ein Grundstück in Leipzig, direkt neben dem Merkur, das mit einem Bürogebäude bebaut werden soll. Inzwischen haben sich auch die Flughafengesellschaft und die Messegesellschaft bereit erklärt, in der Initiative mitzuwirken. Heinz ist mit Karl-August Kamilli, dem stellvertretenden Vorsitzenden der DDR-SPD, zusammengetroffen und hat ihn mit dem früheren Kölner Oberstadtdirektor Kurt Rossa bekannt gemacht. Heinz' Vorstellung ist es, dass

Rossa Oberbürgermeister in Leipzig werden soll. Die Stadt brauche dringend einen erfahrenen Verwaltungsmann, um sich besser entwickeln zu können. Kamilli hält die Idee zumindest nicht für undurchführbar.

14. März 1990

Die Nachrichten sind heute Morgen voll von Berichten über die Entscheidung der niedersächsischen CDU, Rita Süssmuth als zukünftige Ministerpräsidentin ins Land zu holen. Für den Fall, dass die CDU die Wahl am 13. Mai in Niedersachsen erneut gewinnt, soll Rita Sozialministerin werden, um dann, nach einer Übergangszeit, Ernst Albrecht im Amt des Ministerpräsidenten zu folgen. Ein geschickter Schachzug, der geeignet sein kann, der CDU noch einmal zum Wahlsieg zu verhelfen. Nur die *Frankfurter Allgemeine* hat ihn bemäkelt. Sie kann Rita Süssmuth nicht ausstehen und sich nichts vorstellen, was erfolgreich sein könnte, ohne dass Helmut Kohl mitgewirkt hat. Deshalb versteigt sie sich zu der Behauptung, wenn es die CDU in Niedersachsen schaffe, so sei das auf die allgemeine Politik der Bundesregierung, insbesondere auf ihre Deutschlandpolitik, zurückzuführen. Ich frage mich, ob die Leitartikler der *Frankfurter Allgemeinen* daran gedacht haben, dass zur gleichen Zeit auch in Nordrhein-Westfalen gewählt wird. Wenn ihre Auffassung zutreffen sollte, müsste die CDU auch dort einen Wahlsieg erringen, denn die Deutschlandpolitik gilt ja wohl für beide Bundesländer.

Schade ist nur, dass wir mit dieser Entscheidung Rita Süssmuth in der Bundespolitik verlieren. Sie ist eine gute Präsidentin des Deutschen Bundestages. Ein Nachfolger oder eine Nachfolgerin ist noch nicht in Sicht. Ich stünde diesmal für das Amt selbst dann nicht mehr zur Verfügung, wenn es mir angetragen würde.

Nun hat mich mein Gefühl also doch nicht getäuscht: Wolfgang Schnur hat mit dem Staatssicherheitsdienst zusammengearbeitet. Er hat es heute, nach einem Besuch von Eberhard Diepgen und Bernd Neumann, dem CDU-Landesvorsitzenden von Bremen, im Krankenhaus zugegeben und zugleich seinen Rücktritt von allen politischen Ämtern und von seiner Kandidatur erklärt. Schon bei unserem Gespräch in Bonn, als Schnur und Eppelmann mich als wirtschaftspolitischen Berater des Demokratischen Aufbruchs gewinnen wollten, hatte ich ein ungutes Gefühl. Irgendwie – hier ist das Wort ausnahmsweise gerechtfertigt – erinnerte Schnur mich an Barschel. Jedenfalls hatte ich zu ihm kein Vertrauen. Als die Meldungen von einem möglichen Stasikontakt zum ersten Mal auftauchten, erschien es mir nicht unwahrscheinlich, dass sie stimmen könnten. Die Art, wie Schnur dementierte, bestärkte mich eher in meinem Zweifel. So hat der *Spiegel* auch diesmal wieder recht behalten.

Welche Auswirkungen dies auf die letzten Tage des Wahlkampfes und auf die Wahl am kommenden Sonntag haben wird, ist schwer voraussehbar. Wir wissen zu wenig über die Mentalität der Menschen in der DDR, um beurteilen zu können, wie sie auf einen solchen Vorgang reagieren. Ganz sicher ist es ein schwerer Schlag für die Konzeption der Allianz. Kohl, Hennig, Rühe, sie alle haben Schnur in Schutz genommen. Kohl hat mit ihm, de Maizière und Ebeling die Allianz gebildet und auch damit seine vorbehaltlose Unterstützung für Schnur zum Ausdruck gebracht. Nun wird er sich fragen lassen müssen, warum er sich die Vergangenheit seines politischen Partners nicht genauer angesehen hat, obwohl er doch wusste, dass Schnur jahrelang als Informant der Bundesregierung tätig war.

Die Sozialdemokraten, die in den letzten Tagen eher resignierten, werden in jedem Fall wieder Aufwind verspüren. Böhme hatte Schnur gestern noch in Schutz genommen und sich damit als ein anständiger Konkurrent erwiesen. Ihm wird man nicht anlasten, dass er sich geirrt, sondern hoch anrechnen, dass er die Schwäche des Gegners nicht genutzt hat. Ich halte es für wahrscheinlich, dass deshalb Verschiebungen zugunsten der Sozialdemokraten auftreten werden.

Der Vorgang gibt uns eine Vorstellung davon, welche Schwierigkeiten und Probleme in der DDR in den kommenden Monaten und Jahren noch zu bewältigen sein werden. Vierzig Jahre Diktatur und Staatssicherheitsdienst müssen viele Menschen in der DDR einbezogen und damit auch beschädigt haben. Es wird schwierig sein, Politikerinnen und Politiker zu finden, die von der Vergangenheit der DDR gänzlich unberührt sind und deshalb das Vertrauen der Bevölkerung gewinnen können. Das heißt aber, dass die DDR in die kommenden schwierigen Verhandlungen über die Verwirklichung einer Wirtschafts- und Währungsunion und die Vorbereitung der Einheit mit einem politischen Personal geht, bei dem jederzeit der Verdacht auftauchen kann, es habe sich in der Zeit vor der Wende kompromittiert. Dies wird eher zur Resignation der Bevölkerung in der DDR beitragen. Umso wichtiger ist es, dass sich Persönlichkeiten als Anwalt der DDR zur Verfügung stellen, die das Vertrauen der Menschen im östlichen Teil Deutschlands haben und dafür sorgen, dass die Menschen dort von uns nicht über den Tisch gezogen werden.

Heute Morgen ging es auch im Wirtschaftsausschuss um die deutsch-deutschen Verhandlungen zur Vorbereitung der Währungs- und Wirtschaftsunion und um den Nachtragshaushalt, den Waigel vorgelegt hat, um die mit der Entwicklung in der DDR verbundenen zusätzlichen Belastungen des Etats nachträglich zu finanzieren. Ich habe die Sitzung des Wirtschaftsausschusses resigniert, um nicht zu sagen deprimiert verlassen. Die Inkompetenz sowohl des Parlamentarischen Staatssekretärs Beckmann wie seines Ministers Helmut Haussmann ist kaum zu ertragen. Klaus Beckmann ist nicht in der Lage, ohne umfangreiche schriftliche Unterlagen in zusammenhängender Weise die DDR-Probleme zu analysieren und den Mitgliedern des Ausschusses Einblick in die Überlegungen der Bundesregierung zu geben – soweit es solche Überlegungen überhaupt gibt.

Beide, Beckmann und Haussmann, sind, gemessen mit dem Maßstab, den die Ereignisse diktieren, unfähig, mit den entstandenen Aufgaben und Problemen fertigzuwerden. Weder Beckmann noch Haussmann wären in einem guten Unternehmen als Führungspersonal verwendbar. Dank der Koalitionsarithmetik gelten sie jedoch als geeignet, die Volkswirtschaft eines 60-Millionen-Volkes zu gestalten; und dies in einer Zeit, in der die Komplexität der politischen Sachverhalte infolge sowohl der europäischen Integration wie der deutsch-deutschen Integration extrem zugenommen hat.

15. März 1990

Eben mit Susanne telefoniert. Sie berichtete ausführlich über die Umstände von Schnurs Rücktritt. Danach hat Schnur sich nicht Eppelmann offenbart, der ihn im Krankenhaus in Ostberlin besuchte, sondern nach dem Eppelmann-Besuch einen Kurier ins Bundeskanzleramt entsandt, um dort mitzuteilen, dass er doch für den Staatssicherheitsdienst gearbeitet habe. Dies war am vergangenen Montag. Gestern Morgen fuhren daraufhin Diepgen und der CDU-Berater für den Demokratischen Aufbruch, Neumann, zu Schnur, um ihm einen Brief von Rühe zu übergeben, mit dem dieser Schnur zum Rücktritt aufforderte. Anschließend haben beide in Westberlin eine Pressekonferenz gegeben und das Ergebnis ihres Besuches bei Schnur publik gemacht. Zu diesem Zeitpunkt wusste der Demokratische Aufbruch noch nicht, dass Schnur seine Mitarbeit beim Staatssicherheitsdienst zugegeben hatte. Vertreter des Demokratischen Aufbruchs nahmen an der Pressekonferenz in Westberlin teil, ohne zu wissen, dass dort der Rücktritt ihres Parteivorsitzenden bekanntgegeben würde.

Eppelmann sei fassungslos gewesen und habe geweint, vor allem weil Schnur sich nicht ihm, sondern der West-CDU offenbart habe. Im Haus der Demokratie hätten die Mitarbeiter des Demokratischen Aufbruchs mit betretenen und traurigen Gesichtern die kleinen Plakate entfernt, mit denen man gegen die Verleumdung ihres Parteivorsitzenden protestiert habe. Bei allen Parteien in der DDR sei eine tiefe Betroffenheit entstanden. Eppelmann habe erklärt, man müsse die Stasiakten jetzt bald vernichten, denn praktisch jeder sei auf die eine oder andere Weise vom Staatssicherheitsdienst in Anspruch genommen oder registriert worden. Am meisten schmerzt die Menschen, mit denen Susanne gesprochen hat, der Umfang des seelischen und moralischen Schadens, den der Staatssicherheitsdienst in den Bürgern der DDR angerichtet hat. Es wird noch lange dauern, bis die korrumpierende Wirkung dieses Unrechtssystems wirklich überwunden ist.

Was mich selbst schmerzt und betroffen macht, sind die Gefühllosigkeit, die Rücksichtslosigkeit und die Machtorientierung, mit der unsere Leute diesen Fall »behandelt« haben. Dass wir selbst uns um den Rücktritt bemühen, kann ich verstehen. Dass man das Ergebnis solcher Gespräche aber nicht dem Demokratischen Aufbruch, sondern in Westberlin der Öffentlichkeit mitteilt, ist ein ungeheuerlicher Vorgang. Er zeigt die völlige Uninteressiertheit unserer Partei an den Gefühlen der Menschen in der DDR. Die Deutschen in der Bundesrepublik sehen zunehmend die Belastungen, die sich aus der Einheit ergeben werden, und verhalten sich auch so. Unsere Bevölkerung scheint nicht bereit, im notwendigen Umfang für die Einlösung der Versprechen einzustehen, die unsere Regierung gegeben hat. Die Frustration und die Rückschläge werden deshalb groß sein. Menschen werden wieder in die Bundesrepublik kommen, Arbeitslose werden enttäuscht sein und sich verraten fühlen. Soziale Spannungen und Schwierigkeiten werden auftreten, wenn es uns nicht gelingt, jetzt mit mehr Einfühlungsvermögen, mehr Energie und stärker als bisher in dienender Haltung den Menschen in der DDR Unterstützung beim Aufbau ihres Landes zu gewähren.

Wir sind inzwischen dabei, die Aufbauleistungen in der DDR im Wesentlichen als Aufgabe der Deutschen jenseits der Elbe zu begreifen. Nur so lassen sich auch die Aufrufe deuten, in denen es heißt: »Wir fordern die Deutschen in der DDR auf: Bleiben Sie in Ihrer Heimat! Helfen Sie mit, diese aufzubauen!« Man merkt nicht mehr, wie man die Dinge auf den Kopf stellt. Nicht die Menschen in der DDR sollen helfen, ihre Heimat aufzubauen, sondern wir müssen ihnen helfen, ihre Heimat aufzubauen. Der Text müsste lauten: »Bleiben Sie in Ihrer Heimat! Geben Sie uns die Möglichkeit, Ihnen beim Aufbau Ihrer Heimat zu helfen.« Aber wir haben längst all dies für uns in Anspruch genommen. Mit der unsinnigen Formel »ohne Wenn und Aber« glauben wir, Umfang und Tempo der Entwicklung in der DDR diktieren zu können, ohne dass wir bisher wirklich eine Leistung erbracht hätten, die uns berechtigen könnte, einen solchen Anspruch geltend zu machen. Das Ganze erinnert mich an das Verhältnis zwischen den Nord- und Südstaaten der USA nach dem Bürgerkrieg im letzten Jahrhundert. Praktisch hundert Jahre hat es dort gedauert, bis der Süden sich von den Folgen des verlorenen Krieges und der anschließenden Besetzung durch die Nordstaaten hat erholen können. Wenn auch bei uns keine hundert Jahre vergehen werden: Eine Generation wird es mindestens dauern, bis die Wunden verheilt und die Defizite ausgeglichen sind, die die getrennte Entwicklung in den beiden Teilen Deutschlands in den letzten vierzig Jahren verursacht hat.

Abends eine Diskussionsveranstaltung: Bürger und Politiker der DDR diskutieren über den Weg zur deutschen Einheit im Neuen Rathaus zu Leipzig. Konrad Weiß vom Bündnis 90 bekennt sich mit einem Ja zur Einheit, aber, wie er sagt, zu einer neuen Einheit. Die Vereinigung müsse in den europäischen Integrationsprozess eingebunden werden. Er spricht sich für eine neue Verfassung nach Artikel 146 GG aus, denn im Grundgesetz sei eine Menge zu verbessern, wenn es auch viel Gutes enthalte.

Ebeling (DSU) dagegen will die Einheit nach Artikel 23 GG verwirklichen. Was ihm vorschwebe, sei keine neue Einheit, sondern die Wiederherstellung des bestehenden einheitlichen Volkes. Dies müsse schnell geschehen, die Menschen seien ungeduldig. Nach Steffen Reiche (SPD) ist von folgendem Fahrplan auszugehen: Als Erstes müsse die polnische Westgrenze durch beide deutsche Parlamente anerkannt werden. Dann solle ein Rat der deutschen Einheit gebildet werden mit Willy Brandt als Vorsitzendem. Der Rat werde das Verfahren zur deutschen Einheit diskutieren und zugleich die Zwei-plus-Vier-Verhandlungen begleiten.

Eppelmann vom Demokratischen Aufbruch gibt wie Ebeling ein eindeutiges Votum zugunsten von Artikel 23 GG ab. Verbesserungen sollten in das Grundgesetz eingebaut werden, nachdem die wesentlichen Fragen geklärt und nach Artikel 23 GG entschieden worden sei.

18. März 1990

Heute wird in der DDR und in Bayern gewählt. Wenn die beiden Wahlen auch nicht die gleiche Bedeutung haben, so hängen sie politisch doch zusammen. Auf dem heutigen Territorium der DDR entscheidet sich in der ersten freien Wahl seit 1932, wie sich die politischen Kräfte in einem geeinten Deutschland formieren werden. Nachdem die SPD zunächst als der große Gewinner erschien, hat die Allianz dank der umfangreichen Wahlkampfhilfe durch die CDU und die CSU und dank der erfolgreichen Auftritte Helmut Kohls den Demoskopen zufolge kräftig aufgeholt. Kurz vor der Wahl war es ein Kopf-an-Kopf-Rennen.

Auch die Nachfolgeorganisation der SED, die PDS, hat unter ihrem Vorsitzenden Gysi in der Schlussphase des Wahlkampfes wieder zugelegt. Sie ist die Partei, die für die weitere DDR-Identität eintritt, wenn sie auch die Einheit Deutschlands nicht prinzipiell ablehnt. Es ist durchaus möglich, dass die PDS wegen der Auseinandersetzung über die Frage der Grundgesetzartikel heute Abend mehr Stimmen auf sich vereint haben wird, als man das noch vor vier Wochen für möglich gehalten hat.

In Bayern entscheidet sich, ob es der CSU gelungen ist, die Republikaner-Wähler aus der Europawahl wieder zurückzugewinnen und damit den rechten Flügel zu stabilisieren. Zwar handelt es sich nur um eine Kommunalwahl, gleichwohl wird das Wahlergebnis das Kräfteverhältnis auch in Bonn beeinflussen. Es wird wesentlich sein für die Entscheidung der Frage, ob die CSU mit der DSU in Thüringen eine Verbindung eingehen und damit die Geschlossenheit der Unionsparteien in Frage stellen soll. Nach der Wahl wird die Parteienlandschaft in der Bundesrepublik nicht mehr dieselbe sein wie bisher.

Am Donnerstag habe ich den Festvortrag zum 25. Jubiläum der Wisser-Gruppe gehalten. Es war eine schöne Veranstaltung im Wiesbadener Kurhaus. Das Wetter war herrlich. Ich habe manche Erinnerung aufgefrischt, die mich mit der Stadt verbindet: das Rathaus, der Landtag, das frühere Gebäude der Justiz, in dem ich meine Assessorprüfung abgelegt habe – die Nacht vor der mündlichen Prüfung war stürmisch, und es lag am nächsten Morgen ein Baum über der Straße, der den Weg ins Tal versperrte; in der Prüfung wusste ich nicht mehr, wer nach der Einführung des allgemeinen und geheimen Wahlrechts im Deutschen Kaiserreich die stärkste Partei geworden war –, aber auch die Rhein-Main-Halle, in der Rainer Barzel 1972 seinen Wahlkampfparteitag veranstaltete.

Abends im Steigenberger Hotel in Frankfurt arbeite ich noch an der Antwort auf den Beitrag von Edzard Reuter in der *Zeit* zum Thema »Friedenssicherung durch Wirtschaftsverflechtung«. Reuters Gedanken weisen ihn als den aus, als den ich ihn schon immer gesehen habe: ein machtorientierter Technokrat, der die Politik zwar duldet, in Wirklichkeit aber der Meinung ist, dass eine weltweite Verflechtung der Konzerne die beste Friedenssicherung sei. Ich will ihm in der kommenden Ausgabe der *Zeit* antworten.

Am nächsten Morgen (Abflug 6.40 Uhr) bin ich zum ersten Mal direkt von Frankfurt nach Leipzig geflogen. Die Lufthansa muss nicht mehr über die Tschechoslowakei fliegen. Seit Montag vergangener Woche ist der Direktflug über die bisherige deutsch-deutsche Grenze möglich.

19. März 1990

Als gestern Abend mit Gongschlag 18.00 Uhr das ZDF seine Wahlprognose bekanntgab, war die Sensation perfekt. Die Allianz erhält 50 Prozent, die SPD 23 Prozent, die PDS 14 Prozent und die Liberalen liegen bei 5 Prozent. Gegen Mitternacht hatte die Auszählung diese erste Prognose weitgehend bestätigt. Die vielfältigen Gruppierungen, die sich unter anderem im Bündnis 90 zusammengeschlossen hatten, waren von den gut elf Millionen Wählern in der DDR praktisch nicht berücksichtigt worden. Konrad Weiß und andere brachten ihre tiefe Enttäuschung darüber zum Ausdruck. Der Wähler habe die Kräfte, die ihm die Freiheit erstritten hätten, links liegenlassen. Wieder machen wir die alte Erfahrung, dass die Revolution über die Revolutionäre hinweggeht. Das Land vom Joch zu befreien, den Mut zum Aufstand zu mobilisieren, die Angst der Menschen zu überwinden ist eine Sache. Ihnen den Weg zu Wohlstand, sozialer Sicherheit und dauerhafter staatlicher Freiheit zu weisen, ist eine andere. Die Bürger in der DDR hätten, so meinte Klaus Bresser im ZDF in einem guten Kommentar, letztlich »Kohl der Kohle wegen« gewählt.

Das hat die Hoffnung all derer zerstört, die glaubten, mit dem »Experiment DDR« Wege zu einer Gesellschaft suchen zu können, die die neu gewonnene Freiheit mit dem vereint, was ihnen aus der Erfahrung mit der DDR-Diktatur erhaltenswert erscheint. Die Menschen wollten keine Experimente mehr. Sie wollten möglichst schnell zu Wohlstand und Sicherheit gelangen. Helmut Kohl hat ihnen eine Wirtschafts- und Währungsunion und die Einheit jetzt versprochen. Sie haben ihn beim Wort genommen. Sie wollen die Verdoppelung der Renten, die Umstellung der Sparkonten ebenso wie der Löhne und laufenden Leistungen 1:1. Über 40 Prozent der Wähler stimmten für die CDU und damit jene alte Blockpartei, die noch im Januar 1990 kaum jemand für wählbar hielt und um deren neuen Vorsitzenden de Maizière viele in Bonn einen Bogen machten.

Die DSU dagegen, die die Alternative zur Ost-CDU werden wollte, erhielt nur rund sechs Prozent, der Demokratische Aufbruch nicht einmal ein Prozent. Man wählte die CDU, weil die CDU in Bonn regiert. Die Bürger in der DDR, so Steffen Reiche, seien seit vierzig Jahren gewohnt gewesen, sich für die herrschenden Kräfte und für diejenigen zu entscheiden, die über die Macht und das Geld verfügen. Diesen »Fehler«, so Reiche, hätten sie auch in der ersten freien Wahl wiederholt. Dass Reiche dies als einen Fehler ansieht, ist verständlich. Seine Enttäuschung über das unerwartet schlechte Abschneiden der SPD muss sehr groß sein.

Aber die Wähler haben keinen Fehler gemacht. Sie haben die Einheit ernst genommen, wollten nicht an einer selbstständigen Identität der DDR festhalten und haben sich für die politische Kraft entschieden, die es in der Hand hat, die Wirtschafts- und Währungsunion einzuführen und die Einheit voranzutreiben. Wiederum waren es die einfachen, aber fundamentalen Grundbedürfnisse, an denen die Mehrheit der Wähler sich orientierte.

Während der Wahlberichterstattung nach 18.00 Uhr gab es eine Fülle guter Interviews und Diskussionen. Wir hörten eine Stellungnahme von Rühe, die uns gefallen hat. Er machte eine gute Figur, Geißler in einem späteren Gespräch weniger. De Maizière sahen wir von Kameras und Reportern umringt und fast erdrückt. Aber er ließ sich nicht aus der Ruhe bringen. Wenn man bedenkt, dass er im Januar, als er mich in Bonn besuchte, im Kanzleramt noch nicht empfangen wurde und Blüm sich in Weimar weigerte, auf den Gründungsparteitag der thüringischen CDU zu gehen, weil er mit den »Blockflöten« nichts zu tun haben wollte, dann kann man sich die Überraschung vorstellen, die es auch für unsere Leute bedeuten muss, dass die CDU als stärkste Kraft aus der Wahl hervorgegangen ist. Von den mahnenden Einwänden gegen die Blockpartei oder für eine intensive Vergangenheitsbewältigung ließen sich die wenigsten beeindrucken. Die Namensidentität mit der bundesrepublikanischen CDU war stärker. Schon in den Kundgebungen Helmut Kohls hatte sich gezeigt, dass die Menschen vor allem dem Mann zujubeln, von dem sie eine Verbesserung ihrer wirtschaftlichen Lage erwarten.

Im Bundesvorstand berichtet Helmut Kohl: Der 18. März sei ein guter Tag gewesen und anders verlaufen, als viele vorausgesagt hätten. Auch er gehöre nicht zu denjenigen, die dies vorhergesehen hätten. Das Wahlergebnis habe die Annahme der Sozialdemokraten widerlegt, die DDR-Bürger würden vorwiegend sie wählen. Damit sei, so Kohl, jedoch kein endgültiger Zustand hergestellt. Allerdings müssten die anderen hart arbeiten, um das jetzige Kräfteverhältnis umzukehren. Die PDS werde auch für die SPD ein Problem darstellen. Mit der Wahl sei deutlich geworden, dass die CDU auch die gesamtdeutschen Wahlen gewinnen könne, wenn die Hoffnungen der Menschen nicht enttäuscht würden.

Die Kommentierung gestern Abend habe gezeigt, wie viele enttäuscht gewesen seien über den Umstand, dass die DDR-Wahl nicht zu einem Linksruck in Gesamtdeutschland geführt habe. Kohl will darauf zurückkommen, wie vor allem die ARD gegen die CDU kommentiert und deren Wahlanstrengungen ignoriert habe.

Die Allianz werde eine Fraktionsgemeinschaft bilden und wohl auch ein Angebot für eine breite Mehrheit abgeben. Eine Koalition mit den Liberalen sei nicht ausreichend. Verweigere sich die SPD, entstehe eine neue Lage.

Das Ergebnis sei durch den Willen der Menschen geprägt, die Einheit bald zu verwirklichen. Die Währungsunion müsse so schnell wie möglich kommen. Die Verhandlungen müssten mit äußerster Dringlichkeit vorangetrieben werden. Ein erstes Rahmen- oder Leitliniengesetz der DDR solle Hindernisse für Investitionen beiseiteräumen. Zugleich müsse eine Sozialunion vereinbart werden.

Zentraler Punkt sei die Errichtung des Rechtsstaates. Gelinge es nicht, den Rechtsstaat in der DDR zu verwirklichen, was eine gigantische Aufgabe sei, dann sei alles andere umsonst gewesen. In diesem Zusammenhang müsse auch die Bewältigung des Stasierbes gesehen werden. Neben 80 000 hauptamtlichen Mitarbeitern rechne man mit etwa dem Zehnfachen an Informanten. Damit komme ein enormes Problem auf uns zu. Denn diese Informanten seien nicht in der Arbeiterschaft, sondern in den Eliten und Verwaltungen zu finden. Auf der anderen Seite dürfe es nicht zu einer erneuten Entnazifizierung kommen. Damit habe man schlechte Erfahrungen gesammelt.

Sorge bereite ihm, Kohl, die Kommunalwahl. Es fehle an Personal, und die Spannungen zwischen den Partnern der Allianz wüchsen wieder.

Durch die Wahl sei die internationale Haltung zum Einheitsprozess günstig beeinflusst worden. Über 90 Prozent der Bevölkerung hat sich für die Einheit entschieden. Deshalb müsse man noch in diesem Jahr zu Lösungen kommen. Die Feindbilder seien verschwunden. Dies betreffe auch die Bundeswehr. Kurzfristig müsse über die weitere Stationierung von Kurzstreckenraketen entschieden werden. Ziele wie Rostock oder Prag seien nicht mehr realistisch.

Auch mit Blick auf die Zwei-plus-Vier-Verhandlungen habe sich die Lage durch die Wahl verbessert. Die Übereinstimmung mit der DDR erleichtere die Verhandlungsposition der Deutschen.

Kohl spricht die Frage der Reparationen an. Er habe das Thema nicht aufgeworfen. Für uns sei es bitter, einem Opfer der Nazis in Polen gegenüberzustehen. Diese Opfer hätten nicht erhalten, was wir an Polen gezahlt haben. Auch die Entschädigungsleistung für solche Menschen sei Reparation. Nicht nur die Polen, sondern auch die Finnen, die Jugoslawen und andere begännen, über Forderungen nachzudenken. Dem müsse vorgebeugt werden.

Die Sowjetunion nehme in der Einheitsfrage eine Poker-Haltung ein. Ihre Truppen werde sie noch eine Zeitlang in Deutschland belassen wollen. Sie könne die Truppen aber auch nicht zurückziehen, weil sie nicht wisse, wohin mit ihnen. In jedem Fall seien bessere Beziehungen zur Sowjetunion möglich.

Was das Verhältnis zu Europa angehe, so sei es absurd zu behaupten, wir seien an Europa nicht länger interessiert. Wir brauchten Europa, auch die europäische Währungsunion. Aus heutiger Sicht sei es gut, dass die europäische Währungsunion im Dezember verhandelt werden solle. Denn die deutsche Währungsunion bedinge eine schnelle Union der Währungen auch in Europa. »Wir wollen deutsche Europäer und europäische Deutsche bleiben.« In der DDR werde dies wie selbstverständlich gesehen.

In der anschließenden Diskussion wird die Wahl als Auftrag für die Festlegung auf Artikel 23 GG und als Entscheidung für die schnelle Einheit, die Sicherung von Wohlstand und gegen den Sozialismus gewertet. Diepgen fordert deshalb, es müssten noch vor den Kommunalwahlen in der DDR entsprechende Signale gesetzt werden, vor allem im Bereich der Sozialunion. Er plädiert für frühe gesamtdeutsche Wahlen. Kohl interveniert und weist Diskussionen darüber zurück. Auch mit der Entwicklung der Parteistruktur müsse man Geduld haben. Die Erneuerung der Ost-CDU sei bei weitem noch nicht abgeschlossen.

Schäuble empfiehlt, Lafontaine mit der Niederlage zu identifizieren. Er sei der Spalter der Deutschen, Kohl aber der Mann der Einheit. Warum, so fragt er, sehe und verhalte sich Europa im Verhältnis zum Osten nicht ebenso wie die Bundesrepublik zur DDR? Österreich, zum Beispiel, werde doch von Rumänen überlaufen. Europa müsse das West-Ost-Gefälle schnell abbauen, denn sonst werde die Ost-West-Wanderung zunehmen. Ohne ein solches europäisches Engagement werde man noch einmal die Aufhebung der Mauer durch Ungarn verfluchen!

Der 18. März 1990 war wirklich ein historischer Tag. Mit dieser ersten freien Wahl in der DDR ist die deutsche Einheit praktisch vollzogen. In Bonn und Berlin regiert die gleiche Partei. Auch wenn de Maizière wahrscheinlich eine große Koalition mit der SPD eingehen wird, so wird doch für seine Politik die Nähe zur CDU und damit zur Bundesregierung bestimmend sein. Pieroth soll in de Maizières Regierung Wirtschaftsminister werden. Haussmann und Pieroth werden damit für die Verwirklichung der Wirtschafts- und Währungsunion politisch verantwortlich sein. Kein besonders beruhigender Gedanke.

Nun muss also all das umgesetzt werden, was in den vergangenen Wochen und Monaten versprochen wurde. Für Helmut Kohl und seine Regierung bedeutet dies, dass ihm ab sofort alles zugeordnet werden wird, was in ganz Deutschland passiert. Kohl ist de facto bereits gesamtdeutscher Kanzler. Er muss für die Konsequenzen weiterer wirtschaftlicher Spannungen und Unterschiede zwischen den beiden deutschen Staaten politisch einstehen. Ihm obliegt es, die Bürger der Bundesrepublik von der Notwendigkeit zu überzeugen, der DDR umfassend zu helfen. Er hat dafür Sorge zu tragen, dass für die bundesrepublikanischen Investoren, die sich in der DDR engagieren wollen, möglichst schnell die Rahmenbedingungen geschaffen werden. Ihm wird die politische Verantwortung für die Arbeitslosigkeit zugeschoben werden, die in der DDR als Folge der Strukturanpassung unvermeidlich entstehen wird. Er wird dafür geradestehen müssen, wenn es nicht gelingt, das Netz der sozialen Sicherheit möglichst schnell auf die DDR zu erstrecken. Aber man wird ihn auch dafür verantwortlich machen, wenn die Einheit die Bundesdeutschen belastet, also nicht ohne Steuererhöhungen zu haben ist.

Dass die Sozialdemokraten die Einlösung seiner Wahlversprechen ständig aufs Neue anmahnen werden, um damit »Wahlbetrug« zu verhindern, haben sie Helmut Kohl bereits angekündigt. Wenn Lafontaine in seinen Äußerungen zum Wahlergebnis auch nicht immer eine überzeugende Figur abgibt, so hat er eins klargemacht: Er ist entschlossen, ähnlich wie beim Thema Übersiedler auch mit seiner Ansicht recht zu behalten, eine sofortige Einführung der Wirtschafts- und Währungsunion in der DDR sei verantwortungslos.

Wenn ich auch nicht glaube, dass er seinen Erfolg in der Übersiedlerfrage – die Bundesländer sind inzwischen einmütig der Auffassung, dass die besonderen Maßnahmen für Übersiedler nach der Wahl entfallen müssen – mit seiner Politik der Wirtschafts- und Währungsunion wiederholen kann, so werden seine unablässigen Forderungen nach Verwirklichung einer Sozialunion und seine ständige Kritik an den unabwendbaren negativen Folgen einer schnellen Wirtschafts- und Währungsunion ihre politische Wirkung gleichwohl nicht verfehlen. Mehr denn je ist Helmut Kohl dem Risiko ausgesetzt, wegen der wirtschaftlichen und sozialen Konsequenzen des Einheitsprozesses die nächste Bundestagswahl zu verlieren.

Kohl müsse deshalb, so meint Meinhard, daran interessiert sein, bereits im Herbst oder im Winter die erste gesamtdeutsche Bundestagswahl durchzuführen. Nur so könne er erreichen, dass der Unmut der Bundesbürger über die Bürden der Einheit nicht zu seiner Wahlniederlage führt.

Andererseits sehe ich nicht, wie Helmut Kohl bereits Ende dieses Jahres zu einer gesamtdeutschen Wahl kommen will. Auch wenn die DDR beschließt, nach Artikel 23 GG dem Bund beizutreten, müssen vor Vollzug dieses Beitritts eine Menge schwieriger Fragen gelöst werden, die auch die Verfassung berühren. Grundgesetzänderungen sind jedoch ohne Mitwirkung der Sozialdemokratischen Partei nicht möglich. Das heißt: Die SPD hat einen Einfluss auf die Geschwindigkeit des Prozesses auch dann, wenn sich die DDR für die Anwendung des Artikels 23 GG entscheidet. Davon ist nach den jetzt bestehenden Mehrheitsverhältnissen auszugehen.

Aber nicht nur innenpolitische Gründe werden einen schnellen Vollzug der Einheit erschweren, der wiederum Voraussetzung für eine baldige gesamtdeutsche Bundestagswahl ist. Auch die vier Mächte beeinflussen das Tempo des Einigungsprozesses. Sollte sich zeigen, dass Helmut Kohl auf den guten Willen der Alliierten angewiesen ist, zu einer Beschleunigung der Entwicklung beizutragen, so ist damit zu rechnen, dass sie ihre Mitwirkung von der Bereitschaft der Bundesregierung abhängig machen, ihnen in anderen Fragen wesentlich entgegenzukommen. Sie werden sich die Hilfe bei der Wiedervereinigung bezahlen lassen. Dabei geht es weniger um wirtschaftliche Leistungen als um politischen Einfluss, den sie sich auch nach der Verwirklichung der deutschen Einheit sichern wollen.

Die Einheit Deutschlands ist da. Sie beendet das staatliche Provisorium, in dem die Deutschen in den vergangenen rund vierzig Jahren gelebt haben. Das Deutschland in den Grenzen von 1990 ist das »endgültige« staatliche Gebilde, in dem wir als Deutsche leben werden. Diese Feststellung betrifft nicht nur die Unumstößlichkeit des Verlustes der deutschen Ostgebiete als Teil eines deutschen Staates; bedeutsam ist die Endgültigkeit des geeinten Deutschlands vor allem deshalb, weil mit dem Provisorium auch die Möglichkeit entfällt, sich der Auseinandersetzung mit dem Wesen und dem Selbstverständnis Deutschlands zu entziehen.

Fragen nach unserem Standort und unserer nationalen Identität können wir nicht länger mit dem Hinweis unserer jeweiligen Einbindung in antagonistische Militärbündnisse und auf die Ungeklärtheit der deutschen Zukunft ausweichen. Mit der Einheit endet die Vormundschaft der Blöcke. Durch die Einheit werden wir, was unsere Identität und unseren Auftrag angeht, auf uns selbst zurückverwiesen. Die Zeit, in der die Bundesrepublik sich als ökonomischer Riese und politischer Zwerg begreifen konnte, wie Helmut Schmidt es einst formuliert hat, ist zu Ende. Wir sind nicht mehr Juniorpartner einer Weltmacht, sondern, mit rund 79 Millionen Einwohnern und einer ungewöhnlich leistungsfähigen Wirtschaft, eigenständige Partner der Gemeinschaft europäischer Völker und in der Welt. Durch die Einheit werden wir so gezwungen, auf eine für uns und unsere Nachbarn gültige Weise zu bestimmen, was Deutschland für uns bedeutet.

Die Aufgabe, die uns damit gestellt ist, ist keineswegs einfach.

Auf ihre Bewältigung sind wir nur unzureichend vorbereitet. Sie muss deshalb politisch definiert und als Herausforderung und Chance begriffen werden. Sie kann auch nicht nur von der Bundesrepublik geleistet werden. Zu unserer Identität als Deutschland in Europa gehören die historischen Erfahrungen, die beide deutsche Staaten in den vergangenen vierzig Jahren gemacht haben. Wie wir sie einbringen und verarbeiten, wird mit darüber entscheiden, welche Entwicklung das zukünftige Deutschland nehmen wird. Dies gilt auch und gerade für die Erfahrungen, die die Menschen in der DDR mit der Unfreiheit gemacht haben.

Die Bewältigung dieser Aufgabe wird uns zeigen, dass in der Bundesrepublik und in der DDR – wenn auch aus unterschiedlichen Gründen und mit unterschiedlichem Inhalt – Eindimensionalitäten entstanden sind, die wir überwinden müssen. Zu den Eindimensionalitäten in der Bundesrepublik gehört die Dominanz des Ökonomischen. Lange Zeit haben unsere Nachbarn die Bundesrepublik als eine Wirtschaft auf der Suche nach dem Staat empfunden. Daran ist richtig, dass die Bundesrepublik als eine staatlich verfasste Wirtschaft entstanden ist. Die Entscheidung für die Marktwirtschaft fiel, obwohl sie konstitutionellen Charakter hat, ehe die Bundesrepublik sich konstituierte.

Daraus erklärt sich, dass es in der Bundesrepublik bis heute spezielle politische Legitimationsprobleme des Staates gibt. Diese sind verknüpft mit der Entwicklung der letzten vierzig Jahre und der Rolle, die in dieser Zeit der Sozialpolitik zufiel. Nach den Düsseldorfer Leitsätzen der CDU im Jahre 1949 sollte eine fortschrittliche Sozialpolitik »der inneren Befriedung unseres Volkes dienen, das Vertrauen der breiten Schichten in die neue demokratische Ordnung stärken und den Willen zur Mitarbeit am Wiederaufbau unseres Staats- und Volkslebens fördern«. Der Sozialpolitik wurde damit eine Bestimmung zuerkannt, die weit über das hinausging, was man normalerweise unter den sozialen Aufgaben eines Gemeinwesens versteht: Sie sollte dem jungen Staat »Legitimation« sichern.

An dieser legitimationssichernden Bedeutung der Sozialpolitik hat sich bis heute nichts geändert. Sie hat bewirkt, dass die Bevölkerung der Bundesrepublik ihre »Staatssympathie« eindeutig auf den »Sozialstaat« konzentriert. Die sozialpolitische Legitimationsgrundlage ist eng an die Überzeugung gebunden, der Staat sei leistungsfähig und leistungswillig und berücksichtige die eigenen Bedürfnisse und Ansprüche auf angemessene Weise.

Die Schwächen dieser sozialpolitischen Legitimationsgrundlage werden deutlich, sobald der Staat weitere Erwartungen nicht mehr befriedigen kann oder zur Erfüllung neuer überragender Aufgaben in bereits erworbene sozial- und umverteilungspolitische Besitzstände eingreifen muss.

Legitimiert sich der Staat durch sozialpolitische Leistung, so entzieht er sich gleichsam selbst die Grundlage, wenn er den Erwartungen, die er begründet hat, nicht mehr entsprechen kann. Der damit verbundene Verlust seiner inneren Souveränität erschwert es ihm auch, den Katalog gesamtpolitischer Prioritäten neu zu ordnen. Ihm fehlt gewissermaßen die Kraft, die gewachsene Fähigkeit der Bevölkerung zur eigenen Bewältigung bisher sozialpolitisch abgedeckter Lebensrisiken stärker in Anspruch zu nehmen und die so gewonnenen Handlungsspielräume für die Erfüllung neuer Aufgaben zu verwenden.

Die sozialpolitische Legitimation der Bundesrepublik und die durch ihre provisorische Existenz bedingte Möglichkeit, sich der Auseinandersetzung mit einer nationalen Identität zu verweigern, haben sich in der Vergangenheit gegenseitig eher verstärkt. Unsere Hoffnung, dem Dilemma durch die Europäisierung unseres Gemeinwesens zu entgehen, eine europäische Identität anstelle einer beschädigten deutschen zu entwickeln, hat ein Übriges zur Eindimensionalität unserer staatlichen Sinngebung beigetragen. Die Verortung eines geeinten Deutschlands kann so nicht gelingen. Sie ist nur möglich, wenn wir uns der Aufgabe stellen, unseren neu gewonnenen Staat als Ganzes zu definieren.

Das wird uns nach langer Zeit erfolgreicher wirtschafts- und sozialpolitischer Ortsbestimmung und einer weitgehenden Verdrängung des Außerökonomischen, also der kulturellen, historischen und nationalen Dimension des Staates, nicht leichtfallen. Deshalb ist es nicht verwunderlich, dass sich gegen ein solches Ansinnen Widerstand entwickelt. Wer gewohnt ist, die Identität des staatlichen Gemeinwesens durch das Bruttosozialprodukt und das Netz der sozialen Sicherheit zu bestimmen, der muss es als Verunsicherung empfinden, wenn von ihm Auskunft über andere Dimensionen staatlicher Identität erwartet wird.

Nichts liegt mir ferner, als die Bedeutung von Wohlstand und sozialer Sicherheit für die Menschen in der DDR zu unterschätzen. Worum es mir geht, ist zu verhindern, dass die Eindimensionalität unseres staatlichen Provisoriums und seiner wirtschafts- und sozialpolitischen Legitimation auf den Prozess der Einheit und damit auf das zukünftige Deutschland übertragen wird. Diese Sicht der Dinge versperrt uns zugleich den Zugang zu der Erkenntnis, dass die Übernahme unserer Wirtschaftsordnung für die Bürger der DDR eine geistige und kulturelle Umwälzung bedeutet, über deren Dimension wir uns bisher keine Rechenschaft abgelegt haben. Wenn sie nicht mit großer Sorgfalt vorbereitet und partnerschaftlich mit den Bürgern der DDR vollzogen wird, muss diese Umwälzung neue Brüche und Verwerfungen entstehen lassen, deren Überwindung uns wiederum Jahrzehnte kosten wird.

Im Zuge der wirtschaftlichen Integration müssen wir deshalb unbedingt zugleich Anstrengungen unternehmen, die nichtökonomischen Grundlagen staatlicher Legitimation und staatlicher Gemeinsamkeit zu entwickeln und zu stärken, um so die in beiden Teilen Deutschlands bestehenden Sinngebungsdefizite zu überwinden. Materielle Leistungen, die von unseren Bürgern im Prozess der Einheit erwartet werden müssen, sind in diesem Sinne keine Opfer, sondern Aufbau- und Erneuerungsleistungen. Sie sind Investitionen in die gemeinsame Zukunft.

Wer wie Oskar Lafontaine gegen solche Veränderungen der Prioritäten die bisherige sozialpolitische Legitimation der Bundesrepublik mobilisiert, erschwert den Prozess der Einigung und kann ihn seiner Mehrheitsfähigkeit berauben. Da wir den Prozess selbst aber nicht verhindern können, würde eine solche Politik neue soziale Spannungen erzeugen, die der Einheit der Deutschen ebenso abträglich wären wie der Identität des geeinten Deutschlands. Die Einheit ist so nicht nur eine Chance und Herausforderung für die Menschen in der DDR. Sie stellt auch uns in Westdeutschland vor die Herausforderung, die Folgen des deutschen Provisoriums zu überwinden, unser Gemeinwesen auf eine breitere Legitimationsbasis zu stellen und ihm damit die Qualität eines auf Dauer angelegten Staates zu verleihen.

27. März 1990

Am Wochenende waren Berghofers, Max und Leila Schlereth und Kurt Masur unsere Gäste in Übersee. Wolfgang und Diethild Berghofer sind mit mir am Freitag mit der Maschine von Heinz Barth von Leipzig nach München geflogen. Es war ein wirklich schönes Wochenende.

Schon der Flug von Leipzig nach München war ein Erlebnis, nicht nur für die Berghofers, sondern auch für mich. Heinz Barths Learjet ist nagelneu. Er hat ihn vor wenigen Tagen erhalten und freut sich über ihn wie ich mich über meine Eisenbahn freuen kann. Heinz stand auf dem Vorfeld in Schkeuditz und schaute uns nach, bis wir in den Wolken verschwunden waren.

Gegen 15.00 Uhr waren wir im Gästehaus der früheren SED-Prominenz zusammengetroffen. Heinz hatte die Suite von Günter Mittag gemietet, die jetzt vom Hotel Merkur bewirtschaftet wird. Eine Flucht riesiger Räume, die zweimal im Jahr benutzt wurden, wenn Mittag an der Leipziger Messe teilnahm. Die gleiche protzige Größe und Kälte, die auch das Haus des Zentralkomitees in Berlin ausstrahlt. Heinz amüsierte sich köstlich darüber, dass er in Mittags Bett schlafe.

Wir beschlossen, die Initiative am 10. oder 11. April auch öffentlich vorzustellen. Dabei sollen insbesondere zwei Projekte bekanntgegeben werden: die Bücher-Stiftung durch Heinz Barth und ein geplantes Haus der Verlage für die gut dreißig Verlage, die in Leipzig zurzeit zum Teil unter unwürdigen Bedingungen untergebracht sind. Insgesamt erwarten wir uns von dieser Präsentation eine Verbesserung der Kooperation zwischen der Leipziger Initiative und dem hiesigen Runden Tisch. Er ist de facto an die Stelle des Stadtparlaments getreten, das sich vor einigen Wochen aufgelöst hat.

Freitagvormittag habe ich den Schlussvortrag beim diesjährigen Weltwirtschaftsseminar der Karl-Marx-Universität gehalten. Mein Thema lautete »Das zusammenwachsende Deutschland: Chancen für Europa«. Günter Nötzold hat das Seminar zusammen mit der Hanns-Martin-Schleyer-Stiftung organisiert. Wir wollen eine solche gemeinsame Veranstaltung nicht wiederholen. Die Hanns-Martin-Schleyer-Stiftung, insbesondere ihr Geschäftsführer Friedhelm Hilterhaus, hat sich in einer Weise aufgeführt, die alle Befürchtungen bestätigt, die man in der DDR gegenüber den finanzstarken Westdeutschen hegt: arrogant, anmaßend und in dem Ton »Wer bezahlt, bestimmt auch die Musik«. Dass das weltwirtschaftliche Seminar das Verdienst des großen Mutes und der Einsatzbereitschaft von Günter Nötzold ist, dass es für seine weitere Existenz nicht auf die Hanns-Martin-Schleyer-Stiftung angewiesen sein wird und dass die Stiftung in erster Linie die Früchte erntet, die Günter Nötzold und ich gesät haben, war Herrn Hilterhaus offenbar nicht bewusst.

In der DDR beginnt sich die politische Landschaft neu zu ordnen. Langsam hat man begriffen, dass die Bürger sich mit der Wahlentscheidung nicht zwischen politischen Parteien in der DDR entschieden haben, sondern für die Einheit und den Wohlstand jetzt. Schon stellen sich aber auch die ersten großen Schwierigkeiten ein. Die Sozialdemokraten verweigern sich bisher der Aufforderung, mit der Allianz gemeinsam eine große Koalition zu bilden. Sie lehnen es ab, mit der DSU zusammenzuarbeiten. Zu viele Verletzungen sind im Wahlkampf, vor allem aufseiten der SPD, entstanden, auch wenn wir in der Bundesrepublik das, was dort kränkte, nicht als so schwerwiegend und nachhaltig empfunden hätten, dass dadurch eine Kooperation unmöglich gemacht worden wäre.

Ohne eine Verständigung zwischen Allianz und SPD fehlt es jedoch an der Zweidrittelmehrheit, die erforderlich ist, um die DDR-Verfassung zu ändern. Nur dann ist es jedoch möglich, den Beitritt nach Artikel 23 GG zu erklären und die Länder wieder zu begründen, die ebenfalls verfassungsrechtlicher Verankerung bedürfen. Um das Dilemma zu überwinden, ist der Justitiar der CDU/CSU-Bundestagsfraktion, Manfred Langner, auf die Idee gekommen, die DDR-Verfassung kurzerhand für null und nichtig zu erklären. Die Bundesregierung hat diesen Unsinn inzwischen korrigiert. Herr Langner war offenbar der Meinung, eine null und nichtige Verfassung bedürfe zu ihrer Änderung keiner Zweidrittelmehrheit. Dass er mit dieser Theorie zugleich dem Wahlgesetz und allen weiteren Gesetzen die Grundlage entziehen würde, war ihm anscheinend nicht klar.

Nachdem es nun bei der verfassungsrechtlichen Grundlage bleibt, bemüht man sich darum, zumindest im Blick auf die notwendigen Verfassungsänderungen zu Gemeinsamkeiten zu gelangen. Dies wird allerdings wesentlich dadurch erschwert, dass Lothar de Maizière und Ibrahim Böhme inzwischen bezichtigt werden, aktiv mit dem Staatssicherheitsdienst zusammengearbeitet zu haben. Die »Firma« habe durch Verbindungsoffiziere sowohl de Maizière wie Böhme »geführt«. Der *Spiegel* hat die Beschuldigungen verbreitet und, gestützt auf die Erfahrungen, die man mit seinen Enthüllungen zu den Verwicklungen von Wolfgang Schnur gemacht hat, wird seinen Berichten jetzt eine hohe Glaubwürdigkeit zugemessen. Böhme hat auf die Vorwürfe bereits reagiert und seine Ämter als Parteivorsitzender und designierter Fraktionsvorsitzender ruhenlassen. Das macht die Sozialdemokraten zwar nicht handlungsunfähig, erschwert aber die Maßnahmen, die erforderlich sind, um zu einer verfassungsändernden Mehrheit zu gelangen und die Regierung zu bilden. Wenn de Maizière sich ähnlich verhalten sollte wie Böhme, fehlt es auch in der Allianz an der Führungsfigur. Wahrscheinlich wird es de Maizière deshalb bei der Zurückweisung der Vorwürfe belassen.

Umso wichtiger ist es, auch in diesem Bereich möglichst schnell die Spreu vom Weizen zu trennen. Verfolgt werden können mit politisch vertretbaren Konsequenzen wohl nur die Sachverhalte, in denen sich die Betroffenen strafbar gemacht haben. Dagegen war eine Zusammenarbeit, auch eine Tätigkeit als Informant, als solche nicht rechtswidrig. Alle diese Aktivitäten müsste man folglich generell zumindest politisch amnestieren. Andernfalls wird es kaum möglich sein, in der DDR zu handlungsfähigen Staatsorganen zu gelangen. Welche Gefahren hier lauern, wird auch durch den politisch wohl kaum durchführbaren, aber in der Situation der DDR dennoch plausiblen Vorschlag von Konsistorialpräsident Stolpe deutlich, alle Mitglieder der Volkskammer einer Überprüfung zu unterziehen und für den Fall einer stärkeren Verwicklung einer größeren Zahl von Abgeordneten die Wahl zu wiederholen.

Die Kommunalwahl in Schleswig-Holstein hat am vergangenen Wochenende gezeigt, dass sich die Parteienlandschaft im nördlichsten Bundesland wieder normalisiert hat. Die CDU hat gegenüber der letzten Kommunalwahl leicht verloren, die SPD leicht gewonnen. Vom Ergebnis der Landtagswahl 1988, von der »Barschel-Wahl«, ist die SPD weit entfernt. Es war eine Ausnahmewahl.

Bundesweit genießen die CDU und Helmut Kohl einen Zuwachs an öffentlicher Zustimmung. Wenn es auch noch keine verlässlichen Erhebungen gibt, so ist doch davon auszugehen, dass das

Wahlergebnis in der DDR die Einstellung der Bevölkerung in der Bundesrepublik nicht unberührt lassen wird. Hinzu kommt, dass Lafontaine einen denkbar schlechten Einstieg als Kanzlerkandidat der SPD hatte. Der Parteivorstand hat ihn zwar am 19. März einstimmig als Kanzlerkandidaten der SPD nominiert. Lafontaines Strategie, die Wahlkampfauseinandersetzung über die Sozialpolitik zu suchen, findet jedoch auch in der SPD keine ungeteilte Zustimmung. Sie wird mit Sicherheit nicht der historischen Dimension der gegenwärtigen deutsch-deutschen Situation gerecht. Denn sie reduziert nicht nur die Bundesrepublik, sondern ganz Deutschland auf die sozialpolitische Legitimation, die schon für die Bundesrepublik Deutschland ein Problem war. Selbst wenn man Vorbehalte gegenüber Kohl hat, ist eine solche Alternative nicht akzeptabel. Sie verbaut die Chance, Deutschland als Ganzes auf eine neue politische Legitimationsgrundlage zu stellen. Schade, dass die Sozialdemokraten an der großen Aufgabe, die ihnen als Opposition gestellt ist, bisher so kläglich gescheitert sind.

Im außenpolitischen Bereich sorgt Genscher diesmal für Irritationen. Er schlägt vor, ein Europa ohne Bündnissysteme anzustreben. So richtig der Gedanke im Ansatz sein mag, so viel mehr ist Joffe und seinem Hinweis in der *Süddeutschen* heute zuzustimmen, dass ein bündnisloses Europa eine größere Gefahr der Instabilität mit sich bringen könnte, als verantwortbar sei. Über diese Frage wird es noch viele Diskussionen geben.

30. März 1990

Morgens in Hannover, um mich mit IG-Metall-Chef Franz Steinkühler zu treffen. Wir wollen gemeinsam nach Frankfurt fliegen, ich dann weiter nach München. Es geht mir unter anderem um einen Einblick in die DDR-Überlegungen der IG Metall, Informationen, die ich für meine Vorlesung in Leipzig brauche.

Die letzten Tage waren wieder voller Überraschung. Am Mittwoch rief mich ein Mitarbeiter von de Maizière an: Man wolle sich von dem Vorschlag Pieroth trennen und mich als Wirtschaftsminister für die DDR gewinnen. Dies werde auch von der SPD als Bedingung für eine Koalition gefordert. Die Sozialdemokraten seien nicht bereit, Pieroth zu akzeptieren. Der Mitarbeiter, ein Herr Steinbach, meldet sich später noch einmal. Wo de Maizière sei, wusste er zunächst nicht zu sagen. Mein Büro bedeutete ihm, ich würde mich zu solchen Anfragen nur de Maizière gegenüber äußern, nicht einem Dritten, den wir weder kennen noch persönlich sprechen könnten. Wir fanden dann heraus, dass de Maizière in Stuttgart war und von dort nach Bonn kommen würde. Ein Kontakt kam jedoch weder am Abend noch gestern zustande. De Maizière meldete sich nicht, auch sonst war nichts mehr zu hören. Dagegen traf ein Brief von Ardenne ein. Er berichtete mir von einem ausführlichen Gespräch mit de Maizière, in dem er mich als Wirtschaftsminister empfohlen habe.

In der Sache bin ich sehr gespalten. Einerseits ist der Gedanke höchst reizvoll, an dieser wichtigen Aufgabe an entscheidender Stelle mitzuwirken. Ich kann auch nicht leugnen, dass es mir eine Befriedigung wäre, auf diese Weise zum Partner der Bundesregierung in einer Sache zu werden, die dem Bundeskanzler die wichtigste in seiner politischen Karriere sein muss. Andererseits wären mit einer solchen Aufgabe wesentliche Nachteile und Risiken verbunden. Schon jetzt ist erkennbar, dass der Wahlsieg der Allianz zahlreiche Eifersüchteleien und Spannungen in ihrer Führung zur Folge haben wird. Ebeling insbesondere lernt schnell von der CSU, ohne allerdings über eine vergleichbare politische Basis zu verfügen. Er will Staatspräsident oder Parlamentspräsident werden, Diestel Innenminister. Zudem fordert die 6,5-Prozent-Partei insgesamt vier Ressorts, darunter solche von zentraler Bedeutung. Zum Zweiten muss man schon Ende 1991 mit gesamtdeutschen Wahlen rechnen. Das heißt aber, dass die Aufgabe dann zu Ende ist. Was nachfolgt, ist gänzlich unklar. Im Bundestag wäre ich nicht mehr, eine Rückkehr schwierig. Ich wüsste also nicht, wo ich in Zukunft politisch landen werde.

Schließlich ist auch das Risiko beachtlich, das mit der Aufgabe verbunden ist: Geht es gut, ist es auch der Erfolg von Helmut Kohl. Geht es schief, dann legt man dies ausschließlich mir zur Last. Die Wahrscheinlichkeit, dass man sich die Finger an einem solchen Engagement verbrennen kann, ist ziemlich groß.

Dabei ist noch nichts gesagt zur persönlichen Konsequenz einer solchen Entscheidung, insbesondere auch zu ihren persönlichen finanziellen Dimensionen. Meinhard war dennoch der Meinung, man müsse ein solches Angebot annehmen, wenn es komme. So kann ich im Ergebnis nur hoffen, dass es nicht kommt.

Zur verabredeten Zeit kommt Steinkühler in die Lufthansa-Lounge in Hannover. Sein Flugzeug nach Frankfurt hat Verspätung, so haben wir zweieinhalb Stunden Zeit für unser Gespräch. Steinkühler berichtet zunächst über die unterschiedlichen Auffassungen, die im DGB zu der Frage bestehen, wie man sich gegenüber dem FDGB in der DDR verhalten soll. Während die IG Chemie eine eigene neue Gewerkschaft aufbauen wolle und zu diesem Zweck der bisherigen Chemiearbeitergewerkschaft der DDR die Mitglieder abwerbe, beabsichtige er, Steinkühler, mit den bestehenden Organisationen zu arbeiten. Er habe allerdings nicht vor, sie zu »übernehmen«, sondern wolle ihnen nur mit Rat und einer gewissen Unterstützung zur Verfügung stehen. Im Übrigen sei es erforderlich, dass sich in der DDR ein eigenes neues Gewerkschaftsverständnis entwickele und die mittleren und gehobenen Führungskräfte in der Gewerkschaft lernten, mit der Tarifautonomie selbstständig umzugehen. Die Denkweise der DDR-Gewerkschaftler sei stark hierarchisch geprägt. Die meisten von ihnen sähen sich als Befehlsempfänger und warteten demzufolge auf Weisungen. Die Schutzfunktionen, die in der Bundesrepublik den Gewerkschaften übertragen sind, seien ihnen weitgehend unbekannt.

Besonderen Wert legte Steinkühler auf die Überlegung, dass die Tarifparteien sich möglichst bald verständigen sollten über die mittelfristige Entwicklung der Löhne und Gehälter in der DDR. Eine Art Koordinatensystem müsste vereinbart werden, welches sicherstelle, dass die Lohnbewegungen in der DDR in Übereinstimmung stünden mit den Bedürfnissen der Kapitalbildung und der Steigerung der Produktivität. Darüber hinaus gelte es, der höchst unterschiedlichen Leistungsfähigkeit der einzelnen Industriezweige und Unternehmen Rechnung zu tragen. Steinkühler stimmte mit mir darin überein, dass die Wirtschafts- und Währungsunion nur erfolgreich sein könne, wenn es gelinge, in die Lohnentwicklung eine mittelfristige Perspektive zu bringen und den Arbeitnehmern in der DDR damit eine gewisse lohnpolitische Sicherheit zu vermitteln. Bleibe die Zukunft der Löhne und Gehälter in der DDR offen, gebe es also auch keine mittelfristige Vorstellung davon, wie sie sich unter bestimmten Gegebenheiten entwickeln könnten, so sei nach der

Verwirklichung der Wirtschafts- und Währungsunion mit einem erneuten Exodus, vor allem qualifizierter Fachkräfte, zu rechnen.

3. April 1990

Seit Sonntagabend bin ich in Leipzig. Gestern habe ich meine erste Vorlesung gehalten. Die Studenten füllten zwei große Hörsäle. Viele Praktiker, die ebenfalls teilnehmen wollten, konnten nicht zugelassen werden. Die Universität war der Auffassung, die Vorlesung gehöre in erster Linie den Studenten. Am Sonntag fuhr ich von Übersee mit dem Wagen nach Leipzig. Es sind 520 Kilometer. Die Straßen waren weitgehend frei, und ich brauchte knapp fünf Stunden. Das Haus der Wissenschaftler war schon geschlossen. So bin ich wieder im Hotel gelandet. Dabei wird es zunächst auch bleiben. Der Rektor erläuterte mir gestern, dass er im Haus der Wissenschaftler nur ein Apartment habe, das er mir anbieten könne. Darüber müsse er jedoch jederzeit verfügen können. Andererseits ist die Wohnung, die er mir im Gästehaus angeboten hat, nicht nur zu groß und im sechsten Stock, ohne Aufzug; sie ist auch nicht bewacht, so dass ich dort kaum etwas lassen kann. Schließlich ist es nicht vertretbar, eine Wohnung auch dann für die ganze Zeit der Gastprofessur mit Beschlag zu belegen, wenn ich nur etwa fünfzig Nächte im Jahr in Leipzig bin. So werde ich entweder im Hotel bleiben oder ein Privatquartier beziehen, je nachdem, wie die Dinge sich entwickeln.

Vor der Vorlesung war ich ziemlich aufgeregt. Ich hatte mich wochenlang damit beschäftigt, fühlte mich aber kurz vor Beginn kaum vorbereitet. Nach den ersten Sätzen wich die Befangenheit. Die Studenten und Studentinnen, es waren viele Studentinnen im Auditorium, hörten nicht nur aufmerksam zu. Sie haben offene Gesichter, sind jünger im Schnitt als unsere Studenten und ganz offensichtlich außerordentlich interessiert. Der große Hörsaal mit rund 450 Plätzen war bis zum Rand gefüllt; ein weiterer mit über 200 Plätzen, in den die Vorlesung übertragen wurde, war ebenfalls voll. Nun werden wir am Donnerstag, wenn ich von 7.30 Uhr bis 9.00 Uhr lese, sehen, wie groß die Attraktivität der Vorlesung wirklich ist.

Um 12.00 Uhr überreichte mir gestern der Rektor in seinem Amtszimmer die Berufungsurkunde auf den Gastlehrstuhl. Sie ist auf den 1. April 1990 ausgestellt. Am 1. April 1914 erhielt mein Großvater Hermann Biedenkopf aus den Händen des Großherzogs in Darmstadt die Urkunde, mit der er zum Titularprofessor ernannt wurde. Ich habe gestern viel an ihn gedacht.

Abends nach dem Essen rief ich Peter-Michael Diestel an. Er war zu Hause, und ich besuchte ihn noch. Wir waren bis halb zwölf Uhr zusammen. Als ich ankam, hatte er den Leiter einer LPG zu Gast, die er seit Jahren berät. Der Mann steht vor einer schwierigen Entscheidung. Er beschäftigt rund 250 Leute, hat knapp 5000 Stück Vieh, vor allem Milchkühe, und produziert eine riesige Menge Milch pro Tag, etwa 26000 Liter. Ein bayerischer Unternehmer hat ihm vorgeschlagen, einen wesentlichen Teil des Geländes seiner LPG zu übernehmen, um dort einen Bauhof einzurichten für die Bauarbeiten, die in Leipzig anstehen. Ein Unternehmer aus Hannover hat ihm angeboten, seine Milch zu kaufen, in Leipzig eine Molkerei zu errichten, die Milch dort zu verarbeiten und ihm damit praktisch eine Absatzgarantie zu gewähren.

Nun weiß der arme Mann nicht, was er machen soll. Einerseits hat er erkannt, dass er seine Mitarbeiter nicht mehr allein mit der Landwirtschaft beschäftigen kann. Die Qualität der Milch muss gesteigert, die Produktion rationeller organisiert werden. Der Bauhof böte ihm die Gelegenheit, einen Teil seiner Leute im Baugewerbe unterzubringen. Melker, so meint er, seien geschickte Leute, die auch in Bautrupps zu gebrauchen seien. Andererseits hängt sein Herz an der Landwirtschaft. Aber er ist unsicher, ob die Agrarpolitik der EG ihm die weitere Milchproduktion überhaupt erlaubt. Verlässliche Daten fehlen ihm. Eine schwierige Sache. Diestel soll die Entscheidung praktisch für ihn treffen.

Nachdem der Mann sich verabschiedet hatte, sprachen wir über die politische Situation in Berlin. Diestel hat inzwischen erhebliche Vorbehalte gegen seinen Parteivorsitzenden entwickelt. Er halte ihn heute nicht mehr für einen guten Parteivorsitzenden. Andererseits könne de Maizière den DSU-Vorsitzenden bei der Ressortverteilung nicht übergehen.

Die Verhandlungen mit der SPD hält Diestel praktisch für gescheitert. Nachdem nun auch Böhme seine Ämter zur Verfügung stellen musste, weil er, wie in internen Kreisen schon länger bekannt gewesen sei, wesentlich stärker belastet ist, als ursprünglich angenommen, sei die Führung der SPD stark verunsichert. Sie sei wohl kaum in der Lage, ihre Partei noch in eine Koalition mit der CDU und der DSU zu führen. Die Ablehnung der DSU sei ein vorgeschobenes Argument. In Wirklichkeit wolle die SPD vermeiden, für die außerordentlichen Schwierigkeiten mit in Haft genommen zu werden, die mit der Währungs- und Wirtschaftsunion verbunden seien. Man wolle Kohl das Geschäft nicht erleichtern. Dass Lafontaine in der Bundesrepublik die SPD in der DDR zur Zusammenarbeit ermutige, werde wohl kaum einen großen Eindruck auf die Ost-SPD machen. Die Partei sehe ihre Chance jetzt vor allem in der politischen Ausschlachtung der in Zukunft nicht zu vermeidenden Probleme und Rückschläge. Nur auf diese Weise könne sie das Votum vom 18. März eventuell schon in der Kommunalwahl am 6. Mai korrigieren.

Zur Kabinettsbildung: Diestel soll das Innenministerium übernehmen und hat, woran ich zunächst zweifelte, wohl die Qualifikationen dafür. Er ist ein sehr kraftvoller Mann, der sich auch gegenüber einer Persönlichkeit wie Helmut Kohl durchsetzen kann. Diestel ist entsetzt über die Qualität der Leute, mit denen de Maizière sich in der Regierung umgeben muss. Eppelmann soll Verteidigungsminister werden. Als Pazifist sei er dafür kaum geeignet. Die Berufung unterschätze offensichtlich das »Putsch-Potential«, das in der Nationalen Volksarmee noch immer angelegt sei.

Besondere Schwierigkeiten bereiteten das Wirtschafts- und das Finanzressort. Pieroth werde von der DSU abgelehnt. Man habe aufgrund der Veröffentlichungen im *Spiegel* über mögliche Verwicklungen des Weinhauses Pieroth die Sorge, er könne belastet werden. Deshalb bedrängt Diestel mich, für die Aufgabe zur Verfügung zu stehen. Ob er denn wenigstens de Maizière sagen dürfe, ich sei bereit, mit ihm zu sprechen.

Ich gestatte ihm, de Maizière von unserem Gespräch zu unterrichten, füge jedoch hinzu, es sei sehr unwahrscheinlich, dass ich mich für die Übernahme eines solchen Amtes entscheiden könne. Diestel bekräftigt, de Maizière und ihm würde ein Stein vom Herzen fallen, wenn sie wüssten, dass ein mit der westlichen Gesellschaft und der Wirtschafts- und Sozialpolitik vertrauter Politiker aus der Bundesrepublik ihnen bei der schwierigen Aufgabe helfen würde, die DDR im Übergang zur Einheit Deutschlands zu regieren.

Was den Prozess der Einheit anbetrifft, so stimmen wir darin überein, dass der Abschluss, die politische Einheit beider Teile Deutschlands, nicht eilig sei. Zunächst müssten die Wirtschafts- und Währungsunion vollzogen und die Länder gebildet werden. Wenn beides zum politischen Alltag geworden sei, habe man noch immer Zeit genug, die Einheit zu vollenden. Dabei sollte man, so sieht es auch Diestel, den Alliierten und unseren Nachbarn keine Möglichkeit geben, einen höheren Preis für ihre Zustimmung zu verlangen, als es mit unseren Interessen vereinbar ist.

Diestel betont mehrfach, dass er gerne mit Gysi zusammenarbeite. Er hält Gysi für einen kompetenten Mann und sieht deutlich, dass hinter dem PDS-Vorsitzenden ein wesentlicher Teil der DDR-Elite versammelt ist. Auch er, Diestel, habe eine Reihe früherer SED-Leute in die DSU geholt, um deren Sachkompetenz zu gewinnen; nicht ohne Widerstand in den eigenen Reihen. Es sei unerlässlich, die früher bei der SED politisch beheimatete Führungsschicht in der DDR für die neuen Aufgaben zu gewinnen. Das gelte auch für die regionale und kommunale Arbeit. Nur so ließen sich die enormen Lücken schließen, die durch die Vorbelastung vieler Mitglieder der Eliten und durch die Abwanderungen aus der DDR entstanden seien.

Auf Berghofer angesprochen, meint Diestel, es handle sich um einen guten und kompetenten Mann, der jedoch nicht mehrheitsfähig sei. Die Entscheidung, sich erst zum stellvertretenden PDS-Vorsitzenden wählen zu lassen, um die Partei vier Wochen später zu verlassen, habe ihm sehr geschadet. Er habe nach seiner, Diestels, Einschätzung weder in Dresden noch in Sachsen eine Mehrheit. Eine Kandidatur zum Oberbürgermeister oder zum Ministerpräsidenten sei aussichtslos. Außerdem befremde es viele, wie Berghofer sich zunächst um Anschluss an die SPD und jetzt an die Liberalen bemühe. Die CDU sei ohnehin nicht bereit, ihn aufzunehmen, und lehne ihn auch als unabhängigen Kandidaten ab.

Persönlich habe er nichts gegen Berghofer. Er schätze seine politischen Fähigkeiten. Berghofer sei den meisten anderen, insbesondere denen, die auf Landes- und Kommunalebene politisch tätig geworden seien, haushoch überlegen. Aber er sei zurzeit politisch nicht durchsetzbar.

Diestel ist heute in Berlin und will auch mit de Maizière über die Besetzung des Wirtschaftsressorts sprechen. Er will mich entweder heute Abend oder morgen früh anrufen. Die Sache ist also noch nicht an mir vorbeigegangen. Trotzdem hoffe ich, dass sie an mir vorbeigeht. Zwar habe ich Meinhards Mahnung im Ohr, die Anfrage anzunehmen. Er war dezidiert der Auffassung, man könne eine solche Aufgabe nicht ablehnen. Andererseits habe ich mich jetzt gerade in den neuen Verhältnissen eingerichtet. Ich habe ein kleines Büro in Leipzig, mein Bundeshausbüro in Bonn, das schöne Haus am Chiemsee und die Möglichkeiten, mit unserem Institut für Wirtschaft und Gesellschaft national und international tätig zu werden. Vieles davon müsste ich drangeben, vor allem die gerade wiedergewonnene Ruhe. Trotzdem, wir werden sehen.

Heute Morgen war ein Fernsehteam in der Universität. Es wurden zahlreiche Aufnahmen gemacht, die für das Porträt gedacht sind, das von mir gesendet werden soll. Zunächst war mir das Ganze sehr lästig. Ich eigne mich offensichtlich nicht zum Schauspieler. Aber dann machte es mir Freude, mit den Fernsehleuten zusammenzuarbeiten. Anschließend im neuen Büro. Ich will es nach meinem Geschmack einrichten. Es hat eine Größe von rund zwölf Quadratmetern und erinnert mich sehr an die Räume, in denen man amerikanische Professoren auch bei angesehenen Universitäten antreffen kann.

In meiner Antrittsvorlesung am kommenden Montag werde ich Fragen der Wirtschafts- und Währungsunion behandeln. Sie sind nach dem durch Indiskretion bekannt gewordenen Gutachten der Deutschen Bundesbank, die eine Umstellung im Verhältnis 1:2 empfiehlt, wieder hochaktuell. Die Menschen hier sind zum Teil empört über die Empfehlung der Bundesbank. Sie sehen darin einen Verrat und die Verletzung von Wahlkampfzusagen, als welche sie Helmut Kohls Äußerungen zur Umstellung der Sparkonten von Kleinsparern zu einem Kurs 1:1 verstanden haben. Die Diskussion in der Bundesrepublik zwischen den verschiedenen politischen Gruppierungen, auch innerhalb der Koalition, über den Umstellungskurs ist eher unappetitlich. Sie muss die Menschen hier verwirren. Kohl selbst bestreitet, im Wahlkampf je etwas versprochen zu haben. Er lässt nur seine Bemerkung zur Umstellung 1:1 für Kleinsparer gelten. Mir scheint, dass die wenigsten in der Bundesrepublik zweierlei begriffen haben: erstens, wie zentral die Frage des Geldwertes für die Menschen in der DDR geworden ist und welche existenziellen Ängste angesprochen werden, wenn man einen ungünstigen Wechselkurs in Aussicht stellt, und zweitens, dass es sich in Wirklichkeit längst um Innenpolitik handelt, mit der wir es zu tun haben. Auch die Wirtschaft ist längst eine einheitliche. Die DDR-Wirtschaft kann also nicht länger wie die eines Drittlandes behandelt werden.

Daraus folgen Verpflichtungen, die den Bürgern der Bundesrepublik von der politischen Führung noch immer nicht ausreichend erläutert werden. So wird es auf beiden Seiten der Trennungslinie ein unangenehmes Erwachen geben.

Berghofer hat für Sonntag ein schönes Programm geplant. Ich freue mich auf den Ausflug nach Dresden und auf das Wiedersehen mit Ingrid an ihrem Geburtstag.

4. April 1990

Besuch in Schkopau und im Bunawerk: In der Betriebsberufsschule führt uns der Ausbildungsmeister Herr Klobbe, der die Instandhaltungsschlosser-Ausbildung leitet. Ich betrat die alten Räume, in denen ich vor gut 45 Jahren zum letzten Mal war. Ich kam an einem der alten Schraubstöcke vorbei und hatte plötzlich eine Feile in der Hand und ein Stück Flacheisen im Schraubstock. Es war kaum noch ein Unterschied zu damals, nur dass ich eben 45 Jahre älter bin und ein Fernsehteam mich begleitete.

Das Werk selbst ist zum Teil in einem beklagenswerten Zustand. Nur weniges ist neu, das meiste noch so, wie es zu meiner Zeit war. Die älteren Anlagen sind vielfach geflickt, provisorisch umwickelte Rohre überall, kaum noch befahrbare Straßen im Werk, Gleise wie bei einer Feldeisenbahn, riesige Mengen von Güterwagen, die zum Teil als Lagerraum dienen.

Karl Heinz Saalbach, der Generaldirektor, erläuterte, wie man sich auf die Umstellung vorbereitet. Wenn er keine Unterstützung von außen erhält, muss er von 18 000 Menschen im Werk Schkopau rund 15 000 entlassen. Die Integrationstiefe muss abgebaut, die Karbidöfen müssen stillgelegt werden. Zahlreiche Produkte sind zwar qualitativ wettbewerbsfähig, aber in der Herstellung zu teuer. In zwei Jahren, so meint er, könne die Fertigung so umgestaltet und erneuert worden sein, dass der Betrieb auch unter marktwirtschaftlichen Bedingungen mithalten kann. Bis dahin braucht er Unterstützung in Form von Subventionen für die derzeit nicht wettbewerbsfähige Produktion, Investitionsmitteln aus Beteiligungen am Unternehmen und aus Krediten sowie in Form eines Techniktransfers zur Steigerung der Produktivität.

Nach dem Gespräch im Bunawerk besuchte ich die alte Zweiklassen-Volksschule, in deren unterer Klasse ich 1938 meine erste Bekanntschaft mit der sächsischen Sprache machte, und das Elternhaus in der Leunastraße. Aus der Kastanie, die ich im Garten 1944 pflanzte, ist ein stolzer Baum geworden. Auf der Suche nach einer Tankstelle fuhren wir durch Merseburg auf der Straße, die 1940 bis zum Kriegsende mein Schulweg war. Zum Teil rüttelte uns noch das gleiche Kopfsteinpflaster, das schon mein Fahrrad auf der Fahrt durch Merseburg zur Schule oder ins Merseburger Schloss geschüttelt hatte.

Zur Lage in der DDR: Entgegen meiner Vermutung nach dem Gespräch mit Diestel hat sich die SPD doch entschlossen, in Koalitionsverhandlungen einzutreten. Es ging ihr wohl weniger um die DSU als um die Klärung der Frage, ob die CDU von Bonn abhängig ist. Mit seiner Ablehnung des Bundesbankgutachtens zum Tauschkurs 1:2 in Anwesenheit von Waigel hat de Maizière seine Unabhängigkeit offenbar hinreichend demonstriert. Die Differenzen mit der DSU will man nun durch interne Gespräche beilegen. Offiziell verhandelt die SPD mit der CDU, nicht mit der Allianz.

Schnur hat zugegeben, bis zuletzt Spitzel der Stasi gewesen zu sein. Er wolle, hat er einer Illustrierten anvertraut, jetzt Bundesdeutsche in Grundstücks- und anderen Eigentumsfragen beraten.

Wieder ist ein Tag vergangen, ohne dass man mich wegen Berlin gefragt hat. Ich hoffe, es bleibt dabei. Ich müsste es machen, wenn ich gefragt würde: Aber ich wüsste nicht, wie und ob ich es wirklich könnte. Die Aufgabe ist unendlich schwierig, und wovon sollen wir leben, wenn ich Minister in Ostberlin bin? So hoffe ich sehr, dass man mich verschont und nicht in die Lage bringt, ja sagen zu müssen. Ich habe auch so genug zu tun.

8. April 1990

Auf dem Weg nach Dresden. Mit dem Wetter haben wir Glück. Wir wollen einen Ausflug in das Elbsandsteingebirge machen und heute Abend in die Oper gehen.

Am Donnerstag und Freitag jeweils morgens um halb acht Uhr habe ich meine zweite und dritte Vorlesung gehalten. Der Hörsaal war nach wie vor voll. Bei uns hätte man zu solcher Stunde mit so vielen Studenten nicht rechnen können, selbst bei einem interessanten Dozenten. Die Vorbereitung für die Vorlesung beschäftigt mich sehr. Inzwischen habe ich ein Wörterbuch der Ökonomie des Sozialismus erworben und eine Fülle von Begriffen studiert, die wir, wenn auch mit gänzlich anderem Inhalt, ebenfalls verwenden. Langsam dringe ich in die Geheimnisse sozialistischer Zentralplanwirtschaft und ihres Vokabulars ein. Es erscheint mir immer ungeheuerlicher, dass es möglich war, ein intelligentes, kulturell hochstehendes Volk von sechzehn Millionen Menschen vierzig Jahre lang mit einer Ordnung zu überziehen, die auf solch unsinnigen, der Lebenswirklichkeit widersprechenden, angeblich wissenschaftlichen Prinzipien aufbaute wie denen des realen Sozialismus in der DDR. Die Grundstrukturen dieser Ordnung gehen auf die durch Stalin geprägte sowjetische Wirtschaftsorganisation zurück. Aber in der DDR sind sie unter dem Einsatz eines hochentwickelten wissenschaftlichen Denkens weitergeführt und zumindest, was die innere Systematik anbetrifft, zur Perfektion entwickelt worden. Als die Ordnung zusammenbrach, hätte sie den Preis für die virtuose Organisation des Widersprüchlichen verdient gehabt.

Ich fahre bei strahlendem Sonnenschein durch die schöne Landschaft zwischen Leipzig und Dresden. Der Frühling hat sie mit zartem Grün in den verschiedensten Tönungen überzogen. Vieles erinnert mich an meine Kindheit in Schkopau und die zahlreichen Ausflüge in die Saaleaue. Ein gesegnetes Land.

Umso mehr schmerzt mich die Vorstellung, dass die Menschen hier durch eine falsche politische und gesellschaftliche Ordnung vierzig Jahre daran gehindert wurden, diese Landschaft weiterzuentwickeln und in ihr im Wohlstand zu leben. Andererseits hat der stellvertretende Umweltminister der Noch-Regierung Modrow recht, wenn er darauf hinweist, dass das Land voller historischer

Denkmäler sei, die es kaum noch gäbe, wenn es sich so entwickelt hätte wie bei uns. Dies gilt vor allem für die Dörfer, die fast unberührt sind. Sie sehen zwar verwahrlost aus, können aber mit nicht allzu viel Aufwand renoviert werden. Viel wird darauf ankommen, die historische Substanz zu erhalten, ohne deshalb auf die Modernisierung des Lebens zu verzichten. Man wird besonders darauf achten müssen, dass diese Chance nicht durch unkontrollierte wirtschaftliche Aktivitäten zerstört wird.

Gestern Nachmittag war ich Gast einer Veranstaltung, zu der der Verband der Einzelhändler aus Stadt und Kreis Leipzig eingeladen hatte. Meine Rede war – wie jetzt immer häufiger – den Problemen des Übergangs von der Planwirtschaft mit ihren Zwängen zur Marktwirtschaft mit ihren Chancen und Risiken gewidmet. Die Einzelhändler sind voller Sorge. Sie befürchten, dass sie im Zuge der Verwirklichung der Wirtschaftsunion von den modernen Einzelhandelsstrukturen, insbesondere den Ketten und Großunternehmen, schlicht überrollt werden. Die Struktur des Einzelhandels in der DDR entspricht in etwa der in der Bundesrepublik in den fünfziger und sechziger Jahren. Es hat praktisch keine Modernisierung stattgefunden.

Der Papierwareneinzelhändler, der mich vom Hotel abholte, um mich zu der Veranstaltung in der AGRA-Messe zu bringen, vertreibt in seinem Laden zugleich Spielzeug. Die gemischten Sortimente sind für die DDR nach wie vor typisch. Bei uns sind sie, außer in entlegenen kleinen Orten, kaum noch anzutreffen. Im Übrigen waren die privaten Einzelhändler gänzlich abhängig von der staatlichen Handelsorganisation HO. Die Einzelhändler »mit Vertrag« waren in Wirklichkeit Kommissionäre, die von der HO die Ware erhielten und sie zu einem festgesetzten Preis und bei festgesetzten Umsatzrabatten verkaufen mussten. Die Besteuerung war so gestaltet, dass der private Einzelhändler, der auf eigenes Risiko handelte, also keine Kommissionsleistungen für die HO erbrachte, kaum lebensfähig war. Wie überall wurden auch hier die Institutionen des Rechts zur Durchsetzung ideologisch begründeter Zielvorstellungen missbraucht.

Nun fürchten die Einzelhändler, die bisher Kommissionäre waren, dass sie auf den Waren, die nach der Verwirklichung der Wirtschafts- und Währungsunion nicht mehr verkäuflich sein werden, sitzenbleiben, ihre Haftung für den Verkauf dieser Waren gegenüber der HO aber in D-Mark einlösen müssen. Ich habe zugesagt, mir die Vertragsverhältnisse einmal anzusehen. Auf keinen Fall dürfen mit der Währungsreform solche Wirkungen verbunden sein.

Am Donnerstagabend sprach ich in der Reformierten Kirche am Stadtring, ganz in der Nähe vom Merkur. Der junge Pfarrer Schein hat für seine Gemeinde eine Serie von Veranstaltungen organisiert, deren erste Rita Süssmuth bestritten hat. Die Kirche war gut besucht, aber nicht mehr überfüllt. Das Interesse der Menschen an politischen Veranstaltungen hat merklich nachgelassen.

Am Nachmittag war allerdings auf dem Karl-Marx-Platz noch einmal eine große Demonstration zustande gekommen gegen die Absicht, die Währung im Verhältnis 1:2 umzustellen und damit die Löhne und Gehälter praktisch zu halbieren. Etwa 20000 bis 30000 Menschen sollen sich dazu versammelt haben. Die Empfehlung der Bundesbank hat die Gemüter ungeheuer erregt. Überall ist Unsicherheit und Angst zu spüren. Die Menschen fühlen sich einer politischen Debatte ausgesetzt, an der sie nicht teilnehmen können, die aber über ihre existenziellen Interessen entscheidet. Sie fürchten sich vor einer Entwicklung, durch die sie aus der Vormundschaft des sozialistischen Staates in die Vormundschaft des »kapitalistischen Staates« gelangen könnten. Wir vermögen uns in der Bundesrepublik kaum noch vorzustellen, was es bedeutet, nicht zu wissen, wie viel man in Zukunft verdienen wird, wie die Preise sich entwickeln, ob man in seiner Wohnung bleiben kann und wie viel Miete man in Zukunft zahlen muss. Gemessen an diesen Ungewissheiten, die die Lebensgrundlage selbst berühren, verhalten sich die Menschen außerordentlich diszipliniert.

Freitagnachmittag meine erste umweltpolitische Rede auf der ersten deutsch-deutschen Umweltkonferenz in der Leipziger Oper. Die Umweltschäden sind unvorstellbar, vor allem im Raum südlich von Leipzig. Die Luft ist so belastet, dass ich bei ungünstigem Wetter nicht mehr als zwei Stunden Vorlesung halten kann. Dann lässt mich meine Stimme im Stich. Auch hier wird dringend Hilfe gebraucht.

Freitagabend ein kurzer Besuch in Ernst-Dieter Luegs *Bericht aus Bonn*. Viel Zeit war nicht für ein Gespräch, die üblichen anderthalb Minuten. Dennoch ist es wohl gelungen, die Botschaft rüberzubringen, dass nicht nur die wirtschaftlichen, sondern auch die politischen Dimensionen bestimmend sein müssen für unsere wirtschaftspolitischen Entscheidungen.

Zurück zum heutigen Tag: Mittags holen wir Ingrid und Schlereths vom Flughafen ab. Berghofers haben einen Blumenstrauß mitgenommen. An ein schönes Geburtstagsmittagessen im Bellevue schließt sich eine Schiffsfahrt elbaufwärts an bis zum Schloss Pillnitz. Es ist ein klarer, kühler Tag mit wundervollem Licht und ohne die übliche Umweltbelastung, unter der Dresden genauso leidet wie Leipzig. Abends hören wir in der Semperoper die Neunte Symphonie von Beethoven. Sie wird traditionell an jedem Palmsonntag dargeboten in Erinnerung an die Aufführung durch den Kapellmeister Richard Wagner im Jahre 1848, mit der die große Symphonie ihren eigentlichen Durchbruch erlebte.

Nach der Oper sitzen wir im Kellerrestaurant des Bellevue-Hotels zusammen. Zu unserer großen Freude gesellt sich Justus Frantz zu uns, der Dresden besucht. Wir erzählen ihm von der Antrittsvorlesung am nächsten Tag, und Justus verspricht, zu kommen.

Gestern nahm ich außerdem noch mit Peter-Michael Diestel an einer Radiodiskussion teil. In Berlin saßen die neu gewählte Volkskammerpräsidentin Sabine Bergmann-Pohl, Konrad Weiß von Bündnis 90 und je ein Vertreter der SPD und der PDS, uns hatte man im Sendehaus Leipzig zugeschaltet. Nach der Veranstaltung sprach ich noch einmal mit Diestel über die Regierungsbildung. Ich riet ihm, auf die Berufung eines bundesdeutschen Politikers in das Wirtschaftsressort zu verzichten und stattdessen qualifizierte Berater aus dem Westen zu engagieren. Die Hauptprobleme während der nächsten Monate würden für die DDR-Regierung im wirtschaftlichen Bereich auftreten. Ihr wirtschaftspolitischer Repräsentant müsse in den Augen der Bevölkerung ein verlässlicher Vertreter der DDR-Interessen bei den Auseinandersetzungen mit der Bundesrepublik sein. Ein Politiker aus der Bundesrepublik könne diese Funktion kaum glaubwürdig übernehmen. Diestel war nur schwer zu überzeugen. Er wollte mich anstelle von Pieroth vorschlagen. Die SPD habe die gleiche Absicht, sagte er. De Maizière sei dem Gedanken gegenüber sehr aufgeschlossen gewesen.

9. April 1990

Tag der Antrittsvorlesung in Leipzig. Ihr ging eine Pressekonferenz im Hochhaus der Universität voraus, die gut besucht war.

Meine Zuhörer hörten gespannt zu und belohnten mich mit lang anhaltendem Beifall. Um 17.00 Uhr gab der Rektor einen Empfang im Haus der Wissenschaft. Ich erinnerte mich an die feierliche Begrüßung durch Professor Lothar Rathmann im Jahr 1984, als wir zum ersten Mal in Leipzig zu einem weltwirtschaftlichen Seminar waren: Rathmann sprach mich damals als »Altrektor« an, um die politische Anrede zu vermeiden. Von der Karl-Marx-Universität war nie die Rede, immer nur von der Alma Mater Lipsiensis. So wird die Universität nun auch bald wieder heißen.

15. April 1990

Seit Donnerstagabend sind wir aus Leipzig und Dresden zurück in Übersee. Der Dienstag war ausgefüllt mit Gesprächen und Vorlesungen. Schon am frühen Morgen kam der Vertreter des Einzelhändlerverbands, um mir die Unterlagen der »Einzelhändler mit Vertrag« zu bringen. Sobald ich wieder in Bonn bin, will ich mich mit den Rechtsfragen befassen, die sich aus den Vertragsverhältnissen der Händler mit der staatlichen Handelsorganisation ergeben. Um 9.00 Uhr traf ich den Chefarchitekten der Stadt Leipzig, Herrn Dr. Fischer. Wir sprachen über die Schwierigkeiten der Neugestaltung Leipzigs, die Aufgaben, die ihm als Architekt gestellt sind, und über die politischen Hindernisse, die auf dem Weg zu einer Erneuerung der Stadt überwunden werden müssen.

Abends besuchten wir die Academixer. Ein köstliches Programm voller feiner Selbstironie und positiver Auseinandersetzung mit den Schwierigkeiten in der DDR. Die Figur des »Bodo« ist umwerfend, nicht zuletzt wegen seines Sächsischs.

Nach der Vorlesung am nächsten Morgen traf ich mich in der Universität mit jungen Leuten, die einen RCDS aufbauen wollen. Anschließend die zweite Seminarsitzung, diesmal mit einer intensiven Diskussion auch über grundlegende Fragen des Kapitalismusverständnisses.

Gestern, am Samstag, waren wir in Salzburg in einer von Kurt

Masur dirigierten Aufführung der Matthäuspassion von Bach. Ein wunderschöner und ergreifender Abend. Anschließend gehen wir mit Masur im Goldenen Hirsch essen. Wir bekommen gegen alle Wahrscheinlichkeit sogar noch einen Tisch für zehn Personen, obwohl wir uns erst um halb zehn darum bemühen. Masur, seine Frau und seine Tochter sind unsere Gäste. Auch zu ihm hat sich ein fast freundschaftliches Verhältnis entwickelt.

23. April 1990

Zurück von einer Reise nach Washington, die ganz im Zeichen der deutsch-deutschen Entwicklung stand. Am vergangenen Montag flog ich nach Washington. Abends war ich zum Essen bei Bill Rogers, der einige enge Freunde eingeladen hatte.

Am nächsten Tag fand eine Round-Table-Konferenz in der Konrad-Adenauer-Stiftung statt. Ich berichtete über die Ereignisse in Deutschland. Die Fragen zeigten mir, welch enormer Informationsbedarf befriedigt werden muss, damit auch in Amerika verstanden wird, was sich bei uns vollzieht. Mittwochmorgen schloss sich der schon traditionelle Round Table im State Department an. Immer, wenn ich in Amerika bin, werde ich zur European oder zur German Divison eingeladen, um über deutsche und europäische Entwicklungen zu berichten. Nach einem Besuch bei unserem Botschafter sprach ich abends vor dem Foreign Relations Council ebenfalls über den deutsch-deutschen Einigungsprozess und seine europäische Bedeutung.

Am Donnerstag folgte dann der erste der beiden Seminarvorträge in der Johns Hopkins University, zu denen mich David Calleo eingeladen hat und die der eigentliche Anlass der Reise sind. »Deutschland im neuen Europa« heißt mein Referat. Die Lernbegierde der anwesenden Wissenschaftler ist enorm. Man ist vor allem an einer Auswertung der Wahl vom 18. März und einer Beschreibung der geplanten Währungs- und Wirtschaftsunion interessiert. Aufmerksam registrieren die Zuhörer den Nachweis, dass das geeinte Deutschland nicht in ähnlicher Weise eine beherrschende Macht in der Mitte Europas sein wird wie das Kaiserreich oder das Reich Hitlers. Beachtung finden auch die europäischen Dimensionen der Entwicklung, die mit der Überwindung der deutschen Teilung verbunden sind. So kann ich einen ersten Orientierungsbeitrag leisten und zugleich meine Kontakte in den Vereinigten Staaten auffrischen. Im Übrigen genieße ich es, nach längerer Zeit wieder einige Tage in Washington zu sein.

Am Wochenende schließt sich dann die Jahressitzung der Trilateralen Kommission in Washington an. Als David Rockefeller die Sitzung eröffnet, fällt das Mikrofon aus. Im Saal rumort es. Mein Nachbar raunt mir zu: »We got enough Japanese here to fix it!« Joe Nye leitet die eigentlichen Beratungen ein mit einem Bericht über die Vereinigten Staaten. Seine Frau habe ihm eine Karte geschickt mit den Worten: »You are the answers to my prayers, but you are not exactly what I prayed for.« Er bezieht diese Formulierung auch auf die Vereinigten Staaten. Die Stimmung sei durch Ungewissheit gekennzeichnet. Man habe den Kalten Krieg gewonnen, empfinde aber kein Gefühl des Triumphes. Die Bevölkerung sei verunsichert wegen vieler Zeichen des Zerfalls. Das Gefühl eines Niederganges aber führe diesen möglicherweise erst herbei und könne die Politik beeinflussen. Amerika werde sich künftig mehr auf die Innenpolitik konzentrieren und sich von Japan und Europa entfernen, statt mit beiden zusammenzuarbeiten.

Nye entwickelt den Gedanken der »defusion of power«, die er auch in seinem Buch »Bound to Lead« dargestellt hat. Er spricht von der wachsenden Macht der Völker und des privaten Bereichs. So habe praktisch kein Staat auf der Welt mehr die Macht, das internationale Finanzsystem zu beeinflussen und zum Beispiel den Kokainanbau zu verhindern. Man müsse zwischen »hard and soft power« unterscheiden. Unter »soft power« versteht Nye den Einfluss, den die Staaten durch internationale Zusammenarbeit und durch internationale Organisationen ausüben können.

Am Sonntagmorgen referiert Otto Graf Lambsdorff über die deutsche Frage. Sein Referat ist informativ, wenn auch gekennzeichnet durch eine gewisse Schnoddrigkeit, die mich, gerade in den Vereinigten Staaten, besonders stört. Nicht ohne Überheblichkeit spricht Lambsdorff von der Leistungsfähigkeit der deutschen Wirtschaft. Ich hätte mir etwas mehr Zurückhaltung gewünscht.

24. April 1990

Geburtstagsempfang Richard von Weizsäckers in der Villa Hammerschmidt. Abends fliege ich nach Berlin, um mich mit de Maizière zu treffen. Er will mit mir über den Entwurf eines Staatsvertrages zwischen der Bundesrepublik und der DDR sprechen, der ihm Anfang der Woche zugeleitet wurde. Wir treffen uns gegen 20.00 Uhr. De Maizière macht einen erschöpften und müden Eindruck. Es stehen ihm nur wenige wirklich zuverlässige Mitarbeiter zur Verfügung. Die Last, die er tragen muss, ist enorm. Die Verantwortung für die Deutschen in der DDR scheint ihn buchstäblich niederzudrücken.

Schon eine erste Durchsicht des »Arbeitspapiers für die Gespräche mit der DDR«, wie der erste Entwurf genannt wird, zeigt, dass vom Gedanken eines Lastenausgleichs so gut wie nichts zu spüren ist. Ich verspreche de Maizière eine schriftliche Stellungnahme zu dem Entwurf.

25. April 1990

Morgens halte ich den Eröffnungsvortrag vor dem ersten deutsch-deutschen Journalistentreffen in Berlin. Es geht um die Freiheit von Presse und Rundfunk, um die Selbstkontrolle der Verantwortlichen und um die Möglichkeiten, äußere und innere Pressefreiheit zu realisieren. Die Veranstaltung findet im großen Saal des Kongresszentrums ICC statt. Der Saal ist dem Redner feindlich, vor lauter Technik und Apparaturen sieht man sein Auditorium nicht. Noch dazu bin ich müde und erkältet. Trotzdem scheint es mir zu gelingen, die wesentlichen Gedanken zu vermitteln, die mich schon in den letzten Jahren im Zusammenhang mit der Medienpolitik und der Freiheit des Journalismus beschäftigt haben.

26. April 1990

An de Maizière schicke ich heute den folgenden Vermerk zum »Arbeitspapier für die Gespräche mit der DDR«:

»Der Gesamtduktus des Arbeitspapiers ist problematisch. Die Vereinigung Deutschlands wird nicht als historische Aufgabe gesehen, die von allen Deutschen gemäß ihren unterschiedlichen Kräften gemeinsam zu lösen ist, sondern als Aufgabe der DDR-Deutschen, die von den BRD-Deutschen in sehr beschränktem Umfang Unterstützung erhalten sollen. Vom Geiste, ›die Teilung durch Teilen überwinden‹, ist praktisch nichts zu spüren. Vielmehr soll die Bundesrepublik von allen Belastungen nach Möglichkeit freigestellt werden.

Diese Betrachtungsweise ist ausgesprochen kurzsichtig. Entweder muss die Bundesrepublik die Rechnung nach der Vereinigung begleichen, oder der östliche Teil der künftigen Republik Deutschland bleibt auf Jahrzehnte hinaus ein benachteiligtes Gebiet. Die Grundtendenz des Entwurfs muss deshalb modifiziert werden.

1. Der Entwurf regelt die Modalitäten einer Währungsunion und einer Wirtschafts- und Sozialgemeinschaft zwischen der Bundesrepublik und der DDR. Seine Präambel reicht jedoch über diese Aufgabenstellung hinaus. Mit ihr wird die Entschlossenheit bekräftigt, die Einheit Deutschlands zu vollenden und durch Schaffung einer Währungsunion etc. die Herstellung der staatlichen Einheit nach Artikel 23 GG vorzubereiten.

Die DDR sollte sich vertraglich auf diese Ziele nur verpflichten, wenn die wesentlichen Voraussetzungen für ihre Verwirklichung geklärt sind. Mit dem geplanten Staatsvertrag wird eine solche Klärung nicht erreicht. Er behandelt nur einen Teilbereich des Einigungsprozesses.

Zur Klärung der wesentlichen Voraussetzungen ist deshalb eine Rahmenvereinbarung (oder eine wesentliche Erweiterung der Präambel) erforderlich, die Grundlage für den Staatsvertrag über die Währungsunion etc., aber auch für weitere notwendige Abkommen ist. Nur in einer solchen, den ganzen Prozess der Einheit bestimmenden Rahmenvereinbarung sollte sich die DDR vertraglich auf die Einheit und den Beitritt nach Artikel 23 GG festlegen.

2. Die Rahmenvereinbarung sollte folgende Punkte umfassen:

2.1 Die Erneuerung der staatlichen, kulturellen, wirtschaftlichen, sozialen und ökologischen Ordnung im östlichen Teil Deutschlands (der heutigen DDR) ist eine gesamtdeutsche Aufgabe. Die durch die alte Ordnung verursachten Schäden und Belastungen sind wie die alte Ordnung selbst eine Folge des verlorenen Krieges. Für diese Folge und ihre Konsequenzen haben alle Deutschen einzustehen, nicht nur die Deutschen in der jetzigen DDR.

An der Bewältigung der gesamtdeutschen Aufgabe müssen sich alle Deutschen nach Maßgabe ihrer Leistungsfähigkeit beteiligen. Maßstab könnte, wie auch in der EG oder in der Bundesrepublik im Innenverhältnis der Bundesländer, das Bruttosozialprodukt pro Kopf sein.

2.2 Die Kosten der gemeinsamen Aufgabe sind nicht absehbar. Es muss deshalb ein Verfahren gefunden werden, nach dem sich die Kosten ermitteln lassen, und ein Schlüssel bestimmt werden, nachdem sie sich auf Bund, Länder und Gemeinden in beiden Teilen Deutschlands verteilen.

Ohne eine solche Regelung wird die DDR immer wieder vor der Notwendigkeit stehen, zusätzliche Leistungen einfordern zu müssen. Dies wäre mit dem gesamtdeutschen Charakter der Aufgabe unvereinbar. Das deutsch-deutsche Verhältnis würde durch eine solche Notwendigkeit zunehmend politisch belastet.

2.3 Regelungsbedürftig ist die Frage, wer die wirtschaftlichen und sozialen Folgen der Umstellung von der Plan- auf die Marktwirtschaft trägt. Zwar stellt sich diese Frage nur, wenn die Folgen der Umstellung insgesamt für die DDR nachteilig sein sollten. Doch muss auch für diesen eher unwahrscheinlichen Fall Vorsorge getroffen werden. Wie soll beispielsweise eine hohe und lang anhaltende Arbeitslosigkeit vor der Vereinigung finanziert werden?

Weiter ist zu klären, wie Umstellungsverluste behandelt werden sollen (zum Beispiel Verluste gegenüber planwirtschaftlichen Vorgaben, planwirtschaftlich bedingten Betriebskrediten, Verluste aus der Unverkäuflichkeit der Produkte zu Planpreisen und so weiter). Sollen solche Verluste bei den Betrieben oder beim Staat entstehen?

2.4 Zu den Risiken und Kosten, deren Zuordnung allgemein geklärt werden muss, gehören auch die Altlasten, die als Folge des bisherigen Wirtschaftssystems entstanden sind (vor allem ökologischer Art). Ohne die Klärung dieser Frage und die Bereinigung größerer Altlasten sind Investitionen westlicher Partner in altlastverdächtige Unternehmen oder Regionen kaum zu erwarten. Gerade in diesen Fällen (zum Beispiel im Raum Bitterfeld oder Halle-Merseburg mit den Leuna- und Bunawerken) werden Investitionen jedoch besonders benötigt.

2.5 Fragen eines Lastenausgleichs zwischen der Bevölkerung der Bundesrepublik und der DDR müssen geklärt werden. Die Bevölkerung der DDR konnte im Unterschied zu jener in der Bundesrepublik in den zurückliegenden vierzig Jahren kaum nennenswertes Vermögen bilden. Was gespart und erworben werden konnte und auch nach der Verwirklichung der Währungsunion erhalten bleibt, muss weitgehend für Anschaffungen, Sanierungsarbeiten und Alterssicherung eingesetzt werden.

Die Vermögensunterschiede und die damit verbundenen Einkommensunterschiede können von den Bewohnern der DDR auf Jahrzehnte durch eigene Leistung nicht ausgeglichen werden. Die damit verbundenen Ungleichheiten, besser gesagt Ungerechtigkeiten, sind mit dem Wiedervereinigungsgebot des Grundgesetzes und der sozialen Dimension dieses Gebotes nur schwer vereinbar. Sie können zur Quelle langfristig wirksamer politischer Spannungen werden und die Entwicklung einer gesamtdeutschen Identität beeinträchtigen.

2.6 Mit der Währungsunion werden Souveränitätsrechte der DDR auf die Bundesrepublik übertragen. Sie werden sich mit den entsprechenden Souveränitätsrechten der Bundesrepublik zu gesamtdeutschen Souveränitätsrechten verbinden. Diese Rechte sollen nach bisheriger Vorstellung allein von der Bundesrepublik wahrgenommen werden.

Das entspricht der bisherigen Auffassung der Bundesrepublik, treuhänderisch für die Deutschen im DDR-Teil Deutschlands zu handeln. Mit den freien Wahlen ist diese Begründung für die Treuhänderstellung entfallen. Die Deutschen in der DDR können sich jetzt durch frei gewählte Repräsentanten an der Ausübung der Souveränitätsrechte beteiligen. Dafür müssen geeignete Verfahren vorgesehen werden. Im Übrigen ist die Bundesrepublik zur treuhänderischen Wahrnehmung der Souveränitätsrechte für die Deutschen in der Pflicht.

2.7 Die Frage der Rechtsnachfolge nach Vollendung der Einheit muss jedenfalls prinzipiell geklärt werden. Sie ist zwar nicht unmittelbar relevant für die Laufzeit des geplanten Staatsvertrages. Wichtige Entscheidungen im Rahmen des Staatsvertrages werden jedoch durch die Regelung der Rechtsnachfolge beeinflusst (zum Beispiel die Frage der Verpflichtungen der DDR gegenüber den RGW-Staaten und der Übernahme der Staatsschulden der DDR).

Deshalb sollte die Klärung der Rechtsnachfolgeprobleme nicht auf später vertagt werden. Nach Abschluss des geplanten Staatsvertrages zur Währungsunion etc. hat die DDR kaum noch Verhandlungsspielraum.

2.8 Es muss geklärt werden, was geschehen soll, wenn sich zwischen der DDR und der Bundesrepublik in Fragen der Durchführung der gemeinsamen Aufgaben keine Einigkeit erzielen lässt. Wie werden Konflikte entschieden, die sich nicht im Rahmen der Währungsunion bewältigen lassen?

3. Zum Arbeitspapier folgende Einzelanmerkungen:

3.1 (Artikel 2): Ein Bezug auf die Grundsätze der Europäischen Gemeinschaft scheint sinnvoll. Der Grundsatz der EG-Kompatibilität sollte neben die Forderung treten, dass die DDR die wesentlichen Grundsätze der inneren Ordnung der Bundesrepublik zu übernehmen hat.

3.2 (Artikel 3): Die Rechtsvorschriften, die übernommen werden, sollten danach nicht mehr ohne Mitwirkung der Volkskammer verändert werden können. Diese Mitwirkung müsste geregelt werden. Eine Übernahme bundesrepublikanischer Rechtsvorschriften ›in der jeweils geltenden Fassung‹ ist nicht mit dem gesamtdeutschen Charakter dieser Rechte und der angemessenen Berücksichtigung der bis zur Einheit bestehenden Souveränitätsrechte der DDR vereinbar (siehe oben 2.6).

3.3 (Artikel 3, Artikel 9 Absatz 3): Der alleinigen Zuständigkeit der Deutschen Bundesbank muss eine angemessene Beteiligung der DDR an den Organen der Bundesbank entsprechen.

3.4 (Artikel 4): Die Grundsätze binden nicht nur die Gesetzgebung der DDR, sondern auch die der Bundesrepublik. Das Prinzip der Gegenseitigkeit muss Berücksichtigung finden.

3.5 (Artikel 5 Absatz 4): Die freie Schiedsgerichtsbarkeit sollte nach Maßgabe der Zivilprozessordnung, also nicht unbegrenzt, vorgesehen werden. Zu prüfen ist, wie mit den Beschränkungen der Schiedsgerichtsbarkeit durch das Kartellrecht verfahren werden soll.

3.6 (Artikel 10 Absatz 1): Beide Staaten stellen sicher, dass ihre wirtschafts- und finanzpolitischen Maßnahmen mit den Grundsätzen der sozialen Marktwirtschaft in Einklang stehen.

(Absatz 2): Die Unternehmensverfassung ist kein rechtlich klarer Begriff. Es muss auch Unternehmensverfassungen in der DDR geben können, die auf staatlichem oder genossenschaftlichem Eigentum beruhen. Die Gestaltungsfreiheit der DDR darf durch den Staatsvertrag nicht weiter eingeschränkt werden, als dies zur Verwirklichung der Währungsunion erforderlich ist.

(Absatz 3): Die Bedeutung der EG-Kompatibilität als Prinzip für den Anpassungsprozess sollte stärker betont werden.

(Absatz 4): Der Grundsatz der Gegenseitigkeit ist durch die jetzige Formulierung verletzt. Das Einvernehmen muss auch von der Bundesrepublik mit der DDR gesucht werden. Die Auswirkungen auf beide Teile Deutschlands müssen bei allen Entscheidungen unterstellt werden, die die wirtschaftspolitischen Grundsätze berühren.

3.7 (Artikel 12): Ich bin nicht sicher, ob der Vertrauensschutz für die RGW-Verpflichtungen ausreicht.

3.8 (Artikel 14): Die Altlastenproblematik muss in diesem Zusammenhang behandelt werden.

3.9 (Artikel 15): Eine umfassende Übernahme ist allein durch die Währungsunion nicht gerechtfertigt. Übergangsregelungen sollten vorgesehen werden, bis die notwendigen Strukturen entstanden sind. Übergangsregelungen sind auch für die Unternehmensmitbestimmung und die Einführung der Betriebsverfassung sinnvoll. Auch hier muss der notwendige Gestaltungsspielraum der DDR respektiert werden.

3.10 (Artikel 16): Die Vorschrift sollte ebenso wie Artikel 17 die Notwendigkeit einer Übergangsphase berücksichtigen. Deren Dauer muss genauer definiert werden. Es sollte vorgesehen werden, dass sie nicht notwendigerweise mit dem Vollzug der staatlichen Einheit enden muss.

3.11 (Artikel 19): Es sollte keine Festlegung erfolgen, die die DDR zur Übernahme der in der Bundesrepublik bestehenden Trennung von Arbeiter- und Angestelltenversicherungen zwingt. Diese Trennung ist überholt. Verschiedene Tarifverträge bemühen sich um ihre Beseitigung. Auch hier sollte die Möglichkeit einer Weiterentwicklung offengehalten werden.

3.12 (Artikel 22): Der Grundsatz der Gegenseitigkeit ist zu beachten. Die Verschuldung der öffentlichen Haushalte in der Bundesrepublik, insbesondere auf Bundes- und Länderebene, hat auch Auswirkungen auf die DDR, spätestens nach dem Vollzug der Einheit. Deshalb sollte Einvernehmen in beiden Fällen vorgesehen werden, nicht nur im Falle der Verschuldung der öffentlichen Haushalte in der DDR.

Unklar ist, ob die Länder der DDR nach ihrer Wiedererrichtung bei ihrem Finanzgebaren ebenfalls der Zustimmung der Finanzminister der DDR und der Bundesrepublik bedürfen sollen. Die Souveränität der DDR-Länder ist zu beachten.

Zu klären ist zunächst, ob die Mittelzuweisungen der Bundesrepublik an die DDR die Verschuldung der DDR erhöhen werden. Dieser Punkt ist nicht eindeutig beantwortet.

Unabhängig davon ist die Belastung der künftigen Länder auf dem Gebiet der DDR mit den Schulden der heutigen DDR vom Ansatz her verfehlt. Die Schulden der DDR sind zu einem erheblichen Teil ihrem Wesen nach ›Bundesschulden‹ und nur zu einem kleineren Teil ›Länder- und Gemeindeschulden‹. Das ist zu berücksichtigen.

Vorschlag:
Der Bund übernimmt am Tag X 55 Prozent der DDR-Schulden unter dem Gesichtspunkt der Rechtsnachfolge. 35 Prozent werden auf die Länder gemäß ihrem Bruttosozialprodukt pro Kopf aufgeteilt. 10 Prozent haben die Gemeinden zu tragen. Damit wären Länder und Gemeinden im Gebiet der heutigen DDR absolut und relativ ähnlich belastet wie auf dem Gebiet der Bundesrepublik.

3.13 (Artikel 23): Hier zeigt sich die Notwendigkeit einer Rahmenvereinbarung besonders deutlich. Es geht nicht darum, dass die Bundesrepublik der DDR etwas ›gewährt‹. Es geht um die anteilige Dotierung der gemeinsamen Aufgabe aller Deutschen. Der Umfang der Leistungen wird jedenfalls materiell nicht von den Haushaltsbeschlüssen, sondern durch die objektiven Bedürfnisse bestimmt werden, die gemeinsam festgelegt werden sollten.

3.14 (Artikel 24): Für die Übernahme des Bundespersonalvertretungsgesetzes ›in der jeweils geltenden Fassung‹ gilt das zur Souveränitätsausübung Gesagte entsprechend (siehe oben 2.6). Zudem rate ich zur Vorsicht. Die Personalvertretung ist eine wesentliche Ursache dafür, dass Rationalisierungen im öffentlichen Dienst in der Bundesrepublik kaum durchführbar sind. Eine Einführung des Bundespersonalvertretungsgesetzes ohne Übergang und DDR-bezogene Flexibilität wird die beabsichtigte Erneuerung der öffentlichen Verwaltung weitgehend unmöglich machen.

4. Empfehlung: Verhandlungen über das Arbeitspapier sollten unter dem Vorbehalt geführt werden, dass der geplante Staatsvertrag ohne Klärung der unter Punkt 2 aufgeführten Fragen nicht sinnvoll sein kann. Die beiden essenziellen Aspekte sollten sein: Es handelt sich um eine gemeinsame Aufgabe, und bei ihrer Bewältigung muss der Grundsatz der Gegenseitigkeit gelten.

Bonn/Leipzig, den 26. April 1990.«

29. April 1990

Bergedorfer Gesprächskreis in Dresden zum Thema »Nach den Wahlen in der DDR – Wie geht es weiter mit den Deutschen in Europa?«

Willy Brandt ist die Feststellung wichtig, Deutschland bleibe auch nach der Einheit ein föderaler Staat. Es sei weiterhin das deutsche Interesse, den Ausbau der Europäischen Gemeinschaft nicht zu verlangsamen, auf eine Ostpolitik der EG zu drängen und deren Erweiterung zu ermöglichen. Das deutsche Gewicht werde sich quantitativ erhöhen, qualitativ kaum.

Am Ende seiner Einführung stellt er fest, wer gemeint habe, den Westdeutschen mit Europa ein Ersatzvaterland geben zu können, habe sich geirrt. Der Nationalstaat als solcher sei es nicht gewesen, der zu Auschwitz geführt habe. Wir sollten uns auch nicht mehr für Medaillen entschuldigen, die von deutschen Sportlern gewonnen werden. Befürchtungen, die Deutschen könnten sich zu breitmachen, ließen sich am ehesten durch eine unbezweifelbare Entschlossenheit zur Arbeit an Europa dämpfen.

Manfred Stolpe behandelt die Ursachen der hohen Erwartungen vieler Bürger der DDR, vor allem an die wirtschaftliche und soziale Entwicklung. Junge Menschen aus Ostdeutschland machten auf ihren ersten Westreisen vor allem zwei existenzielle Erfahrungen: die der nationalen Zusammengehörigkeit und die der Demütigung durch den wesentlich geringeren Lebensstandard als Folge des West-Ost-Gefälles. Beide Erfahrungen verknüpften sich zu dem Gefühl, ungerecht behandelt zu werden. Dieses drücke sich in dem Ruf »Wir sind ein Volk« und in der Forderung »Umtausch 1:1« aus. Ein gerechter Ausgleich sei auch in der Tat unverzichtbar, denn die DDR-Bürger dürften nicht die doppelten Verlierer der Kriegs- und Nachkriegszeit werden. Stolpe ist deshalb für eine Festschreibung der nach 1945 entstandenen Eigentumsverhältnisse und für einen Umtauschkurs von 1:1 auch für Sparkonten. Dies sei keineswegs nur eine ökonomische Frage.

In der Diskussion meldet sich auch Hans Modrow. Er betreibt zunächst Vergangenheitsbewältigung in der ihm eigenen umständlichen Sprache, rechtfertigt seine Regierungszeit und erinnert an seine Initiative vom 1. Februar für »Deutschland einig Vaterland«.

Es sei seine persönliche Initiative gewesen, Gorbatschow habe ihn dazu ermutigt.

Es liege im Interesse des Einigungsprozesses und damit beider deutschen Staaten, dass auch die DDR mit einer eigenen funktionsfähigen Verfassung in die Verhandlungen mit der Bundesrepublik eintrete. Der Staatsvertrag könne dies nicht ersetzen. Die Wirtschafts- und Währungsunion müsse auch eine Sozialunion werden. Dabei sei darauf zu achten, dass es in der DDR noch eine funktionsfähige Wirtschaft gebe. Sie habe die Menschen besser versorgt als in allen anderen sozialistischen Ländern.

Der Volkskammerabgeordnete von Bündnis 90 Wolfgang Ullmann beklagt den derzeit praktisch rechtlosen Zustand in der DDR. Doch die schlichte Übernahme des Rechts der Bundesrepublik sei nicht ausreichend. Die DDR müsse an der Transformierung ihres Wirtschaftssystems mitwirken. Aber die DDR-Regierung sei im Grunde nicht verhandlungsfähig, denn nach Artikel 23 GG könne allein noch die Bundesregierung die Bedingungen festlegen, unter denen der Beitritt erfolge. Eine Gleichberechtigung sei da nicht gegeben.

Im weiteren Verlauf der Diskussion betont der sächsische CDU-Politiker Arnold Vaatz, man habe in der DDR nicht über Mauer und Staatssicherheitsdienst sprechen können. Menschen hätten andere Menschen überwacht und seien doch selbst Gefangene gewesen. Es habe eine Tabuisierung der Macht gegeben. Schweigen und Selbstzensur hätten zu einer Verkrochenheit, einem In-sich-Kehren der Menschen und einer Verengung des Horizonts geführt. Die ostdeutschen Unternehmensführungen würden derzeit auch deshalb in den Frühkapitalismus zurückfallen, weil ein sozialer Führungsstil unbekannt gewesen sei. Das Rechtsvakuum sei die eigentliche Gefahr, denn die Wirtschaft könne es als eine Chance betrachten, Recht und Gerechtigkeit zu verletzen. Deshalb seien neben Wirtschaftsinvestitionen auch Investitionen in die Menschen notwendig. Neben die Wirtschaftsunion müsse eine Bildungsunion treten. In der Politik dürfe die Bundesrepublik nicht dominieren, sie müsse mentorieren. Der Wahlkampf habe das Gegenteil gezeigt. Sein Traum sei, dass man in dreißig Jahren sage: Wie die Deutschen ihre nationale Frage behandelt haben, das ist vorbildlich gewesen.

In meinem eigenen Votum wandte ich mich gegen die angebliche Sonderstellung der Bundesrepublik in Europa, die der leitende EG-Beamte Heinrich von Moltke kurz zuvor aus Brüsseler Sicht beschrieben hatte. Zum Schluss ging ich auf die Rolle der Sowjetunion ein, die wir in unserem Gespräch zu wenig gewürdigt hatten. Es komme darauf an, die Einheit Europas nicht mit einer erneuten Festschreibung der Trennung zwischen Rom und Byzanz zu erkaufen, die die Geschichte des Kontinents seit knapp tausend Jahren präge. Meine Tischnachbarn Wolfgang Ullmann und Herbert Wagner bedankten sich für diese Passage. Dr. Wagner ist der Oberbürgermeisterkandidat der CDU für Dresden.

30. April 1990

Am vergangenen Samstag fuhren wir von Übersee nach Dresden. Wegen der Regierungserklärung und der Debatte im Bundestag über den geplanten Staatsvertrag mit der DDR konnte ich nicht nach Bologna fahren, wo ich am Nachmittag aus Anlass des fünfundzwanzigjährigen Jubiläums der Johns Hopkins University die Festrede halten sollte. Ich habe die Absage sehr bedauert, aber wir waren im Büro übereinstimmend der Meinung, dass ich bei der ersten deutschlandpolitischen Debatte über den Staatsvertrag im Bundestag nicht fehlen dürfe.

So hatte ich Zeit gewonnen und konnte Ingrids neuen Wagen selbst nach Übersee bringen. Am Freitagnachmittag wurde er vor dem Hochhaus am Tulpenfeld von einem Autotransporter abgeladen. Ein »Schmuckstück«, das auch mir Vergnügen macht. Wir werden im Sommer viel Freude daran haben.

Christoph begleitete uns auf der Fahrt nach Dresden. Er fährt, und ich habe Zeit, ein Gutachten über die Eigentumsverhältnisse an Grundstücken in der DDR zu lesen. Eine Frankfurter Anwaltskanzlei hat das Gutachten für das Kombinat Robotron erstellt. Wolfgang Berghofer hat mir ein Exemplar zugänglich gemacht. Die Kollegen kommen zu dem Ergebnis, dass der größte Teil der Enteignungsvorgänge rechtlichen Bestand haben wird. Man muss, woran zu wenig gedacht wird, bei der juristischen Beurteilung der Enteignungen oder Konfiskationen das Recht der DDR zugrunde legen, auch wenn es nicht mit unseren Prinzipien des Eigentumsschutzes und des Verbotes entschädigungsloser Enteignung übereinstimmt.

Zahlreiche Hoffnungen auf Rückerstattung werden deshalb wohl nicht in Erfüllung gehen. Andererseits ist es unerlässlich, Klarheit in die Eigentumsverhältnisse an Grund und Boden zu bringen. Die Städte sind sonst außerstande, ihre Bebauung planmäßig voranzutreiben und Grundstücke für Bauvorhaben in ausreichendem Umfang zur Verfügung zu stellen.

Max Schlereth veranstaltete gestern Nachmittag für seine Frau, Ingrid und Christoph eine Besichtigungsfahrt durch Dresden, die alle sehr beeindruckt hat. Christoph war fasziniert von der Bausubstanz und der großartigen Vergangenheit, die in der Stadt trotz ihrer schrecklichen Kriegswunden noch immer lebendig ist. Dresdens Gesicht trägt viele Narben, aber seine Schönheit ist dadurch nicht zerstört worden. Es bleibt eine wunderschöne Stadt, in der es sich zu leben und zu arbeiten lohnt.

Heute Morgen war ich mit Herbert Wagner und Arnold Vaatz, Mitglied des Landesvorstandes der CDU in Sachsen, verabredet. Wir trafen uns im Haus der Körber-Stiftung, das Kurt Körber langfristig gemietet hat und vollständig renovieren ließ. Es ist eine wunderschöne Villa, so wie ich es mir immer als Stadthaus gewünscht habe. Körber hat auf Bitten der Geschichtslehrer im Bezirk Dresden 40 000 Geschichtsbücher gestiftet, die ab September 1990 als Grundlage eines Schulversuches zur Neuordnung des Geschichtsunterrichtes dienen sollen. In Anwesenheit einer größeren Zahl von Teilnehmern des Bergedorfer Gesprächskreises, unter ihnen Willy Brandt, weihte er das Haus ein. Wagner hatte mir erzählt, dass er Geschichtsschulbücher seit der Weimarer Republik sammele. Von Körber erhielt ich deshalb einen Satz der gestifteten Geschichtsbücher überreicht mit der Bemerkung, er, Wagner, werde wohl nun bald als Dresdner Oberbürgermeister eine besondere Verantwortung übernehmen und solle dafür auch gerüstet sein. Körber setzte hinzu, der Spiegel der Geschichte müsse wieder blank geputzt, der Stimme unserer Vorfahren wieder Gehör geschenkt werden. Es ist erstaunlich, was dieser Mann mit seinen gut achtzig Jahren noch immer auf die Beine stellt, wie rüstig und belastbar er ist und welche Ausdauer er bei langen Konferenzen an den Tag legt. Immerhin war der Bergedorfer Gesprächskreis gestern fast zwölf Stunden ohne Unterbrechung zusammen.

In meiner Unterredung mit Wagner ging es im Wesentlichen um

die Frage, welche Hilfe er braucht, wenn er denn zum Oberbürgermeister gewählt wird. Die politischen Aussichten für eine Mehrheit beurteilten Wagner und Vaatz positiv. Die CDU hat sich mit der Deutschen Forumspartei und einer weiteren Gruppierung zu einer Listenverbindung zusammengetan, die den Oberbürgermeisterkandidaten nach der Wahl vorschlagen wird. Man sei entschlossen, auch mit den Sozialdemokraten zusammenzuarbeiten, um so eine breite politische Basis zu sichern.

Wagner ist Jahrgang 1948 und von Beruf Elektronikingenieur. Er arbeitet in einer Dresdner Außenstelle des Kombinats Rundfunk und Fernsehen. Man habe, so meinte er auf der Rückfahrt vom Stiftungshaus ins Hotel in seinem Trabant, sich nur durch Wahl eines technischen, medizinischen oder theologischen Berufes vor der ideologischen Inanspruchnahme der SED schützen können. So sei es zu erklären, dass die neue politische Klasse sich überwiegend aus Pfarrern, Medizinern, Technikern und Naturwissenschaftlern rekrutiere. Die geistes- und gesellschaftswissenschaftlichen Eliten seien zum großen Teil Mitglieder der SED gewesen, von der alten politischen Klasse ganz zu schweigen.

Manfred von Ardenne hatte schon am Abend zuvor in unserem Bergedorfer Gespräch auf dieses Problem hingewiesen. Die Elite in der DDR sei in der Abfolge der letzten vierzig Jahre zunächst von den Russen umgebracht, dann vertrieben und zuletzt in die SED einbezogen worden. Wer sich der SED nicht unterworfen habe, dem sei es verwehrt worden, zu studieren oder seine Kinder auf weiterführende Schulen zu schicken. So sei eine Auslese entstanden, deren Allgegenwart die DDR heute vor große Schwierigkeiten stelle, wenn es um die Rekrutierung politischen Personals geht. Alle anderen Probleme ließen sich in kürzeren Fristen lösen, dieses jedoch nicht. Auch Stolpe sieht in der Verstrickung der Eliten eine der entscheidenden Lasten, die die DDR aus eigener Kraft kaum abwerfen könne. Deshalb müsse man für die nächsten Jahre eine starke Zuwanderung aus der Bundesrepublik Deutschland organisieren, wenngleich, wie Ardenne einschränkte, dies nur auf Einladung der DDR geschehen könne.

Um diese Frage ging es auch in unserem Gespräch im Haus der Körber-Stiftung. Wagner möchte sich der Hilfe des bisherigen Oberbürgermeisters von Regensburg Friedrich Viebacher versichern, der als ausgezeichneter Verwaltungsmann gelte. Weiter benötige er eine größere Zahl von Mitarbeitern oder Beratern, die ihm bei der Bewältigung der rechtlichen Probleme, besonders bei der Umstellung von der alten auf die neue Ordnung, zur Hand gehen. Man habe sich noch keinen Überblick über den Gesamtbestand an Weisungen, Verordnungen und Anordnungen verschaffen können, auf denen das alte Stadtregime beruhte. Auch auf anderen Feldern wie dem Wohnungsbau, der Stadtplanung und der Stadtsanierung brauche die neue Stadtverwaltung beratende Unterstützung. Schließlich sei es notwendig, eine Art Prüfungsausschuss zu bilden, der die Seriosität von Unternehmen vor allem aus der Baubranche beurteilen könne, die sich der Stadt anböten. Ein Bauunternehmen aus dem Stuttgarter Raum habe sich bereits gemeldet. Lothar Späth habe allerdings gewisse Vorbehalte in Bezug auf dessen unternehmerische Vertrauenswürdigkeit geäußert, wenngleich es sich um einen kapitalstarken Betrieb handeln soll.

Einig waren wir uns, dass die künftige Öffentlichkeitsarbeit des möglichen Oberbürgermeisters eine entscheidende Rolle spielen werde. Der Oberbürgermeister der Landeshauptstadt wird mit lokalen und regionalen Konflikten konfrontiert werden, deren Lösung in der ganzen DDR mit großer Aufmerksamkeit beachtet werden wird. Er wird deshalb auf die Zusammenarbeit mit den Zeitungen und den elektronischen Medien angewiesen sein. Auch dafür fehlt jedoch bisher jede Erfahrung und jede organisatorische Voraussetzung. In diesem Zusammenhang kamen wir auf die Zeitung *Die Union* zu sprechen, die in Dresden beheimatet ist, aber bisher nur regionale Bedeutung hat. Wir erörtern den Stand der Vereinbarungen zwischen der *Sächsischen Zeitung* und Gruner + Jahr. Vaatz berichtet, dass die Redakteure der Zeitung *Union* große Vorbehalte gegen ein Engagement von Gruner + Jahr geäußert hätten. Man befürchtet, dass die Verlage aus der Bundesrepublik Monopolstellungen begründen und die Redakteure an die Leine nehmen wollen. Was Gruner + Jahr anbetrifft, so konnte ich den Herren versichern, dass ein solcher Durchgriff von oben auf die Redakteure nicht zu erwarten sei. Es gehöre zu den Prinzipien Reinhard Mohns, die Unternehmen dezentral zu organisieren und ihnen eine weitgehende Autonomie innerhalb des Unternehmensverbandes zu sichern. Wir werden diese Frage noch einmal aufgreifen müssen.

Morgen Vormittag will ich der Zeitung *Union* noch ein Interview geben, zusammen mit Wagner. Es war die Idee von Vaatz, der zu Recht der Auffassung ist, es könne Wagner helfen, wenn deutlich werde, dass er in seiner zukünftigen Amtsführung auf ein breites Spektrum an Beratung und Erfahrung zurückgreifen kann.

4. Mai 1990

Tagung des Gütersloher Gesprächskreises: Unter Leitung von Georg Leber diskutieren Gewerkschafts- und Arbeitgebervertreter die Folgen des Einigungsprozesses für die Tarifpolitik. Für die Regelung der Arbeitsbedingungen durch die Tarifparteien fehlt jede Infrastruktur. Deshalb müsse man mit der betrieblichen Ebene beginnen. Der Aufbau der Arbeitgeberverbände wird durch den Mangel an Führungskräften gehemmt. Wir sind überzeugt, dass die Belastungen aus der Einheit groß sein werden, sich aber durch das Ziel der Einheit rechtfertigen. Die Inanspruchnahme muss sich nach der Leistungsfähigkeit richten. Auf Gewerkschaftsseite bilden sich erste Strukturen. Der FDGB kann nicht übernommen werden. Er genießt kein Vertrauen.

Die Tarifparteien seien jedoch überfordert, sich zur Lastenverteilung zu äußern, wenn die Politiker sich weigerten, Auskunft über die Kosten der Einheit zu geben. Der Lohnabstand zwischen der Bundesrepublik und der DDR müsse noch einige Zeit fortdauern. Aber der Lohndruck werde enorm sein. Für die Gewerkschaften werde es schwierig sein, ihm nicht nachzugeben.

7. Mai 1990

Gestern wählten die Sachsen zum ersten Mal in freier und geheimer Wahl ihre Kommunalparlamente. Mit 44,6 Prozent wurde die CDU auch stärkste Kommunalpartei. In Dresden und Chemnitz stellt sie mit Herbert Wagner und Dieter Noll die Oberbürgermeister, in fast allen Städten und Dörfern des Landes die Bürgermeister und in allen Landkreisen die Landräte. Die SPD kam im ganzen Land nur auf 14,7 Prozent, konnte sich aber in Leipzig mit Hinrich Lehmann-Grube durchsetzen. Auch in den Rathäusern und Landratsämtern hat sich ihre Hoffnung auf ein rotes Sachsen nicht erfüllt. Die Menschen wollen keinen Sozialismus mehr. Sie wollen die Wirtschaft des Westens, die soziale Marktwirtschaft. In der Union und Helmut Kohl sehen sie die Garanten der neuen Ordnung.

Vor einem Jahr konnte die SED die Kommunalwahlergebnisse noch fälschen. Aber die Wähler hatten in großer Zahl von ihrem Recht auf geheime Wahl Gebrauch gemacht. Sie hatten nicht »gefaltet«, wie man die offene Abgabe der Stimmzettel nannte, sondern im Schutz der Wahlkabinen gewählt. Die Stimmzähler kannten das wirkliche Ergebnis und wussten deshalb um den Widerspruch zwischen dem wahren und dem offiziellen Resultat. Die gestrige Wahl muss für sie eine besondere Genugtuung gewesen sein.

13. Mai 1990

In gut zwei Stunden werden die Wahllokale in Nordrhein-Westfalen und Niedersachsen schließen. Es ist genau zehn Jahre her, dass Ingrid, Petra und ich, etwa zu dieser Stunde, unser Mittagessen im Hotel Intercontinental in Düsseldorf beendet hatten. Dort wollten wir die ersten Wahlergebnisse abwarten. Es war ein strahlend schöner Maitag. Heinrich Köpplers Tod lag erst gut zwanzig Tage zurück. Am 26. April war ich von der Landesversammlung der nordrhein-westfälischen CDU-Verbände zu seinem Nachfolger als Spitzenkandidat gewählt worden. Obwohl es zehn Jahre her ist, kann ich mich noch an jedes Detail erinnern, an den Tisch auf der sonnendurchfluteten Terrasse des Hotels, an dem wir gegessen haben, an das Wohnzimmer der Suite, die wir im Interconti bewohnten, an den Schrank mit dem Fernsehgerät und die erste Hochrechnung, die jede Hoffnung auf einen möglichen Wahlsieg zerstörte. Die CDU hatte 43,2 Prozent gewonnen. Die FDP war an der Fünfprozentklausel gescheitert und kehrte nicht in den Landtag zurück. Johannes Rau hatte mit gut 48 Prozent der Stimmen die absolute Mehrheit der Sitze im Landtag erobert.

Hätte ich mich so verhalten, wie es Norbert Blüm wohl heute tun wird, so wäre ich nach Abwicklung der Wahlkampffolgen nach Bonn zurückgekehrt und hätte dort weiter den Vorsitz im Wirtschaftsausschuss des Deutschen Bundestages behalten. Im Spätherbst, als Helmut Schmidt mich fragte, ob ich bereit sei, als Kommissar nach Brüssel zu gehen, hätte ich ihm wahrscheinlich zugesagt. So wäre ich heute in Brüssel und zumindest Vizepräsident der Europäischen Kommission, wenn nicht ihr Präsident – was Kohl, wenn auch lahm, 1984 betrieb.

Aber ich habe eben nicht wie Blüm gehandelt, sondern bin im Landtag geblieben, habe mich von der Landtagsfraktion in die Pflicht nehmen lassen und auch das Angebot Helmut Schmidts abgelehnt. Die zehn Jahre seitdem sind schwierige, aber nicht verlorene Jahre gewesen.

Bis heute Mittag war ich auf einem Kolloquium der Evangelischen Synode der DDR in Potsdam. Seit Freitagnachmittag befassten wir uns mit der Frage nach der Rolle der Deutschen in Europa. Meine Aufgabe war es, zum Thema »Wirtschaftliche Zusammenarbeit und soziale Gerechtigkeit« zu sprechen. Mein Partner war der Wirtschaftsminister der DDR, Gerhard Pohl. Ein Mann aus der Textilindustrie, mit einem entsprechenden praktischen Zugang zu den Problemen, die er zu lösen hat. Wenige Tage zuvor hatten Grüne und Vertreter von Bündnis 90 den Rücktritt Pohls verlangt und vorgeschlagen, ich solle stattdessen zum Wirtschaftsminister der DDR berufen werden. Abends nahmen sie die Forderung mit der Begründung zurück, sie sei mit dem Wirtschaftsausschuss nicht abgestimmt gewesen.

Ich habe während des Kolloquiums noch einmal alle, die etwas mit der Initiative zu tun hatten, wissen lassen, dass ich eine Berufung in das Kabinett der Regierung de Maizière nicht für sinnvoll halte. Wenn überhaupt, könne ich lediglich als Berater eines DDR-Wirtschaftsministers tätig werden. Pohl war sehr an einem Gespräch interessiert. Er wollte wissen, ob ich bereit sei, im Beirat der Treuhandstelle an der Aktivierung der Privatisierungspolitik der DDR mitzuwirken. Ich stehe dazu grundsätzlich zur Verfügung. Pohl will sich wieder melden.

In unserem Gespräch nannte ich ihm eine Reihe von Problemen, die in den letzten Wochen an mich herangetragen worden sind. Teilweise waren sie ihm geläufig, andere noch nicht bekannt.

Insgesamt war die Teilnahme am Kolloquium der Evangelischen Synode eine Bereicherung. Als ich am Freitagabend hinzustieß, waren noch zwei Vorträge vorgesehen: Rosemarie Schuder und Günter Gaus wollten zu Fragen der deutschen Identität Stellung nehmen. Was die Referenten zu sagen hatten, hatte allerdings weniger mit der deutschen Identität als mit ihrer eigenen zu tun. Es waren zum Teil quälende, zum Teil luzide formulierte, häufig durch eher ästhetische Wortspielereien gekennzeichnete Ausführungen zu den eigenen Frustrationen und persönlichen Vergangenheitsbewältigungen. Frau Schuders Vortrag war stark geprägt durch ihre intensive Beschäftigung mit den Verbrechen des Nationalsozialismus, insbesondere von Auschwitz. Sie zogen sich wie ein roter Faden durch ihre Überlegungen. Was sie dazu zu sagen hatte, war bewegend und zeigte ein fast schmerzhaftes Engagement dieser Schriftstellerin. Dennoch muss der Versuch scheitern, die deutsche Identität auf die durch Auschwitz markierte Phase des Schreckens zu reduzieren.

Gaus wird offenbar mit seiner eigenen Vergangenheit und mit der Zerstörung seiner bisherigen Vorstellungen vom deutsch-deutschen Verhältnis nicht fertig. Er ist noch immer auf der Suche nach einer DDR-Identität, was es ihm erschwert, eine deutsche Identität zu erkennen. Manches von dem, was er zu sagen hatte, fand ich bedenkenswert. Insgesamt aber war sein Referat wenig fruchtbar und kaum zielführend.

Abends kehrte ich nach Berlin zurück, wo ich mich im Kempinski einquartiert hatte. Vor der Tür des Hotels traf ich David Anderson und Fritz Stern. Fritz war müde und wollte schlafen gehen. Für ein frühes Frühstück ließ er sich auch nicht gewinnen. So müssen wir unser Gespräch über die deutsche Frage auf später vertagen. Das Board-Meeting des Aspen Institutes war abgesagt worden, weil Shepard Stone vor wenigen Tagen gestorben ist. Der alte Herr wird uns fehlen.

Im Kempinski fand ich die Nachricht vor, dass de Maizière am Wochenende verhindert sei. Auch Diestel war nicht in Berlin, sondern in Leipzig. Da Pohl erreichbar war, konnte ich das, was ich mitzuteilen hatte, auch so weitergeben.

Mein Referat am Samstagvormittag und meine Diskussionsbeiträge wurden vom Kolloquium mit der Feststellung begrüßt, ich hätte einen Weg gefunden, mit großem Verständnis für die besonderen Probleme der DDR-Bevölkerung zu argumentieren, ohne die Klarheit der Position zu beeinträchtigen, die ich zu Fragen der sozialen Marktwirtschaft vertrete. Zahlreiche Mitglieder der Leitung des Kirchentages sowohl in der Bundesrepublik wie in der DDR bedankten sich im Laufe des Kolloquiums bei mir für die

Grundtendenz meiner Ausführungen und für die politische Haltung, die in ihnen zum Ausdruck kommt.

Für den Nachmittag hatten die Veranstalter eine Podiumsdiskussion vorgesehen. Es ging ziemlich quer durch den Krautgarten. Interessant war eigentlich nur die Aussage eines polnischen Jesuiten, die Polen hätten zu 60 Prozent Angst vor der deutschen Einheit. Dies aber nicht wegen der Sicherheit ihrer Westgrenze, sondern wegen des Riesen, der damit im Westen Polens entstehe. Polen fühle sich zwischen zwei Riesen eingeklemmt, den Russen und den Deutschen. Dass dies das geschichtliche Trauma der Polen, die Angst vor der Teilung ihres Landes, wieder beleben kann, ist mehr als verständlich.

Viel wird deshalb davon abhängen, wie wir in den kommenden Monaten den Verzicht auf jede Veränderung der polnischen Westgrenze praktisch ausgestalten. Wolf-Jürgen von Mitzlaff hat dazu in der letzten Kuratoriumssitzung des IWG wertvolle Anregungen gegeben. Nach seiner Überzeugung darf die Garantie der polnischen Westgrenze nicht allein erfolgen. Sie muss verbunden sein mit dem feierlichen Verzicht auf die Ostgebiete. Die Polen müssen diesen Verzicht annehmen. Die Würde des ganzen Vorganges muss zum Ausdruck bringen, dass wir die Hilfe der Polen brauchen, damit wir mit der Preisgabe zugleich die Schatten der schrecklichen deutsch-polnischen Vergangenheit überwinden können, auch wenn sie dadurch nicht überblendet werden sollen.

Ein polnischer Teilnehmer, mit dem ich beim Mittagessen über diesen Gedanken sprach, war aufgeschlossen. Allerdings hatte er erhebliche Zweifel, ob es möglich sei, den Verzicht und seine Annahme mit der Vereinbarung gemeinsamer Projekte zu verbinden, wie etwa der Erneuerung des Hafens und der Stadt Stettin oder der Modernisierung der Steinkohlenbergwerke in Oberschlesien. Mir scheint eine solche Verbindung des Verzichts als auf die Vergangenheit bezogener Akt mit auf die Zukunft gerichteten gemeinsamen Projekten wichtig.

Ein Empfang führte uns später in den Cecilienhof, der Stätte der Potsdamer Konferenz von 1945. Im Sitzungssaal steht der große runde Tisch, an dem Truman, Stalin und zunächst Churchill, später Attlee über die deutsche und europäische Zukunft entschieden. Tischdecke, Stühle, alles ist unverändert. In der Mitte des Tisches befindet sich eine weiße Platte mit den Fahnen der drei Alliierten. Ich empfinde einen Schauder bei dem Gedanken, den Stuhl zu berühren, auf dem Stalin saß, der neben Hitler der schlimmste Tyrann der modernen Geschichte war. Als er dort verhandelte, hatte er bereits Millionen Bürger der Sowjetunion umbringen lassen, einen wesentlichen Teil der politischen und wirtschaftlichen Elite seines eigenen Landes wie der besetzten Länder und Tausende polnischer Offiziere, die in Katyn verscharrt wurden. Nach der Konferenz sollten weitere Millionen Menschen durch seinen Willen umkommen. Mir ist immer wieder unbegreiflich, warum ein Mensch, der eine solch blutige Spur in der Geschichte hinterlässt, sich größerer historischer Aufmerksamkeit erfreut als diejenigen, an die wir uns ihrer guten Taten wegen erinnern.

Die beiden Parlamentspräsidentinnen begrüßten uns, zwei Frauen, die die höchsten Repräsentanten ihrer Demokratien sind, der jungen und der vierzigjährigen. Frau Bergmann-Pohl ist eine charmante, gutaussehende und großgewachsene Frau, die offenbar wesentlich an Sicherheit gewonnen hat. Ärztin von Beruf und bis zu ihrer Wahl in die Volkskammer Leiterin einer medizinischen Einrichtung, ist sie noch immer überrascht, wenn man sie als Frau Präsidentin anspricht. Sie wünscht sich, dass sie ihre Unbefangenheit nicht verliert. Überhaupt ist es erstaunlich, welche ungewöhnlichen politischen Talente die friedliche Revolution in der DDR nach oben getragen hat und wie viel an unverbrauchter politischer Substanz noch immer in der DDR-Bevölkerung vorhanden ist, trotz Vertreibung und Unterdrückung der Eliten durch die stalinistische Gewaltherrschaft und die SED.

Danach fuhr ich zurück nach Berlin, um mich mit Susanne und dem ZDF-Journalisten Werner Brüssau zu treffen. Wir besuchten ihn in seiner Ostberliner Wohnung. Er lebt dort offenbar getrennt von seiner Frau. Susanne berichtete, in den ARD- und ZDF-Studios seien fast alle Ehen in die Brüche gegangen, wohl auch als Folge der Überbeanspruchung der Journalisten durch die revolutionären Veränderungen der letzten Monate. Vielleicht ist es aber eher so, dass ein engagierter Journalist und ein Priester manches gemeinsam haben, nämlich auch, für die Ehe weniger geeignet zu sein, weil ihr Beruf sie voll absorbiert. Wir sprachen über die DDR und von alten Zeiten, aßen im Grandhotel zu Abend und trennten uns gegen zehn

Uhr. Es war ein nettes Zusammentreffen nach vielen Jahren. Brüssau sah gut erholt aus. Er hatte am 23. Dezember einen formidablen Herzinfarkt, den er wohl nur deshalb überlebt hat, weil eine junge Kollegin in der Lage war, sofort den Rettungsdienst zu rufen.

Sonntagmorgen: Ich bin früher zur Hoffbauer-Stiftung gekommen, in deren Gebäude die Tagung stattfindet. Noch ist Gottesdienst. Ich sitze auf dem kleinen Holzsteg am Ufer der Havel, die Füße auf einen Kahn gestützt. Eine Entenmutter mit ihren Küken hat gerade das Weite gesucht – gemächlich, ohne Hast, eher souverän. Ein leichter Wind bewegt eine Segelschute. Im Schilf rührt sich allerlei Getier. Die Sonne scheint, die Vögel zwitschern, ein herrlicher Frieden liegt über dem Land, der auch durch Stimmen und Lachen im Hintergrund nicht gestört wird. Ich wünsche mir, Ingrid könnte neben mir sitzen und dies alles ebenso aufnehmen wie ich. Aber ihre Krankheit erlaubt ihr noch immer nicht, so zu reisen, wie wir uns das beide wünschen.

Ein Kuckuck ruft in der Nähe. Stimmen schallen über das Wasser. Ein herrlicher Platz, den ich leider bald verlassen muss, um Carl Friedrich von Weizsäckers Vortrag zu hören. Vorher spreche ich mit Stolpe. Wir wollen am 10. und 11. Juli in Brandenburg ein Wirtschaftsgespräch veranstalten und dabei versuchen, praktische Vorschläge zur Bewältigung der Währungs- und Wirtschaftsunion zu erarbeiten.

Carl Friedrich von Weizsäckers Vortrag befasste sich mit der Rolle der Kirche und Fragen der Gerechtigkeit. Er untersuchte das Dilemma der Demokratisierung. Die Revolution in der DDR ist durch eine Minderheit ausgelöst worden; anders geht es auch kaum. Mit Errichtung der Demokratie wird die Minderheit als solche entlarvt. Ändern kann man die Dinge in der Demokratie aber nur mit Mehrheiten. Dieses Dilemma müsse gesehen und gelöst werden. Man müsse sich fragen, wie die Veränderungsfunktion der Minderheit erhalten und gesichert werden kann, ohne auf das Mehrheitsprinzip zu verzichten.

Die Brücke, so Weizsäcker, sei die öffentliche Meinung und die Bereitschaft der Minderheit, sich nicht durch die Teilhabe an der Macht der Mehrheit korrumpieren zu lassen. Die Minderheit müsse ihren Status akzeptieren, auch die damit verbundene »Ausgrenzung«. Innovative Minderheiten würden durch historisches Gedenken belohnt. Mehrheiten fänden keinen Nachklang im Gedächtnis späterer Epochen.

Alle waren von Weizsäckers Vortrag bewegt, obwohl er kaum etwas Neues zu sagen hatte. Es ist schon erstaunlich zu sehen, wie dieser 78-jährige Mann praktisch ohne Vorbereitung ein Auditorium zu fesseln vermag mit seinen eigenen Erinnerungen, seinen Gedanken und Erkenntnissen. Erstaunlich ist aber auch, wie sich die von Weizsäckers verkaufen. So preist er ein neues Buch seines Sohnes Ernst Ulrich mit dem Titel »Erdpolitik« an. Erhard Eppler, der neben mir saß, meinte, es sei ein solides Buch ohne wesentliche neue Einsichten. Ich habe es auf dem Schreibtisch liegen und bin nach einer diagonalen Durchsicht zu einem ähnlichen Ergebnis gekommen. Oder er zitiert sich aus früheren Schriften mit Überlegungen, die seit Jahren jedem geläufig sind. Gleichwohl, man hört ihm ehrfürchtig zu, und niemand bestreitet seine Rolle als weltweit anerkannter Philosoph und Vordenker. Allerdings rechtfertigt er diese Bewunderung auch immer wieder durch interessante Beobachtungen.

Während der anschließenden Diskussion gebe ich dem DDR-Fernsehen ein Interview. Man hat sich aus meinem Vortrag besonders für den Gedanken interessiert, dass sich die Bevölkerung in der DDR an mehr Ungleichheit gewöhnen muss und dass ihr ein »Kulturschock« ins Haus steht. Besonderes Vergnügen hatte den Synodalen am Tag zuvor mein Wortspiel mit dem Begriff »Arbeitsmoral« bereitet. Ich hatte darauf hingewiesen, dass es sich bei der angeblich schlechten Arbeitsmoral der DDR-Bevölkerung weniger um ein moralisches Problem handle, als um eine Gewohnheit, die als Folge planwirtschaftlicher Misswirtschaft und Fehlorganisation entstanden war, auf die man aber nicht gerne verzichten wolle. Interpretationen wie diese mögen uns Westdeutschen als rhetorische Zuspitzung erscheinen. Die Reaktion der DDR-Teilnehmer hat mir gezeigt, dass sie für eine solche Betrachtung dankbar sind. Sie nimmt ihnen das Stigma einer angeblich faulen Bevölkerung und liefert für die Verhaltensweise eine Erklärung, mit der sie leben können. Auch die junge Journalistin des Fernsehens, Frau Winnie König, wollte den Gedanken von mir noch einmal vor der Kamera hören.

Die Stimmen in Nordrhein-Westfalen und Niedersachsen sind

gezählt. Die CDU hat beide Wahlen verloren. Nach den ersten Hochrechnungen scheint das Ergebnis in Nordrhein-Westfalen schlechter zu sein als 1985. In Niedersachsen ist die SPD danach mit gut 44 Prozent stärkste Partei. Die CDU ist auf gut 41 Prozent gefallen. Ministerpräsident Ernst Albrecht hat daraufhin erklärt, dass er sich aus dem politischen Leben zurückziehen werde. Helmut Kohl bezeichnete den Verlust der Wahl in Niedersachsen als eine schmerzhafte Niederlage. Zum Wahlergebnis in Nordrhein-Westfalen meinte er, es sei enttäuschend. Johannes Rau behält seine absolute Mehrheit, obwohl die Grünen zum ersten Mal in den nordrhein-westfälischen Landtag einziehen. Beide, Grüne und FDP, haben die Fünfprozentklausel übersprungen.

Die CDU findet sich jetzt also in einer Oppositionsgemeinschaft mit der FDP und den Grünen wieder. Sie ist führungslos. Norbert Blüm hat bereits bestätigt, dass er, wie angekündigt, in Bonn bleiben werde. Bernhard Worms und Helmut Linssen – ich hörte sie vor wenigen Minuten in einem Interview mit Christa Cloppenburg in einer Radiosendung – bereiten sich offenbar auf ein »Triumvirat« vor, in dem Blüm die Funktion des Parteivorsitzenden, Worms die des Fraktionsvorsitzenden und Linssen die des Generalsekretärs übernehmen werden. Die abgedankte und verbrauchte Truppe wird die CDU in Nordrhein-Westfalen weiterführen. 40 Prozent der Parteimitglieder der CDU im Bund sind ohne Führung, ohne Ideen, ohne Perspektive: das Ergebnis der Kohl'schen Politik in Nordrhein-Westfalen.

Obwohl ich eigentlich Schadenfreude empfinden sollte, bin ich traurig und wütend zugleich. Traurig über das, was mit meiner nordrhein-westfälischen CDU angerichtet wurde. Wütend, weil derjenige, der allein die Verantwortung für dieses Ergebnis trägt, erneut den Versuch machen wird, sich von dieser Verantwortung zu distanzieren.

Besonders absurd ist die Deutung der Niederlage. Sie wird mit der Deutschlandpolitik und mit der Ungewissheit der Menschen über die Kosten der Wiedervereinigung begründet. Albrecht hat erklärt, es sei über die Bereitschaft der Deutschen entschieden worden, für die Einheit Opfer zu bringen. Eine solche Interpretation des Wahlergebnisses bedeutet, dass wir den fehlenden Willen der Bundesdeutschen, ihren Beitrag zur Wiedervereinigung zu leisten, jetzt als gegeben unterstellen und uns gewissermaßen als die Leidtragenden eines nicht vorhandenen Gemeinsinns ausgeben. Tatsache ist, dass die Regierung und der Kanzler zu keinem Zeitpunkt den Versuch gemacht haben, die Opferbereitschaft der Deutschen wirklich zu mobilisieren.

Wir wissen bisher nicht, ob sie zu Opfern für die Einheit bereit sind. Statt die Bürger mitzureißen, statt sie für eine große nationale Aufgabe zu begeistern, haben wir ihnen ständig erklärt, die Wiedervereinigung werde von ihnen keine finanziellen Leistungen fordern. Sie haben es uns nicht geglaubt. Darin liegt die eigentliche Ursache für die Wahlniederlage. Kohl hat sich schon geweigert, die Leber-Biedenkopf-Initiative zum 17. Juni zu unterstützen. Alle Versuche, die Bereitschaft zur nationalen Anstrengung zu wecken und sie für einen ökonomischen Beitrag zur Wiedervereinigung zu gewinnen, alles, was ich auch im Bundestag dazu vorgetragen habe, wurde von der politischen Führung ignoriert. Nun haben die Wähler die Position Kohls zurückgewiesen. Aber er wird auch in Zukunft, so fürchte ich, unbelehrbar sein.

Als eine Folge des Wahlergebnisses haben die Sozialdemokraten im Bundesrat jetzt die Mehrheit. Sie haben sie gewonnen, obwohl die Konjunktur seit sieben Jahren befriedigend, seit kurzem sogar hervorragend verläuft. Den Deutschen geht es so gut wie nie zuvor. Die deutsche Einheit ist zum Greifen nahe. Und Kohl hat als Kanzler der Wiedervereinigung bereits heute historische Bedeutung erlangt. Alle Voraussetzungen für ein gutes Wahlergebnis waren gegeben. Aber die Menschen mögen eben die Art nicht, wie Kohl die Wiedervereinigung für sich in Anspruch nimmt, wie er andere ausschaltet, wie er die historische Entwicklung der deutschen Frage zu seinem persönlichen Verdienst erklärt.

Den größten Triumph hat zweifellos Gerhard Schröder in Niedersachsen errungen. Mit diesem Wahlsieg verfügt die SPD jetzt über drei herausragende Politiker der jüngeren Generation, Lafontaine, Schröder und Engholm. Sie stellen eine überzeugende Mannschaft, decken unterschiedliche Politikbereiche ab und werden sich untereinander nicht im Wege stehen. Dazu kommen Rau mit der wiedergewonnenen absoluten Mehrheit und Brandt, der für eine Deutschlandpolitik steht, die in der Bevölkerung breite Zustimmung findet. Die Zeiten der Gelassenheit und der Gewissheit eines

Wahlsieges im Herbst sind vorbei. Kohl wird es möglicherweise noch bedauern, dass er sich auf eine Bundestagswahl im Dezember 1990 festgelegt hat. Die SPD hat den Ausgleich für die verlorene Wahl in der DDR erreicht. Sie kann jetzt den Prozess der deutschen Einheit wesentlich mitgestalten. Mit Kohls Solonummer ist es vorbei.

14. Mai 1990

Vorhin rief Heiner Geißler an, um sich mit mir heute Abend zu verabreden. Rita Süssmuth wolle auch zu dem Gespräch kommen. Auch Geißler und Süssmuth sind besorgt darüber, dass die politische Führung das Wahlergebnis als Entscheidung der Bevölkerung gegen besondere Leistungen für die Wiedervereinigung hinstellt. Wenn sich diese Interpretation festsetzt, haben wir uns selbst der Möglichkeit beraubt, die notwendigen Maßnahmen für eine Erneuerung der DDR politisch durchzusetzen.

Im Bundesvorstand bestätigt sich unsere Vermutung. Kohl sieht die Ursache für die Wahlniederlagen vor allem in der Diffamierungskampagne der SPD und ihrer Doppelstrategie in Ost und West: Die SPD in der DDR fordere zusätzliche Leistungen, und die Bundes-SPD schüre gleichzeitig die Neidkomplexe. Allgemein lägen die Gründe in der Unfähigkeit einer Wohlstandsgesellschaft zur Solidarität.

Die Niederlage in Nordrhein-Westfalen ist für Kohl eher eine Quantité négligeable. Was ihn wirklich schmerzt, ist der Verlust der Bundesratsmehrheit. Allerdings erkennt er darin zu Recht auch den Vorteil, dass die SPD nun mehr in die Deutschlandpolitik eingebunden werden muss. Er lässt dann Albrecht und Blüm berichten. Albrecht benutzt die Gelegenheit, um sich von der Politik zu verabschieden.

Kohl merkt an, seit dem Wahlkampf Heinrich Köpplers habe es nicht mehr ein solches Engagement in Nordrhein-Westfalen gegeben. Die Medienlandschaft sei die eigentliche Katastrophe. Die Medien hätten ganz bewusst geputscht. Sie hätten die Menschen verunsichert. Niedersachsen sei eine große Enttäuschung. Man werde noch erkennen, wie Schröder abfallen werde. Es gebe eine Ambivalenz in der deutschen Frage: Man will die Einheit haben, aber nichts dafür tun. Die Gewerkschaften könnten den Begriff Solidarität aus ihrem Vokabular streichen. Sie hätten nichts getan, um die nationale Dimension der großen Aufgabe deutlich zu machen. Unsere Politik dürfe sich nicht ändern. Stimmungsschwankungen dürften uns nicht vom Weg abbringen.

Die Behauptung, man habe den Einheitsprozess unnötig beschleunigt, sei falsch. Je länger der Prozess dauere, umso teurer werde er. Je länger man mit der Einigung warte, umso höher würden wieder die Übersiedlerzahlen. Die SPD setze auf den Niedergang drüben, auf die Unzufriedenheit der Bauern und der Arbeiter. Sie erhoffe sich davon eine große Zustimmung bei der Bundestagswahl.

International treffe er niemanden, der ihm nicht rate, schnell zu handeln. Es gehe uns, so Kohl, wie dem Bauern, der das gemähte Heu auf der Wiese liegen hat. Ein Gewitter zieht auf. Der Bauer fährt das Heu schnell ein. Zieht das Gewitter vorbei, ist es gut, kommt das Gewitter, so ist das Heu geborgen. Der deutsche Zug fahre langsam durch den Bahnhof der Geschichte. Wir fragten uns, ob wir aufsteigen sollen oder nicht. Wir müssten aufsteigen, denn der Zug werde sonst lange nicht wiederkommen.

Bei gesamtdeutschen Wahlen hätten wir eine gute Chance. Sie sei umso besser, je früher gewählt werde – umso schlechter, je länger die Wahlen aufgeschoben würden. Der Wunsch dazu müsse aus der DDR kommen. Wir dürften nicht drängen, doch wir müssten die Dinge in die Hand nehmen. Wenn diejenigen, die sich jetzt anschickten, die Dinge in die Hand zu nehmen, die deutsche Entwicklung gestalten, würden wir eine andere Politik erleben.

Rita Süssmuth rät, an der Deutschlandpolitik festzuhalten. Unsere soziale Kompetenz müsse auch andere Bereiche als die Sozialpolitik im engeren Sinne umfassen. Sie nennt die Begriffe Frauenpolitik, Kindergärten, Wohnungsbau. Man höre immer häufiger das Argument, wir hätten alles für die DDR, aber nichts für die eigenen Leute getan. Geißler weist darauf hin, dass wir die Probleme gut lösen, die wir erkennen, aber nicht jene, die die Menschen für wichtig halten. Diese Diskrepanz müsse ausgeglichen werden, indem wir aufmerksamer auf die Themen achteten, die die Menschen bewegen. In meinem Beitrag weise ich auf folgende fünf Punkte hin:

1. Wir schließen Steuerhöhungen und Sonderopfer aus, was an-

gesichts der voraussehbaren Kosten unglaubwürdig ist. Die Höhe des erforderlichen Aufwandes wird immer deutlicher werden, das Zahlenmaterial im September auf dem Tisch liegen. Wir lassen damit eine Erklärungslücke entstehen, die schnell geschlossen werden muss.

2. Man darf die weiteren Ursachen unserer Wahlniederlage nicht übersehen. Eine monokausale Erklärung, wie sie derzeit verbreitet wird, ist nicht zulässig. Das gilt vor allem für Nordrhein-Westfalen.

3. Hinsichtlich der Entwicklung des Bundesrats sollten wir unsere Aufmerksamkeit stärker auf die Errichtung der Länder in der DDR richten. Dies ist entscheidend für die Zukunft der Regierung. Das heißt aber auch, dass wir politisches Personal organisieren müssen, das sich um den Aufbau der neuen Länder kümmern kann.

4. Unser Problem mit den Medien können wir nicht nur institutionell lösen. Die Medien wollen auch umworben werden. Man muss dabei mit einer besonderen Sensibilität der DDR-Journalisten rechnen.

5. Die von Rita Süssmuth angesprochene soziale Kompetenz müssen wir in der Tat erwerben. Gleichwohl müssen die Prioritäten der sozialen Aufgaben sich ändern. Sozialpolitik darf nicht die alles beherrschende Dimension der Politik bleiben.

Nach der Bundesvorstandssitzung besucht mich eine kanadische Journalistin. Sie erzählt mir, mein Ruf als »Denker« reiche bis nach Kanada und die Vereinigten Staaten. Man frage sich dort, warum ich nicht Kanzler sei. Es war ein informatives und herzliches Gespräch. Würden wir im Sommer nach Toronto fahren, hätten wir es sicher fortsetzen können. Das Interesse an der deutschen Frage ist riesig, aber man weiß nur sehr wenig. So wirken auch einfache Zahlenvergleiche zwischen der Bundesrepublik und der DDR und Erläuterungen über die Ursachen der gegenwärtigen Situation und ihrer voraussichtlichen Entwicklung wie bedeutsame Nachrichten.

Um 16.30 Uhr tagt der Fraktionsvorstand. Der Besuch ist gering, da die Landesvorstände von Nordrhein-Westfalen und Niedersachsen tagen. Ich bin nicht zum Landesvorstand gegangen. Christa Thoben und ich waren der Meinung, ich könne dort nur entweder meine Meinung sagen oder schweigen. Beides wäre nicht gut gewesen. Im Fraktionsvorstand wird deutlich, dass immer mehr Parlamentarier geneigt sind, die gesamtdeutschen Wahlen vorzuziehen und sie mit den Bundestagswahlen im Dezember oder Anfang Januar zu verbinden. Man hat es plötzlich sehr eilig. Der Gesinnungswandel wird ähnlich begründet wie von Kohl im Bundesvorstand: Es gelte, das Heu einzufahren, solange die Sonne scheint. Man hofft auch, die Alliierten zu einer schnellen Regelung der außenpolitischen Fragen bewegen zu können. Im Übrigen ließen sich alle DDR-Probleme besser lösen, wenn es ein gesamtdeutsches Parlament gebe. Damit hat sich die FDP durchgesetzt, die schon seit einiger Zeit die Zusammenlegung der Bundestagswahlen mit den ersten gesamtdeutschen Wahlen fordert. Sie hat inzwischen erklärt, ein entsprechender Wahltermin solle im Staatsvertrag geregelt oder aus Anlass seiner Ratifikation bestimmt werden. Wahrscheinlich hat Kohl auch Sorge, dass eine Verzögerung der ersten gesamtdeutschen Wahlen ihn um die Möglichkeit bringen könnte, erster Kanzler des wiedervereinigten Deutschlands zu werden. Diesem Ziel ordnet er alles andere unter.

Ignaz Kiechle gibt uns in der Fraktionsvorstandssitzung einen interessanten Bericht über die Umstellungsprobleme der DDR-Landwirtschaft. Bemerkenswert ist, dass im Agrarbereich rund 800 000 Menschen beschäftigt sind, das heißt zehn Prozent der Erwerbstätigen in der DDR. Etwa 400 000 müssten entlassen werden, wenn die ostdeutsche Landwirtschaft überhaupt eine Chance haben solle, kostendeckend zu produzieren. In den Verhandlungen habe sein DDR-Kollege Peter Pollack vorgetragen, man brauche für die Umstellung jährlich rund 17 Milliarden DM. Finanzminister Waigel habe sich bisher mit einem Betrag von rund 7 Milliarden DM angefreundet. Sein eigenes Haus sei aufgrund sorgfältiger und konservativer Kalkulationen zu dem Ergebnis gekommen, dass man mit rund 10 Milliarden DM auskommen könne.

Ich hatte rund 12 Milliarden DM geschätzt. Wenn für die Umstellung der Arbeitsplätze von rund 800 000 Beschäftigten rund 10 Milliarden DM benötigt werden, könnte man vereinfacht schlussfolgern, dass für die Umstrukturierung der Arbeitsplätze der übrigen acht Millionen Erwerbstätigen etwa zehnmal so viel benötigt werden. Da die Kosten in der Landwirtschaft größer sein werden als in der Industrie, ergibt sich auch hier eine Bestätigung für den von mir schon im Februar geschätzten Betrag von rund 80 Milliarden DM.

Abends treffen wir uns im Interconti zu der vereinbarten Gesprächsrunde. Christa Thoben, Rita Süssmuth, Heiner Geißler und ich überlegen, wie es weitergehen kann. Ich sage gleich zu Beginn, dass die Fortsetzung solcher Gespräche nur einen Sinn habe, wenn wir wirklich etwas unternehmen. An einer Wiederholung der Ereignisse vor dem letzten Bundesparteitag sei ich nicht interessiert. Wir vereinbaren, einen Kreis von Gleichgesinnten aus den verschiedenen Landesverbänden zu gewinnen und Initiativanträge an den Bundesausschuss zu richten, der für den 18. Juni einberufen ist. Auf diese Weise wollen wir, mit dem Mittel eines Gruppenantrags, zum ersten Mal Flagge zeigen.

Über die verheerende Entwicklung der Partei in Nordrhein-Westfalen und Niedersachsen sind wir uns einig. Blüm hat in Nordrhein-Westfalen Herrn Linssen als Fraktionsvorsitzenden vorgeschlagen. Er selbst will Landesparteivorsitzender bleiben. Bernhard Worms soll in den Bundestag einziehen. Ursprünglich hatte Blüm, wie Christa Thoben berichtet, die Absicht, Worms als Generalsekretär zu berufen. Er sei, so Christa, nur mit Mühe davon abzubringen gewesen. Die richtige Entscheidung, entweder als Parteivorsitzender zurückzutreten oder das Landtagsmandat anzunehmen, hat Blüm nicht getroffen. So ist die CDU praktisch führungslos. Wir überlegen, dass Norbert Lammert ein guter Generalsekretär wäre. Wir wollen ihn bewegen, das Amt zu übernehmen. Er könnte die CDU als Vertreter der jüngeren Generation langsam wieder aufbauen. Stünde er für das Amt zur Verfügung, wäre er praktisch Landesvorsitzender.

Geißler berichtet, dass sowohl die hessische wie die rheinland-pfälzische Landtagswahl für die CDU gefährdet sei. Ein Verlust der Mehrheit in Rheinland-Pfalz sei noch wahrscheinlicher als in Hessen. Aber selbst dort habe Walter Wallmann die Wahl bereits verloren gegeben. Würden sich Geißlers Voraussagen bewahrheiten, hätten wir nur noch Baden-Württemberg und Bayern als CDU-regierte Länder. Umso wichtiger ist es, sich um die Länder in der DDR zu kümmern. Die Freunde sind der Ansicht, ich solle Ministerpräsident in Sachsen werden. Andere haben dies auch schon empfohlen. Aber noch kann ich mich mit dem Gedanken nicht anfreunden, mich um dieses Amt in der DDR zu bewerben.

15. Mai 1990

Heute wird der Staatsvertrag veröffentlicht. Am Freitag werden wir ihn in einer Sondersitzung der Fraktion behandeln.

Abends fahre ich nach Köln zum WDR. Es geht um die Kosten der Einheit. Der Moderator ist sehr kooperativ und gibt mir die Möglichkeit, auch auf die nichtmateriellen Leistungen hinzuweisen, die vor allem von der Bevölkerung in der DDR verlangt werden. In Bonn haben sich die Finanzminister der Länder auf einen deutschen Nationalfonds geeinigt, den man zunächst mit 120 Milliarden DM dotieren will. 20 Milliarden sollen aus dem Bundeshaushalt entnommen werden. Der Rest soll in vier Jahren aufgenommen und von Bund und Ländern zu je 50 Prozent abgetragen werden. Das entspricht dem Schlüssel, den ich in meinem Vermerk für de Maizière vorgeschlagen habe. Die Länder werden an ihrem Anteil auch die Gemeinden beteiligen.

19. Mai 1990

Auf dem Weg nach Kiew: Ich bin ohne Begeisterung unterwegs und folge der Einladung nur, weil ich schon vor langer Zeit zugesagt habe. Wer konnte denn ahnen, dass sich die Tagesordnung so dramatisch ändern würde?

Gestern hat die Fraktion die Einbringung des Ratifikationsgesetzes zum Staatsvertrag beschlossen. Der Vertrag ist gegenüber dem Entwurf vom April wesentlich verbessert. Dazu hat auch mein Memo an de Maizière beigetragen. Leider wurde es im *Spiegel* auszugsweise veröffentlicht. Das hat mir nicht geholfen. In der Fraktion war deutlich zu spüren, wie die Stimmung gegenüber der DDR – und damit auch denen gegenüber, die sich für sie einsetzen – umgeschlagen ist. In Bayern hat man seit dem Urnengang in Nordrhein-Westfalen und Niedersachsen Angst vor den eigenen Wahlen im Oktober. Viele ärgern sich über den zusätzlichen Argumentationsbedarf und darüber, dass der Einigungsprozess ihren Frieden stört. Man will ein einheitliches Deutschland, aber keinen Ärger damit, keine Belastung und keine Gefährdung der wohlerworbenen Gewohnheiten.

Deshalb stoße auch ich bei vielen auf Ablehnung, weil ich mich für die DDR eingesetzt und den ursprünglichen Entwurf des Staatsvertrages kritisiert habe. Leute wie die Abgeordneten Hans-Wilhelm Pesch und Willy Wimmer lassen es auch in der Fraktionssitzung erkennen. Nach meinem ersten Diskussionsbeitrag macht Dregger eine flapsige Bemerkung, nach dem Motto: Gerade weil wir solidarisch sind, wollen wir möglichst schnell die Einheit. Sie kommt gut an. Nach dem Ende der Sitzung rüge ich ihn wieder einmal für sein Verhalten. Es sei unkollegial und entspreche nicht unserem bisherigen Umgang miteinander.

Dregger ist kein guter Fraktionsvorsitzender. Er war nie ein Mann der Legislative. Seine wichtigste Funktion ist sein Platz am Kabinettstisch. Dafür bringt er die Fraktion als Hilfstruppe ein. Die Fraktion selbst hat jede politische Bedeutung eingebüßt. Wir sind ein Unterstützungsverein der Regierung, mehr nicht. Wer sich der Regierung nicht uneingeschränkt anschließt, gilt als illoyal – es sei denn, er hat eine Funktion, zu der Kritik an der Regierung gehört: Das gilt etwa für Heribert Scharrenbroich, den CDA-Gewerkschaftler, oder für den Vertriebenensprecher Herbert Czaja. Dreggers ganzer Stolz ist es, dass es in der Fraktion nur einstimmige Beschlüsse gibt. Besser kann man die Bedeutungslosigkeit eines großen Entscheidungsgremiums kaum demonstrieren.

Wir sind – wohl auch bedingt durch den europäischen Integrationsprozess – auf dem Weg zu einer europäischen politischen Oligarchie. Die Aufgabe der Parlamente reduziert sich auf die Wahl der Oligarchen, die wiederum von den Parteien und deren Oligarchien vorgeschlagen werden. Die Bevölkerung hat im Wesentlichen die Wahl zwischen den Parteien und dem von ihnen ausgewählten politischen Personal. Wahrscheinlich geht es auch nicht anders. Parlamente können den europäischen Umbruch kaum gestalten. Sie können den Freiheitsprozess wohl in Gang setzen und ihm auch gewisse Vorgaben machen. Mehr aber auch nicht. Die Regionalisierung, die wachsende Bedeutung der lokalen Lebenswelt, die europäische Oligarchie der Regierungschefs, die bundesdeutsche Oligarchie der Ministerpräsidenten und die die ganze Welt durchdringende Verflechtung der Großindustrie: Das alles muss zusammengeführt werden.

Bob Hawrylyshyn holt mich in Kiew am Flughafen ab. Abends sitzen wir noch mit Shirley Williams, ihrem Mann – einem Harvard-Professor, der sich auf Fragen der Präsidentschaft spezialisiert hat – und Kurt Furgler, dem früheren Schweizer Präsidenten, zusammen. Wir wollen uns auf den morgigen Tag und das Gespräch mit den Abgeordneten vorbereiten.

20. Mai 1990

In Kiew veranstalteten wir heute ein Seminar für die Abgeordneten des neu gewählten ukrainischen Parlaments. Unsere Aufgabe bestand darin, unsere Erfahrungen mit parlamentarischer Demokratie mitzuteilen und Fragen der Abgeordneten zu beantworten. Die Veranstaltung wurde aufgezeichnet und soll zu Unterrichtszwecken verwendet werden. Längere Passagen wurden im Fernsehen übertragen. Das Ganze litt allerdings unter einer schlechten Übersetzung. Aber es war doch sehr instruktiv.

Die vergangene Woche war dichtgedrängt. Am Dienstag und Mittwoch nahm ich am Universitätssymposium der Bertelsmann Stiftung in Gütersloh teil. Mit dem ebenfalls anwesenden Dekan der Rechts- und Staatswissenschaftlichen Fakultät der Universität Leipzig, Klaus Gläß, sprach ich über die weitere Entwicklung des Fachbereichs in Leipzig. Gläß hat Sorge, dass die alten Kräfte sich neu formieren könnten. Ich schlage ihm vor, für alle Mitglieder der Fakultät eine Art Neuberufung unter heutigen Kriterien vorzusehen und die Bildung selbstständiger Fakultäten des Rechts und der Wirtschaftswissenschaften dafür zum Anlass zu nehmen. So könne man die Entscheidungen unter der alten Ordnung überprüfen und sich von jenen Dozenten trennen, die für die neue Lehre nicht qualifiziert seien. Vor allem die Studenten hätten darauf einen Anspruch. Allerdings müsse er sich, ehe er einen solchen Vorschlag macht, der Mitwirkung einiger prominenter Mitglieder der Fakultät vergewissern. Er will es sich überlegen, schien aber erleichtert über die Aussicht, das Problem auf diesem Weg lösen zu können.

22. Mai 1990

Im Flugzeug auf der Rückreise von Kiew. Eine sowjetische Maschine, nicht unangenehm, wenn auch nach den Desinfektionsmitteln duftend, die man hier verwendet. Ich habe nicht das Gefühl, aus dem asiatischen in den europäischen Raum zu reisen. Kiew ist eine europäische Stadt – jedenfalls weit europäischer als Moskau. Wenige Sitzreihen hinter mir sitzen deutsche Kaufleute, die sich über ihre Geschäfte unterhalten. Dem Tonfall nach könnten es auch Österreicher sein. Es werden der Handel und die Wirtschaft sein, die die Mauern der Trennung in Europa endgültig überwinden.

Erst allmählich wird mir deutlich, was es bedeutet, dass die Ukraine in etwa so groß ist wie Frankreich. Es gibt unserer europäischen Lage eine neue Dimension zu wissen, dass eine autonome Ukraine, assoziiert mit dem europäischen Markt, offen für alle europäischen Entwicklungen, östlich von Polen darauf wartet, entwickelt zu werden und ihre Fähigkeiten Europa zur Verfügung zu stellen.

Gerade habe ich eine Ausgabe der *Moscow News* gelesen, die im Flugzeug ausliegt. Erstaunliche und eindrucksvolle Beiträge. Bewegt hat mich vor allem ein Artikel zum 2. Mai, dem Tag, an dem 1945 russische Soldaten die rote Fahne auf dem Reichstag in Berlin hissten. Wie die Soldaten um diesen großen Sieg betrogen worden seien, war der Tenor. Von Völkermord in der Sowjetunion war die Rede, vom verratenen Sieg und von vorenthaltenen Rechten, vom Missbrauch der vaterländischen Leistung bis hin zum Abenteuer in Afghanistan. Andere Beiträge handelten von der Gründung der Sozialdemokratischen Partei, von den Privilegien der alten Parteihierarchien, von den Zuständen im Stadtparlament Leningrads und Ähnlichem. Unglaublich, welche Veränderungen stattgefunden haben.

Beim Rückblick auf unseren Besuch in Kiew fällt mir auf, dass die Zukunft Gorbatschows in unseren zahlreichen Gesprächen kaum eine Rolle gespielt hat. Nicht das Schicksal der Russen oder der Union, sondern die Zukunft der Ukraine beherrschte das Gespräch. Vor dem Parlament protestierten gestern den ganzen Tag über Menschen für die Selbständigkeit der Ukraine. Mit ihren blaugelben Fahnen und Spruchbändern begehrten sie den alsbaldigen Austritt aus der Union und die Wahl eines Freiheitskämpfers, der jahrelang im Gefängnis saß, zum Präsidenten. Die Polizei hält zwar den Raum um den Eingang zum Parlament frei, unternimmt aber sonst nichts gegen die Demonstranten.

Drinnen tobt derweil ein heftiger Wortwechsel um die Frage,

warum im Parlamentssaal keine Fahne steht. Sie gehöre nach den Regeln auf das Dach des Parlamentsgebäudes, versucht der Präsident die Gemüter zu beruhigen. Allerdings vergebens. Denn es geht nicht um irgendeine, sondern um die ukrainische Fahne, die man aufstellen will. Zahlreiche Abgeordnete haben kleine blau-gelbe Fähnchen an ihren Pulten angebracht und weisen sich dadurch als Anhänger der Unabhängigkeitsbewegung aus. Ein junger Abgeordneter trägt am Revers eine Anstecknadel, die die amerikanische und die ukrainische Fahne zeigt. Welche Bedeutung doch Symbole haben. Sie beschäftigen die Menschen mehr als ihre materiellen Probleme.

Höhepunkt des gestrigen Tages war der Besuch in einer restaurierten kleineren Kirche in der Nähe des Dnjepr-Ufers und eine Darbietung ihres Chors. Die Kirche mit dem üblichen runden Kirchenraum und der Kuppel hätte mich nicht so beeindruckt. Der Kirchenchor jedoch war wunderschön. Die ukrainische Kirchenmusik ist viel heller, melodischer, optimistischer, ja fröhlicher als die russische mit ihrer Schwermütigkeit. Zwanzig Sänger und ihr Chorleiter bereiteten uns eine wundervolle Stunde. Shirley Williams bat Bob Hawrylyshyn, ihnen zu sagen, wie froh doch der HERR sein müsse, dass so schöne Gesänge wieder aus der Ukraine zu ihm heraufschallen könnten. Als er die Botschaft an den Chor weitergeben will, kann Bob vor Rührung kaum sprechen und muss sich wieder setzen. Kurt Furgler und ich verabreden uns, dem Chor eine Einladung nach Westeuropa zu verschaffen.

30. Mai 1990

Heute Morgen rief ein Herr Möbius aus Dresden an. Er wollte von mir Vorschläge für Kandidaten für die Landtagswahl in Sachsen haben. Auf meine Frage, an welche Art von Kandidaten er denke, erklärte er, man suche einen Bewerber um das Ministerpräsidentenamt. Da ich heute Abend in Dresden sein werde, habe ich ihn in den Dresdner Hof bestellt. Zwischendurch muss ich feststellen, um wen es sich handelt und welches Mandat Herr Möbius möglicherweise hat.

Gestern trafen die Fraktionen von CDU/CSU und der Allianz zum ersten Mal im Reichstag zu einer gemeinsamen Sitzung zusammen. Es war überhaupt das erste Treffen frei gewählter Abgeordneter aus den beiden deutschen Staaten seit 1945 und das erste Zusammentreten frei gewählter Abgeordneter aus ganz Deutschland seit 1933. Kohl war wegen seiner Gespräche mit der SPD über den Staatsvertrag verhindert. De Maizière hielt eine beachtliche Rede und erwies sich auch in der Diskussion als ein Mann, der sich nicht die Butter vom Brot nehmen lässt. Seine bescheidene, fast fragile Art täuscht darüber hinweg, dass ein zäher und entschlossener Verhandler in ihm steckt.

Ernüchternd wirkte für die CDU/CSU-Fraktion und deren Vorsitzenden die Erklärung de Maizières, dass man sich gegenwärtig nicht zum Zeitpunkt gesamtdeutscher Wahlen äußern könne. Zunächst müssten die Voraussetzungen für einen Beitritt nach Artikel 23 GG geklärt werden. Dazu gehörten die sorgfältige Vorbereitung der Überleitung in die bundesrepublikanische Rechtsordnung, die Entwicklung der notwendigen Übergangsvorschriften, die Bestimmung der Stellung der Länder, die Ordnung der konkurrierenden Gesetzgebung, die Vereinbarung der Grundsätze für den Aufbau eines Gerichtswesens im Bereich der Verwaltungs-, Arbeits- und Sozialgerichtsbarkeit und die Regelung des Außenverhältnisses der beiden deutschen Staaten zu ihren Nachbarn, insbesondere der DDR zu den Mitgliedern des RGW, sowie der Abschluss der Zwei-plus-Vier-Verhandlungen. Wenn all dies geleistet sei, könne der Beitritt nach Artikel 23 GG beschlossen werden. Und erst nach diesem Beschluss werde man sich dann über den Zeitpunkt der ersten gesamtdeutschen Wahlen verständigen. Auf eine spätere Frage des Fraktionsmitglieds Gerhard Reddemann, ob er sein »Jein« zu baldigen gesamtdeutschen Wahlen näher definieren könne, erwiderte de Maizière, sein »Jein« sei beanstandet worden – er habe es jedoch genau so gemeint und dem nichts hinzuzufügen.

Morgens war ich mit Susanne bei Peter-Michael Diestel. Der junge Mann hat viel von seinem Enthusiasmus verloren, wenn er auch immer noch über große Kraftreserven verfügt. Seine Position als Innenminister ist unter den gegenwärtigen Verhältnissen in der DDR wahrhaft ein Himmelfahrtskommando. Er berichtete uns über die Hintergründe der Auseinandersetzung mit seiner DSU-Fraktion, die schon mehrfach seinen Rücktritt gefordert hat. Die Auseinandersetzung sei im Wesentlichen auf persönliche Gründe zurückzuführen. Der Vorsitzende der DSU-Fraktion, Hansjoachim Walther, wolle selbst Innenminister werden. Ich habe Walther anschließend in unserer gemeinsamen Sitzung im Reichstag mit einem kurzen Redebeitrag erlebt. Er hat auf mich einen denkbar inkompetenten Eindruck gemacht.

Diestel ist überzeugt, dass de Maizière ihn voll stütze und dass er auch große Zustimmung bei der SPD-Fraktion und in weiten Teilen der CDU-Fraktion finde. Auch in der Bevölkerung sei er sehr populär. Andererseits erhalte er inzwischen laufend Morddrohungen und Ankündigungen, seine Kinder oder seine Frau würden entführt. Viel Hass habe sich angestaut, der sich jetzt vor allem gegen den Innenminister entlade. Trotzdem will er nicht aufgeben. Heute Morgen rief Susanne an, um von einem weiteren Gespräch mit Diestel zu berichten. Sie meint, er brauche Hilfe und jemanden, mit dem er sich aussprechen könne.

Vorgestern trafen wir uns nachmittags im Reichstag mit den Mitgliedern des Wirtschaftsausschusses der Volkskammer in der Arbeitsgruppe Wirtschaft. Minister Pohl berichtete über seine Wirtschaftspolitik, insbesondere über seine Vorstellungen zur Neuorganisation der Treuhandstelle, und stellte sich der Diskussion. Die bundesrepublikanischen Abgeordneten konzentrierten sich in ihren Äußerungen auf die Eigentumsfrage und die Organisation der Treuhandstelle. Die Kritik an der Absicht Pohls, die rund 8000 volkseigenen Betriebe in großen Aktiengesellschaften zusammenzufassen und erst dann zu privatisieren, scheint mir berechtigt. Der Umweg ist nicht einsichtig.

Pohl hat das gleiche Problem wie alle anderen Minister in der DDR: Er muss mit ehemaligen SED-Mitgliedern zusammenarbeiten, die zum Teil im Dienst der Stasi gestanden haben. Dabei stößt er nicht nur auf Widerstand, sondern auf offene Ablehnung und mitunter auf raffinierte Sabotage seiner Vorstellungen. Da er selbst fast keine Verwaltungserfahrung hat, kommt er kaum voran. Er möchte, dass ich ihn bei der Arbeit in der Treuhandstelle unterstütze.

Auch de Maizière und Diestel hätten mich gerne als Berater, sind jedoch bei Kohl auf Ablehnung gestoßen. Deshalb hätten sie sich bisher nicht entschließen können, mich zu fragen. In diesem Punkt halte ich Kohls Verhalten für verantwortungslos. Er müsste eigentlich wissen, welchen immensen Informations- und Zuarbeitsbedarf die Männer und Frauen in der DDR haben, die bereit sind, die ungeheuer schwierigen politischen Funktionen zu übernehmen. Aber Kohl sieht die ganze deutsche Frage so sehr auf seine Person bezogen, dass ihm der Gedanke offenbar unerträglich erscheint, die Aufgabe mit anderen zu teilen, und sei es auch nur durch Akzeptanz einer Beratungsfunktion.

Montagmittags war ich bei Richard von Weizsäcker zu einem Essen zu Ehren von Lilo Milchsack eingeladen. Es war ein, wie Richard von Weizsäcker es nannte, Familientreffen der Königswinterer. Lilo Milchsack ist eine ungewöhnliche Frau. Mit der Königswinter-Konferenz, die weltweit ein Begriff geworden ist, hat sie sich selbst ein Denkmal gesetzt.

31. Mai 1990

Auf dem Rückweg von Dresden nach Bonn. Der Flughafen ist praktisch menschenleer. Im Hotel wurde mir bedeutet, man müsse anderthalb Stunden vor dem Abflug auf dem Flughafen sein. Obwohl ich der Sache misstraute, wollte ich kein Risiko eingehen und war gegen halb acht auf dem Flughafen. Um 8.50 Uhr ist Abflugzeit. Einige wenige Passagiere sitzen in dem trostlosen Wartesaal. Direkt vor dem Fenster steht die russische TU 134 A der Interflug. So nutze ich die Stunde, die ich gerne noch geschlafen hätte, für einige Anmerkungen zum gestrigen Abend.

Der Deutschlandfunk und der Bertelsmann-Club hatten ein Gespräch unter dem Motto »Denk ich an Deutschland« organisiert, an dem neben mir Peter Scholl-Latour, der DDR-Außenminister Markus Meckel, die frühere Wirtschaftsministerin Christa Luft und der Lektor des Bertelsmann Verlages teilnahmen. Ebenfalls geladen waren vier Autoren, die Texte zum Thema »Denk ich an Deutschland – Gedanken im Umfeld des 9. November und danach« verfasst hatten. Der Club hatte ein Preisausschreiben veranstaltet, an dem man sich mit einem höchstens fünfseitigen Beitrag zum Thema beteiligen konnte. Zur großen Überraschung der Veranstalter beteiligten sich rund 11 000 Menschen an dem Wettbewerb, davon zwei Drittel aus der DDR. Rund ein Dutzend der Einsendungen wurde in der zweieinhalbstündigen Aufzeichnung des Deutschlandfunks verlesen. Es waren eindrucksvolle und bewegende, sprachlich hervorragende und inhaltlich fantasievolle Texte darunter.

Meckel und ich verstanden uns auf Anhieb. Unsere Beiträge zur Diskussion ergänzten sich gut, vor allem was die europäische Dimension des Vereinigungsprozesses und das besondere Verhältnis der DDR zu den Ostblockstaaten betraf. Anschließend unterhielten wir uns noch eine gute Stunde darüber, wie es mit dem Einigungsprozess weitergehen soll. Meckel wurde von seiner jungen Frau begleitet. Beide zeichnen sich durch eine sichere Bescheidenheit aus, durch eine Natürlichkeit, die sie wohltuend von vielen unserer Politiker unterscheidet.

Gegenstand unseres Gespräches war vor allem die Frage, ob es richtig sei, bereits in diesem Jahr gesamtdeutsche Wahlen anzustreben. Meckel ist der Ansicht, man dürfe den Prozess nicht überstürzen. Die Menschen in der DDR brauchten Zeit, zu sich selbst zu finden und ihre Verhältnisse zu ordnen, ehe sie sich in die Gemeinsamkeit mit der Bundesrepublik begeben. Wichtig sei vor allem die Gründung und der Aufbau der Länder und ihrer Regierungen und Verwaltungen. Es müsse sich erst eine annähernde Gleichberechtigung zwischen den Ländern in der Bundesrepublik und denen in der DDR entwickeln. Auch die Verfassungsinstitutionen müssten sich einander angleichen. Deshalb sollte zunächst in der DDR eine Länderkammer entstehen, die sich dann mit dem Bundesrat verbinden könne, so wie die Volkskammer mit dem Bundestag.

Auf keinen Fall werde man vor dem 1. Juli, dem Beginn der Währungs- und Wirtschaftsunion, über einen Termin für gesamtdeutsche Wahlen sprechen. Richtig wäre es, zunächst die Anfangsturbulenzen der Umstellung abzuwarten. Im Herbst könne man dann auch übersehen, wie sich die Zwei-plus-Vier-Gespräche entwickelten. Die Sowjetunion dürfe nicht unter Druck gesetzt werden. Besonders gefährlich für die Stabilität Europas, so Meckel, wäre der Versuch, Moskau die Berücksichtigung seiner Sicherheitsinteressen durch großzügige wirtschaftliche Angebote und Unterstützungsmaßnahmen abzukaufen. Dies sei weder mit der Ehre der Sowjetunion noch mit ihrer Selbstachtung vereinbar. Würde Gorbatschow auf einen solchen Tausch eingehen, so sei er auch innenpolitisch besonders verwundbar. Seitdem sein Konkurrent Jelzin sich als Präsident der russischen Republik durchgesetzt habe, sei sein politischer Handlungsspielraum ohnehin begrenzter als bisher. Schon aus diesem Grunde könne sich Gorbatschow nichts leisten, was ihn in den Augen der Nationalisten, auch der russischen, als jemand erscheinen lasse, der vitale nationale Interessen für wirtschaftliche Vorteile eintausche.

Er, Meckel, gehe davon aus, dass de Maizière jetzt von der West-CDU bedrängt werde, baldigen gesamtdeutschen Wahlen zuzustimmen. Im Herbst, wenn die mit der Wirtschafts- und Währungsunion verbundenen Turbulenzen ihren Höhepunkt erreichten, werde es wahrscheinlich die SPD sein, die versuchen werde, ihn zu veranlassen, baldigen gesamtdeutschen Wahlen zuzustimmen. In jedem Fall würden Entscheidungen der Bundespolitiker vor allem durch die Einschätzung der eigenen Wahlaussichten geprägt sein, kaum durch gesamtdeutsche Interessen.

Meckel hielt es für wichtig, dass ich über diese Frage noch einmal ausführlich mit de Maizière spreche. Mit ihm habe er sich darauf verständigt, dass zunächst bis Anfang Juli eine gemeinsame Haltung in der Wahlterminfrage eingenommen werde. Diese Verständigung sei de Maizières Äußerungen auf der gemeinsamen Veranstaltung der CDU/CSU-Bundestagsfraktion mit der Fraktion der Allianz für Deutschland vorausgegangen.

Wir sprachen auch über Diestel. Meckel möchte, dass er im Amt bleibt. Notfalls müsse er aus der DSU austreten. Die von der DSU vorgeschlagene Nachfolge sei indiskutabel. Ohnehin habe die Partei keine Zukunft. Er gehe davon aus, dass Diestel sich früher oder später der CDU anschließen werde. Meckel hält den Innenminister für einen guten Mann, mit dem man arbeiten kann. Was Diestel fehle, sei ein vertrauenswürdiger Gesprächspartner.

Nach der Veranstaltung und vor unserem abendlichen Gespräch traf ich Herrn Möbius, der mich gestern Morgen angerufen hatte. Er gehört nicht zur CDU. Sein Anruf beruhte auf einer gemeinsamen Initiative zusammen mit einigen Freunden. Ich konnte ihn davon überzeugen, dass es aussichtslos sei, den Gedanken eines »Imports« für die Position des Ministerpräsidenten weiterzuverfolgen, wenn er nicht von der CDU oder der SPD getragen werde. Möbius berichtete, in der CDU-Zentrale in Dresden habe man ihm bedeutet, dass es einem Ausverkauf der DDR gleichkäme, wenn man für das Amt des Ministerpräsidenten einen Bundespolitiker vorschlage.

Er bestätigt damit den Eindruck, den ich bereits in meinem Gespräch mit Wagner und Vaatz in Dresden vor einigen Wochen gewonnen hatte. Der sehr agile junge Herr Vaatz hielt sich selbst für geeignet, Ministerpräsident des Landes Sachsen zu werden. In der Partei sind viele versammelt, die sich dazu berufen fühlen. Wahrscheinlich kann sich auch nur auf diesem Wege eine eigene politische Klasse in der DDR entwickeln. Ich habe gegen diesen Gang der Ereignisse nichts einzuwenden.

Theo Sommer beschließt heute in der *Zeit* seinen Artikel über die Kanzlerkandidatur Oskar Lafontaines mit der Frage: Warum eigentlich setzen die Sozialdemokraten ihrem Kanzlerkandidaten nicht den Stuhl vor die Tür, ehe er selber ihnen den Bettel hinwirft? Niemand versteht die Verhaltensweise Lafontaines. Man kann sie auch nicht verstehen. Sie ist, wie die *Frankfurter Allgemeine* schreibt, von dem Wunsch nach Beibehaltung der Zweistaatlichkeit geprägt. Der Gang der Geschichte hat diesem Wunsch nicht entsprochen. Gegen den Gang der Geschichte aber kann man keine Politik machen. Daran wird Lafontaine scheitern, wenn er nicht schon gescheitert ist. Bedauerlich ist nur, dass uns dies praktisch ohne eine kontrollierende Opposition lässt. Für unsere eigene Entwicklung ist das eher ein Nachteil. Aber wahrscheinlich wird sich in der DDR eine neue Form der Opposition entwickeln.

Heute Morgen hatte ich Franz Alt zu Besuch. Er möchte mit mir ins Gespräch kommen, vor allem über das weitere Schicksal der Wachstumspolitik und ihre Folgen für die Überlebensfähigkeit der westlichen Industriegesellschaften. Ich erläutere ihm meine Überlegungen zur Wachstumspolitik. Zunehmend habe ich den Eindruck, dass unsere Gesellschafts- und Wirtschaftsordnung im Zenit ihrer Entwicklung angelangt ist. Im Grunde hat sie damit keine Zukunftsperspektive mehr.

Die Art, wie wir leben, ist nicht verallgemeinerungsfähig. Wir können unsere materiellen Ansprüche an die Erde und ihre Ressourcen nicht auf die große Mehrheit der Menschheit übertragen. China und Indien mit der gleichen Pkw-Dichte und dem gleichen Verbrauch von Energie wie in einer hochentwickelten Zivilisation wären undenkbar. Das heißt aber, dass die Fortführung unserer eigenen Lebensweise nur möglich ist, wenn sie auch in Zukunft einer privilegierten Minderheit, den hochentwickelten Industrienationen, vorbehalten bleibt.

Die westliche Welt befindet sich in der Rolle des Fabrikanten in Gerhart Hauptmanns »Weber«, für den seine Privilegien ein Bestandteil der natürlichen, gottgewollten gesellschaftlichen Ordnung waren, deren Veränderung er sich nicht vorstellen konnte. Auch wir können uns nicht vorstellen, unsere Lebensgestaltung in einer Weise zu verändern, die mit den grundlegenden Geboten der Gleichbehandlung und der Menschenwürde für alle Erdenbürger vereinbar wäre. Wie der Fabrikant werden auch wir unsere Lebensweise verteidigen, weil wir sie als den natürlichen Ausdruck der Weltordnung ansehen, die vor allem durch unsere Leistungs- und Entwicklungsfähigkeit, durch unsere technisch-naturwissenschaftliche Überlegenheit und durch unsere Aufgeklärtheit geprägt ist. Ob es je gelingen kann, diese Prägungen so zu verändern, dass es möglich wird, die Menschenrechte für alle Menschen auf der Erde zu verwirklichen, ist zweifelhaft. Mehr Gründe sprechen dagegen als dafür.

8. Juni 1990

Ich bin heute nicht um kurz vor sieben, sondern erst um kurz vor acht ins Büro gefahren. Zurzeit stehe ich in einem endlosen Stau. Soweit das Auge reicht, stehende Fahrzeuge, die Abgase ausstoßen. In den Morgennachrichten wurde über das Untersuchungsergebnis einer UNO-Kommission berichtet: Danach tragen die Vereinigten Staaten, die Sowjetunion und Europa am meisten zur Luftbelastung und zum Treibhauseffekt bei. Die vier stärksten Verschmutzernationen sind für zwei Drittel der gesamten Weltbelastung verantwortlich. Gestern las ich in der Zeitung, dass jährlich vierzehn Millionen Kinder an den Folgen der Umweltbelastung, der Wasser- und Bodenvergiftung oder an Unterernährung sterben. Die Meldung war zwölf Zeilen lang.

Inzwischen sind wir 500 Meter weitergekommen. Unsere vernunftbegabte Gesellschaft ist nicht in der Lage, den Transport der Menschen in vernünftiger Weise zu organisieren. Die Geschwindigkeit, mit der ich mich mit meinen 180 PS bewegen kann, ist nicht wesentlich größer als die einer Pferdekutsche. Der Fortschritt zehrt sich selbst auf.

Heute beginnt die Fußballweltmeisterschaft mit dem ersten

Spiel. Italien ist seit Wochen vom Fußballfieber erfasst. Man rechnet damit, dass 2,3 Milliarden Menschen den Spielen zusehen oder zuhören werden. Enorme Energien werden aufgewendet, um das Drama zu inszenieren.

Die zurückliegenden Tage waren wieder von der DDR und dem Weg nach Deutschland beherrscht. Am Dienstagvormittag hielt ich auf der Generalversammlung der Westdeutschen Genossenschafts-Zentralbank einen Vortrag über die gesamtdeutsche Entwicklung. Die Veranstaltung fand in dem Neusser Hotel statt, in dem am 8. Mai 1987 der Landesvorstand tagte, um unter dem Vorsitz von Heiner Geißler meine von Kohl erzwungene Erklärung entgegenzunehmen, dass ich nicht mehr für den Landesvorsitz kandidieren würde. Bei jedem Besuch in diesem Hotel werde ich an jenen Nachmittag erinnert. Der Vorgang beschäftigt mich noch immer.

Nach dem Vortrag flog ich nach Berlin, um einer Einladung der DDR-Schriftstellerin Christa Wolf zu folgen. Sie war in den letzten Monaten mehrfach Gastgeberin einer Gesprächsrunde in der Akademie der Künste in Ostberlin zu verschiedenen Themen der Zeit. Es wird ein gutes, fast dreistündiges Gespräch, dessen Protokoll veröffentlicht werden soll. Vor allem der Zusammenhang zwischen der Kultur und der Fähigkeit der Gesellschaft, sich zu begrenzen, beschäftigt uns. Erneut wird deutlich, dass sich im Wettbewerb der Systeme, den Chruschtschow in den fünfziger Jahren ausrief, die marktwirtschaftliche Ordnung zwar als Methode durchgesetzt hat, Wirtschaft zu organisieren und ihre Komplexität zu beherrschen. Das beide Gesellschaftsformen prägende Wachstumsprinzip ist damit jedoch keineswegs überwunden. Wir sollten den Jubel über den »Sieg des Kapitalismus« durch die Einsicht dämpfen, dass wir noch immer nicht gelernt haben, unsere Zivilisation und damit unsere Lebensweise im verträglichen Gleichgewicht mit der Natur zu organisieren. Schon jetzt – um noch einmal auf den UNO-Bericht zurückzukommen – lautet die Devise nicht mehr, den Treibhauseffekt zu verhindern, sondern sich auf seine Folgen vorzubereiten. Zusammen mit der Bevölkerungsexplosion wird er unsere Lebensweise stärker verändern als alles, was in den letzten hundert Jahren geschehen ist.

Nach unserem Gespräch treffe ich mich mit Peter-Michael Diestel im Hotel Metropol in Ostberlin. Susanne, die das Treffen organisiert hat, ist mit von der Partie. Diestel berichtet über die Gespräche mit der CSU und die Ergebnisse seines Konflikts mit der DSU-Fraktion. Er hat die Auseinandersetzung gewonnen. Waigel sei in das gemeinsame Gespräch in Leipzig mit der Absicht gekommen, sich von ihm zu trennen. Nach einer Stunde habe er sich davon überzeugt, dass die Alternativen zu Diestel inakzeptabel waren. So hat er sich – und mit ihm die CSU – für Diestel entschieden. Da auch de Maizière entschlossen war, an ihm festzuhalten, konnte die DSU-Fraktion ihre ohnehin stark persönlich gefärbte Kampagne gegen ihren Generalsekretär nicht fortsetzen. Also wird man sich jetzt miteinander arrangieren.

Im Übrigen sprechen wir über die Perspektiven für die kommenden Wochen. Nach wie vor ist das Datum für die ersten gesamtdeutschen Wahlen umstritten. Die Sozialdemokraten wollen sie erst im Jahre 1991. Die zukünftigen Länder in der DDR sollten zunächst Gelegenheit haben, sich zu konstituieren, ihre Parlamente zu wählen und ihre Regierungen zu bilden. Ohne eine funktionsfähige Länderkammer seien gesamtdeutsche Wahlen, aber auch die Entscheidung über den Beitritt nach Artikel 23 GG nicht sinnvoll. Kohl übe einen starken Druck auf de Maizière aus, sich für frühzeitige gemeinsame Wahlen einzusetzen. Was Meckel mir schon in Dresden berichtete, wird von Diestel bestätigt: Beide, de Maizière und Meckel, wollen nicht schon im Dezember gesamtdeutsch wählen lassen und versuchen, sich bei der Abwehr der Vorstöße aus Bonn gegenseitig zu unterstützen.

Wir stimmen darin überein, dass man einen frühen Termin für gemeinsame Wahlen nicht mit der Notwendigkeit begründen kann, eventuell entstehende Spannungen und Auseinandersetzungen in der DDR als Folge der Währungsunion »gesamtdeutsch« zu überwinden. Wenn es wirklich zu Unruhen in der DDR kommt, können sie nur durch Autoritäten aus der DDR bewältigt werden. Ein »Einschreiten« der Bundesrepublik in der DDR ist politisch undenkbar und hätte langfristige negative Konsequenzen für den Einigungsprozess. Andere Gründe für schnelle gesamtdeutsche Wahlen lassen sich jedoch kaum geltend machen. Die meisten Probleme, die in den nächsten Monaten entstehen werden, können auch auf der gegenwärtigen rechtlichen Grundlage durch Zusammenarbeit der beiden deutschen Regierungen und der beiden deutschen Parlamente gelöst werden. So bestimmen wohl vor allem wahltaktische Gesichtspunkte die Diskussion über den Termin der ersten gesamtdeutschen Wahlen.

Um 1.00 Uhr nachts bin ich wieder in Leipzig. Dort halte ich am nächsten Morgen, Mittwoch, meine Vorlesung »Einführung in die soziale Marktwirtschaft«. Etwa 200 Studenten sind erschienen. Später erfahre ich aus mehreren Anfragen, dass man die Vorlesung nicht öffentlich angekündigt, sondern nur im Kreis der Studenten im ersten und zweiten Studienjahr mitgeteilt hat. Anfragen Interessierter, die an der Vorlesung teilnehmen wollten, wurden von den zuständigen Stellen abschlägig beschieden. Günter Nötzold und ich wollen dieser Behinderung dadurch begegnen, dass wir die Vorlesung in Zukunft als Veranstaltung des Zentrums für Internationale Wirtschaftsbeziehungen anbieten. Inhaltlich macht mir die Vorlesung besondere Freude. Im Juli werde ich sie noch einmal halten.

Anschließend Treffen mit Dr. Fischer und Herrn Beschnitt im Rathaus. Über Beschnitt wird zur gleichen Zeit in seinem Unternehmen Polygraph abgestimmt. Er rechnet damit, dass man ihm das Vertrauen entzieht. Dafür macht er nicht in erster Linie seine politische Vergangenheit, sondern vor allem seine Weigerung verantwortlich, noch vor der Wirtschafts- und Währungsunion die Löhne der Mitarbeiter zu erhöhen, um ihnen so einen besseren Start in die D-Mark zu sichern. Die Abstimmung in den Betrieben über die Führung ist eine Folge der Entscheidung des Wirtschaftsministers Pohl, das gesamte Management der Kombinate zu entlassen und anschließend als vorübergehende Geschäftsleitungen einzusetzen. Die damit verbundene Verunsicherung der Kombinatsdirektionen ist keine gute Voraussetzung für die Bewältigung der Probleme, die den Betrieben mit der Wirtschafts- und Währungsunion ins Haus stehen.

In dem Gespräch mit Fischer wird deutlich, dass die in den Leitsätzen zum Staatsvertrag enthaltene Verpflichtung der DDR, ein Baurecht einzuführen, das dem der Bundesrepublik entspricht, falsch verstanden wird. Die meisten Stadtverwaltungen, aber auch viele Investoren leiten aus diesem Gebot die Ansicht ab, nach dem 1. Juli seien alle Baufragen in der DDR nach bundesdeutschem Baurecht zu entscheiden. Sie gehen deshalb davon aus, dass zunächst die notwendigen Raumordnungsverfahren durchgeführt und Bauleitpläne geschaffen werden müssen.

Würde man dieser Interpretation folgen, wäre es unmöglich, innerhalb der nächsten drei Jahre neue Bauvorhaben in die Wege zu leiten. Als Konsequenz würden gerade dort keine Arbeitsplätze entstehen, wo sie am ehesten entstehen könnten: in der Bauwirtschaft. Wir vereinbaren, dass ich bei beiden deutschen Regierungen auf eine sinnvolle Auslegung des Abschnitts B III hinwirken werde.

Abends die Einführung des neu gewählten Oberbürgermeisters Hinrich Lehmann-Grube im Neuen Rathaus. Lehmann-Grube war bisher Oberstadtdirektor in der Patenstadt Hannover. Er macht auf mich einen guten Eindruck, ebenso seine Frau. Beide haben sich entschlossen, ganz für Leipzig da zu sein. Als Günter Nötzold und ich um 19.00 Uhr ins Neue Rathaus kommen, tagt noch die Stadtverordnetenversammlung. Lehmann-Grube gibt seine Regierungserklärung ab. Er macht den Menschen Mut, ohne die Schwierigkeiten zu vertuschen, vor denen die Stadt steht. Friedrich Magirius, der Pfarrer an der Nikolaikirche, ist Stadtpräsident, also Vorsitzender der Stadtverordnetenversammlung. Die beiden scheinen sich gut zu verstehen. Sie werden gemeinsam eine schwierige, aber auch schöne Aufgabe zu bewältigen haben. Lehmann-Grube erkundigt sich nach Heinz. Ich richte Grüße aus und verabrede mit ihm, dass wir uns bald zu einem ausführlichen Gespräch treffen wollen. Auch er ist beunruhigt über die Folgen, die die Ziffer B III der Leitsätze zum Staatsvertrag für die Baupolitik der Stadt haben könnte.

Am Donnerstag wieder Vorlesung. Nachmittags fahre ich mit einer Taxe nach Berlin. Ein junger Mann hat sich selbstständig gemacht und einen gebrauchten Mercedes in tadellosem Zustand für 25 000 DM erworben. Vom Kaufpreis soll er 15 000 DM nach dem 1. Juli und den Rest in monatlichen Raten von 2000 DM bis Jahresende zahlen. Er gehört zu denen, die die DDR-Wirtschaft schnell in Schwung bringen werden.

In Leipzig musste sich unterdessen Herbert Beschnitt dem Votum der Belegschaft stellen. Obwohl es keine rechtliche Grundlage dafür gibt, entscheiden die Mitarbeiter, ob sie noch Vertrauen in die Generaldirektion haben oder nicht. Beschnitt wird abgewählt. Eine neue Unternehmensführung kann die Belegschaft nicht einsetzen.

9. Juni 1990

Die nordrhein-westfälische Landesvertreterversammlung hat getagt und die Landesliste beschlossen. Ich stehe auf Platz 7 nach Norbert Blüm, Bernhard Worms, Dorothee Wilms, Irmgard Karwatzki, Horst Waffenschmidt, Willy Wimmer. Als mein Name aufgerufen wurde und keine Alternativvorschläge gemacht wurden, gab es lebhaften Beifall. Viele beglückwünschten mich zur erneuten Nominierung für den Bundestag. So werde ich in einer aufregenden Zeit die Möglichkeit haben, im ersten gesamtdeutschen Parlament mitzuarbeiten. Das Hinzutreten der Ost-CDU wird meine Position in der Partei, aber auch in der Fraktion stärken. Mit meinen Ideen werde ich bei den unverbrauchten Politikern aus der DDR größere Resonanz finden als bei vielen Kollegen aus der Bundesrepublik.

Blüm hielt eine unmögliche Rede. Sie war inhaltlich kaum zu verdauen, strotzte von falschen Metaphern und gab den Delegierten Steine statt Brot. Abgesehen von wenigen Sätzen zur politischen Auseinandersetzung mit der SPD, erwähnte er die deutsch-deutsche Entwicklung und ihre Probleme mit keiner Silbe.

Die gewaltige Niederlage vom 13. Mai 1990 wird augenscheinlich verdrängt. Niemand spricht davon. Linssen lässt sich inzwischen als »Revolutionär« feiern. Mit einem Rundumschlag, wie es eine Zeitung schrieb, kritisierte er die Partei und lenkte damit von dem Umstand ab, dass er als Generalsekretär für die Wahlkatastrophe in erster Linie selbst verantwortlich war. Jetzt ist er Fraktionsvorsitzender und bereitet sich auf die Spitzenkandidatur 1995 vor. Schon aus diesem Grunde ist man offenbar nicht daran interessiert, einen starken Generalsekretär zu berufen. Noch besetzt Linssen beide Funktionen.

Worms wurde ebenfalls anstandslos auf der Liste platziert. Man war der Meinung, er müsse eine Entschädigung für den Verlust des Fraktionsvorsitzes haben. Im Übrigen rechnet jeder damit, dass Kohl ihn in einer neuen Regierung nach der Bundestagswahl zum Staatssekretär berufen werde. Mich dauert schon heute das Ministerium, das Opfer einer solchen Entscheidung wird.

Die Delegierten folgten im Wesentlichen den Vorschlägen des Landesvorstandes. Abweichungen gab es nur eine, und die dort, wo ohnehin keine Aussicht mehr besteht, über die Reserveliste in den Bundestag zu gelangen. Die Atmosphäre war gut, niemand will über Personen diskutieren. Die Partei wird getragen von der deutsch-deutschen Entwicklung und ihrer führenden Rolle auf dem Weg nach Deutschland.

Eckhard Uhlenberg hat seinen Soester Wahlkreis zurückgewonnen. Mit der Qualität der Fraktion ist er zufrieden. Christa Thoben fehlt ihm sehr. Wie schön wäre es gewesen, wenn sie 1987 zur Fraktionsvorsitzenden gewählt worden wäre. Mit vielen anderen ist er der Meinung, dass das Wahlergebnis um fünf Prozent besser ausgefallen wäre, hätte Christa die Partei im Landtagswahlkampf geführt. Heinrich Ostrop glaubt nicht, dass es vor der Jahrhundertwende möglich sein wird, die politischen Verhältnisse in Nordrhein-Westfalen wesentlich zu verändern.

Auch wenn ich inzwischen großen Abstand gewonnen habe, so schmerzt mich doch bei solchen Anlässen noch immer, dass wir keine Chance hatten, den großartigen Neubeginn nach der Fusion der Landesverbände Westfalen-Lippe und Rheinland 1986 in politische Wirkungen umzusetzen. Ginge es bei der Wahl des Bundesvorsitzenden der CDU um die Frage, wer die Partei am meisten gefördert und vorangebracht hat, Helmut Kohl hätte keine Chance, wiedergewählt zu werden. Aber Politik gestaltet sich nach anderen Kriterien. Im Oktober werden sich die beiden CDU-Parteien in West und Ost vereinigen. Helmut Kohl wird gemeinsamer Vorsitzender, Lothar de Maizière sein erster Stellvertreter werden. Wir werden Präsidium und Bundesvorstand durch weitere Persönlichkeiten aus der DDR ergänzen. Die Gremien werden dadurch noch größer werden, aber auch ihre Qualität wird sich verändern. Vielleicht kommt auf diese Weise wieder Bewegung in unsere Partei.

10. Juni 1990

Im Cecilienhof in Potsdam. Morgen beginnt hier ein Bertelsmann-Kolloquium über die deutsche Einheit und den Platz Deutschlands in Europa. Mein Zimmer blickt auf den Park. Die Luft ist regengetränkt und leicht nebelig. Die Blätter der Eichen vor meinem Fenster glänzen, als seien sie lackiert.

Milton Friedman und ich flogen gestern gemeinsam von Düsseldorf nach Berlin. Es ist ein fröhliches Wiedersehen. Milton ist mit seinen 78 Jahren kaum älter geworden. Sein Optimismus ist so ungebrochen wie eh und je. All die Schwarzmaler könne er nicht verstehen. Sobald die Menschen in der DDR wirkliches Geld in der Hand hätten, würden sie sich anders verhalten. Schon bald werde man überrascht feststellen, wie schnell die Probleme sich lösen ließen, die uns heute unüberwindbar erschienen.

Wir sprechen über die Entwicklung der Kanzlei in Washington. Milton zeigt sich interessiert, eine Zusammenarbeit zu begründen, die über den bisherigen Kontakt hinausgeht. Man arbeite eng mit Kissinger Incorporated zusammen und suche deshalb nicht nur juristische, sondern auch politische Kontakte. Meine Situation sei ideal: die Rechtsanwaltspraxis und das Institut, das Bundestagsmandat und die Parteifunktionen, die zunehmende Verankerung in der DDR. Drei Beine, die dem Ganzen Stabilität gäben und durch die Juristerei zusammengehalten würden. Allerdings müsse ich irgendwann noch einmal Kanzler werden, meint Milton, damit er auf seinen früheren Prognosen nicht sitzenbleibe. Ich bereite ihn schonend darauf vor, dass er diese Wette wahrscheinlich verlieren werde. Es scheint ihn nicht sehr zu beschweren.

Als der Krieg zu Ende ging, war Milton 34 Jahre alt. In diesem Jahr wird er 79. Obwohl er es nicht gerne zeigt, ist auch er beeindruckt von dem Konferenzsaal mit seinem historischen Mobiliar. Wir gehen durch die angrenzenden Räume, in denen die Delegationen ihre Büros aufgeschlagen hatten. Man kann sich heute nicht mehr vorstellen, dass fünfzehn Personen, um einen Tisch gruppiert, mit wenigen Assistenten und Sekretärinnen in einer Konferenz, die kaum einen Monat dauerte, auf Jahrzehnte das Schicksal Europas festzulegen vermochten. Wie viel überschaubarer war doch die Welt damals. Heute müssen Hunderte von Beamten und Delegationsleitern bewegt werden, um ein Problem wie das der Einfuhr verseuchten Fleisches aus Großbritannien in andere EG-Mitgliedsländer zu bewältigen.

Noch immer beschäftigten mich die Delegiertenversammlung zur Aufstellung der Landesliste und die Eindrücke, die ich dort von der nordrhein-westfälischen Partei gewonnen habe. Ermutigend finde ich es, dass junge Kräfte in den Bundestag nachrücken: Ronald Pofalla, Renate Diemers, Peter Hintze. Mit ihnen und einigen anderen wie Jochen Borchert wächst die Möglichkeit, die nordrhein-westfälische Landesgruppe im Bundestag zu aktivieren und innerhalb der Landes-CDU eine Reformgruppe zu bilden. Ihr sollten Mitglieder der Bundestags- und der Landtagsfraktion angehören. Mit Eckhard Uhlenberg und Laurenz Meyer sollte ich besprechen, wer aus der Landtagsfraktion für eine solche Kampagne der Regeneration in Frage kommt.

Anlass für die Erneuerung könnten die gewandelte Stellung des Landes Nordrhein-Westfalen im geeinten Deutschland und in Europa und die Veränderung sein, die sich in der Bundespartei mit der Verschmelzung von Ost- und West-CDU vollziehen wird. Die neue Partei muss keine erweiterte Kohl-Partei sein. Die nordrhein-westfälische CDU kann eine neue Funktion übernehmen, wenn sie ihre Reformkräfte aktiviert und auf die Zusammensetzung der Führung entsprechend einwirkt. Das sollte für den kommenden Landesparteitag angestrebt werden. Wichtig ist dabei die Besetzung der Position des Generalsekretärs. Linssen wird nicht daran interessiert sein, neben sich einen starken Mann zu haben. Aber ohne eine profilierte Persönlichkeit ist es nicht möglich, die CDU aus ihrem gegenwärtigen Tief herauszuführen. Noch wird in der Partei nicht über die Ursachen der erneuten Niederlage diskutiert, obwohl sie auf der Hand liegen. Nachdem nun die Landesliste aufgestellt ist, kann man, wenn auch behutsam, mit dieser Diskussion beginnen. Der Partei in Nordrhein-Westfalen müssen neue Aufgaben gestellt und neue Ziele gesetzt werden. Blüm hat mit seiner Rede vor der Landesdelegiertenversammlung niemanden davon überzeugt, dass er dazu in der Lage wäre.

Für mich bedeutet die Veränderung, die die Bundespartei durch die Fusion mit der DDR-CDU erfährt, eine neue Chance, auf die inhaltliche Entwicklung der Partei Einfluss zu nehmen. Nach reiflicher Überlegung glaube ich nicht, dass dies mit der Gruppe möglich sein wird, von deren Bildung bei meinem Gespräch im Interconti mit Geißler, Süssmuth und Thoben die Rede war. Vielmehr sollte ich mich auf Nordrhein-Westfalen und die DDR-CDU konzentrieren. Dort habe ich jeweils einen guten Namen und Freunde.

Mit dem Hinzutreten der Ost-CDU werden die Zentrifugalkräfte in der Bundespartei wachsen. Baden-Württemberg wird sich stärker verselbstständigen, Hessen und Rheinland-Pfalz werden durch die kommenden Landtagswahlen eher geschwächt werden. In den norddeutschen Ländern ist die CDU ohnehin auf die Oppositionsbank verwiesen. Überall besteht das Bedürfnis nach neuer Orientierung, ein Bedürfnis, das Kohl bisher nicht befriedigen kann und zu dessen Befriedigung auch von Rühe kein Beitrag zu erwarten ist. Zwar wird man auf dem nächsten Bundesparteitag nicht erneut die Trennung der Funktionen von Kanzler und Parteivorsitzendem zur Sprache bringen können; trotzdem wird sich diese Frage bald stellen.

Kohl wird ganz von der Integration Deutschlands in Anspruch genommen sein. Die Probleme, die in den kommenden Monaten – vielleicht auch längerfristig – auftreten, werden inhaltliche Antworten verlangen. Das Wissen, das ich mir jetzt während meiner Aufenthalte in der DDR, in meiner Tätigkeit für das Institut und bei meiner Arbeit an dem Bericht für die Trilaterale Kommission aneignen kann, wird mir helfen, neue Fragestellungen zu formulieren und in die öffentliche Diskussion einzubringen. Ich muss mich nur endgültig von der Vorstellung lösen, diese Aufgabe mit dem Versuch zu verbinden, noch einmal hervorgehobene politische Ämter anzustreben. Die inhaltliche Arbeit müsste unter einem solchen Versuch leiden.

An den neunzigsten Geburtstag meines Vaters, den wir gestern feierten, werde ich gerne zurückdenken. Es war ein schönes Familienfest in der Winterscheider Mühle. Mit unserer Familie können wir im Großen und Ganzen sehr zufrieden sein, vor allem auch mit der nachwachsenden Generation. Sollte mir die Gnade zuteilwerden, einmal neunzig Jahre alt zu werden, werde ich wahrscheinlich nicht so viele Enkel um mich versammeln können wie mein Vater. Jedenfalls werden sie jünger sein. Matthias hat eine entzückende Rede auf seinen Großvater gehalten. Gemessen an den normalen Opa-Maßstäben sei er nicht sehr erfolgreich gewesen. Dazu sei er zu jung geblieben, zu neugierig, zu offen, zu tolerant und zu sehr interessiert an dem, was die jungen Menschen beschäftige; zu wenig der Moralapostel, zu viel der aufgeschlossene ältere Freund für die Jungen.

In unserem Gespräch beim Abendessen im Cecilienhof am Tag vor unserer Konferenz erörtern wir die künftige Bedeutung der Landesregierungen. Bleibt es bei fünf Ländern in der DDR, unter Einschluss Berlins, das in Brandenburg aufgeht, dann werden in der gemeinsamen Länderkammer fünfzehn Länder vertreten sein, von denen fünf auf dem Territorium der ehemaligen DDR liegen. Handeln die DDR-Länder zusammen, dann ist davon auszugehen, dass sie fast immer die Möglichkeit haben, die Gesetzgebung zu beeinflussen und gegebenenfalls zu verhindern. Die DDR wird de facto in der Länderkammer eine Vetoposition haben. Deshalb ist es besonders wichtig, dass in den Ländern kompetente Regierungen gebildet werden. Die Position des Ministerpräsidenten ist in der Verfassungsordnung der Bundesrepublik Deutschland sehr stark. Wenn er will, kann ein Ministerpräsident die Politik des Landes nachhaltig beeinflussen. Dass einige Ministerpräsidenten der Bundesrepublik dies nicht tun, spricht nicht gegen ihre Kompetenzausstattung, sondern gegen ihre Fähigkeit, sie wahrzunehmen.

Der Übergang von der sozialistischen Planwirtschaft zur Marktwirtschaft steht kurz bevor. Meine Gesprächspartner unterschätzen die Bedeutung der Tatsache, dass die DDR-Bevölkerung nach dem 1. Juli über echtes Geld verfügt. Allerdings erkennen sie, dass sich die Ostdeutschen bereits heute auf die Bedingungen nach der Wirtschafts- und Währungsunion einstellen. So ist die DDR-Mark mittlerweile 0,50 DM wert, was die Menschen veranlasst, sparsam mit ihr umzugehen. Sobald das neue Geld verfügbar ist, werden die Menschen sich anders verhalten als heute. Viele der Initiativen, die heute im bürokratischen Gestrüpp oder in der Lethargie hängen bleiben, welche die Planwirtschaft verbreitet, werden sich dann entfalten, weil es sich wieder lohnt, etwas zu leisten.

Die Dynamik dieser Kräfte lässt sich schwer einschätzen. Vieles spricht jedoch dafür, dass sie wesentlich größer ist, als allgemein angenommen. Sie wird unterstützt werden durch den Umstand, dass jeder Bürger in der DDR auf die wirtschaftliche und politische Unterstützung von vier Bürgern in der Bundesrepublik rechnen kann. Schließlich kann sich die Bundesrepublik ein Scheitern der deutschen Einheit auch international nicht leisten. Alle blicken auf uns. Die Logen und Ränge im Theater der Weltgeschichte sind längst besetzt mit neugierigen Zuschauern, von denen viele darauf warten, manche darauf hoffen, dass der Bundesrepublik das große Experiment der Einheit nicht gelingen möge.

12. Juni 1990

Unser Kolloquium in Potsdam war ein Erfolg, der Ort dafür eindrucksvoll gewählt. Wir tagten in dem Saal, in dem 1945 die Potsdamer Konferenz stattfand, inmitten der damaligen Einrichtung.

Der erste Tag war dem deutsch-deutschen Verstehen, der Verbesserung der Kommunikation, dem Erfassen unserer gegenseitigen Schwierigkeiten, aber auch der Ermittlung der Chancen gewidmet, die mit der deutschen Einheit verbunden sind. Heute Morgen sprachen Goldstücker aus der Tschechoslowakei, Kluejew aus der Sowjetunion, John Kornblum aus den Vereinigten Staaten und Joseph Rovan aus Frankreich über die Wünsche unserer Nachbarn an uns Deutsche. Es war fürwahr eine historische Begegnung.

Auch was sich sonst am heutigen Tag ereignet hat, verdient, historisch genannt zu werden. Gorbatschow sprach vor dem Obersten Sowjet und bewegte sich einen weiteren Schritt auf die Möglichkeit zu, dass auch ganz Deutschland in der NATO verbleiben kann. Er verlangt eine Veränderung der Verteidigungsallianz in ein politisches Bündnis. Kohl und Bush lehnten den Vorschlag am gleichen Tag zwar ab. Aber das letzte Wort ist auch hier noch nicht gesprochen. Die Gespräche zwischen Genscher und Schewardnadse sind ermutigend. Immer mehr rechnen damit, dass es noch in diesem Herbst gelingen kann, die Zustimmung der beiden Weltmächte zur deutschen Einheit zu erlangen.

De Maizière traf sich mit Bush in den Vereinigten Staaten. Er ist der erste DDR-Regierungschef, der im Weißen Haus empfangen wurde. Amerikanische Marinesoldaten präsentierten bei seiner Ankunft mit der DDR-Flagge. De Maizière legte einen Kranz am Grabmal des Unbekannten Soldaten auf dem Arlington-Friedhof nieder und besuchte anschließend die Grabstätte von John F. und Robert Kennedy.

Vor der Fraktion drängt Kohl auf baldige gesamtdeutsche Wahlen. Die Aussichten, dass sie im Dezember stattfinden können, steigen. Inzwischen hat Lafontaine sich bereit erklärt, auch dann Kanzlerkandidat der SPD zu bleiben, wenn der Staatsvertrag von der SPD akzeptiert wird. Ob es ihm gelingen wird, das verlorene Terrain im Vertrauen der Bevölkerung wiederzugewinnen, ist allerdings fraglich. Selbst wenn es in der DDR zu erheblichen Unruhen kommen sollte, würde man es kaum verstehen, sollte Lafontaine versuchen, allein auf der Grundlage dieser Unruhen seinen Wahlkampf zu führen. Im Übrigen wird Kohl alles tun, um der DDR-Wirtschaft im Falle von Turbulenzen auf die Beine zu helfen und die schlimmsten sozialen Auswirkungen der Umstellung aufzufangen. Ist der Prozess erst einmal im Gange, gibt es, auch was die wirtschaftliche Unterstützung der DDR durch die Bundesrepublik anbetrifft, kaum noch Begrenzungen.

In Baden-Württemberg beginnt Lothar Späth, mit den Grünen zu kokettieren. Sie seien ihm der interessanteste politische Partner, erklärt er. Was Christa Thoben im Februar 1987 den Weg zum Fraktionsvorsitz versperrte, ihre Spekulation über eine mögliche Zusammenarbeit zwischen CDU und Grünen, falls diese sich grundlegend ändern, wird heute in Stuttgart offen diskutiert. Im Grunde eine logische Entwicklung, denn die Grünen sind – jedenfalls was die Ökologie anbetrifft – Konservative.

In der Sowjetunion sind die Feindbilder zusammengebrochen. Der Warschauer Pakt zerfällt. Auch das sowjetische Imperium ist im Begriff, sich aufzulösen. Jelzin als neuer Präsident Russlands hat erreicht, dass die Republik Russland durch ein Gesetz ihre Autonomie betont. Sowjetische Gesetze sollen nur noch mit ihrer Zustimmung gültig sein. Außerdem behält sie sich die Möglichkeit des Austritts aus der Union vor. Dies muss eine große Ermutigung für die anderen Unabhängigkeitsbestrebungen sein. Die Präsidenten der drei baltischen Republiken trafen sich heute mit Gorbatschow, um über den weiteren Weg zur Unabhängigkeit zu beraten. Auch hier lässt sich die Entwicklung zu einer qualitativen Veränderung der Union der Sowjetrepubliken nicht mehr aufhalten. Der *Spiegel* berichtet über einen »Amerika-Taumel« in der russischen Bevölkerung. Wie im geschlagenen Deutschland nach 1945 hält die amerikanische Kultur und Zivilisation jetzt auch in der Sowjetunion Einzug. McDonald's, Coca-Cola, Kaugummi, Schönheitskonkurrenzen, Rockmusik, Jeans und all die anderen Symbole des amerikanischen Lebens werden zu Höchstpreisen begehrt. Der Dollar ist auf dem besten Wege, zur illegalen Zweitwährung zu werden. Immer weniger ist es den sowjetischen Behörden möglich, diese Entwicklung zu verhindern. Ihre Autorität bricht mit dem Verlust der Macht der Kommunistischen Partei zusammen.

Zugleich erhebt sich Europa aus der Asche der Bedeutungslosigkeit, der mittelstaatlichen Machtlosigkeit, befreit sich von der bipolaren Ordnung, die die beiden Weltmächte in Potsdam errichtet haben, entfaltet seine Vielgestaltigkeit, seine kulturelle Kraft und seine Fähigkeit zu Maß und Mitte in der Wirtschafts- und Sozialpolitik. Nichts von dem, was das Blocksystem bestimmte und der Welt jahrzehntelang Stabilität versprach, gilt noch. Die Welt ordnet sich neu.

So treten wir in eine Phase ein, die, bei aller Unruhe des Umbruchs, eine Phase aufstrebender Entwicklung werden kann. Die neuen Probleme, der ökologische Niedergang und die Übervölkerung der Erde, sind politisch noch nicht wirksam. Eine »Zwischenzeit« beginnt, in der die Illusion regiert, wir hätten alle Weltprobleme gelöst. Kräfte werden freigesetzt, die durch die europäische Teilung gebunden waren. Die überschießenden Kräfte der Wirtschaft in der europäischen Gemeinschaft sehen in der Öffnung des Ostens eine Chance, sich zu bewähren und Neues zu gestalten. Das Tempo der Veränderungen reißt auch all jene mit, die Sorge vor einer Überforderung der Menschen und deshalb den Wunsch haben, ihnen Zeit zu gewähren, um den Wandel zu verkraften. Eine ungeheuer aufregende Zeit.

17. Juni 1990

Bei einem frühen Frühstück – heute versammeln sich Bundestag und Volkskammer in Berlin zum Gedenken an den 17. Juni – habe ich Erhard Epplers Interview in der *Zeit* gelesen. Die SPD habe sich von Kohl und Rühe täuschen lassen. Er habe am 17. Juni vergangenen Jahres einen Konsens zwischen beiden großen Volksparteien aufbauen wollen. Das sei ihm auch gelungen. Im Herbst habe Rühe diesen Konsens wieder zerstört. Kohl und sein Generalsekretär seien wohl entschlossen gewesen, die Veränderungen in Deutschland und damit die Chance der deutschen Einheit zur Sache der CDU zu machen und die SPD auszuschließen. Ähnlich wie 1871 wollten beide den Staat einigen und die Nation spalten. Viele in der SPD seien aus Prinzipientreue in die Falle gegangen. Man könne nicht, wie Lafontaine es versucht habe, einen Schnellzug dadurch aufhalten, dass man einen VW-Käfer auf die Schiene stellt.

Vor der gemeinsamen Feierstunde soll ich in der Staatsoper in Berlin eine Rede zum Thema »Nachdenken über Deutschland« halten. Ich bin für Hans Maier aus München eingesprungen. Noch sind meine Vorstellungen von dem, was ich sagen werde, recht diffus. Auf alle Fälle habe ich mir als Rückhalt meinen Beitrag »Auf dem Weg nach Deutschland« in der *Süddeutschen Zeitung* vom 24. März mitgenommen.

Zurück in Bonn. Ein herrlicher Sonnentag. Die Vögel konzertieren vor meinem Bürofenster. Der Blick ins Grüne ist immer wieder versöhnend.

Die Feier zum 17. Juni im Schauspielhaus war würdevoll. Ebenso wie die Staatsoper gehört auch das Schauspielhaus zu den Gebäuden, die das SED-Regime auf vorbildliche Weise hat restaurieren lassen. Vergleichbare Gebäude und Säle sind in Bonn nicht zu finden. Berlin hat sein altes Zentrum wieder, und die Westberliner empfinden dies auch so.

Stolpes Rede war nüchtern, nicht ohne Selbstironie (er sei ein gelernter DDR-Bürger) und von großem Tiefgang. Der zweite Teil, der den Zukunftsentwicklungen gewidmet war, kam fast dem Entwurf eines Regierungsprogrammes gleich. Mit 54 Jahren gehört Stolpe zu den politischen Talenten, die für das geeinte Deutschland eine Bereicherung sein werden. Ich könnte ihn mir gut als Nachfolger Richard von Weizsäckers vorstellen.

Während des Empfangs nach der Gedenkstunde – und vor dem Rückflug nach Bonn – sprach ich mit Konrad Weiß über die Initiative, die er zusammen mit Wolfgang Ullmann ergriffen hat, um zu einer möglichst baldigen Entscheidung über den Beitritt der DDR zur Bundesrepublik zu kommen. Weiß, der bis vor kurzem die Auffassung vertreten hat, man solle sich mit dem Beitritt Zeit lassen, hat seine Meinung vor allem deshalb so radikal geändert, weil die Rechtsstellung der DDR-Bürger im sozialen Bereich unter der Herrschaft des Grundgesetzes und der Gesetzgebung der Bundesrepublik günstiger ist als im Rahmen des Staatsvertrages. Allerdings, so scheint mir, liegt das Hauptmotiv für den Gesinnungswandel weniger in der unterschiedlichen Stellung der DDR-Bürger als in dem Wunsch, die Last der Problembewältigung nach dem 2. Juli nicht alleine tragen zu müssen. Das Bestreben, nun möglichst bald dem Geltungsbereich des Grundgesetzes beizutreten, hat etwas von Flucht nach vorne an sich.

Später sprach mich der Bildungsminister der DDR Hans Joachim Meyer (CDU) an. Ihm bereitet die Entwicklung an den Hochschulen große Sorge. Dies gelte vor allem für Leipzig. Dort erweise sich die Universität als besonders reaktionär und unbeweglich. Vielen SED-Professoren sei es gelungen, sich durch Umbenennung ihrer Lehrstühle und Inanspruchnahme der Hochschulautonomie in den bestehenden Verhältnissen einzugraben. Mit den Mathematikern, die öffentlich eine Veränderung in der Universität gefordert hatten, sei zunächst vereinbart gewesen, dass er mit ministeriellen Erlassen in die Universitätsentwicklung eingreife. Kurz darauf hätten ihn die Mathematiker jedoch gebeten, vorläufig davon abzusehen. Man wolle versuchen, die Probleme in der Universität selbst zu lösen. Bisher habe sich allerdings noch nichts bewegt.

18. Juni 1990

Gestern Nachmittag kam es in der Volkskammer zur ersten Debatte über den Beitritt der DDR zum Grundgesetz. Da Konrad Weiß und Wolfgang Ullmann ihren Vorstoß nicht weiterverfolgen konnten, nachdem die CDU-Unterschriften zurückgezogen worden waren, stellte nun die DSU den Antrag auf sofortigen Beitritt der DDR zum Grundgesetz. Gut zwei Drittel der Mitglieder der Volkskammer waren dafür, die DSU-Initiative auf die Tagesordnung zu setzen. Die Volkskammer folgte dann jedoch de Maizières Vorschlag, den Antrag an die Ausschüsse zu verweisen. Gleichwohl kann kein Zweifel daran bestehen, dass es in der Volkskammer eine Zweidrittelmehrheit für den Beitritt zum Geltungsbereich des Grundgesetzes gibt. Wahrscheinlich wird man schon in dieser Woche, spätestens in der nächsten, entsprechende Beschlüsse fassen. Sicher scheint zumindest inzwischen, dass es noch in diesem Jahr zum Beitritt und zu ersten gesamtdeutschen Wahlen kommt.

Schwierigkeiten wird dabei die Absicht de Maizières bereiten, in der DDR ohne Fünfprozentklausel zu wählen. De Maizière möchte den jungen Parteien, deren Führungen und Mitglieder einen Großteil der Last der friedlichen Revolution getragen haben, die Möglichkeit erhalten, auch in einem gesamtdeutschen Parlament mitzuwirken. Deshalb wird angestrebt, den Bundestag wie vorgesehen zu wählen und am gleichen Tage Zuwahlen zum Bundestag durch die Bevölkerung der DDR stattfinden zu lassen. Als Folge hätten die Bundestagsabgeordneten von Ost und West eine unterschiedliche Mandatsqualität, jedenfalls soweit sie nur deshalb im Bundestag anwesend sind, weil es in der DDR keine Sperrklausel gab.

Die Juristen des Innenministeriums scheinen eine solche Lösung für möglich zu halten.

Ingrid kam gestern von ihrer Sklerodermie-Vorstandssitzung in Frankfurt nach Bonn. Wir fuhren zum Steigenberger Hotel, um eine Kleinigkeit zu essen. Als wir gerade gehen wollten, kam Rühe, der mit Diepgen verabredet war. Dieser stieß wenig später ebenfalls zu uns. Wir luden beide ein, sich zu uns zu setzen. Von Rühe wollte ich wissen, wie die Beratungen in der Volkskammer verlaufen waren. Ein Gespräch über die weitere Entwicklung in Deutschland und die Vorbereitung der Bundestagswahlen schloss sich an. Beide geben Lafontaine gute Chancen, sich vom augenblicklichen Rückschlag in der öffentlichen Zustimmung zu erholen. Nach dem gestern Abend ausgestrahlten *Politbarometer* hat Lafontaine erheblich an Popularität verloren. SPD und CDU sind mit je 43 Prozent wieder gleichermaßen beliebt. In der Sonntagsfrage hat die CDU einen dreiprozentigen Vorsprung vor der SPD (43 Prozent zu 40 Prozent). Die FDP liegt unverändert bei acht, die Grünen bekämen sieben Prozent. Die Zahl der Bürger, die an einen Wahlsieg der gegenwärtigen Regierung glauben, ist wieder größer als der Anteil derjenigen, die der Opposition eine Chance geben. Allerdings waren die Schwankungen in den letzten Monaten beachtlich, vor allem was die Beliebtheit und die Wahlaussichten der großen Volksparteien anbetrifft. Sie machen die Ambivalenz deutlich, die derzeit die politische Landschaft kennzeichnet. Die Umwälzungen im deutsch-deutschen Verhältnis und im osteuropäischen Raum sind noch lange nicht verarbeitet. Deshalb haben Rühe und Diepgen wohl recht, wenn sie damit rechnen, dass die politische Lage im August und September bereits völlig anders aussehen kann als heute.

Ich rate Rühe, auf der heutigen Sitzung des Bundesausschusses der Partei die Einsetzung einer Kommission zur Überarbeitung des Grundsatzprogramms zu initiieren. Die Rede des Parteivorsitzenden und die anschließenden Beschlussvorlagen sollten deutlich machen, dass wir mit der deutschen Einheit eine große, unsere ganze Kraft fordernde Aufgabe angehen, die von uns auch einen hohen wirtschaftlichen und finanziellen Einsatz verlangen wird. Der Strategie Lafontaines, den Prozess der deutschen Einigung auf seine sozialpolitische Dimension zu reduzieren, müsse mit dem Pathos der historischen Aufgabe begegnet werden, die eine solche Reduktion nicht zulasse. Diepgen meint zu Recht, eine derartige Neuorientierung des Denkens der Bevölkerung sei nicht leicht zu bewerkstelligen. Wir stimmen darin überein, dass es ein Fehler war, im Februar aus Anlass des Wahlkampfes in der DDR der bundesdeutschen Bevölkerung zuzusichern, die Einheit sei ohne nachhaltige zusätzliche Anstrengungen zu haben. Eine Korrektur dieses Versprechens ist in der Tat schwierig. Sie kann nur jetzt, das heißt vor Inkrafttreten des Staatsvertrages, erfolgen. Kommt sie erst, wenn das Bedürfnis nach zusätzlichen Leistungen offensichtlich ist, dann lässt sie sich nicht mehr mit dem nationalen Pathos der historischen Aufgabe verbinden.

Ich rege deshalb an, mit Richard von Weizsäcker zu sprechen und seine Hilfe und seinen Rat zu erbitten. Auch wenn dies nicht ohne Überwindung möglich sei, so sei es doch notwendig. Niemand sei besser geeignet als von Weizsäcker, dem deutsch-deutschen Einigungsprozess die historische Dimension zu verleihen, die ihm zukomme. Diepgen führt den Gedanken sogleich fort: Richard von Weizsäcker werde am 29. Juni die Ehrenbürgerschaft West- und Ostberlins verliehen. Er werde die Urkunde in einer Feierstunde in der Berliner Nikolaikirche entgegennehmen. Dies sei eine hervorragende Gelegenheit, von eben der Größe der Aufgabe zu sprechen, die uns durch den deutschen Einigungsprozess gestellt sei.

Rühe meint, der Bundespräsident hätte in den vergangenen Monaten hilfreicher sein können, als er es gewesen sei. Insbesondere sein Eintreten für die Wohnungssuchenden in der Bundesrepublik hat die Parteiführung irritiert. Ich antworte ihm, dass es darauf nicht ankommen könne. Wolle man die Wahl im Dezember gewinnen, müssten jetzt alle Möglichkeiten ausgeschöpft werden. Aber auch unabhängig von der anstehenden Wahl sei es erforderlich, der Bevölkerung in der Bundesrepublik die Gewissheit zu vermitteln, dass sie an einer großen und historisch bedeutsamen Aufgabe mitwirke und sie diese Aufgabe deshalb als Maßstab für ihre eigenen Wünsche und Bedürfnisse akzeptieren müsse. Gelinge es Lafontaine, Sozialneid, Sozialangst und Besitzstandsdenken zu den wichtigsten Entscheidungsmotiven für die ersten gesamtdeutschen Wahlen werden zu lassen, dann habe er gute Aussichten, sie zu gewinnen. Zugleich gehe damit aber auch die historische Dimension der Einigung verloren. Dies müsse sich nicht nur auf die Bundestagswahl auswirken. Es werde auch das Verhältnis zwischen den ehemaligen beiden deutschen Staaten und ihren Bevölkerungen langfristig prägen und uns die Entwicklung einer neuen gesamtdeutschen Identität wesentlich erschweren.

Heute trat der Bundesausschuss der CDU in Bonn zusammen. Zum ersten Mal nehmen de Maizière und sein Parteipräsidium an einer Sitzung des kleinen Parteitages der CDU teil. De Maizière spricht nach Kohl. Er betont die christliche Dimension unserer Politik. Als Bedingungen für die Einheit beider Parteien sieht er eine Programm- und eine Organisationskommission. Letztere müsse bis zum Einheitsparteitag mit ihrer Arbeit fertig sein.

Während Dregger spricht, wird der Leitantrag der Parteiführung zur Deutschlandpolitik verteilt. Ich melde mich dazu zu Wort und mache eine Reihe von Änderungsvorschlägen, die auch angenommen werden. Dabei geht es mir vor allem darum, die jetzigen Formulierungen im Stil von »Wir wollen der DDR helfen« zu ändern und die Gemeinsamkeit der Aufgabe zu betonen, zu der wir alle nach unseren Fähigkeiten beizutragen haben. Dies bedeutet eine inhaltliche Änderung des Textes. Sie kann in Anwesenheit der DDR-Politiker nicht verweigert werden. Ich bin nicht sicher, ob man die Bedeutung des neuen Sinngehalts überall verstanden hat.

21. Juni 1990

Welch ein Tag! Im Bundestag und in der Volkskammer wurde der Staatsvertrag zur Errichtung einer Wirtschafts-, Währungs- und Sozialunion mit überwältigenden Mehrheiten ratifiziert. Beide Parlamente verabschiedeten eine Entschließung, die die Endgültigkeit der polnischen Westgrenze bestätigt. Der Ministerpräsident der DDR und – am späteren Abend – der Ministerpräsident Ungarns József Antall nehmen auf der Ehrentribüne des Bundestages Platz. Beide werden mit großem Beifall begrüßt.

Schon der Dienstag in der Fraktion war beherrscht vom Gewicht der Entscheidungen, die wir heute getroffen haben. Nachdem die Sozialdemokraten sich am vergangenen Donnerstag dazu durchgerungen hatten, den Staatsvertrag zu akzeptieren, ging es vor allem um die Entschließung zur polnischen Westgrenze. Kohl selbst plädierte mit bewegenden Worten dafür, ihr zuzustimmen. Obwohl er selbst keine Bindungen zum östlichen Teil Deutschlands hat, gelang es ihm, die Bedeutung des Beschlusses glaubwürdig zu begründen. Nur bei seinem Argument, die deutsche Einheit und die Anerkennung der polnischen Westgrenze seien unauflösbar miteinander verknüpft, waren nicht alle bereit, ihm zu folgen. Doch aus der aktuellen politischen Situation lässt sich dieses Junktim sicher begründen.

Aber die Einigung der Deutschen ist schon so weit vorangeschritten, dass auch erneute Verhandlungen über die Bedingungen, unter denen wir die polnische Westgrenze anerkennen und damit auf ein Viertel deutschen Territoriums verzichten, sie nicht hätten aufhalten können. Dies war ein wichtiges Argument derjenigen, die – mit zum Teil eindrucksvollen Worten – ihre Ablehnung der Polenentschließung erläuterten. Aber es gab auch bewegende Voten aus der Fraktion für die Endgültigkeit der polnischen Westgrenze. Zu ihnen gehörten die Stellungnahmen von Jonny Klein und Gerhard Scheu, aber auch von Dietmar Kansy.

Überrascht hat mich der junge Abgeordnete Franz-Hermann Kappes von der Bergstraße. Er begründete seine Entschlossenheit, der Resolution nicht zuzustimmen, mit der quälenden Verantwortung, die er für achthundert Jahre deutsche Geschichte im Osten empfinde. Er könne nicht ohne jede Regelung der Minderheitenrechte, der zukünftigen Zusammenarbeit mit den Polen und des Heimatrechts der Deutschen auf Land verzichten, das fast ein Jahrtausend deutsch gewesen sei. Viele Argumente waren zu hören, die wir auch in Zukunft immer wieder hören werden, wenn es um die Aufarbeitung dieses territorialen Verzichtes geht. Dennoch: Am Schluss ergab sich eine überwältigende Mehrheit für die Polenentschließung. Damit ist die unselige Zeit zu Ende, in der nicht klar war, wo der Bundeskanzler in dieser Frage steht und wie ernst es der CDU/CSU-Bundestagsfraktion mit der Klärung der polnischen Frage ist.

Juristisch ist die Resolution nicht ohne Probleme. Ob der Bundestag wirksam deutsches Gebiet preisgeben darf, konnte mir keiner beantworten. In der Verfassung sind Gebietsverzichte jedenfalls nicht vorgesehen. Der Hinweis in der Entschließung, erst eine gesamtdeutsche Regierung und ein gesamtdeutsches Parlament seien befugt, völkerrechtlich verbindliche Aussagen zur polnischen Westgrenze zu machen, ist nicht einsichtig. Denn die DDR wird dem

Grundgesetz beitreten. An der verfassungsrechtlichen Legitimation des Bundestages wird sich also durch die Verwirklichung der Einheit nichts ändern. Dennoch gaben sich viele mit dem Hinweis auf die gesamtdeutsche Zuständigkeit und damit die gesamtdeutsche Verantwortung für den Territorialverzicht und die Grenzgarantie zufrieden. Als Einziger wies Kappes darauf hin, dass der ganze Vorgang rechtlich unmöglich sei.

Morgens hatten wir eine gemeinsame Sitzung der Arbeitsgruppen Wirtschaft und Umwelt. Geladen waren Vertreter der Wirtschaft und Experten. Das Müllentsorgungs- und Müllvermeidungskonzept Töpfers sollte diskutiert werden. Töpfer war selbst anwesend. Es geht vor allem darum, die Abfallberge durch Rückführung des Verpackungsmaterials zu den Herstellern zum Zwecke der Wiederverarbeitung zu verringern. Töpfer will die Sammlungsfunktion dem Handel zuweisen und den Verbraucher durch ein spürbares Pfand dazu veranlassen, Kartons, Flaschen, Plastikbecher und so weiter zu den Sammelstellen des Handels zurückzubringen. Die Industrie hat demgegenüber das Konzept einer Grünen Tonne entwickelt, in der der Verbraucher das Verpackungsmaterial sammelt.

Für beide Konzepte lassen sich gute Argumente geltend machen. Töpfer sieht in seiner Lösung auch einen Anreiz für die Industrie, Alternativen zu entwickeln, um zur Beherrschbarkeit der wachsenden Müllberge beizutragen. Ich habe ihn dabei unterstützt. Heute bedankte er sich dafür. Was die Industrievertreter zum Teil vortrugen, war eine Zumutung an den gesunden Menschenverstand. Ich habe sie das auch spüren lassen. Den Herren von Aldi, Tengelmann und Edeka war bald deutlich, dass sie die Mitglieder des Wirtschaftsausschusses nicht mit den Argumenten abspeisen können, die sie sich für ihre Lobbyistentätigkeit zurechtgelegt haben. Wieder einmal zeigte sich: Ohne äußeren Druck lassen Besitzstände sich nicht verändern.

Nach der Fraktionssitzung gab der britische Botschafter aus Anlass des englischen Nationalfeiertages, des offiziellen Geburtstags der Königin, in seiner Residenz einen Empfang. Wir gingen gegen 19.00 Uhr hin, um uns sehen zu lassen und Sir Mallaby für sein Land alles Gute zu wünschen. Es war, wie auf all diesen Empfängen, schrecklich laut und voll. Ingrid und ich haben daran keine große Freude mehr. Meinhard war auch gekommen. Wir entschlossen uns, in den Muffendorfer Weinstuben gemeinsam zu essen. Es war ein guter Abend.

24. Juni 1990

Das letzte Wochenende in Bonn vor der Sommerpause. Wir leisten uns einen Samstag, wie er für andere selbstverständlich, für uns aber eine Ausnahme ist. Wir schlafen lange, gehen einkaufen, genießen unsere schöne Wohnung auf der Elliger Höhe und haben einfach Zeit füreinander. Mittags essen wir bei Ria. Sie verspricht, uns im Sommer zu besuchen. Wir sind uns einig, dass Helmut Kohl in den letzten Monaten enorm gewachsen ist. Die Distanz zwischen ihm und Lafontaine wird immer größer. Die Sozialdemokraten sind in einer beklagenswerten Lage.

Am Freitag Hauptversammlung bei Hoesch. Ich soll in den Aufsichtsrat gewählt werden. Kurt Fiebich hat Opposition angemeldet und wie auch schon in früheren Fällen seine Lebensgefährtin als Alternativkandidaten vorgeschlagen. Seine Tiraden auf der Hauptversammlung gegen Aufsichtsratsmandate für Abgeordnete sind schwer zu ertragen, seine Argumente dümmlich und verletzend. Sein populistisches Gerede gegen Politiker findet bei den Kleinaktionären durchaus Zustimmung. Auch der Vertreter der Schutzvereinigung für Wertpapierbesitz ist gegen meine Wahl in den Aufsichtsrat. Er bezweifelt nicht meine Qualifikationen für ein solches Mandat, stört sich jedoch an dem Umstand, dass ich auch Mitglied des Aufsichtsrates bei Klöckner bin. Dass Siegfried Bleicher sowohl im Aufsichtsrat von Hoesch wie von Klöckner sitzt, ist ihm offenbar entgangen. Ebenso ist ihm entgangen, dass die Funktion des 21. Mannes eine andere ist als die der Vertretung der Anteilseignerseite.

Auf das Abstimmungsergebnis in der Hauptversammlung hat die Opposition kaum einen Einfluss. Mit gut 97 Prozent der Stimmen werde ich in den Aufsichtsrat gewählt. In der anschließenden konstituierenden Sitzung des Aufsichtsrates treffe ich eine angenehme und interessante Atmosphäre an. Das Gremium erscheint mir lebendiger als das bei Klöckner. Herbert Zapp von der Deutschen Bank macht dagegen keinen überzeugenden Eindruck auf mich. Schon in der Hauptversammlung überließ er die Begründung für meine Berufung in den Aufsichtsrat Detlev Rohwedder, obwohl es seine Sache gewesen wäre, den Vorschlag des Aufsichtsrates zu vertreten. Ich freue mich auf dieses Mandat. Hoesch ist unter der Führung Rohwedders wieder zu einem interessanten Industriegüterkonzern geworden. Das Mandat begründet zudem eine neue Beziehung zu Dortmund und damit zum östlichen Teil des Ruhrgebiets. Das Ruhrgebiet ist nach wie vor meine stille Liebe. Ich hoffe, dass ich in den kommenden Jahren zu seiner Entwicklung beitragen kann.

Der Weg nach Bonn führt mich über Düsseldorf, wo ich für eine Abendsendung im dritten Programm zur Verabschiedung des Staatsvertrages und zu meiner Arbeit in Leipzig interviewt werde. In Bonn hat man derweil das Büro auf den Kopf gestellt. Schon seit 17.00 Uhr arbeitete ein Kamerateam von CBS daran, den kleinen Raum in ein Filmstudio zu verwandeln. Gegen 19.00 Uhr kommt der Journalist von CBS zum Interview. Es handelt sich um eine Sendung über Helmut Kohl, der in den Vereinigten Staaten noch weitgehend unbekannt ist. Mit der Aufmerksamkeit, die die ganze Welt Deutschland widmet, ist auch Kohl in den Mittelpunkt des amerikanischen Interesses gerückt. Vor einem Jahr, erklärte der Reporter, wäre eine solche Sendung nicht denkbar gewesen. Bis 21.00 Uhr sind wir mit der Aufnahme und einem anschließenden Gespräch über die osteuropäische und russische Entwicklung beschäftigt. Mit einer jungen Redakteurin, die den CBS-Reporter begleitet, schließe ich eine Wette ab: In zwei Jahren werde Litauen frei sein, zwar noch Mitglied einer Union der Sowjetrepubliken, aber selbstständig in der Gestaltung seiner Zukunft.

In Moskau ist der Kongress der russischen KP zu Ende gegangen. Gorbatschows Schwierigkeiten sind nicht geringer geworden. Dass das Land jetzt die Folgen siebzigjähriger Misswirtschaft, falscher gesellschaftlicher Strukturen und einer Vergewaltigung der Wirtschaft tragen muss, sieht niemand mehr. Die alte Zeit, in der die Versorgung im Großen und Ganzen noch funktionierte, erscheint in immer rosigerem Licht.

Die Gefahr wächst, dass die Menschen zur alten Ordnung zurückkehren wollen, obwohl das ihre Lage nicht verbessern würde. In der Epoche des zaristischen Russlands betrug die Leistungsfähigkeit der Wirtschaft etwa 40 Prozent der Leistungsfähigkeit der westlichen Wirtschaft. Trotz der gigantischen Anstrengungen, die

Lage in Russland und in der Sowjetunion zu verbessern, hat sich an dieser Relation während der letzten siebzig Jahre nichts geändert. Es besteht auch keine Aussicht, dass die Sowjetunion in den kommenden Jahren den Rückstand gegenüber Westeuropa aufholen könnte. Noch Jahrzehnte werden wir Europäer damit beschäftigt sein, zur Entwicklung der osteuropäischen Staaten beizutragen.

29. Juni 1990

Die vergangene Woche war ziemlich strapaziös. Am Montagnachmittag fuhren wir über Frankfurt, wo wir Ingrid zum Zug brachten, nach Tübingen. Ich hatte Hans Küng das Abschlussreferat in seinem Vortragszyklus versprochen. Vorher waren wir bei ihm zum Abendessen. Die Tübinger Atmosphäre hat ihren Reiz und ihre Besonderheit nicht verloren. Sie hat in mir viele Erinnerungen an die Zeit der Lehrstuhlvertretung in Tübingen wieder aufleben lassen. Ob mein Leben wohl anders verlaufen wäre, wenn die Tübinger Fakultät mich zum Nachfolger für Ernst Steindorff berufen hätte? Wahrscheinlich hätte es mich auch dann nicht an der Universität gehalten. Aber ich wäre sicher länger dort geblieben. In meinem Vortrag spreche ich über das Zusammenwachsen der beiden deutschen Staaten, die damit verbundenen Wertprobleme, auch die Herausforderungen des Umweltschutzes und stelle mich einer längeren Diskussion. Die Stimmung ist gelassen und heiter, der Hörsaal ist überfüllt, die jungen Menschen sind sehr interessiert. Es gelingt mir immer besser, das Anliegen der Deutschen in der DDR vorzutragen, ohne belehrend zu wirken.

Anschließend fahren wir nach Leipzig. Dank Rehbergers hervorragender Kondition brauche ich keine Angst zu haben, dass er am Steuer einschläft. So nutze ich den Vorteil geringer Körpergröße und strecke mich auf der Rückbank der Länge nach aus, um zu schlafen. Um 3.00 Uhr sind wir in Leipzig. Um 9.00 Uhr habe ich die erste Vorlesung. Um 7.00 Uhr stehe ich auf, um sie noch vorzubereiten.

Nach der Vorlesung lässt mich der Rektor der Technischen Hochschule Merseburg zu einem Vortrag in Merseburg abholen. Auch hier ein überfülltes Auditorium, keine Aggressivität, stattdessen Neugier und Wissensdurst, Aufgeschlossenheit für die schwierigen Probleme, die es zu bewältigen gilt, und Dankbarkeit für den

Optimismus, den ich ausstrahle. Vor der Veranstaltung nimmt mich Herr Saalbach von Buna auf die Seite. Er ist extra nach Merseburg gekommen, um mir eine Mitgliedschaft im Aufsichtsrat der Buna-Werke anzubieten. Ich verspreche ihm, es mir zu überlegen. Zurück im Hotel in Leipzig, gehe ich beizeiten schlafen. Ganz so leicht wie früher kann ich eine fehlende Nacht nicht mehr verkraften.

Am Mittwoch wieder Vorlesung und gegen 17.00 Uhr Fahrt zur Führungsakademie in Breitenfeld nahe Merseburg. Der Direktor hat die Akademie inzwischen in eine GmbH umgewandelt und wirbt unter den Führungskräften für seine Lehrgänge. Er berichtet mir, früher seien die Kombinatsleiter aus Berlin zugeteilt worden. Die Kombinate hätten die Akademiegebühren im Voraus bezahlen müssen. Werbung oder sonstiges Bemühen um Kunden sei nicht erforderlich gewesen. Das sei jetzt alles anders. Er hat etwa dreißig Führungskräfte aus Betrieben und Kombinaten im Raum Leipzig versammelt, die nach einem Vortrag mit mir über die Probleme der Wirtschafts- und Währungsunion diskutieren sollen.

Nach der Rückkehr von der Akademie Interview für *Kennzeichen D*. Ich freue mich, wieder einmal mit Gustav Trampe zusammenarbeiten zu können. Das Team hat als »Studio« die Wandelhalle des Gewandhauses gewählt. Im Hintergrund der wunderschöne Brunnen vor dem Gewandhaus und das Opernhaus. Noch ist es hell genug, um alles zu erkennen. Es wäre ein schönes Bild.

Dann nimmt mich Kurt Masur mit zu sich nach Hause. Er wohnt in einem schönen, äußerlich etwas heruntergekommenen Haus mit einem großen, eher verwilderten Garten und in einem Möbelsortiment, dem jede stilistische Geschlossenheit fehlt. Ein wunderschönes Spinett, ein Flügel, daneben dunkel polierte Sessel, ein großes Bücherregal, überladen mit Platten, dazwischen eine alte, sicher sehr schöne Standuhr und eine Fülle kleiner Erinnerungsstücke. Aber was soll's, solange er sich wohl fühlt ... Seine Frau bereitet mir noch etwas zu essen. Ich bin überrascht, als sie sich neben mir auf die Knie niederlässt, um zu servieren. Als Japanerin ist das für sie wohl selbstverständlich. Es ist wirklich eine schöne Geste.

Am nächsten Morgen wieder Vorlesung, dann packe ich meine Sachen zusammen. Drei Tage will ich das Zimmer nicht halten, ohne es wirklich benutzen zu können. Ich fliege über Frankfurt nach Wien zur Konferenz des Instituts für die Wissenschaften vom

Menschen. Das Thema heißt »Transition to the Democratic State«. Ingrid ist bereits im Hotel eingetroffen. Wir lassen uns Zeit und kommen deshalb nicht mehr rechtzeitig zum Vortrag von Lech Wałęsa im Kongresszentrum neben der UNO-Stadt, einem außerhalb gelegenen Komplex, der so gar nicht zum Rest der Stadt passt. Umso gelungener wird der anschließende Heurige, zu dem Franz Vranitzky die Tagungsteilnehmer eingeladen hat.

Rita Süssmuth berichtet bei dieser Gelegenheit, man habe die Absicht, Lothar de Maizière zum neuen Bundestagspräsidenten eines gesamtdeutschen Parlaments zu machen. Auf diese Weise würde man ihn und seinen Einfluss auf die christlich-demokratische Politik neutralisieren. Ich meine, dass dies nicht geschehen darf. Lothar de Maizière muss Vizekanzler werden, mit der speziellen Aufgabe, die Prozesse des Zusammenwachsens der beiden deutschen Staaten zu koordinieren und als eine Art Ombudsmann für die Deutschen im Osten zu dienen. Nur so kann ein politisch vernünftiges Gleichgewicht zwischen den ehemaligen beiden deutschen Staaten hergestellt werden. Ich werde mich dafür zu einem geeigneten frühen Zeitpunkt öffentlich aussprechen.

»Wunder-Kohl«, wie ihn der *Economist* in seiner letzten Ausgabe bezeichnete, hat nun wirklich genug für sich erreicht. Es muss Platz bleiben für de Maizière.

1. Juli 1990

Auf dem Weg von Wien nach Leipzig. Denkwürdige Tage liegen hinter uns. Schon erscheint es uns normal, dass Ost und West im Festsaal der Wiener Börse um einen Tisch sitzen und gemeinsam überlegen, wie man verhindern kann, dass die Sowjetunion im Chaos zusammengebrochener Ordnungen versinkt und das, was von der atomaren Drohung übrig ist, doch noch wahr macht. Gawriil Popow, der uns über die sowjetischen Verhältnisse unterrichtet, sah solche Gefahren. Gemessen am Bild einer Weltmacht, das die Sowjetunion noch vor wenigen Jahren bot – unabhängig, stolz und nicht in die Knie zu zwingen –, ist die heutige Selbstdarstellung eine revolutionäre Veränderung.

Insgesamt war es eine gelungene Konferenz. Der Bericht des Russen war besonders aufschlussreich. Rührend der Mann, der wie ein kleiner Igel aussah, in seiner eher verzweifelten Hilflosigkeit gegenüber der überwältigenden Fülle der Schwierigkeiten, vor der sein Land steht. Er ist Vorsitzender des Moskauer Stadtrates und Mitglied des Obersten Sowjets. Sein Vortrag war gut organisiert, systematisch aufgebaut und inhaltsreich.

Mittagessen im Plaza-Hotel in der Nähe der Börse. Wir sitzen mit Ernst-Wolfgang Böckenförde, Peter Payer, bis jetzt bei der Bosch Stiftung, und Karsten Voigt zusammen. Unsere Voten heute Morgen, von Christa Thoben, Karsten Voigt und mir, waren Ausdruck des bundesdeutschen Konsenses zur osteuropäischen Entwicklung. Sie ergänzten sich gut und unterschieden sich kaum im inhaltlichen Ansatz. Ich war ein wenig stolz auf unser Land.

Wir sprechen über Lafontaine. Voigt ist überzeugt, Lafontaine meine es ernst mit seinen Einwänden gegen die Währungsunion. Aus der Sicht des Saarlandes könne er die Wirklichkeit im Osten Europas nicht ausreichend klar erkennen. Und dennoch: Wenn es zu Schwierigkeiten im Osten Deutschlands komme, werde Lafontaine derjenige sein, der recht behalten habe.

Beim Abendessen, das Saul Steinberg aus New York gab – im Palais Pallavicini am Josefsplatz – saßen wir an seinem Tisch, zusammen mit Soros, Rosenthal und Bronisław Geremek aus Polen, der der nächste polnische Ministerpräsident sein könnte.

Geremek ist mit meinem Konferenzvotum sehr einverstanden. Er lädt mich nach Warschau ein. Im Zusammenhang mit dem Bericht, mit dem mich die Trilaterale Kommission beauftragt hat, wären solche Gespräche hilfreich. Ich suche sie auch in Frankreich, mit der EG und natürlich mit unseren Leuten.

Nach dem Essen gehen wir zum Botschafter. Wir wollen gemeinsam die Stunde erleben, in der Deutschland praktisch wieder eine Einheit sein wird. Der Historiker Michael Stürmer hatte sich beim Abendessen jubelnd zum Ende der DDR geäußert. Krätschell hatte ihm dann geantwortet und von der Trauer gesprochen, die viele über den Verlust ihrer Identität empfinden. Mit dem Geld gehe für seine Tochter auch ein Stück des bisherigen Lebens verloren. Sie habe deshalb geweint. Viele empfänden Trauer und Schmerz. Rosenthal von der *New York Times* meinte, die Worte Krätschells seien typisch deutsch – fast ein wenig jüdisch.

Die Trauer und der Schmerz werden wohl das Einzige bleiben,

was die Menschen in der DDR an wirklich Eigenem in unsere neue Gemeinschaft einbringen werden. Denn das meiste von dem, was sich in der Ordnung des vormundschaftlichen Staates und in der Wirtschaft des Mangels entwickelt hat, wird in der Ordnung der Freiheit und der Wirtschaft des Überflusses verlorengehen.

Gegen 0.00 Uhr erhebt sich Lord Weidenfeld, um zu uns zu sprechen. Die Überwindung der deutschen und der europäischen Teilung sei nicht nur für uns Deutsche, sondern für alle Menschen eine große Stunde. Für alle in Ost und West sei sie ein Gewinn und ein Geschenk. Aber sie sei auch eine »vindication« für uns Deutsche und für die Weimarer Republik, für Stresemann, für Ebert, selbst für Brüning. Hätten die Völker diese Männer ähnlich unterstützt und ernst genommen wie später von Papen, Hitler und Göring, so wäre es nie zum Zweiten Weltkrieg und zum Holocaust gekommen.

Der Botschafter dankt ihm in ungelenken, aber rührenden Worten. Wir sind alle bewegt. Lord Weidenfeld und ich vertiefen seine Gedanken über die Wurzeln der deutschen Demokratie in der Weimarer Republik. Ich möchte gern mehr von ihm dazu erfahren. Es gibt so viel zu lernen und es ist so wenig Zeit, es zu tun!

Nach Mitternacht laufen wir zum Hotel zurück. Ingrid wird im Wagen mitgenommen. Sie hat sich großartig gehalten, aber nun muss sie sich schonen. Wir kommen durch den Park und am Denkmal von Johann Strauss dem Älteren vorbei. Er wird einen dauerhafteren Platz im Gedenken der Menschen einnehmen als all die vielen Politiker, die um eine Nische in der Halle der Geschichte konkurrieren.

Mit dem heutigen Tag haben wir eine einheitliche deutsche Volkswirtschaft und eine gemeinsame Währung. Die Einheit ist praktisch vollzogen. Was jetzt ansteht, ist ihre Verwirklichung und der Abbau der Unterschiede, die wir der Trennung verdanken, ohne die Unterschiede zu eliminieren, die unsere Eigenheiten und die jeweiligen Identitäten ausmachen. Dieser Prozess wird lang dauern und viel Toleranz, Geduld, Einfühlungsvermögen, Bescheidenheit und Bereitschaft zur Begrenzung der Kraft erfordern, die wir einsetzen, ohne darüber nachzudenken. Aber er wird schon deshalb gelingen, weil es zu ihm und zum Erfolg keine Alternative gibt. Wir müssen ihn erfolgreich bestehen, aus innen- wie aus außenpolitischen Gründen. Und wenn ich in den Gesichtern der Menschen richtig lese, denen ich heute in Leipzig begegnet bin, dann denken sie ebenso.

2. Juli 1990

Erster Tag nach der wirtschaftlichen Wiedervereinigung. In der Nacht von Samstag auf Sonntag haben die Menschen in der DDR gefeiert, nicht nur den Wechsel von DDR-Mark zu D-Mark und die Herstellung der vollständigen Freizügigkeit, sondern ein wenig auch schon die Einheit. Die Ostdeutschen werden die neue Währung schnell als ihre eigene akzeptieren.

Ich bin auf dem Weg nach Berlin, um nach Düsseldorf zu fliegen, wo morgen der ARAG-Aufsichtsrat tagt. Ich fühle mich nicht besonders gut. Wahrscheinlich habe ich in Wien oder vorher in Leipzig eine Sommergrippe aufgelesen. Dazu hat sich meine Etage im Merkur gestern mit einer Gruppe alter amerikanischer Frauen-Touristen bevölkert. Ich werde mich an diese Gestalten nie gewöhnen können, obwohl ich doch selbst Toleranz predige. Alte Leiber in schreiend bunten Hosen und noch schreienderen Hemden, alte Gesichter, wild geschminkt, an prominenter Stelle ein großes Schild, auf dem in prominenter Schrift der Vorname steht: eine Beleidigung der Augen und des guten Geschmacks. Jedenfalls kein Beitrag zur multikulturellen Gesellschaft, mit dem ich mich leichttue. Das Banale und das Großartige existieren immer nahe beieinander.

Großartig waren die letzten beiden Tage schon. Als wir gestern in Leipzig ankamen, versammelten die Grenzer uns in der Vorhalle des Flughafengebäudes vor den Passdurchgängen. Der zuständige Oberstleutnant stellte sich in die Mitte und hielt eine Ansprache: Dies sei ein historischer Tag für die Deutschen. Nicht nur die D-Mark gelte nun in ganz Deutschland, auch die Personenkontrollen seien aufgehoben. Er sei mit seinen Kollegen glücklich, dass die Deutschen aus der BRD und die Deutschen aus der DDR sich nun frei bewegen könnten. Als Ausdruck ihrer Freude wollten sie einer älteren Passagierin einen Blumenstrauß überreichen. Es war nicht nur eine bewegende Szene. Sie zeigte auch, wie positiv die Menschen die Veränderung annehmen, wenn sie unwiderruflich geworden ist. Kein Schimpfen über den Verlust des Arbeitsplatzes als Zöllner, obwohl man das hätte verstehen können. Stattdessen Freude über die gewonnene Freizügigkeit und die Einheit.

In der Stadt selbst bewegten sich weniger Menschen, als ich erwartet hatte. Sie gingen durch die Straßen, betrachteten die neu dekorierten Schaufenster und schienen von einer gelassenen Heiterkeit erfasst – weder euphorisch noch deprimiert, eher staunend und ein wenig glücklich, aber auch vorsichtig. Am Sonntag konnten sie ihre Umtauschanträge einlösen. Am Abend stand fest: Im Schnitt waren nur 260 DM pro Kopf eingetauscht worden. Kein Plündern der Sparkonten, keine Vorbereitung auf den Konsumrausch. Dass Politiker und Wissenschaftler die Menschen doch immer wieder unterschätzen. Mit dem neuen Geld will man sparsam umgehen. Es ist wertvoller als vieles, was man bisher hatte. So prüft man die Angebote, hält sich zurück und genießt die Rolle des Kunden. An die Stelle der Demütigung in der Schlange tritt das Hochgefühl in der Kaufhalle, wählen zu können, aber nicht kaufen zu müssen.

Auch heute war in der Stadt nichts von Hektik zu spüren. Das Leben ging seinen normalen Gang. Der Hörsaal 19 war überfüllt. Viele, auch ältere Interessierte, kamen aus der Technischen Universität, um meine Vorlesung im Rahmen der Sommeruniversität zu hören. Ich behandle den Staatsvertrag und führe in die Strukturen der sozialen Marktwirtschaft ein. Fast sechzig Studenten haben sich für das Seminar angemeldet. Am kommenden Montag werden sie von mir und meinem Assistenten Heinker geprüft.

Die Ruhe der Menschen teilt sich auch mir mit. Es war richtig, die Währungs- und Wirtschaftsunion zügig durchzuführen, den Sprung ins kalte Wasser zu verordnen, statt den Prozess ewig hinauszuziehen. Die Position, die wir Anfang Februar im IWG eingenommen haben, hat sich als stimmig erwiesen. Was endgültig ist, versucht man nicht mehr zu verändern oder hinauszuschieben. Man verwendet seine Energien darauf, es zu bewältigen. Nun muss sich in den nächsten Tagen zeigen, ob die abwartende Haltung überwiegt oder ob die Menschen beginnen, mit den neuen Möglichkeiten zu handeln und zu gestalten.

Nach der Vorlesung ein Gespräch beim Rektor, dem Nachfolger von Hennig. Schon gestern Abend habe ich mit Günter Nötzold darüber gesprochen, dass die Universität jetzt als dringendste Aufgabe den Studenten der Rechts- und der Wirtschaftswissenschaften eine angemessene Ausbildung anbieten muss, die sie in die Lage versetzt, unter Wettbewerbsbedingungen zu bestehen. In der Fakultät, die aus den zwei Sektionen Rechtswissenschaften und Wirtschaftswissenschaften besteht und von einem durch alle Fakultätsmitglieder gewählten Fakultätsrat geleitet wird, haben sich beachtliche Widerstände gegen Reformen gebildet. Die alte Garde versucht, durch Umbenennung der Lehrstühle, durch die Wahl alter Genossen in wichtige Positionen und durch die Organisation neuer Institute einer wirklichen Veränderung aus dem Wege zu gehen und die mit der Wende eingeleiteten Möglichkeiten einer Erneuerung zu untergraben. In Professor Robert Hahn hat die wirtschaftswissenschaftliche Sektion einen Direktor gewählt, der aktives Parteimitglied und Funktionär der Kreisparteileitung war. Von ihm kann nicht erwartet werden, dass er die Entfernung der Dozenten betreibt, die ausschließlich oder überwiegend unter politischen Gesichtspunkten berufen wurden.

Wir tragen dem Rektor unsere Bedenken und Sorgen vor. Er nimmt sie sofort auf. Er ist Mediziner und war bisher nur Prorektor für sein Fachgebiet, eine Funktion, die er beibehalten hat. Er möchte nicht, dass der Staat in die Universität eingreift, solange nicht erwiesen ist, dass diese das Problem selbst nicht lösen kann. Um es zu lösen, will er die Fragen auf die Ebene des Senats verlegen. Der Senat setzt sich zu einem größeren Teil aus Naturwissenschaftlern und Medizinern zusammen, die die Hindernisse nicht nur sehen, sondern sich auch gegen die parteipolitisch orientierten Dozenten in den ideologisch belasteten Fächern durchsetzen können. Zudem sind sie zu einem wirklichen Neuaufbau der Universität entschlossen. Der Rektor ist beeindruckt von dem Argument, die Leipziger Universität werde ihre Bedeutung verlieren, wenn es ihr nicht gelinge, die Reformen vor allem im Bereich der Geistes- und Gesellschaftswissenschaften zügig durchzuführen. Mit dem Zusammenwachsen der beiden Teile Berlins entstehe eine gegenseitige Befruchtung zwischen der Humboldt-Universität und der Freien Universität. Die synergetischen Effekte der Zusammenarbeit beider Universitäten würden nicht nur die Erneuerung des Lehrkörpers an der Humboldt-Universität erleichtern, sondern auch zu einem unmittelbaren Konkurrenzverhältnis in den politisch belasteten Fächern führen. Dies werde die Qualität der Humboldt-Universität steigern. Leipzig als die wichtigste sächsische Universität dürfe mit ihrem Erneuerungsprozess nicht hinter dieser Entwicklung zurückbleiben.

Außerdem sei die Universität, wie jedes andere Dienstleistungsunternehmen, verpflichtet, den Studenten eine Dienstleistung anzubieten, mit der sie etwas anfangen können. Umgetaufte Lehrstühle von Dozenten, die bisher Marxismus-Leninismus und politische Ökonomie im marxistischen Sinne gelehrt haben, seien dazu nicht in der Lage. Als Ergebnis des Gesprächs vereinbaren wir, dass Nötzold und ich Vorschläge machen sollen, wie man den Unterricht in den betroffenen Sektionen verändern und mit welchen Dozenten man ihn in Zukunft durchführen kann beziehungsweise von welchen man sich trennen sollte. Ein Versuch Nötzolds, mit Hilfe von Professor Gernot Gutmann einen seiner besten Privatdozenten nach Leipzig zu bringen, ist bereits gescheitert. Professor Manfred Hentzschel, der Vorgänger Hahns im Amt des Sektionsdirektors, hat das Angebot mit der Begründung abgelehnt, es bestünde für das kommende Semester kein Bedarf. Deutlicher kann sich die abwehrende Haltung der alten Garde nicht dokumentieren.

So muss dafür gesorgt werden, dass die alten Kräfte nicht die Hochschulautonomie für sich nutzen und – wie dies offenbar auch in Ungarn geschieht – unter Berufung auf diese und die Autonomie der Fakultäten jede wirkliche Reform verhindern. Auch in unser Zentrum will man ehemalige Stützen des Systems einbauen, gewissermaßen als Gegenleistung dafür, dass man die Weiterentwicklung des Zentrums für Internationale Wirtschaftsbeziehungen zu einem wissenschaftlichen Institut an der Wirtschaftswissenschaftlichen Fakultät akzeptiert. Ich habe deshalb Günter Nötzold geraten, diesen Plan zunächst nicht weiterzuverfolgen und stattdessen der Fakultät mitzuteilen, die Verbesserung des Unterrichtsangebots müsse höchste Priorität genießen. Er werde sich jedenfalls dafür einsetzen und erwarte, dass die Verantwortlichen sich ebenso verhalten.

Um 12.00 Uhr kommt Professor Günther Barthel mit drei seiner Kollegen, die an der Universität Arabistik und Afrikanistik vertreten. Es handelt sich offenbar um hochqualifizierte Kollegen, die ihren Studenten nicht nur die arabische und afrikanische Sprache beibringen, sondern ihnen auch die Kultur und die wirtschaftlichen Bedingungen dieser Länder vermitteln können. In einem Wettbewerb um wenige Stipendienplätze haben sich jedenfalls kürzlich unter 260 Bewerbern vier Studenten aus dieser interdisziplinären Arbeitsgruppe durchgesetzt; ein glänzender Ausweis ihrer Leistungsfähigkeit.

Den Kollegen geht es darum, ob man Volkswirtschaft und ihre Spezialgebiete so miteinander verbinden könne, dass ein attraktiver und für die Studenten nützlicher Ausbildungsgang entsteht. Vor allem mit Blick auf die Probleme, die die Europäische Gemeinschaft in Kürze mit der nordafrikanischen Küste und dem arabischen Raum haben wird, rate ich ihnen zu einem solchen Weg. Was das Verfahren anbetrifft, so empfehle ich ihnen, als Ordinarien eine entsprechende Initiative zu ergreifen und die nationalökonomische Grundausbildung, die sie mit ihrer Fachlehre verbinden wollen, mit sachverständigen Kollegen aus der Bundesrepublik abzustimmen. Ich nenne ihnen Walther Busse von Colbe aus Bochum, Gernot Gutmann und Horst Albach als mögliche Gesprächspartner. Eine solche Gruppe könne gleichzeitig eine Art verdeckte Berufungskommission werden, wenn es darum gehe, festzustellen, ob die vorhandenen Dozenten in der Wirtschaftswissenschaftlichen Fakultät in der Lage seien, die entworfenen Vorlesungen sachgerecht anzubieten. Das Ganze sollten sie dann nicht der Fakultät, sondern dem Rektor vorlegen, auch mit Hinweis auf die Erfolge, die ihre Studenten bei Wettbewerben erzielt haben.

Zwischendurch telefoniere ich mit Diestel, der in der vergangenen Woche aus der DSU ausgetreten ist. Ich beglückwünsche ihn zu dieser Entscheidung. Die DSU geht einen schlechten Weg. Inzwischen haben sich auch der bisherige Kommissarische Vorsitzende Joachim Hubertus Nowack und Ebeling von der DSU getrennt. Auf dem gleichen Parteitag, auf dem Diestel seinen Rücktritt ankündigte, ließ Waigel sich zum Ehrenvorsitzenden der DSU wählen. Man kann über die Angst der CSU, im geeinten Deutschland keine wesentliche Rolle mehr zu spielen, nur den Kopf schütteln. Die DSU wird die erste gesamtdeutsche Wahl nicht überleben. Ein gespaltenes Wahlrecht kann es nicht geben. Dieser Meinung war auch Ernst-Wolfgang Böckenförde in Wien, wenn er es als Richter am Bundesverfassungsgericht auch nicht ausdrücklich sagen durfte. Edmund Stoiber – so Diestel – habe ihm bei der Nachricht von seinem Austritt aus der DSU gesagt, damit sei das strategische Konzept der CSU zusammengebrochen. Ich sehe es ebenso. Allerdings hat dies Stoibers Parteivorsitzenden nicht davon abgehalten, sich mit dieser sterbenden Partei zu verbinden.

Nachmittags Besuch des für Wirtschaftsförderung zuständigen

Mitarbeiters der Landkreisverwaltung Leipzig. Ein Ingenieur, der der DSU angehört und sich nach der Kommunalwahl unversehens im neuen Amt wiederfand; einem Amt, von dem er nach eigenem Bekenntnis nichts versteht. Gleichwohl hat er sich, dank seines Common Sense, inzwischen gut in die Probleme eingearbeitet. Beschwerde führt er vor allem über die Unzugänglichkeit von Lehmann-Grube. Er glaubt, wenn man heute eine Neuwahl des Oberbürgermeisters vornähme, dass dann der CDU-Kandidat gewählt würde, sofern er etwas kraftvoller wäre. Man ist offenbar mit Lehmann-Grube nicht zufrieden. Er sei schwerer zu erreichen, so der Landrat, als der Bundeskanzler. Ehe ich nach Berlin fliege, treffe ich noch mit Professor Kunze zusammen. Er ist nach Leipzig gekommen, um mich zu fragen, ob ich Mitglied des Aufsichtsrates des Chemieanlagenbaus Grimma werden würde. Generaldirektor Wohllebe habe ihn ausdrücklich beauftragt, mir dieses Angebot zu unterbreiten. In Breitenfeld wurde ich auch gebeten, Aufsichtsratsmitglied der größten Bauunternehmung in Leipzig zu werden, die gleichzeitig die meisten Arbeitnehmer beschäftigt. Wahrscheinlich werde ich mich für den Aufsichtsratsvorsitz bei Heckmann und für die Aufsichtsratsmitgliedschaft bei Buna entscheiden. Am liebsten würde ich keines dieser Engagements annehmen, da sie nur zusätzliche Arbeit bedeuten. Auf der anderen Seite geben sie mir die Möglichkeit, einen Einblick in die weitere wirtschaftliche Entwicklung in der DDR zu gewinnen.

Gerade bin ich zum ersten Mal ohne Halt durch die Kontrollburg Dreilinden gefahren. Welch herrliches Gefühl zu wissen, dass all dies der Vergangenheit angehört. Es darf nie wiederkommen.

3. Juli 1990

Gestern Abend Anruf von der Lufthansa. Ruhnau hatte angeordnet, mich zu einem Brief zu konsultieren, den er an den Verkehrsminister schreiben möchte. Es geht um die Zusammenführung von Interflug und Lufthansa nach Vollzug der deutschen Einheit. Die bisherigen Vereinbarungen über den Anteilserwerb haben angesichts der Geschwindigkeit, mit der die Vereinigung voranschreitet, viel von ihrer strategischen Bedeutung eingebüßt. Das Verfahren des Bundeskartellamtes, das die wettbewerbsrechtliche Zulässigkeit des Zusammenschlusses feststellen soll, ist im Grunde überholt.

Nachdem ich den Entwurf der Rechtsabteilung gesehen habe, kann ich Ruhnaus Wunsch verstehen. Ich entwerfe einen neuen Brieftext, in dem ich darauf abstelle, dass die vermögensrechtlichen Verhältnisse bei der Interflug nicht geklärt sind. Einerseits sollen nach dem Treuhandgesetz die von der Treuhandanstalt gehaltenen Vermögenswerte mit dem Beitritt der DDR zur Bundesrepublik auf die ostdeutschen Länder übergehen; andererseits sollen direkt im Staatsbesitz befindliche Einrichtungen wie die Post und die Bahn nicht auf die Treuhandstelle übertragen werden. Das heißt aber, dass sie im Falle der Einheit auf die Bundesrepublik als Rechtsnachfolgerin der DDR übergehen werden. Schon aus diesem Grunde scheint eine Klärung der Frage, was mit der Interflug nach dem Vollzug der Einheit geschehen soll, wünschenswert. Der zweite Staatsvertrag, der die Grundlagen für den Vollzug der Einheit legen soll, bietet einen guten Anknüpfungspunkt zur Ordnung auch dieser Frage.

Abends Zusammentreffen mit Minister Hans Joachim Meyer, dem für die Hochschulen und das allgemeine Bildungswesen zuständigen Minister der Regierung de Maizière. Ich begegne in Professor Meyer einem gebildeten, sensiblen, durch katholische Erziehung geprägten Philologen, der sich wie viele seiner Kollegen vor einem Jahr nicht hätte träumen lassen, eine derartige Verantwortung auf sich nehmen zu müssen. Was er mir über das Zusammenwachsen der Bildungssysteme der beiden deutschen Teilstaaten berichtet, erfüllt mich mit Sorge. Die Max-Planck-Gesellschaft will offenbar nur die »Filetstücke« der Forschungseinrichtungen in der DDR übernehmen und den Rest eingehen lassen.

Man ist, so Meyer, in München irritiert von der Größe der Akademie der Wissenschaften in Ostberlin und wittert eine Konkurrenz auch im Kampf um öffentliche Mittel. Diese Angst vor Konkurrenz scheint auch die Haltung der Westdeutschen Rektorenkonferenz zu bestimmen. Auf der letzten Sitzung der Westdeutschen Rektorenkonferenz habe man, wenn auch in vornehmer Weise, praktisch für sich das Recht in Anspruch genommen, durch Zulassung oder Nichtzulassung von Hochschulen der DDR darüber zu entscheiden, welche Einrichtung in Zukunft als dem tertiären Bereich zugehörig anerkannt werden soll und welche nicht.

In der Diskussion um die notwendigen Haushaltsmittel werde

ihm von der Ministerialbürokratie des Ostberliner Finanzministeriums de facto vorgeschrieben, wie sich das Bildungssystem in der DDR weiterentwickeln solle, wo gestrichen werden könne und was wert sei, erhalten zu werden. Für die zweite Jahreshälfte fehlten ihm im Universitäts- und Bildungsetat noch rund 400 Millionen D-Mark. Die Finanzierung des Gesamtetats von rund vier Milliarden D-Mark für das Jahr 1991 sei nicht gewährleistet. Anregungen der Bonner Regierung zufolge müsste er 20 000 bis 30 000 Mitarbeiter im universitären Bereich entlassen.

Nun ist es zweifellos erforderlich, die Universitäten zu rationalisieren, vor allem ihre Verwaltungen und ihre Dienstleistungsbereiche. Auf der anderen Seite gebietet die gegenwärtige Unterakademisierung in der DDR eine Expansion des Bereichs von Forschung und Lehre, insbesondere der Lehre. Die Notwendigkeit, Raum für mehr Studenten in der DDR zu schaffen, stößt sich mit der Tatsache, dass vor allem in den Geisteswissenschaften viele Dozenten ungeeignet sind, die »Dienstleistung« Lehre zu erbringen, auf die die Studenten heute und in Zukunft angewiesen sind. Wir brauchen somit nicht nur Dozenten für einen Ausbau der Lehre. Sie werden auch gebraucht, um nicht länger geeignete Hochschullehrer im Bereich der Gesellschaftswissenschaften, der Rechtswissenschaften und der Wirtschaftswissenschaften abzulösen. Dazu bedarf es entsprechender Programme, einer mittelfristig angelegten Personalpolitik und der finanziellen Voraussetzungen.

Mir wird immer deutlicher, dass die Investitionen im Bereich der Hochschulen und der Kultur zu den wichtigsten Aufgaben gehören, die gelöst werden müssen, wenn sich wirklich eine deutsche Identität entwickeln soll. Die Kulturunion und die Zusammenführung der Schulsysteme zu einem inhaltlichen Konsens sind deshalb die wichtigsten Aufgaben, die jetzt nach der Verwirklichung der Wirtschafts- und Währungsunion anstehen. Meyer braucht dazu alle Unterstützung. Ich habe ihm versprochen, mit dem Bundespräsidenten zu sprechen und diesen zu bitten, Meyer zu einem Gespräch einzuladen. Niemand kann besser als Richard von Weizsäcker die kulturelle und bildungspolitische Dimension der Einheit erfassen und ihre Bedeutung würdigen. Eine Rede des Bundespräsidenten zu diesem Thema wäre eine gute Grundlage für die Behandlung des Gegenstandes im zweiten Staatsvertrag.

Dass die bundesrepublikanischen Bildungsinstitutionen und die verantwortlichen Politiker die Einrichtungen in der DDR nach der »Filet-Taktik« unter sich aufteilen und den Rest abschreiben wollen, ergibt sich auch aus einer Ausarbeitung des Wissenschaftsrates, von der mir Meyer eine Kopie überlassen hat. Der Vorschlag, die besten Stücke zu erhalten und bundesrepublikanischen Lehr- und Forschungsstätten zuzuordnen und auf den Rest zu verzichten, habe auch die uneingeschränkte Zustimmung von Minister Heinz Riesenhuber gefunden. Überhaupt, so Meyer, sei Riesenhuber für ihn ein Gesprächspartner von zweifelhaftem Wert. Er denke stark technokratisch und etatorientiert und habe jedenfalls bisher nicht verstanden, welche große Bedeutung die Bildungseinrichtungen und die kulturelle Dimension für den deutschen Einigungsprozess hätten.

4. Juli 1990

Morgens Vorlesung: »Einführung in die soziale Marktwirtschaft«. Ich erwerbe inzwischen etwas Routine und kann mich schon besser auf das bisherige Wissen meiner Studenten einstellen. Der Hörsaal ist wieder voll. Vor allem Studenten im vierten Studienjahr oder mit abgeschlossener Ausbildung nehmen an der Veranstaltung teil, auch einige der Technischen Hochschule. Viele wollen am kommenden Montag geprüft werden, um auf diese Weise ein Zertifikat über die erfolgreiche Teilnahme an der Vorlesung zu erhalten.

Am frühen Nachmittag habe ich Dr. Eiselt, den Vorsitzenden der Gewerkschaft Wissenschaft, zu Gast. Ihn beschäftigt besonders das zukünftige Verhältnis seiner Gewerkschaft zur ÖTV und zur GEW. Zu Recht vermutet er, dass die ÖTV kaum eine Beziehung zu den besonderen Problemen hat, die sich für die Wissenschaftler an den Hochschulen in der DDR stellen. Mit dem GEW-Vorsitzenden Dieter Wunder habe er schon mehrfach gesprochen. Aber die GEW sei wohl mehr an den Lehrern als an den Wissenschaftlern interessiert. Auch ihr fehle im Übrigen ein Gefühl für die Schwierigkeiten der Situation, in der man an den Hochschulen der DDR stehe.

Es entwickelt sich ein interessantes und aufschlussreiches Gespräch über die Personalsituation an den Hochschulen aus der Sicht des ostdeutschen Gewerkschaftlers. Bald zeigt sich, dass Dr. Eiselt nicht nur Gewerkschaftler ist, sondern auch Wissenschaftler. Er möchte, dass die Hochschulen in der DDR ihre Qualität steigern und dass neue leistungsfähige Dozenten gewonnen werden. Er kann durchaus unterscheiden zwischen den sozialen Belangen der Professoren, auch derer, die aus politischen Gründen nicht länger unterrichten können, und dem Interesse der Studenten, das sich langfristig deckt mit dem an einer konkurrenzfähigen Forschung in der DDR.

Wir beraten, wie sich die soziale Dimension des Problems von der wissenschaftlichen so trennen lässt, dass man im Bereich der Wissenschaft ausreichenden Handlungsspielraum für eine wirkliche Reform der Universitäten gewinnen kann. Ich empfehle ihm, seine Überlegungen mit denen von Minister Meyer abzustimmen und auf ein gemeinsames Konzept zwischen Gewerkschaft und Ministerium hinzuwirken, auf dessen Grundlage die Reorganisation erfolgen kann. Ein solches gemeinsames Konzept biete den Vorteil, dass der Minister in seinem Bemühen um die notwendige finanzielle Ausstattung der Universitäten auf die Gewerkschaft als wichtigen Verbündeten bauen könnte.

Zugleich würde es die Leistungsfähigkeit der Gewerkschaft Wissenschaft dokumentieren und damit ihre Verhandlungsposition bei möglichen Fusionen mit der ÖTV oder der GEW stärken. Eiselt meint, die Fusion mit der ÖTV sei praktisch erfolgt. Die Mehrzahl seiner Mitglieder wolle in die ÖTV, weil sie sich von dieser Gewerkschaft eine Verbesserung ihrer wirtschaftlichen Lage versprächen. Ich entgegne ihm, er müsse darauf achten, dass höhere Forderungen auch zu einem politischen Widerstand in der Bundesrepublik gegen die fortdauernde Finanzierung der DDR-Hochschulen im bisherigen Umfang führen könnten. Dann verdienten zwar weniger Dozenten mehr, ein eigenständiger Hochschulstandort DDR würde jedoch durch ein solches Verfahren nicht gestärkt. Als Eiselt mein Büro verlässt, habe ich den Eindruck, dass ich ihn bald wiedersehen werde. Es ist wirklich faszinierend, die Vielfalt der Probleme in der DDR kennenlernen und den Vorgang »Umwandlung einer Kommandowirtschaft in eine freie Wirtschaftsordnung« von allen Seiten beobachten zu können.

Ein Gespräch mit dem finnischen Fernsehen in meinem Zimmer im Hotel Merkur schließt sich an, ehe ich zu Fischer ins Rathaus gehe. Das Stadtparlament tagt gerade, um über eine Vorlage des neu berufenen Stadtrats für Städteplanung und -entwicklung Nils

Gormsen zu beraten. Gormsen stammt aus Mannheim. Er macht einen guten Eindruck. Es gelingt ihm, die Versammlung von der Notwendigkeit zu überzeugen, der Stadtverwaltung die für schnelle Entscheidungen über Bauvorhaben notwendige Vollmacht zu gewähren, noch ehe das deutsche Baurecht direkt oder analog in der DDR angewendet wird. Als Grundlage soll der Flächennutzungsplan dienen, den die Stadt 1988 erarbeitet hat, allerdings ohne die in diesem Plan vorgesehene Einbeziehung von Flächen für die Fortführung des Braunkohlebergbaus. Diesen Teil des Flächennutzungsplans will man nicht genehmigen, sondern revidieren.

Die Zustimmung im Stadtparlament ist erstaunlich breit. Sie verläuft nicht entlang der Parteienfronten. Auch dem Redner der PDS oder der Grünen wird mit Aufmerksamkeit zugehört; brauchbare Anregungen werden aufgenommen. Noch fehlt die formale Polarisierung zwischen den Parteien, die das Bild des politischen Meinungsstreits in der Bundesrepublik zunehmend bestimmt. Man geht tolerant miteinander um, was auf der kommunalen Ebene allerdings auch in der Bundesrepublik häufig der Fall ist. Gleichwohl: Noch immer ist zu spüren, dass die große Mehrzahl derer, die sich jetzt in kommunalpolitische Verantwortung haben nehmen lassen, früher zusammen gegen das alte Regime standen.

Fischer ist als Stadtarchitekt bestätigt worden. Im Hauptausschuss musste der Bürgermeister mit seiner Doppelstimme den Ausschlag geben. Der Widerstand richtete sich wohl weniger gegen Fischer als gegen vorausgegangene Entscheidungen des Oberbürgermeisters. Dessen Stellung ist nicht unbestritten. Viele beklagen nach wie vor seine häufige Abwesenheit und die Schwierigkeit, ihn sprechen zu können. Auch ich habe noch kein Gespräch mit ihm geführt. Allerdings habe ich mich auch noch nicht intensiv darum bemüht. Zunächst will ich seinen Stellvertreter, den CDU-Bürgermeister Rudolf Ahnert, kennenlernen. Er wird nach den Landtagswahlen voraussichtlich die Mehrheitspartei in Sachsen vertreten.

5. Juli 1990

Meine Vorlesung ist heute erst um 11.00 Uhr. An sie schließt sich nach einer halben Stunde eine Seminarveranstaltung an. Morgens besuchen mich einige Kollegen aus den Erziehungswissenschaften, um zu klären, in welcher Weise meine zukünftigen Vorlesungen mit der Lehrerausbildung kombiniert werden können.

In der Vorlesung behandle ich vor allem die Eigentumsordnung. Die Funktion des Eigentums zu verstehen bereitet den Menschen in der DDR besondere Schwierigkeiten. Jahrelang haben sie, was die größeren Strukturen anbetrifft, praktisch in einer eigentumslosen Welt gelebt. Das Volkseigentum wurde von niemandem als wirkliches Eigentum empfunden. Deshalb versuche ich, sie nicht ideologisch, sondern von den Aufgabenstellungen der Institution her an das Eigentum heranzuführen. Die meisten gehen mit. Aber es sind auch Widerstände in der Vorlesung spürbar. Sie melden sich allerdings selbst im Seminar kaum zu Wort.

Dort diskutieren wir über den Wohnungsbau. Den Studenten fällt es schwer, mit den neuen Begriffen umzugehen. Als ich am Beispiel einer 100-qm-Wohnung für 200 000 DM und einer Verzinsung von sieben Prozent die Berechnung einer Miete demonstriere, erhebt ein Student Bedenken gegen die Einbeziehung der Reparaturkosten. Die Reparatur, so meint er, verbessere doch die Wohnung und vermehre damit das Vermögen des Eigentümers. Deshalb sei die Reparatur durch die Miete abgedeckt. Der Student kann sich nicht vorstellen, dass das in der Wohnung gebundene Kapital verzinst werden muss. Volkseigentum war eben kein Kapital, das man verzinste.

Überhaupt regt sich Widerstand gegen den Gedanken, das Gut Wohnung dem Markt anzuvertrauen. Dieser Widerstand ist zwar auch ideologisch bedingt und Folge der bisherigen Erziehung. Aber er hat seine Entsprechung in der Bundesrepublik. Offenbar, das hat Meinhard kürzlich beobachtet, gibt es eine dem Menschen eigene Veranlagung, Grundbedürfnisse des Lebens Marktprozessen zu entziehen, das heißt, im Regelfall nicht zum Gegenstand von Tauschverhältnissen zu machen. Diese Grundhaltung findet sich auch bei Marx mit seiner Vorstellung, jedem sollten nach seinen Bedürfnissen Güter zur Verfügung stehen.

In den Bereichen, die durch unsere Grundbedürfnisse definiert sind, ist es deshalb besonders schwierig, Marktprozessen Akzeptanz zu verschaffen. Eigentlich gelingt das nur unter Bedingungen des Überflusses. Sobald in diesen Bereichen Knappheiten entstehen, kehrt man zur hoheitlichen Bedarfsbefriedigung zurück. Die Wohnbaupolitik und ihre gegenwärtige Entwicklung in der Bundesrepublik sind dafür ein Beispiel. Auch die CDU flieht dann wieder in die Arme des Staates. Ihre Wohnbaupolitik ist von der der SPD kaum noch zu unterscheiden.

Nachmittags besuche ich Rudolf Ahnert, den CDU-Bürgermeister in Leipzig. Ich treffe in ihm einen ernsthaften, selbstkritischen Mann, der noch immer etwas eingeschüchtert scheint durch die Symbole seines Amtes, zum Beispiel das große Arbeitszimmer. Er ist leicht gebeugt durch die Last der Verantwortung und fühlt sich einsam. Die CDU-Fraktion sei nicht sehr stabil. Der Oberbürgermeister Lehmann-Grube, zu dem er in unbeschränkter Loyalität steht, ist ihm schon seiner administrativen Erfahrung wegen ein weit überlegener Vorgesetzter. Ich versuche, ihn zu ermutigen: Er möge in Leipzig der zweite Mann sein, in Sachsen gehöre er der stärksten Partei an. Leipzig sei auf Sachsen, aber Sachsen sei auch auf Leipzig angewiesen. Diese Verbindung könne er ebenso einbringen wie die politischen Gewichte der CDU in Sachsen und in der DDR. Das mache ihn zu einem Partner des Oberbürgermeisters, nicht zu einem Untergebenen.

Mit den Amtsträgern der CDU in der Umgebung müsse er sich zusammentun und eine Art Netzwerk aufbauen, das die Bürgermeister von Halle und Merseburg ebenso einschließt wie den Landrat von Leipzig. Wenn er mit seiner Runde in Dresden einen Jour fixe einrichte und die kommunalpolitischen Entscheidungen abstimme, dann könne er beachtlichen Einfluss gewinnen.

Nach diesem Gespräch treffe ich mit Professor Knut Merte in meinem Büro zusammen. Er ist Zahnmediziner und braucht dringend Hilfe beim Ausbau seines Instituts. Die Zustände in dem Gebäude, in dem die Zahnmedizin seit 1908 untergebracht ist, sind katastrophal. Man braucht für die Studenten und die Ärzte neue Stühle. Die Kosten werden sich auf 25 000 bis 50 000 DM belaufen. Ich will versuchen zu klären, ob man so etwas gebraucht bekommen kann.

6. Juli 1990

Der Tag ist fast ganz mit Vorlesungen, Seminaren und Vorträgen ausgefüllt. Die Vorlesung schließe ich mit der Darstellung der Grundlagen der Sozialpolitik und wenigen Hinweisen auf die ökologischen Probleme ab. Am Ende tut es mir doch leid, dass ich beide Themen nicht breiter behandelt habe. Im Seminar vertiefen wir unsere Diskussion vor allem über ökologische Probleme. Zwischendurch habe ich Besuch von Charles Maier, dem Harvard-Historiker, telefoniere mit Schorlemmer und unterwerfe mich noch einmal den Wünschen eines netten jungen Fotografen, der für das Magazin der *Süddeutschen Zeitung* fotografieren soll und darauf besteht, mich mit den gesammelten Werken von Marx und Engels aufzunehmen, nachdem bei einem früheren Termin Bilder zwischen den Büsten von Leibniz und Goethe nicht besonders gelungen waren. Mir war es anmaßend erschienen, mich zwischen ihnen zu postieren, und das sah man wohl auf dem Foto. Es wirkte nicht entspannt.

Anschließend Vortrag und Diskussion mit ausländischen Deutschlehrern. Sie kamen aus Ost und West, zum erheblichen Teil aus dem Osten, mehrere aus der Sowjetunion. Ich versuche, ihnen die kulturelle Dimension der Wirtschaftsordnung nahezubringen. Im Auditorium, oberste Reihe, sitzen einige Lehramtskandidaten aus Leipzig. Ihre Sprache verrät sie als Marx-Engels-Schüler. Sie machen den Versuch, meine Wirkung auf die Zuhörer zu neutralisieren. Es gelingt ihnen nicht. Als ich den Saal verlasse, begegne ich keinen freundlichen Blicken.

Gegen Abend habe ich einen Vortrag in der landwirtschaftlichen Hochschule in Bernburg versprochen. Man fährt etwa neunzig Minuten. Die Hochschule liegt außerhalb des Ortes und ist als Internat organisiert. Sie muss wie viele andere um ihre Existenz fürchten. Den rund 500 Studenten stehen rund 40 Dozenten gegenüber. Bisher kamen die Studenten vorwiegend aus den LPGs und den verwandten Bereichen. Jetzt muss die Schule um Studenten werben und entsprechende Angebote entwickeln. Das wird nicht leicht sein. Auch hier ein voller Hörsaal, viele Dozenten, Gäste aus dem Ort, darunter der Bürgermeister.

Die Fragen kreisen um das Schicksal der Landwirtschaft und zukünftige Problemstellungen für wissenschaftliche Arbeiten. Ich empfehle ein intensives Studium der bisherigen Diskussionen und Entwicklungen zu Themen wie extensive Landwirtschaft, Diätbewusstsein der Bevölkerung, Vergütung der Landwirte für landschaftspflegende Leistungen, Veränderungen der Ernährungsgewohnheiten und ihre Folgen für die landwirtschaftliche Produktionsstruktur. Vor allem aber geht es darum, Mut zu machen, auf die Fähigkeit der Menschen zu bauen, ihr Selbstbewusstsein zu stärken. Es darf nicht geschehen, dass die Menschen hier die Marktwirtschaft als eine neue Form der Vormundschaft erleben, die ihnen keinen Raum für Selbstachtung lässt.

7. Juli 1990

Tagung der Dräger-Stiftung zu den Gesetzmäßigkeiten, nach denen sich die Entwicklung von Regionen vollzieht, und den Schlussfolgerungen, die sich daraus für Europa ziehen lassen. Lothar Späth hat die Tagung angeregt.

In der Mittagspause fragt mich Späth nach meiner Einschätzung der politischen Entwicklung in Sachsen. Wer werde nach meiner Ansicht als Ministerpräsident in Frage kommen? Man höre, dass Klaus von Dohnanyi in Sachsen für die SPD kandidieren werde. Das könne, vor allem wenn die wirtschaftliche Umstrukturierung Schwierigkeiten mit sich bringe, zu einer Verschiebung der politischen Gewichte zugunsten der SPD führen. Deshalb müsse man überlegen, ob wir nicht auch mit jemand von außen antreten sollten. Die CDU hat sich zwar auf ihren Landesvorsitzenden in Sachsen, Klaus Reichenbach, festgelegt. Falls de Maizière es wolle, könne er Reichenbach auch mit nach Bonn nehmen. Dann erledige sich diese Lösung. Andere stünden aus Sachsen nicht zur Verfügung.

In diesem Falle, so Späth, könne sich die Frage doch noch einmal stellen, ob ich hier für das Amt des Ministerpräsidenten kandidieren soll. Ich sage ihm, dass dies bereits erörtert worden sei und ich stets die Ansicht vertreten hätte, eine solche Anfrage könne nur von der hiesigen CDU ausgehen. Ich stünde zur Verfügung, wenn es notwendig sein sollte, obwohl es ein ziemliches Opfer wäre. Aber ich würde von mir aus auch nichts unternehmen.

Im Grunde bin ich mit dem, was ich jetzt tue, sehr zufrieden. Allerdings haben mich die Gespräche der vergangenen Tage erneut davon überzeugt, dass ich und wie viel ich helfen kann, wenn mir die Gelegenheit dazu geboten wird. Deshalb sollte ich die Frage, auch wenn sie jetzt noch einmal auftaucht, der Entwicklung überlassen und sie von mir aus nicht weiter betreiben.

Mit Guido Goldman zu Mittag gegessen. Er zeigt sich sehr beeindruckt von Lothar de Maizière, den er in Berlin getroffen hat. Ich gewinne ihn für meine Unternehmung, de Maizière als Vizekanzler für die erste gesamtdeutsche Regierung vorzuschlagen mit der Aufgabe, die deutsch-deutsche Integration politisch zu koordinieren und als eine Art Ombudsmann für die Deutschen in der DDR zu wirken.

Gestern war Guido bei Schorlemmer in Wittenberg. Ich hatte Besuch von Charles Maier, der mit Schorlemmer verabredet war. Deshalb rief ich Schorlemmer an und traf auf Guido. Auch hier bildet sich ein Netzwerk. Guido berichtet, dass Schorlemmer jetzt 800 DM verdiene und sich deshalb praktisch keine Bücher kaufen könne. Er wolle ihn mit dem Institut verbinden und ihm dafür etwas bezahlen. Ich werde Schorlemmer auch ein Angebot der Zusammenarbeit machen. Falls es klappt, kann ich seine Mitarbeit vergüten.

8. Juli 1990

Eine Woche nach der Währungsreform hat die deutsche Mannschaft in Rom die Weltmeisterschaft gewonnen. Obwohl es regnet, ist in Leipzig die Hölle los. Raketen steigen auf, die Autos veranstalten ein ohrenbetäubendes Hupkonzert. Nach der Währungsunion jetzt die Fußballunion. In ihr gibt es keine Unterschiede mehr zwischen den Deutschen in Ost und den Deutschen in West. Sie liegen sich in den Armen und freuen sich gemeinsam. Ereignisse wie diese verbinden offenbar mehr, als Politiker es gestalten können. Es ist herrlich, die Freude mitzuerleben.

Der gestrige Abend hat einige Klärungen und neue Bekanntschaften gebracht. Rudi Häussler gehört zu den neuen Bekannten. Ein eindrucksvoller Unternehmer aus Stuttgart, voller Ideen und Tatkraft. Er hat das Gartenhaus des Bellevue angemietet und dort die hiesige Niederlassung seiner Firma für Bürosysteme eingerichtet. Neben Wolfgang Berghofer beschäftigt er seit kurzem auch Friedrich Wokurka, den früheren Generaldirektor von Robotron. Mit Professor Klaus Schwab hat Häussler die Davoser Gespräche ins Leben gerufen. Nun will er mit Schwab eine Beratung in der Sowjetunion aufbauen.

Nach unserem Abendessen gehe ich zum allgemeinen Konferenzessen, um Reichenbach zu begrüßen, der mit Späth zusammensitzt. Wir führen das Gespräch gemeinsam fort. Reichenbach will in Sachsen kandidieren. Er sieht aber große Defizite im Personalbereich und hält deshalb Unterstützung von außen für unverzichtbar. De Maizière hat sich offenbar bereit erklärt, Bundestagspräsident zu werden. Er könne, so Reichenbach, die Position eines Vizekanzlers nicht wahrnehmen, weil ihm dazu die Kraft fehle. Schon jetzt sei er kaum noch in der Lage, die Last seines Amtes zu tragen. Er rauche bis zu 60 Zigaretten am Tag, trinke viele Tassen Kaffee und schlafe nur noch vier bis fünf Stunden. Er werde von Kohl erdrückt.

Man müsse ein DDR-Aufbauministerium einrichten, für das sich Günther Krause interessiere, der den Staatsvertrag verhandelt hat. Die Probleme eines solchen Querschnittsministeriums werden gesehen, aber nicht für unüberwindlich gehalten.

Wir sprechen auch über die Neuwahl des CDU-Präsidiums, die im Oktober ansteht. Späth will wieder kandidieren. Die DDR soll im Präsidium respektive Bundesvorstand vier Positionen erhalten, für die Lothar de Maizière, Klaus Reichenbach, Günther Krause und Sabine Bergmann-Pohl vorgesehen sind. Frau Bergmann-Pohl soll einen Teil des Ministeriums von Ursula Lehr erhalten. De Maizière wird Bundestagspräsident, Krause will das Querschnittsministerium übernehmen und Reichenbach geht als Ministerpräsident nach Sachsen.

Späth sieht die Notwendigkeit, Reichenbach mit einer Kombination von Wirtschafts- und Finanzminister zu unterstützen. Heute Morgen nennt er Birgit Breuel als eine mögliche Besetzung. Ich könnte dieses Amt wohl haben, aber ich glaube nicht, dass ich es will.

9. Juli 1990

Heute Morgen um halb sechs aufgestanden. Um halb sieben war ich im Büro. Für Leipzig ist dies nicht ungewöhnlich. In vielen Betrieben und Büros beginnt die Arbeit um 6.30 Uhr oder 7.00 Uhr. Bei uns begann um 7.30 Uhr die Prüfung von rund vierzig Studenten, die in der vergangenen Woche an meiner Einführungsvorlesung und am Seminar »Grundlagen der sozialen Marktwirtschaft« teilgenommen haben. Sie waren in Gruppen zu drei bis vier eingeteilt und jeweils auf eine halbe Stunde bestellt.

Ich hatte zunächst Sorge, dass die sechsstündige Prüfung zu anstrengend werden könnte. Aber je länger sie dauerte, umso mehr Freude bereitete sie mir. Die Studenten hatten aus der Vorlesung viel mitgenommen. Sie konnten das Wissen nicht nur rekapitulieren, das ich ihnen vermittelt hatte. Sie waren auch in der Lage, es zur Beantwortung neuer Fragestellungen und Probleme einzusetzen, also zu kombinieren und damit fruchtbar zu machen. Von wenigen Ausnahmen abgesehen, hatten sie wirklich mitgearbeitet, in großem Umfang mitgeschrieben und sich das Vorgetragene auch eingeprägt. Es war ein schönes Gefühl, diese Resonanz auf die eigene Vorlesung zu erleben.

Am Ende jeder Prüfungsrunde fragte ich die Studenten nach ihren weiteren Plänen. Von keinem bekam ich Beschwerden oder Ängste zu hören. Viele, die das Studium in Kürze abschließen, hatten sich bereits um Praktika in der Bundesrepublik oder um Arbeitsplätze in der DDR bemüht. Einigen waren ihre sogenannten Absolventenverträge, die sie nach Beendigung des Studiums in eine Arbeitsstelle verweisen, gekündigt worden. Sie mussten jetzt neue Wege gehen oder sich eine neue Position suchen. Alle, die davon berichteten, waren zuversichtlich, dass ihnen dies gelingen würde.

Nun waren die rund vierzig Studenten kein normaler Querschnitt. Sie hatten die Initiative, an der Sommeruniversität teilzunehmen und das Seminar zu besuchen. Gleichwohl war der Prüfungstag eine ermutigende Widerlegung der Vermutung, Angst, Niedergeschlagenheit und Lähmung sei die vorherrschende Gemütslage unter den jungen Menschen in der DDR. Nach dieser Erfahrung bin ich optimistischer als zuvor.

11. Juli 1990

Wir treffen uns in Potsdam auf Einladung von Bischof Forck zu dem seit längerem geplanten Erfahrungsaustausch über den bisherigen Verlauf der wirtschaftlichen Integration der beiden deutschen Staaten. Manfred Stolpe, mit dem ich die Beratungen vorbereitet habe, und ich beabsichtigen, praktische Vorschläge für das weitere Vorgehen insbesondere im Bereich der Wirtschaft zu erarbeiten.

Deshalb haben wir neben einigen Vertretern der DDR-Regierung vorrangig Persönlichkeiten aus dem Bereich der Wirtschaft eingeladen.

Zu Beginn hören wir zwei Situationsberichte, die zeigen, dass die psychologische Situation in der DDR sehr uneinheitlich ist. Die Kirche, so lautet ein Fazit, muss sich der zu kurz gekommenen Wahrheiten annehmen. Bisher dachte man vom Ich zum Wir. Jetzt breite sich der Individualismus aus. Nicht alles dürfe nur ökonomisch gesehen werden. Der Einigungsprozess verkümmere, wenn er auf die ökonomische Dimension reduziert werde. Die Kirche müsse sich vor allem den bisher vom DDR-System überzeugten Menschen zuwenden, denjenigen, die mit dem Marxismus innerlich verbunden waren. Viele von ihnen seien sehr einsam.

Es wird appelliert, etwas von dem, was in der Revolution aufgebrochen ist an Elan und Idealismus, zu erhalten. Die Kirche müsse sich um diese Substanzen kümmern. Die Menschen, die die Revolution angestoßen hätten, seien heute weitgehend politisch isoliert.

Frau Regine Hildebrandt, Ministerin für Arbeit und Soziales, sieht im Solidarprinzip, das aus der Gemeinschaft der Not und des Mangels entstanden ist, ein wesentliches Identitätsmerkmal der DDR-Gesellschaft. Sonst kann sie kaum etwas erkennen, das erhalten und weitergegeben werden könnte.

Im Hinblick auf die Ausmaße der Belegschaften in den Betrieben wisse jeder in der DDR: Es muss weniger werden. Aber es müsse sinnvoll weniger werden. Worauf man jetzt zusteuere, sei ein Zusammenbruch. Was solle man mit den Arbeitslosen machen? Man schaffe es nicht, so viele Menschen umzuschulen. Könnte es sein, fragt Frau Hildebrandt, dass die Investoren warten, bis es in der DDR billiger wird, und deshalb vorläufig planmäßig nichts geschehe?

Herr Schele eröffnet unser Gespräch am zweiten Tag. Wir seien in der Bundesrepublik kritisch gegenüber den eigenen Verhältnissen. Dennoch befänden wir uns jetzt in der Situation, dass wir unsere Erfahrungen und Erkenntnisse zunächst dem Integrationsprozess zugrunde legen müssen, weil wir nicht die Kraft und die Zeit haben, gleichzeitig zu reformieren.

In meinem eigenen Beitrag kommt es mir vor allem darauf an, dass der Wechsel von der Kommandowirtschaft zur Koordinationswirtschaft nicht nur als ein ökonomischer, sondern auch als ein kultureller Vorgang begriffen wird. Diese kulturelle Dimension muss beachtet werden.

Mit der Einführung von Leistungsanreizen, offenen Märkten und Eigeninitiative wächst die Ungleichheit, jedenfalls die Ungleichheit der Ergebnisse wirtschaftlicher Tätigkeit. Damit entsteht eine Spannung zwischen Leistung und Gleichheit, die den Menschen in der DDR bisher unbekannt ist. Wir müssen um ihr Verständnis dafür werben, dass wachsende Ungleichheit eine notwendige Folge der Individualisierung der Gesellschaft und der Verwirklichung des Leistungsprinzips ist.

Die Arbeitslosigkeit, die als Folge der Umstellung entsteht, ist ein komplexes Problem und sollte als solches beschrieben werden. Als Erstes muss man sich mit den für die ostdeutsche Bevölkerung neuen Phänomenen befassen, der Mobilität am Arbeitsmarkt und der sozialen Bewertung der Arbeitslosigkeit. Mobilität ist bisher praktisch unbekannt. Arbeitslosigkeit führt eher zur Ausgrenzung als zur Einbeziehung in die Solidarität. Für Mobilität und Arbeitslosigkeit muss um Verständnis geworben werden. Beides darf nicht länger negativ besetzt sein.

Die Frage stellt sich, ob man die Menschen im eigenen Betrieb, etwa durch langfristige Kurzarbeit, festhalten soll. Dies entspricht zwar dem sozialen Bedürfnis der Menschen, nicht aber den Bedürfnissen der Neustrukturierung der Wirtschaft. Ihr wird eher durch die Gründung neuer Unternehmen entsprochen. Deshalb müssen die Rahmenbedingungen geschaffen und die Dienstleistungen gesichert werden, ohne die Unternehmensneugründungen kaum möglich sind. Wir alle sollten darauf hinwirken, dass Beteiligungen aus der Bundesrepublik an ostdeutschen Unternehmen nicht als Ausverkauf der DDR diffamiert werden. Beteiligungen bedeuten nicht Ausverkauf, sondern Teilnahme am Schicksal des Unternehmens in der DDR. Auch bei dieser Überzeugungsarbeit kann die Kirche mithelfen.

Schließlich muss beiden deutschen Staaten klar sein, dass sie sich im Zuge der Integration verändern. Diese Veränderung wird einmal ausgelöst durch die Notwendigkeit, sich dem jeweils anderen zu erläutern und damit die eigenen Erfahrungen mit ihm zu teilen. Bereits die Erläuterung unseres wirtschaftlichen und politischen Systems bedeutet aber auch, über dieses System neu nachzudenken.

In der Pause spreche ich mit Stolpe über die Notwendigkeit, nach der Einheit für die Zeit des Zusammenwachsens einen Ombudsmann für die DDR zu haben. Ich sähe nur zwei Männer, die diese Aufgabe erfüllen können: de Maizière als Vizekanzler mit einem guten Stab von Mitarbeitern oder ihn, Stolpe selbst. Stolpe möchte de Maizière in dieser Funktion sehen. Er und andere Kirchenleute seien mit ihm in den nächsten Tagen verabredet und wollten noch einmal mit ihm über diese Frage sprechen. Festlegungen, die de Maizière gegenüber Kohl bereits vorgenommen habe, wollten sie nicht gelten lassen.

Er stimme mir zu, dass es für die ersten Jahre des Übergangs eine Bezugsperson geben müsse und dass auch er dafür in Frage komme. Aber zunächst müsse der Versuch unternommen werden, de Maizière zu gewinnen.

Mit Wirtschaftsminister Pohl spreche ich noch einmal über die Verhandlungen zum zweiten Staatsvertrag. Er müsse davon ausgehen, dass die Einheit bereits vollzogen sei und deshalb der Grundsatz der Lastenverteilung des Grundgesetzes gelte. Die Lage sei damit anders als vor der Wirtschafts- und Währungsunion: Die DDR habe eine starke Stellung. Kohl könne sich ein Scheitern der Verhandlungen nicht leisten, denn er wolle die Wahl gewinnen.

Als wir unsere Diskussion wieder aufnehmen, führt Eleonore von Rotenhan meinen Gedanken fort, dass die soziale Marktwirtschaft auch eine kulturelle Daueraufgabe ist. Es sei ein Sinnfindungsprozess. Die Ideologie der Vergangenheit sei Religionsersatz gewesen. Insoweit könne man das, was nun stattfinde, auch als Säkularisierungsprozess bezeichnen.

Ein zweiter Punkt sei ihr wichtig. Die Männer müssten begreifen, dass vor allem die Frauen von der Wende betroffen sind. Denn diese müssten lernen, abhängig zu werden, abhängig von einem allein verdienenden Mann. Das sei eine neue Erfahrung. Die Frauen in der DDR hätten ein gänzlich anderes Selbstverständnis entwickelt als jene in der Bundesrepublik. Sie würden jetzt als Erste entlassen, würden nicht gleichberechtigt beschäftigt und Ähnliches. Hier müsse deshalb eine ganz besondere politische und kulturelle Leistung erbracht werden.

Am Schluss des Gesprächs vereinbaren wir den Austausch weiterer Erfahrungen auf schriftlichem Wege.

Bischof Forck legte seiner kurzen Morgenandacht vor unseren heutigen Beratungen folgende Textstellen zugrunde: Psalm 27,1–8; Jakobusbrief 3,13–18; Galater 6,2.

Inzwischen befinden wir uns auf dem Weg nach München. In Dresden habe ich mir zur Begrüßung der Berghofers in Übersee eine sächsische Fahne besorgt. Ingrid hat uns inzwischen einen Fahnenmast verschafft, der morgen aufgestellt wird. Auch ich freue mich darüber. Ich fürchte, ich habe schon einen Teil meines Herzens an Sachsen verloren. Auch die Frage beschäftigt mich wieder, ob ich nicht als Wirtschafts- und Finanzminister mit Sitz im Bundesrat nach Sachsen gehen sollte. Machbar wäre es, vielleicht auch, was die finanziellen Rahmenbedingungen angeht. Aber was wird dann aus all den anderen Aufgaben, die ich mir gestellt habe? Und was aus dem Bundestag?

17. Juli 1990

Der DGB-Bundesvorstand hat mich zu einem Gespräch über die Zukunft der sozialen Frage vor dem Hintergrund der deutschen Einigung in seine Sommerakademie nach Tutzing eingeladen. Heinz-Werner Meyer und einige andere Gewerkschaftsführer nehmen daran teil. Nach meinem Eingangsvortrag diskutieren wir die Herausforderungen, vor die die Gewerkschaften durch den deutschen Einigungsprozess gestellt werden. Schwierigkeiten bereitet den Gewerkschaften vor allem die Lohnpolitik. Einerseits sind sie daran interessiert, Mitglieder im östlichen Teil Deutschlands zu organisieren. Dies können sie im Wesentlichen dadurch, dass sie den Arbeitnehmern eine Verbesserung ihrer wirtschaftlichen Lage versprechen. Andererseits lösen sie auf diese Weise Arbeitslosigkeit und in weiterer Konsequenz Subventionsbedürfnisse aus, die den westdeutschen Steuer- und Beitragszahler und damit wiederum ihre westdeutschen Gewerkschaftsmitglieder belasten. Als Folge sehen sie sich in einem Spannungsverhältnis zwischen ihren Ost- und ihren Westinteressen, das sie aus eigener Kraft nicht auflösen können.

Was die tarifvertragliche Gestaltung der Lohn- und Einkommenspolitik anbetrifft, so fehlt es in der DDR noch an gewerkschaftlichen Organisationen und Arbeitgeberverbänden, denen man die tarifvertragliche Lohnpolitik anvertrauen kann. Auf der anderen Seite bestehen erhebliche Bedenken gegen betriebliche Tarifverträge. Lasse man sie einmal zu, habe man die Tarifhoheit der Gewerkschaften und Arbeitgeberverbände nachhaltig beeinträchtigt.

Insgesamt meinen die Gewerkschaften, dass sie die politischen Kosten des Einigungsprozesses alleine nicht tragen können. Deshalb entwickelt sich aus der Diskussion der Gedanke, Heinz-Werner Meyer und Arbeitgeberpräsident Klaus Murmann sollten gemeinsam die Forderung erheben, die Kosten der Einheit ehrlich darzulegen, um so eine Grundlage für gemeinsames Handeln zu schaffen. Die Politik, so sollte der Appell lauten, müsse die Bevölkerung darüber aufklären, dass es sich bei der Integration der DDR und ihrem Wiederaufbau um eine gemeinsame Aufgabe aller Deutschen handle. Es müsse eindeutiger definiert werden, was gemeinsam zu schützen sei. Schließlich sollten die Kirchen angesprochen und um Hilfe durch ihren Rat gebeten werden.

29. Juli 1990

Seit vorgestern sind wir auf Lanzarote. Dr. Marx hat uns davon überzeugt, dass ein dreiwöchiger Aufenthalt im trockenen und warmen Klima unserer »Vulkaninsel« Ingrids Gesundung nachhaltig befördern könnte.

Der Urlaub gibt uns seit langem wieder einmal Gelegenheit, über die eigene Zukunft nachzudenken. Über die Möglichkeiten dieser Zukunft habe ich ausführlich mit Wolfgang Berghofer gesprochen. Beide waren eine Woche bei uns. Es war ein erfreulicher Besuch. Wolfgang rät mir von einem politischen Engagement in Sachsen ab. Die Probleme und Aufgaben, die mit der Einheit und der Erneuerung Europas auf uns zukämen, seien so groß, meint er, dass ich an ihrer Bewältigung mitarbeiten sollte – das aber könne man aus der Position eines Landesministers kaum. Der mit einem solchen Amt verbundene Verschleiß sei beträchtlich.

Zusammen verschaffen wir uns einen Überblick über die Probleme des deutschen Einigungsprozesses:

1. Das Tempo der Entwicklung ist von den untergeordneten Gliedern der Entscheidungshierarchie nicht mehr nachvollziehbar. Die Menschen und ihre mittlere Führungsstruktur werden überfordert. Das muss zu Spannungen und Konflikten führen.

2. Die Wiedervereinigung spielt als nationale Frage keine Rolle mehr. Die Euphorie über die Einheit ist wie weggeblasen. Wir können deshalb aus der nationalen Dimension keine politische Kraft erwarten. Dazu fehlt es an entsprechender Aufklärung.

3. Die Diskussion über den Zeitraum des Einigungsprozesses wird deshalb an Bedeutung zunehmen. Dass der Ablauf der Entwicklung ohne Alternative war, wird nicht erkannt. Man macht deshalb zunehmend die Politik verantwortlich für die Geschwindigkeit, mit der der Prozess sich vollzieht.

4. Die Sorge wächst, durch die Einheit zu verlieren. Die DDR hat bereits die Märkte im Osten eingebüßt und für sie keinen Ersatz gefunden. Auch in der Bundesrepublik häufen sich die Stimmen, man könne bei der Vereinigung schlecht wegkommen. Zwar wird auch der Stolz der Deutschen über die wiedergewonnene Souveränität politisch wirksam werden. Aber das Besitzstandsdenken wird stärker sein.

5. Die Entwicklung der Löhne und Einkommen in der DDR verselbstständigt sich. Man nimmt keine Rücksicht mehr auf die Entwicklung der Produktivität. Die Forderung nach gleichem Einkommen bei gleichen Preisen wird energischer.

6. Die Verantwortung der Gewerkschaften ist ungeklärt. Werden sie sich an den politischen Kosten der Umstrukturierung beteiligen oder sich vor allem durch den Wunsch leiten lassen, neue Mitglieder zu gewinnen? Wenn sie sich für Letzteres entscheiden, werden sie die neuen Mitglieder enttäuschen, denn die Gewerkschaften können ihnen nicht die versprochene Sicherheit der Arbeitsplätze garantieren.

7. Die Stimmung der Menschen in der DDR wird in der Bundesrepublik schlechter eingeschätzt, als sie ist. Das hat Auswirkungen auch in der DDR und fördert die negativen Tendenzen dort zum Nachteil der positiven.

8. Schließlich wächst in der Bundesrepublik die Angst vor neuen Übersiedlerströmen. Auch die inzwischen fast vollzogene Einheit kann nichts daran ändern, dass die Ost-West-Wanderung wohl immer anders gesehen werden wird als die normale Mobilität innerhalb der Bundesrepublik.

Auf diese Entwicklungen und Probleme wird man achten müssen. Sie werden an Bedeutung zunehmen, wenn die Menschen aus dem Urlaub zurückkommen, die ersten größeren Betriebe pleitegehen, die Arbeitslosigkeit wächst und es zu einer neuen Ost-West-Wanderung kommen sollte.

Gegenwärtig wird noch alles beherrscht vom Erfolg der Moskaureise Kohls. Die Zustimmung zu ihm als Kanzler war noch nie so groß wie zurzeit. Kohl hat mit Gorbatschow den Krieg und die Nachkriegszeit beendet. Deutschland hat die Unterstützung Russlands für seine volle Souveränität und sein Recht zugesichert erhalten, das Bündnis frei zu wählen. Wir können also in der NATO bleiben – einer veränderten NATO allerdings.

Auf dem Gipfel der Allianz Anfang Juli wurde die »Entfeindung« der NATO-Strategie beschlossen und dem Osten eine Zusammenarbeit angeboten. Dieses Angebot hat Gorbatschow angenommen. Als Gegenleistung haben wir versprochen, die gesamtdeutsche Armee auf 370 000 Mann zu reduzieren, keine NATO-Truppen, auch keine deutschen, im bisherigen DDR-Gebiet zu stationieren, dieses Gebiet atomwaffenfrei zu halten, die sowjetischen Truppen noch vier Jahre zu dulden, für diese Truppen Leistungen zu erbringen, auch bei ihrer Rückführung zu assistieren, nach ihrem Abzug keine nichtdeutschen NATO-Truppen auf dem DDR-Territorium zu dulden, der Sowjetunion bei der Erneuerung ihrer eigenen Wirtschaft behilflich zu sein, und dies nicht nur durch Geld, sondern auch durch Experten. Die Deutschen werden wieder »die Lehrer der Russen«, wie Dostojewski schreibt.

Später wird man einmal erkennen, dass Gorbatschow zu den Gewinnern dieser revolutionären Veränderung gehört und wir die wichtigsten Nutznießer dieses Gewinns sind.

30. Juli 1990

Die NATO-Konferenz in Brüssel und der Wirtschaftsgipfel in Houston haben die Türe für die Sowjetunion nach Europa geöffnet. Auch wenn man sich in Houston nicht dazu entschließen konnte, die Sowjetunion massiv wirtschaftlich zu unterstützen, aus verständlichen Gründen im Übrigen, was die USA und Großbritannien angeht, so hat man den Deutschen doch die Möglichkeit zugestanden, sich in der Sowjetunion zu engagieren; und damit auch allen anderen, die das als nützlich ansehen.

So konnte Kohl in Moskau und im Kaukasus mit Gorbatschow handelseinig werden. Gorbatschow hatte seine Parteikonferenz hinter sich, auf der er sich erneut als Generalsekretär, diesmal als Vorsitzender der KPdSU, durchgesetzt und seinen Gegner Ligatschow überwunden hatte. Die Partei war ihm abermals gefolgt entgegen allen aufgeregten Unkenrufen aus dem Westen, denn sie sieht zu Gorbatschow und seiner Politik keine Alternative.

Aus der Position der Stärke konnte Gorbatschow den Deutschen gewinnen lassen und die Gegenleistungen als solche akzeptieren. Dabei ist die Truppenreduktion die wichtigste. Unser 80-Millionen-Volk wird in wenigen Jahren eine Armee von 370 000 Soldaten haben, weniger im Verhältnis zur Bevölkerung als alle anderen europäischen Staaten in der NATO. Wir gewähren der Sowjetunion nicht nur de facto einen Fünf-Milliarden-Kredit, sondern sagen bisher unbezifferte weitere Hilfen zu, natürlich nicht als Gegenleistung für die Gewährung der Souveränität. Kohl hat durch seine Entscheidungsfreude und indem er den Augenblick richtig nutzte, diese Gelegenheit für die deutschen Interessen ergriffen. Das ist eine große politische Leistung. Sie entspricht der Dimension des historischen Vorganges: der Überwindung der europäischen Teilung. Aber dennoch kann kein Zweifel daran bestehen, dass es Gorbatschow war, der wirklich gestaltete. Das mindert nicht Kohls Verdienste, die auch in seiner Mitwirkung an der Schaffung der Voraussetzung für das sowjetische Handeln zu sehen sind. Aber es hilft, sie in der richtigen Perspektive zu sehen.

1. August 1990

Nun, nachdem die außenpolitischen Barrieren überwunden sind und der Weg zur deutschen Einheit offensteht, können wir uns wieder den eigentlichen politischen Fragen zuwenden, zum Beispiel der, wie das Wahlrecht für die ersten gesamtdeutschen Wahlen beschaffen sein muss, damit alle auf ihre Rechnung kommen. Darüber gibt es in Bonn heftige Auseinandersetzungen, in Ostberlin ebenso. Der einfachste und zugleich einzig einleuchtende Weg, nämlich ein Beitritt der DDR und gesamtdeutsche Wahlen nach einheitlichem Wahlrecht, dem Wahlrecht der Bundesrepublik, steht offenbar nicht zur Verfügung. Er würde das Ende der DSU und der politischen

Gruppierungen in der DDR bedeuten, die sich um die Revolution verdient gemacht haben.

Also will man – natürlich als einmalige Ausnahme – das Wahlrecht manipulieren, um der CSU ihre DSU zu erhalten und den kleineren Parteien und Bürgerrechtsbewegungen, wie Demokratischer Aufbruch, Demokratie Jetzt, Bündnis 90, eine Chance zu verschaffen. Dregger und wohl auch de Maizière favorisieren eine Fünfprozentklausel auf Basis der Bundesländer. Wer in einem Land fünf Prozent erreicht, ist im Bundestag. Das hat uns 1949 elf Parteien im Parlament eingebracht und wurde deshalb geändert. Oder man will Listenverbindungen zulassen, die die kleinen Parteien mit Hilfe der großen über die Hürde bringen sollen. Damit kandidiert dann die DSU im Osten gegen die CDU und dies mit Hilfe der CSU; die Fraktionsgemeinschaft ist dann zumindest fragwürdig geworden.

Daneben geht es um maximal fünfzehn Persönlichkeiten aus den kleinen Parteien, deren Präsenz im Bundestag sichergestellt werden soll. Denn mehr als zwei bis vier Prozent werden die kleinen Parteien nicht auf sich vereinigen können. Sie werden deshalb allenfalls vier Prozent der Abgeordneten stellen können, die aus der DDR in den Bundestag gewählt werden. Ihretwegen das Wahlrecht zu manipulieren erscheint mir verantwortungslos. Man kann ihren Einzug in den Bundestag auch auf andere Weise gewährleisten: über die Listen der großen Parteien. Warum die CSU so an der DSU hängt, Waigel sich zu deren Ehrenvorsitzendem hat wählen lassen und die CSU sich mit den heutigen Männern der DSU abgibt, nachdem Ebeling, Diestel und Nowack längst ausgetreten sind, ist mir unverständlich. Das Gewicht der CSU in der Bundespolitik ist doch keine Frage der Zahl der Abgeordneten, sondern eine Frage des Gewichtes ihrer politischen Argumente!

Senkt man die Eintrittsschwelle zum Parlament, kann man dies nicht nur für eine Wahl tun. Es muss sich dann um eine dauerhafte Änderung des Wahlrechts handeln. Ist die Änderung aber dauerhaft, so können auch andere neue Parteien entstehen. Meine Voraussage, dass die Volksparteien sich möglicherweise aufspalten, wird dann eher eintreten, als ich es selbst für vorstellbar gehalten habe.

In der kommenden Woche soll in Bonn über all dies entschieden werden. Wahrscheinlich muss ich hinfahren, nicht nur, um an der Abstimmung teilzunehmen, sondern auch, um meine Bedenken vorzutragen, wenn ein fauler Kompromiss gefunden sein sollte. Nichts wäre für die Identität des geeinten Deutschlands verhängnisvoller als seine demokratische Geburt durch ein manipuliertes Wahlrecht.

Im *Spiegel* sind die Ergebnisse der Juli-Umfragen wiedergegeben. Kohl hat einen erstaunlichen Sprung nach vorne getan. Elf Prozent mehr wünschen ihn in Bonn in einer wichtigen Funktion zu sehen als noch vor vier Wochen. Zum ersten Mal liegt er bei dieser Frage gleichauf mit Lafontaine. Bei einer Direktwahl des Kanzlers hätte er einen soliden Vorsprung vor Lafontaine. Genscher führt das Feld weiter unumstritten an, gefolgt von Süssmuth. An dritter Stelle Späth mit 71 Prozent. De Maizière liegt gleichauf mit Kohl. Er äußert sich in einem *Spiegel*-Gespräch zu den Problemen des Wahlrechts und des Beitritts. Das Interview ist nicht ohne Aggression. De Maizière hat viele seiner Freunde, auch mich, in den letzten Wochen irritiert. Dass CDU und PDS zusammen gegen SPD und Liberale gestimmt haben und die CDU-Fraktion Gysi zugejubelt hat, als dieser die SPD angriff, lässt sich noch verstehen, wenngleich es ungewöhnlich ist. Aber de Maizières Argumente zur Wahlrechts- und Beitrittsfrage sind wenig überzeugend. Ich kann nicht erkennen, warum Festlegungen auf den Beitritt die Verhandlungsposition der DDR verschlechtern sollen. Das wäre nur dann der Fall, wenn es zum Beitritt noch eine Alternative gäbe.

Die gibt es jedoch ebenso wenig, wie es heute noch eine Alternative zu gesamtdeutschen Wahlen im Dezember geben kann. Man könne heute, so de Maizière, noch paritätisch verhandeln und später nur noch aus der Minderheitenposition heraus. Deshalb müsse erst der Einigungsvertrag fixiert werden. Erst dann könne man über den Beitritt entscheiden. All dies ist jedoch nur schlüssig, wenn man von der Existenz von Alternativen zum Beitritt ausgeht. Solche Alternativen sehe ich nicht. Der Integrationsprozess schreitet zügig voran. Die Volkswirtschaften verflechten sich immer enger. Die Bundesrepublik wächst ständig mehr in die Verantwortung für die bisherige DDR hinein. Die Kosten dieser Verantwortung steigen. Sie werden genau das Niveau erreichen, das ich am 7. Februar 1990 im Bundestag vorausgesagt habe, also 80 Milliarden DM oder etwa den Zuwachs des Bruttosozialprodukts bei 3,5 bis 4 Prozent Wachstum. Damit nehmen jedoch auch die Kompetenzen Bonns zu, für ganz Deutschland zu handeln.

Im außenpolitischen Bereich hat Kohl diese Zuständigkeit längst und, wie ich glaube, zu Recht in Anspruch genommen. Die Verständigung mit Moskau war eine Verständigung für ganz Deutschland. Nicht anders kann jedoch zunehmend auch innenpolitisch verfahren werden. De Maizière muss die Interessen der Deutschen in der bisherigen DDR wahren. Aber er tut es nicht durch die Verzögerung der Einheit oder durch Unklarheiten über das Wahlrecht oder den Beitritt, sondern nur durch Argumente in der Sache.

Im Übrigen irrt er, wenn er glaubt, die zwanzig Prozent Abgeordneten aus der DDR seien keine Macht. Das Gegenteil ist richtig. Wenn diese Abgeordneten sich als eine besondere Gruppe verstehen und sich der im Bundestag vorherrschenden Blockbildung entziehen, ihre Gemeinsamkeiten also höher bewerten als ihre Fraktionszugehörigkeiten, dann können sie auf die Willensbildung des Parlamentes einen enormen Einfluss nehmen. Ihre Stärke wird wiederum nicht allein in ihrer Zahl liegen, sondern in ihrer Fähigkeit, sich bisherigen Geschlossenheitsdogmen zu verweigern und unabhängig vom Hergebrachten zu handeln. Nicht in der angeblichen Parität der Verhandlungen heute, sondern in den neuen Wegen, die sie morgen gehen können, liegt die Macht der Politiker aus der DDR.

2. August 1990

Die Diskussion über den Einheitsvertrag, in dem die Modalitäten des Beitritts geregelt werden sollen, hat durch die Schwierigkeiten eine besondere Dimension gewonnen, die beiden unterschiedlichen Konzepte der Abtreibung in Ost und West miteinander in Einklang zu bringen. Rita Süssmuth hat inzwischen einen »dritten Weg« vorgeschlagen: Sie will den Schwangerschaftsabbruch bis zum Ende des dritten Monats straffrei stellen unter der Voraussetzung, die Frau habe sich beraten lassen und eine Überlegungsfrist von drei Tagen eingehalten. In der Sache läuft Ritas Vorschlag auf eine Angleichung unseres Strafrechts an das der DDR hinaus.

Gertrud Höhler hat auf den Vorschlag in der letzten Ausgabe der *Welt am Sonntag* mit Formeln wie »Patentlösung: Nach Beratung Mord« und »Neue Mixtur aus Mordlizenz und humanem Pathos« reagiert. Diese Mixtur markiere den »Höhepunkt der Verwirrung in einer Diskussion, der fälschlich auch noch das deutsche

Vereinigungs-Ethos beigemischt« werde. Die Polemik ist gekonnt, aber so ungerecht, dass sie mich veranlasst, in der *Zeit* zu der Frage Stellung zu nehmen und auf die eigentlichen Probleme und Ursachen des Schwangerschaftsabbruchs einzugehen. Das eigentliche Dilemma sei, dass Mutter und Kind nicht in unsere auf wirtschaftliche Effizienz und sozialen Schutz des arbeitenden Menschen, des Arbeitnehmers, ausgerichtete Erwerbsgesellschaft passen. Dieses Dilemma wird durch die auf die strafrechtliche Dimension reduzierte Diskussion des Schwangerschaftsabbruchs nicht erfasst, geschweige denn aufgelöst. Das macht die Unehrlichkeit, um nicht zu sagen Verlogenheit dieser Diskussion aus und begründet zugleich ihre pharisäerhafte Selbstgerechtigkeit.

4. August 1990

Heute Morgen haben wir zum zweiten Mal durch Passagiere Post nach Bonn mitgegeben. Unter anderem enthielt die Sendung meinen Beitrag für die *Zeit* zum Thema § 218 StGB.

Einem Vertrag, in dem auf Jahre in Deutschland in dieser Frage nach zweierlei Recht entschieden werden soll, kann ich nur mit großer Mühe zustimmen. Unterschiedliches Strafrecht in einem Land mit einer Rechtsordnung ist nur möglich, wenn das Strafrecht wie in den USA Landesrecht sein kann. Das Grundgesetz lässt dies nicht zu. So ist dies jedenfalls kein Weg, um sich vor der Entscheidung zu drücken.

Mit Meinhard habe ich am Donnerstag über meine ersten Notizen zum Bericht an die Trilaterale Kommission gesprochen. Er ist sehr einverstanden, hält allerdings die »Gewinne« der Sowjetunion aus der Entwicklung der letzten Jahre für zu optimistisch formuliert. Gewinner der Veränderungen in der Welt sei eindeutig Europa: So sehe ich es auch. Europa befreit sich aus der Vormundschaft der bipolaren Ordnung, relativiert die Bedeutung der beiden Weltmächte, von denen die Sowjetunion politisch und wirtschaftlich gesehen keine Weltmacht mehr ist, und wächst damit zugleich in eine neue Struktur der Verantwortung: nach innen für die friedliche Bewältigung von Vielfalt und der Spannungen, die sich aus den wirtschaftlichen, sozialen und kulturellen Verschiedenheiten ergeben; nach außen für den Frieden in der Welt, den Abbau der Folgen der bisherigen Konfrontation in der Dritten Welt und – als Mitverantwortung – für die ökologische Überlebensfähigkeit der Erde.

Wir freuen uns zu Recht über die wiedergewonnene deutsche und europäische Einheit. Aber wir werden schnell erkennen, dass mit ihr auch die überschaubare europäische Ordnung des Kalten Krieges zu Ende geht, auf deren Sonnenseite wir uns eingerichtet haben. Die Existenz einer schwarzweißen Welt, die Konfrontation mit dem »empire of evil« hat uns die Begründung unserer Lebensweise leichtgemacht. Es war eine Zeit, in der Schlagworte genügten und die Diskussion der Mängel der eigenen Ordnung angesichts der Abgründe an Unmenschlichkeit der realen Alternative kleinkariert oder beckmesserisch erscheinen musste.

In Zukunft werden die Fronten anders verlaufen. »Freiheit statt Sozialismus« als ordnende Parole wird abgelöst werden durch neue Grundsatzauseinandersetzungen darüber, wie unsere Lebensformen mit den Überlebensbedingungen der Erde und ihrer Menschheit in Übereinstimmung gebracht und wie die Unterschiede innerhalb Europas und seine Vielfalt der Lebensweisen und -ziele politisch bewältigt werden können. Diese Grundsatzauseinandersetzung wird gänzlich anders verlaufen als die gewohnten, klassischen Konflikte. Sie wird innerhalb der bestehenden Parteien ausgetragen werden und zu neuen innerparteilichen, aber auch Parteigrenzen überschreitenden Koalitionen führen. Sie kann Parteineugründungen oder dauerhafte Bündnisse bisheriger Gruppierungen zur Folge haben, die durch neue Interessenkonflikte und -gemeinsamkeiten bestimmt sein werden.

Eine wesentliche Rolle werden dabei regional unterschiedliche Interessen spielen. Parteipolitische Differenzen innerhalb einer Region werden von Interessengemeinsamkeiten gegenüber anderen Regionen überlagert werden. Das wird vor allem die Volksparteien erfassen, die ihrer Natur nach die eher beharrenden Mehrheiten ansprechen als die innovations- und reformorientierten Minderheiten. Die große Koalition von CDU und SPD, die sich nach der Volkskammerwahl in der DDR bildete, war auch Ausdruck eines solchen, Parteigrenzen überlagernden Regionalinteresses.

Die Regionalisierung wird auch den Zusammenhalt innerhalb der Volksparteien verringern. Die Abgeordneten werden von ihren Wählern stärker als in der Vergangenheit für die Vertretung vermeintlicher oder wirklicher Regionalinteressen in Anspruch genommen werden. Der jüngste Landtagswahlkampf Lothar Späths in Baden-Württemberg war bereits durch die Mobilisierung regionaler Interessen gegen andere Regionen und die »Zentrale« geprägt. Mit dem Wegfall der Ost-West-Konfrontation und des aus ihr abgeleiteten Solidaritätsanspruches können sich regionale politische Interessen wesentlich leichter entfalten und zur Geltung bringen. Dies gilt für Europa ebenso wie für das geeinte Deutschland.

Auch die inhaltliche Differenzierung innerhalb der Volksparteien wird an Bedeutung gewinnen. Die Geschlossenheitspostulate, aus denen sich auch der innerparteiliche Solidaritätsanspruch und der Grundsatz der Parteidisziplin ableiten, werden ihre Autorität zunehmend einbüßen. Gruppierungen und Arbeitsgemeinschaften innerhalb der Volksparteien werden entstehen und von den Parteiführungen toleriert werden müssen, wenn es nicht zu Abspaltungen und damit der Entstehung neuer Parteien kommen soll. Zwar wird die Anwendung der Fünfprozentklausel die Aussichten für Neugründungen auch in Zukunft wesentlich beschränken. Aber die Möglichkeit von Listenverbindungen zwischen kleineren Initiativparteien und größeren Volksparteien wird die Sperrwirkung der Fünfprozentklausel verringern.

Dabei gehe ich davon aus, dass die Zulassung von Listenverbindungen zur ersten gesamtdeutschen Wahl kein einmaliger Vorgang bleiben wird, selbst wenn das jetzt beabsichtigt sein sollte. Denn der Grund, den man für ihre Zulässigkeit angeführt hat, politischen Gruppierungen eine Chance zu geben, die die friedliche Revolution in der DDR vor allem initiiert haben, lässt sich durchaus verallgemeinern. Immer werden es Minderheitengruppen sein, die neue, revolutionäre, jedenfalls bestehende Verhältnisse nachhaltig verändernde Prozesse in Gang setzen. Solchen Gruppierungen und ihren Exponenten können die Volksparteien nicht auf Dauer die politische Repräsentanz verweigern. Tun sie es doch, ohne sich selbst neuen Ideen wirklich zu öffnen, werden sie nur ihren eigenen Zerfall beschleunigen.

Die Überwindung der Teilung Deutschlands ist damit weit mehr als die Einbeziehung der DDR in die Bundesrepublik. Sie ist, da sie mit der Überwindung der europäischen Teilung einhergeht, zugleich das Ende einer Epoche und der Beginn eines neuen Entwicklungsabschnittes europäischer Geschichte. Unsere ganze politische Aufmerksamkeit konzentriert sich bisher noch auf den ersten Aspekt der Zeitenwende, obwohl der zweite sich bereits ankündigt.

Das politische Verdienst Kohls, dem er sein derzeit hohes Ansehen verdankt, leitet sich ebenfalls aus seinem Beitrag zur Beendigung einer Epoche ab. Es ist deshalb nicht gering. Er hat mit seiner Politik seit dem November 1989 zu Ende geführt, was Konrad Adenauer begonnen hatte. Aber die Anerkennung, die ihm widerfährt, wird nur dann von Dauer sein, wenn er das Alte nicht nur beendet, sondern die Entwicklung des Neuen wesentlich mitgestaltet. Adenauer hat Neues gestaltet, soweit er unter den Bedingungen begrenzter Souveränität dazu in der Lage war. Die inhaltliche Gestaltung des Neuen, des geeinten Deutschlands und seines Auftrages steht jedoch noch aus. Sie ist selbst in Ansätzen noch nicht erkennbar und kann es auch nicht werden, solange wir an der Vorstellung festhalten, in der Bundesrepublik müsste sich nichts, in der DDR dagegen alles verändern.

Schon heute zeigt sich, dass dies keine realitätsgerechte Vorgabe sein kann. Allein die Lasten, die sich aus der Einheit für die Bundesrepublik ergeben werden, machen eine neue Politik erforderlich. Dass sie in dem Umfang übernommen werden müssen, den man derzeit vorhersieht, wurde bisher schlicht ignoriert oder geleugnet. Politische Versprechen wurden abgegeben, die sich als uneinlösbar erweisen, wie zum Beispiel der Verzicht auf Steuererhöhungen oder die Finanzierung der Einheitskosten aus Steuermehreinnahmen.

Nicht nur der Zerfall der Autorität der DDR-Regierung und die schnell anwachsenden Probleme der Unternehmen und der Kommunen, sondern auch die Sorge, die Lawine der Einheitsfolgen könnte eine Unionsmehrheit bei der ersten gesamtdeutschen Wahl gefährden, mag deshalb bei dem Vorschlag Kohls und de Maizières Pate gestanden haben, diese Wahlen nicht am 2. Dezember, sondern bereits am 14. Oktober zusammen mit den Landtagswahlen durchzuführen. De Maizière war gestern bei Kohl in Sankt Gilgen und hat ihm angeblich einen solchen Vorschlag vorgetragen. Kohl habe ihn begrüßt.

Nun überlegt man, wie man die laufende Legislaturperiode des Bundestages entsprechend abkürzen und zu gesamtdeutschen Wahlen gelangen kann. Das Beste wäre zweifellos eine entsprechende

Änderung des Grundgesetzes. Sie wäre auch der Bedeutung des Anlasses gemäß. Dazu müssen jedoch die Sozialdemokraten ihre Hand reichen. Für sie wäre das gleichbedeutend mit dem Verzicht auf die Möglichkeit, im Dezember unter dem Eindruck der Folgen der Einheit und der Unhaltbarkeit bisheriger politischer Versprechen bessere Wahlchancen nutzen zu können.

Andererseits sprechen auch sachliche Gründe für den früheren Wahltermin. Die Bonner Regierung wäre durch den Wahlkampf bis Ende des Jahres gelähmt und in der entscheidenden Zeit nicht wirklich handlungsfähig. Sie kann in dieser Zeit auch ihre Fehleinschätzungen der Einheitsfolgen kaum wirksam korrigieren. Das ist jedoch dringend erforderlich. Die DDR-Regierung kann mit den Problemen nicht ohne Hilfe fertigwerden. Zwei Wahlkämpfe in der DDR (Landtagswahl im Oktober, Bundestagswahl im Dezember) werden die Handlungsfähigkeit der DDR-Politiker weiter vermindern. Die Verzögerungen bei sehr wichtigen Entscheidungen, die dadurch entstehen, sind kaum zu verantworten.

Schlecht wäre es jedoch, wenn diesen Notwendigkeiten, die für eine baldige Wahl sprechen, mit einem erneuten getürkten Misstrauensvotum und anschließender Auflösung des Parlaments entsprochen werden müsste. Das Odium der Wahlmanipulation zur Sicherung einer Unionsmehrheit und des Wählerbetrugs – die negativen Folgen der bisherigen Einheitspolitik werden erst nach der Wahl sichtbar und wirksam – würde nicht nur die erste gesamtdeutsche Wahl belasten, sondern auch die weitere deutsch-deutsche Parteienentwicklung.

5. August 1990

Da es das einzige Buch ist, das ich in Hishams Haus auf Lanzarote vorfand, habe ich begonnen, Dostojewskis »Die Dämonen« zu lesen. Nach anfänglichen Schwierigkeiten, die ich mit ihm hatte, beginnt es mich zu fesseln. Es gewährt Einblicke in die russische Seele, die hilfreich und für mich neu sind. Und es liefert Erkenntnisse, die ihre Gültigkeit in den letzten 120 Jahren kaum verloren haben. Sie ergänzen auf interessante Weise, was Meinhard zu den Möglichkeiten sagt und schreibt, unsere Wirtschafts- und Gesellschaftsordnung auf Russland zu übertragen. Ein enger Mitarbeiter Leonid Abalkins habe ihm gesagt, neun von zehn Genossen, die in den führenden Positionen um Abalkin und Gorbatschow tätig sind, wollten ihr Russland so lassen, wie es ist, also nicht westlicher Denkweise und gesellschaftlicher Organisation anvertrauen oder ausliefern, wie man will.

Vieles, was Dostojewski zur russischen Seele, zum Denken des russischen Menschen sagt, zu seinem Fatalismus, seiner Leidenschaft, seiner Menschlichkeit und Gläubigkeit, seiner Prägung durch Herrschaft und Bürokratie, seinem Wunsch nach Geborgenheit bis hin zu humanen Formen der Leibeigenschaft, seiner Unterwürfigkeit, die umschlagen kann in Stolz, Ehrenhaftigkeit und rücksichtslose Prinzipientreue, dieses und mehr zeigt eine gesellschaftliche Befindlichkeit und in ihr Denkstrukturen, die kaum in Einklang gebracht werden können mit den Anforderungen, die eine marktwirtschaftliche, technisch-naturwissenschaftlich geprägte, durch Kooperationsdisziplin und Verlässlichkeit der Handlungsmotive gekennzeichnete Gesellschaftsordnung an ihre Mitglieder stellt.

Eine marktwirtschaftliche Ordnung kann ihre segensreichen Wirkungen nur entfalten, wenn zwischen den ökonomischen und den außerökonomischen Wertvorstellungen und Zielen individuellen und korporativen Verhaltens prinzipielle Übereinstimmung besteht. Fehlt es an dieser Übereinstimmung, nimmt die Berechenbarkeit des Handelns der Wirtschaftssubjekte ab oder entfällt ganz. Ohne Berechenbarkeit ihres Verhaltens ist es jedoch unmöglich, ihre individuellen Wirtschafts- und Lebenspläne durch Kooperation miteinander zu koordinieren. Das Netz aus vertraglicher Kooperation, das eine marktwirtschaftliche Ordnung auszeichnet, kann nur von Menschen gestaltet werden, deren Handlungsmotive in hohem Maße verwandt sind und inhaltlich von den Verhaltensweisen bestimmt werden, die die Wettbewerbswirtschaft voraussetzt.

In gewissem Umfang kann jede marktwirtschaftliche Ordnung Abweichungen von diesem Erfordernis der Übereinstimmung als »Geräusche« verkraften. Werden die Geräusche jedoch so stark, dass man sich nicht mehr zuverlässig verabreden kann, worüber auch immer, versagt die koordinierende Ordnung. Die Menschen greifen dann auf hierarchische Ordnungen zurück und sind bereit, die mit ihnen verbundenen Beschränkungen zu akzeptieren bis hin zur brutalen Durchsetzung auch unverständlicher und unmenschlicher Befehle; denn diese betreffen nie alle, sondern immer nur Einzelne oder Minderheiten, während vom Versagen der Ordnung alle in ihrer Existenz betroffen werden.

Deshalb ist es in vielerlei Hinsicht »bequemer«, in hierarchischen Ordnungen als in solchen zu leben, die vornehmlich auf der Koordination des Willens ihrer Mitglieder beruhen. Denn Koordinationsordnungen verlangen beständige Anstrengungen kultureller und politischer Art, die Bereitschaft zur eigenen Entscheidung und Gestaltung; auch zum Risiko, das mit ihnen verbunden ist. Sie setzen, allgemeiner, die Bereitschaft voraus, anderen die Lösung von Bindungen zu gestatten und damit wieder auf die eigene Leistung und das eigene Risiko zurückverwiesen zu werden. Das heißt aber, in der immer gegenwärtigen »Gefahr« leben zu müssen, dass die auf Vereinbarung beruhende Sicherheit enden kann.

Hochentwickelte marktwirtschaftliche Ordnungen sind deshalb »anstrengende« Ordnungen. Sie werden um der Freiheit der Einzelnen willen angestrebt. Ihre Konkurrenzfähigkeit verdanken sie jedoch zu nicht geringerem Teil den materiellen Vorteilen, die sie vermitteln. Diese materiellen Vorteile sind stets relativ. Vor allem werden sie in erster Linie dann wahrgenommen, wenn sich die Vorteile vermehren, die Aufrechterhaltung der »anstrengenden« Ordnung den Mitwirkenden also durch stetige Vermehrung ihres Ertrages entlohnt wird.

Marktwirtschaftliche Ordnungen haben sich bisher noch nicht unter Bedingungen bewähren müssen, unter denen sie zwar Freiheit und Verantwortung, aber nicht zugleich materielle Expansivität, also materielles Wohlstandswachstum, herbeigeführt haben. Das heißt aber, dass der eigentliche Test ihrer Konsensfähigkeit als »freiheitlicher« Ordnung noch aussteht. Noch mussten sie nicht auf den Lohn der Freiheit allein gestützt werden. Immer ließ sich argumentieren, die Entscheidung für die Last der Freiheit werde durch materiellen Wohlstand entgolten oder, positiv gewendet, Freiheit und Wohlstand seien unzertrennliche Wohltaten der marktwirtschaftlichen Ordnung.

Das wäre noch weniger ein Problem, wenn als Wohlstand auch die Vermehrung des gemeinschaftlichen Wohlstandes, die Verbesserung der Gemeinschaftsgüter, angesehen würde. Das ist jedoch nicht der Fall. Die Verbesserung der Güter, die nicht individuell zurechenbar sind, wird wohl in Ergänzung zur Zunahme des individuellen materiellen Wohlstandes begrüßt, aber nicht als Ersatz für diesen. Schicken wir uns nun an, die Defizite im ökologischen, demografischen und fiskalischen Bereich zu überwinden und das Gefälle nach Osten und Süden jedenfalls insoweit abzutragen, dass seine Auswirkungen unsere eigenen Lebensverhältnisse nicht etwa durch Bevölkerungswanderungen beeinträchtigen, dann verbessern wir zwar unsere Umwelt, unsere Zukunftsfähigkeit und unsere allgemeine, nicht aber unsere individuelle Lage. Wir wenden den Zuwachs unserer Leistungsfähigkeiten für die Verbesserung unserer Gemeinschaftsgüter und Zukunftsaussichten auf. Ob eine solche »Belohnung« ausreicht, die Freiheit vor der Überwältigung durch den Wunsch nach einem bequemeren Leben zu schützen, vor allem wenn die »Freiheiten der kleinen Lebenskreise« weniger tangiert werden, ist keineswegs gesichert.

Darüber wird in den kommenden Jahren gestritten werden, einmal, weil die Auswirkungen der Defizite sich mit wachsender Nachdrücklichkeit zu Wort melden und Gemeinschaftsleistungen zu ihrer Überwindung einfordern werden, zum anderen, weil die marktwirtschaftliche Ordnung ihre einfache Legitimation durch den Vergleich mit der Ordnung des realen Sozialismus verloren haben wird. Zweifel an der »realen marktwirtschaftlichen Ordnung« wird man nicht mehr mit dem Hinweis auf den »realen Sozialismus« unterdrücken können. Im Gegenteil: Wie schnell sich wirtschaftliche Fehlentwicklungen nicht länger der sozialistischen Vergangenheit zuordnen lassen, sondern die soziale Marktwirtschaft und ihre kaum entwickelte Legitimationsgrundlage belasten, können wir bereits im deutsch-deutschen Prozess beobachten. Hier werden diese »Belastungen« der neuen Ordnung zwar vorübergehender Natur sein, denn die Ordnung der Bundesrepublik wird die des geeinten Deutschlands weitgehend bestimmen, und die »Belohnungen« der sozialen Marktwirtschaft werden sich auch in der bisherigen DDR schnell einstellen.

Anders wird die Entwicklung jedoch in Polen oder noch weit ausgeprägter in der Sowjetunion verlaufen. Vor allem dort ist auf Jahrzehnte nicht mit der Entwicklung eines geistigen und politischen Umfeldes für eine funktionsfähige marktwirtschaftliche Ordnung zu rechnen. In dieser Zeit müssen andere Formen der wirtschaftlichen und gesellschaftlichen Organisation wesentliche Funktionen von Staat und Wirtschaft gewährleisten. Es werden Formen sein, deren Anteil an hierarchischen und kollektiven Ordnungselementen weit größer sein wird als bei uns, ohne jedoch so freiheitshemmend zu wirken, dass sich daraus eine offensichtliche Begründung für die Überlegenheit unserer sozialen Marktwirtschaft ableiten ließe.

Dies wird die »politische Last« der Aufrechterhaltung der sozialen Marktwirtschaft erhöhen. Auch hier entfällt mit der »Abschreckung« durch den realen Sozialismus die gewissermaßen evidente Richtigkeit des eigenen Handelns. Statt durch Feindbilder muss sich die Ordnung in Zukunft durch sich selbst begründen. Reformern, in welchem Sinne auch immer, lässt sich dann nicht mehr mit der Losung »Freiheit statt Sozialismus« das Handwerk legen.

Auf die Parteienlandschaft wird dies nicht ohne Auswirkungen bleiben. Beide Volksparteien haben die Tendenz, wenn auch in unterschiedlichem Umfang, dem Wunsch nach Vermehrung kollektiver Leistungen und Sicherheiten nachzugeben. Ludwig Erhards Beobachtung, der »Schrei« nach immer mehr kollektiven Wohltaten nehme mit wachsendem Wohlstand nicht ab, sondern zu, ist heute ebenso gültig wie 1957. Die Versuchung, diesem Drängen nachzugeben, wird stärker werden. Denn man wird ihr nicht mehr mit der abschreckenden Alternative des realen Sozialismus begegnen können. Im Gegenteil: Mit wachsendem Abstand zur wirtschaftspolitischen Wende in der bisherigen DDR und den zunehmenden Anforderungen, die die soziale Marktwirtschaft an die dortige Bevölkerung stellt, werden die ehemaligen »sozialen Errungenschaften« der sozialistischen Ordnung in immer günstigerem Licht erscheinen. Mit der zeitlichen Distanz verliert sich der Zusammenhang zwischen der sozialen Geborgenheit und den Freiheits- und Wohlstandsverzichten, mit denen sie erkauft werden musste.

Die Notwendigkeit, zur Finanzierung des Wiederaufbaus der bisherigen DDR-Wirtschaft in weit größerem Umfang beizutragen, als dies politisch vorbereitet war, wird die gegenwärtigen politischen Widerstände gegen eine zunehmende Staatsverschuldung schwächen. Man wird bereit sein, beachtliche Neuverschuldungen in Kauf zu nehmen. Dies wird die Forderung nach Befriedigung »berechtigter sozialpolitischer Leistungen«, notfalls durch Inkaufnahme von Schulden, politisch stärken. Was für die Deutschen in der DDR zulässig und richtig ist, muss auch für die Deutschen im Westen richtig sein! Beides wird zu einer stärkeren sozialpolitischen Orientierung der Volksparteien führen und den politischen Schwerpunkt der Parteienlandschaft in Richtung »Soziales« verschieben.

6. August 1990

Frau Martens berichtet aus Bonn: Richard von Weizsäcker hat zu erkennen gegeben, dass er Wahlmanipulationen nicht unterstützen werde, also auch nicht bereit sei, den Bundestag auf ein getürktes Misstrauensvotum hin aufzulösen. Kohl strebe eine Auflösung mit verfassungsändernder Mehrheit an. Die SPD habe es jedoch abgelehnt, an einer solchen Maßnahme mitzuwirken. Damit bleibt es wohl bei den Wahlen innerhalb des verfassungsrechtlich zulässigen Zeitrahmens, also ab Mitte November. Der Wahlvertrag, über den in dieser Woche im Bundestag abgestimmt werden soll, ist weiter unstreitig. Ich muss also nicht nach Bonn fliegen.

Von Meinhard höre ich, dass Kohl am Wochenende auf einem Vertriebenentreffen ausgepfiffen worden sei. Die von Mitzlaff'sche Initiative, die ich schon vor Monaten an Genscher weitergegeben habe, ist natürlich richtig: Der Verzicht auf die deutschen Ostgebiete muss in Formen erfolgen, die der historischen Bedeutung des Vorganges angemessen sind. Bislang sei, so hatte von Mitzlaff argumentiert, alles eher administrativ bewältigt worden. Damit bleibe eine historisch bedeutsame Frage ohne wirklichen Abschluss, also offen. Das könne sich auch auf die Parteienlandschaft auswirken.

Tatsächlich muss man damit rechnen, dass sich der Verzicht auf die Ostgebiete politisch nicht so einfach verkraften lassen wird, wie es jetzt in der Euphorie der Vereinigung erscheint. Neben der Einschränkung der militärischen Dimension der Souveränität durch die fortdauernde sowjetische Truppenpräsenz in Ostdeutschland, die sich von nationalistischen Kräften durchaus als »Ausverkauf« zugunsten der Sowjets darstellen lässt, tritt damit ein zweites »Ausverkaufsargument« auf, das nicht ohne politisch relevante Resonanz bleiben wird: die »Preisgabe historischen deutschen Bodens«.

9. August 1990

Wir erholen uns gut, bei immer schönem Wetter, und genießen es, ohne Ablenkung Urlaub zu machen. Seit 1985/86 das erste Mal für eine so lange Zeit.

Frau Martens berichtet heute aus Bonn: Die Volkskammer hat den Wahlvertrag nicht ratifiziert. Deshalb musste die zweite und dritte Lesung im Bundestag ausgesetzt werden. Man hat jedoch in der Volkskammer eine Resolution verabschiedet, mit der der Bundestag gebeten wird, gesamtdeutsche Wahlen am 14. Oktober möglich zu machen. Kohl hat daraufhin zu Parteigesprächen eingeladen. Lafontaine hat angekündigt, die SPD werde sich nicht verweigern. Aber Parteigespräche könne man nur mit allen Parteien im Bundestag führen. Kohl hat die Grünen bisher nicht eingeladen. Die SPD will wohl darauf bestehen, dass auch die Grünen eingeladen werden.

Anstelle der ausgefallenen zweiten und dritten Lesung hat man heute im Bundestag über den weiteren Weg zur deutschen Einheit debattiert. Zu beschließen gab es nichts. Ich bin froh, dass ich unseren Urlaub wegen der Sondersitzung nicht abgebrochen habe.

Der Irak hat Kuwait annektiert. Man wolle die Ungerechtigkeit beseitigen, die in dem ungleich verteilten Wohlstand liege. Ob die militärischen Vorkehrungen der USA, Frankreichs und Großbritanniens im Persischen Golf und der Wirtschafts- und Ölboykott gegen den Irak ausreichen, um zu einer Beruhigung beizutragen oder sie herbeizuführen, vermag noch niemand zu sagen. Die USA fühlen sich als Schutzmacht der Saudis. Sie sind nach den hier zugänglichen Zeitungen entschlossen, die saudi-arabische Grenze zu Kuwait mit eigenen Truppen zu verteidigen. Man will, so scheint es, nicht den gleichen Fehler wiederholen, den man bei Hitler gemacht hat. Auch ein Einsatz von Bundeswehrsoldaten wird erwogen. Die neue deutsche Verantwortung wirft ihre Schatten voraus.

10. August 1990

Dostojewski habe ich ausgelesen und mich Golo Manns »Wallenstein« zugewendet. Große Distanz empfinde ich zum Bonner Betrieb, obwohl ich mich auf die Rückkehr und die Arbeit freue. Aber ich nehme die Einzelheiten des Tages nicht mehr so wichtig und beschäftige mich mehr mit den längerfristigen Veränderungen, die auf uns zukommen.

Nach dem Beitritt der DDR und den ersten gesamtdeutschen Wahlen werden wir eine wohl einmalige Situation erleben: Ein Fünftel der Bevölkerung unseres Landes in einem runden Drittel seines Territoriums hat einen wesentlich niedrigeren Lebensstandard, verfügt über wirtschaftliche und industrielle Einrichtungen von nachhaltig minderer Qualität, ist praktisch ohne funktionsfähige Verwaltung, ohne leistungsfähige Gerichte und so weiter. Aber sie sind Bürger des gleichen Landes unter der gleichen Verfassung. Sie können an die Mehrheit Ansprüche auf Anpassung ihrer Lebensverhältnisse stellen, ohne jedenfalls im öffentlichen Bereich den Nachweis eines entsprechenden Beitrages zum Bruttosozialprodukt zu erbringen. Die Unternehmen müssen beweisen, dass sie im Wettbewerb bestehen können. Im Falle ihres Scheiterns haben die Arbeitnehmer jedoch Anspruch auf Unterstützung durch die sozialen Systeme, von denen sie wiederum eine gerechte Teilnahme am ganzen Bruttosozialprodukt verlangen werden. Dabei werden sich die Gerechtigkeitsvorstellungen sehr schnell am Lebensstandard im Westen des Landes orientieren. Erst war es die D-Mark, zu der die Menschen reisen wollten, wenn sie nicht zu ihnen käme. Nun wird es der Wohlstand sein, den sie erwarten, wenn sie nicht zu ihm reisen sollen.

Die Schwierigkeit der kommenden Anpassungsphase wird vor allem darin liegen, dass die Menschen im Osten die besonderen Leistungen nicht werden erkennen können, die die Menschen im Westen aufgrund ihres fortgeschrittenen Wissens und Könnens in relativ kurzer Arbeitszeit erbringen. Das Produktivitätsgefälle drückt sich nicht in leicht fassbaren äußeren Unterschieden aus. Neben der Kapitalausstattung, deren Ungleichwertigkeit ohne Schwierigkeiten erkannt werden kann, sind es vor allem Wissen, Können und die andersgearteten Motivationen der Menschen, die auch in den kommenden Monaten und möglicherweise Jahren zu unterschiedlichen Produktivitäten beitragen werden.

Solche Unterschiede lassen sich verkraften, wenn die Menschen mit der geringeren Leistungsfähigkeit die Ursachen bei sich suchen und bereit sind, anderen die Früchte höherer Leistung zu gönnen, weil dies eben der Ordnung des Ganzen entspricht. Die Deutschen im Osten sind jedoch durch eine ganz andere Ordnung geprägt. Sie sahen in Ungleichheiten nicht das Ergebnis unterschiedlicher Leistungsbereitschaft, schon weil Leistungsbereitschaft kaum geeignet war, die eigene wirtschaftliche Lage wesentlich oder überhaupt zu verbessern. Für sie war Ungleichheit Ungerechtigkeit.

Dieses Denken wird, auch wenn seine Nachteile verstandesgemäß erfasst werden, das Verhalten vieler Menschen im Osten auch dann noch bestimmen, wenn die Einheit längst vollzogen ist. Man wird Gleichheit mit dem Westen verlangen und die fortdauernde Ungleichheit als Ungerechtigkeit empfinden. Umgekehrt werden die Deutschen im Westen diese Forderung mit Hinweis auf das Leistungsprinzip ablehnen, und dies obwohl sie untereinander Ungleichheiten nur sehr begrenzt durch das Leistungsprinzip zu legitimieren bereit sind. Daraus werden Spannungen erwachsen, wie wir sie bisher nicht gekannt haben und auf deren Bewältigung wir nicht vorbereitet sind. Dabei handelt es sich nicht nur um die Einheitskosten im engeren Sinne. Es geht auch um die Last der Rechtfertigung eines besseren Lebensstandards im Westen gegenüber den Deutschen im Osten, die neben einem sehr viel geringeren Lebensstandard auch die Folgen einer vierzig Jahre vorenthaltenen Lebens- und Freiheitschance ertragen müssen. Diese Rechtfertigung trifft die große Mehrheit der Westdeutschen und ist häufig schwerer zu ertragen als eine Steuererhöhung zur Finanzierung der Einheitskosten.

Vorhin habe ich den *Spiegel* vom vergangenen Montag erworben. Die im gleichen Laden angebotene *Bild*-Zeitung fordert »Schluss mit dem Wahlpoker«. Verflogen ist die Größe des historischen Augenblicks nach dem Besuch im Kaukasus. Es geht wieder um die Macht. Der *Spiegel* ist erschienen, ehe deutlich war, dass der Bundespräsident den Bundestag nicht auflösen würde, falls die Koalition Kohl das Vertrauen verweigert, und ehe die Volkskammer den Wahlvertrag nicht ratifizierte. Reinhard Klimmt, der Wahlkampfmanager Lafontaines, gibt jedoch bereits den neuen Duktus an, wenn er in einem Interview erklärt, Kohl habe mit dem Versuch, die Wahl auf den 14. Oktober vorzuziehen, eingestanden, dass er die Dinge in der DDR nicht mehr unter Kontrolle habe. Die Bundesregierung, so Klimmt, habe es in der erstaunlich kurzen Zeit vom 9. November letzten Jahres bis heute fertiggebracht, das totale Chaos zu erzeugen.

Offenbar eskalieren die Entwicklungen in der DDR. Die Betriebe kommen nicht weiter, selbst die besseren nicht, weil die Menschen auf ihrem Geld sitzen, nur das Notwendigste ausgeben, keine Aufträge erteilen und die Betriebe sich untereinander keine Kredite gewähren, sondern nur gegen bar tätig werden. Der Staat hat keine Einnahmen, weil die Finanzverwaltung nicht funktioniert. Die Kommunen sind in der gleichen Lage, sollen aber immer neue Aufgaben übernehmen. Ganz offensichtlich haben wir es im Augenblick mit einer »positiven Rückkoppelung« in der DDR zu tun, mit einem Prozess, der sich selbst verstärkt und nicht durch Notprogramme oder von Monat zu Monat konzipierte Sofortmaßnahmen unterbrochen werden kann. Beenden kann man solche sich selbst vorantreibenden Prozesse nur, indem man ihnen auf radikale Weise die Grundlage entzieht.

Und diese Grundlage ist die Angst der Menschen in der DDR vor der Ungewissheit, was kommen mag. Sie veranlasst sie zur Zurückhaltung. Es besteht ja kein Zwang zum Handeln wie in Westdeutschland im Sommer 1948, denn es gibt die Alternative, das Risiko auf die Bundesrepublik abzuwälzen. Mit seiner Politik der beschleunigten Einheit und schnellstmöglichen gesamtdeutschen Wahlen unterstreicht Kohl die Existenz dieser Alternative zusätzlich. Baldige Einheit und frühe gesamtdeutsche Wahlen sind an sich vernünftig. Ihre Begründung mit der Notwendigkeit, das drohende Chaos müsse durch Bonn aufgefangen werden, trägt jedoch zu einer Verstärkung der ohnehin bestehenden Tendenz bei, die gerade neu gewonnene Eigenverantwortung möglichst rasch wieder abzugeben.

11. August 1990

Im Mittleren Osten wachsen die Spannungen. Die USA sind, offenbar mit Billigung der Sowjetunion, entschlossen, weitere Aggressionen des Irak abzuwehren, und haben Truppen nach Saudi-Arabien entsandt. Die Weltmächte wollen es dem Militärdiktator nicht gestatten, die Ansätze zu einer Weltfriedensordnung zu zerstören. Das ist sicher richtig. Aber in den Tiraden des Diktators klingen auch Töne an, die zukünftige Konflikte kennzeichnen werden: die extreme Disparität zwischen Arm und Reich im arabischen Bereich selbst und die ausbeuterische Tendenz der westlichen Politik und der westlichen Gesellschaftsordnungen im Besonderen. Für die verarmten Iraki muss es plausibel erscheinen, mit Kuwait ein Land zu besetzen, dessen Bevölkerung unvorstellbar reich, aber klein an Zahl ist. Angesichts dieser Ungleichheit gibt es für die Iraki keinen politisch überzeugenden Grund, der sie zur Begrenzung und zum Respekt vor dem Prinzip der Souveränität anhalten könnte, zumal ihnen dieses Prinzip im konkreten Fall als Schutz eines Zustandes erscheinen muss, den sie als schreiende Ungerechtigkeit empfinden. Die Europäer werden es nicht leicht haben, in dieser Gemengelage die ihnen gemäße und ihrer Verantwortung entsprechende Rolle zu finden.

26. August 1990

Auf dem Weg nach Stuttgart und Berlin. Die letzten 48 Stunden haben mein Leben verändert. Es begann mit einem Besuch in Berlin. Ich hatte mich mit Klaus Reichenbach für den Donnerstagmorgen um 7.00 Uhr verabredet. Deshalb reiste ich Mittwochabend an. Weil ich sonst nichts vorhatte, besuchte ich die Sitzung der Volkskammer und verfolgte die nächtlichen Verhandlungen von der Diplomatentribüne aus. Während mehrerer Auszeiten sprach ich mit de Maizière, Reichenbach und anderen über die weitere Entwicklung in Sachsen. Eine Entscheidung über den Kandidaten der CDU für das Amt des Ministerpräsidenten war noch nicht gefallen. Reichenbach schien zu zögern.

Nach Erledigung der Tagesordnung beantragte de Maizière eine Sondersitzung. In ihr sollte über den Beitritt der DDR zur Bundesrepublik entschieden werden. Dem Antrag wurde stattgegeben. Gegen halb drei Uhr morgens fiel die Entscheidung. Mit großer Mehrheit wurde der Beitritt beschlossen. Der Beifall, der das Votum begrüßte, war eher verhalten. Dann trat Gysi ans Rednerpult. Ob die Mitglieder der Volkskammer denn wüssten, rief er ins Plenum, was sie eben beschlossen hätten? Das Ende der DDR! Der Jubel, der seiner Frage folgte, war überwältigend. In ihm entluden sich nicht nur die Spannungen der letzten Tage, sondern auch die Last der zurückliegenden Jahre. Das Glück, das er verkündete, war ansteckend. Fröhlich und pfeifend ging ich durch die stille Stadt über die Straße Unter den Linden zu Fuß zu meinem Hotel.

Nach der Sondersitzung des Bundestages am Donnerstag zum Wahlvertrag und zur Beitrittserklärung der DDR telefonierte ich mit Geißler, um ihn zu seinen Plänen in Sachsen zu befragen. Reichenbach hatte mir am Vormittag in Berlin in seinem Büro im Ministerrat eröffnet, dass er sich nicht um die Kandidatur für das Amt des Ministerpräsidenten in Sachsen bewerben wolle. Er wolle sich nicht den innerparteilichen Spannungen aussetzen, von denen er nicht wisse, ob er sie durchstehen könne. Auch fehlten ihm die notwendigen Kenntnisse und Erfahrungen für die Aufgabe. Deshalb habe er sich als Landesvorsitzender der sächsischen CDU entschlossen, einen anderen als Kandidaten vorzuschlagen. Man habe an mich und an Geißler gedacht. Gegen mich habe Kohl entschiedene Einwände erhoben. Man könne sich über sie nicht hinwegsetzen. Dazu sei die eigene Position zu schwach.

Deshalb sei man an Heiner Geißler herangetreten. Dieser habe signalisiert, dass er bereit sei, die Aufgabe zu übernehmen, auch wenn er enorme Schwierigkeiten in der eigenen Bezirkspartei und im Wahlkreis überwinden müsse. Es wäre hervorragend, so Reichenbach, wenn ich in diesem Team mitmachen könnte. Ich hatte Reichenbach meine Unterstützung generell zugesagt und wollte nun von Geißler selbst hören, wie er sich die weitere Entwicklung vorstellt.

Geißler war noch keineswegs entschieden. Er könne den Wahlkreis nicht im Stich lassen. Man könne dort wegen Fristablaufs keinen neuen Kandidaten mehr für die Bundestagswahl aufstellen. Auch die Bezirks- und Landespartei brauche ihn. Deshalb müsse er das Bundestagsmandat in jedem Falle antreten. Mit der Position des Ministerpräsidenten sei dies vereinbar, wenn auch nicht mit der Mitgliedschaft im Bundesrat. Die Entscheidung falle ihm darüber hinaus wegen der Schwierigkeit der Aufgabe und schließlich auch deshalb nicht leicht, weil er in seiner pfälzischen Heimat tief verwurzelt sei.

Geißler wollte wissen, ob ich zur Verfügung stünde. Ich sagte ihm, ich wolle mich nicht bewerben. Ich sei glücklich mit dem, was ich derzeit tue. Zu der Aufgabe könne ich mich, wenn überhaupt, allenfalls dann bereit erklären, wenn ich einmütig aufgefordert würde. Auch dann müsste ich es mir noch überlegen. In jedem Fall fände ich es gut, wenn er sich entschließen könne, nach Dresden zu gehen. Ich sei bereit, ihn zu unterstützen. Wir verabredeten, dass er sich wieder melden werde. Er müsse am Freitag seine Entscheidung treffen.

Am Freitag flog ich nach München. Geißler hatte sich nicht wieder gemeldet. In München schien die Sonne. Es war ein herrlicher Tag. Ich holte den Wagen, ging zur Lufthansa-Lounge, um das Handtelefon mitzunehmen, das Max hinterlegt hatte, und fuhr nach Übersee. Kurze Zeit nach mir kam auch mein Vater an, der das Wochenende bei uns verbringen wollte.

Als Geißler sich auch am Abend noch nicht gemeldet hatte, war ich erleichtert. Mit Geißler würde ich gut zusammenarbeiten können. Mich interessierten vor allem die Treuhandanstalt in Sachsen, die Universitäten, der Kulturetat und die Projekte, die wir schon seit Monaten vorbereitet hatten. Die Kombination aus meinen Engagements in Sachsen und im Bundestag, der Arbeit für die Bertelsmann Stiftung und der Mitarbeit im IWG Bonn und seinen Forschungsprogrammen ergab, zusammen mit meiner Anwaltstätigkeit, eine optimale Verbindung. Ich war rundherum zufrieden damit.

In der Nacht von Freitag auf Samstag gegen 1.00 Uhr riss uns das Telefon aus tiefstem Schlaf. Es war Lothar Späth, der anrief. Man habe den ganzen Tag bis in die Nacht verhandelt und überlegt. Geißler habe abgesagt. Er könne die Probleme in seinem Wahlkreis nicht lösen. Wahrscheinlich sei ihm auch die Aufgabe zu schwierig erschienen. Er habe kein Verhältnis zu Sachsen, kenne Land und Leute nicht. Vielleicht, so sahen Späth und ich es, wollte er sich auch eine Kandidatur zum Ministerpräsidenten in Rheinland-Pfalz offenhalten. Weder Carl-Ludwig Wagner noch Hans-Otto Wilhelm haben dort eine reelle Chance, die Landtagswahlen im Frühjahr zu gewinnen. Jedenfalls, so Späth, stehe man wieder am Anfang.

Reichenbach selbst wolle nicht antreten. Walter Priesnitz, der Staatssekretär im Bundesministerium für innerdeutsche Beziehungen, sei ausgeschieden. Er komme nicht in Frage. Man habe erwogen, den Leipziger Bezirksvorsitzenden Rudolf Krause zu bitten. Er sei dafür nicht geeignet. Wenn ein Mann wie er gewählt würde, zöge er, Späth, sich zurück. Mit solchen Leuten könne und wolle er nicht arbeiten.

Deshalb habe er mich erneut vorgeschlagen. Von Anfang an habe er die Ansicht vertreten, nur Geißler oder ich kämen für diese Aufgabe in Frage. Kohl habe gegen mich protestiert. So habe man sich an Geißler gewandt. Nun wolle man wieder an mich herantreten.

Er könne in diesem Sinne allerdings nur tätig werden, wenn ich bereit sei, nach Sachsen zu gehen. Er bitte mich, dafür zur Verfügung zu stehen.

Ich antwortete Lothar, dass ich nicht gewohnt sei, derartige Fragen nachts um 1.00 Uhr zu entscheiden. Das sei, meinte Lothar, auch nicht nötig. Ich hätte bis zum Morgen Bedenkzeit. Er wolle mich gegen 7.30 Uhr wieder anrufen, meinte er. Anschließend müsse er nach Chemnitz zur Sitzung des Landesvorstandes.

In der nächsten Stunde ergab sich aus Ingrids und meinen Überlegungen, dass ich zur Verfügung stehen sollte, wenn bestimmte Voraussetzungen erfüllt würden. Soweit sie im Bereich der Politik lagen, wollte ich sie Späth mit auf den Weg geben. Soweit sie unsere Verhältnisse selbst betrafen, musste ich noch mit den Freunden reden.

Als Späth morgens anrief, nannte ich ihm die Bedingungen. Würden sie akzeptiert und ließen sich meine persönlichen Verhältnisse im Prinzip regeln – dazu benötigte ich noch drei Stunden –, könnte ich ihm grünes Licht geben. Wir verabredeten ein weiteres Gespräch für 11.00 Uhr.

Dann standen wir auf und fuhren nach Traunstein zum Markt. Vorher hatte ich noch mit Heinz gesprochen. Das Ergebnis war ermutigend.

Paps und Rita hatten schon gefrühstückt, als wir gegen 10.30 Uhr zurückkamen. Wir frühstückten mit Genuss. Der ganze Vorgang ließ mich auf merkwürdige Weise unberührt, als würde etwas geschehen, das längst geplant und deshalb ohne jede Überraschung war.

Ich hatte nur Meinhard um Rat gefragt. Seine Antwort: »Es ist etwas ganz anderes als das, was du bisher vorhattest. Deine Fähigkeiten liegen vor allem in der Erkenntnis längerfristiger Entwicklungen, weiträumiger Zusammenhänge und neuer Wege. Dafür wird kaum noch Zeit bleiben.«

Die Aufgabe, die sich in Sachsen stelle, sei völlig anderer Art. Es sei harte, pragmatische Knochenarbeit, die wenig Gelegenheit zu tiefergehenden Überlegungen und Reflexionen biete. Andererseits sei es eine große und interessante Herausforderung. Insgesamt sei die Entscheidung über Annahme oder Ablehnung der Aufforderung eine Lebensentscheidung. Würde ich mich für Sachsen entscheiden, so würde ich über die nächsten sechs bis acht Jahre meines Lebens verfügen. Danach bliebe nur mehr wenig Raum, noch einmal etwas Neues zu beginnen.

Würde ich mich zu der Aufgabe hingezogen fühlen, so Meinhard, dann solle ich sie übernehmen. An meiner Qualifikation könne es keinen Zweifel geben. Niemand sei imstande zu sagen, ob sie erfolgreich zu bestehen sei. Neben dem Großraum Berlin sei jedenfalls Sachsen das einzige originär gewachsene Land im östlichen Teil Deutschlands und zweifellos der wichtigste industrielle Raum. Allerdings solle ich eine Entscheidung nur treffen, wenn ich mich auch frei fühlte, die Anfrage abzulehnen.

Kurz nach 11.00 Uhr rief Lothar aus Chemnitz erneut an. Das Präsidium habe inzwischen getagt und sich einstimmig dafür ausgesprochen, mich um die Übernahme der Spitzenkandidatur in Sachsen zu bitten. Die Aussprache sei offen und konstruktiv gewesen. Alternativen seien nicht mehr angeboten worden. Rudolf Krause habe erklärt, er stehe für das Amt nicht zur Verfügung. Er habe sich nachhaltig für meine Nomination ausgesprochen, auch mit Hinweis auf meine bisherige Tätigkeit in Leipzig. In der jetzt anschließenden Vorstandssitzung wolle er, Späth, die Empfehlung des Präsidiums persönlich vortragen. Dazu müsse er meine endgültige Zusage haben.

Im Präsidium habe er auch über die Bedingungen gesprochen, die ich mit einer Zustimmung verknüpft hätte. Dass die Empfehlung einmütig erfolgen müsse, werde von allen Beteiligten verstanden. Das Gleiche gelte für die Erwartung, dass der Parteitag sich mit einer überzeugenden Mehrheit für die Kandidatur entscheide. In der Personalauswahl garantiere man mir freie Hand. Er selbst habe dem Präsidium versichert, dass er nicht nur die Kandidatur, sondern auch die anschließende Arbeit der sächsischen Landesregierung nach Kräften unterstützen werde. Mir verspreche er eine nahtlose politische Zusammenarbeit bei der Bewältigung der Aufgabe. Er habe in seinen Landesetat bereits fünfzig Leerstellen aufgenommen, aus denen Mitarbeiter bezahlt werden sollen, die sich bereit erklären, am Aufbau der neuen sächsischen Landesregierung mitzuwirken. Der Präsident der Tübinger Universität stehe ebenfalls für ein solches Engagement zur Verfügung. Durch seinen, Späths, Vorschlag, mich als Kandidaten zu empfehlen, habe er sich außerdem selbst in die Pflicht genommen. Daran habe er auch im Präsidium keinen Zweifel gelassen.

Ich erklärte Lothar Späth, dass ich bereit sei, eine Nomination anzunehmen, falls der Landesvorstand sich der Empfehlung des Präsidiums anschließe. Die noch offenen Fragen im persönlichen Bereich hätte ich so weit geklärt, dass sie kein unüberwindliches Hindernis mehr darstellten.

Anschließend rief ich Heinz Barth und Max Schlereth an, um beide Freunde von dem Zwischenergebnis zu unterrichten. Sie waren sehr zufrieden und freuten sich auf die Mitwirkung an der Aufgabe, Leipzig und das Land Sachsen wirtschaftlich zu erneuern.

Nachmittags gegen 15.30 Uhr rief Christa Thoben an. Sie hatte im Radio gehört, der Landesvorstand habe sich einmütig für meine Kandidatur ausgesprochen. Lothar Späth habe nach der Landesvorstandssitzung auf einer Pressekonferenz das Ergebnis zusammen mit Herrn Reichenbach bekanntgegeben. Sie war sehr glücklich und freute sich über die Entwicklung. Die Entscheidung, nach Sachsen zu gehen, fand sie »großartig«. Uns erschien der Vorgang am Kaffeetisch noch immer sehr abstrakt und fast wie aus einer anderen Welt. Bis jetzt habe ich noch nicht wirklich begriffen, welche tiefgreifende Veränderung mit dem gestrigen Tag verbunden ist. Gleichwohl beschäftige ich mich schon intensiv mit Einzelheiten der neuen Aufgabe.

Am späteren Nachmittag rief dann auch Lothar Späth an. Die Diskussion im Landesvorstand sei außerordentlich fruchtbar und erfolgreich verlaufen. Mit seltener Offenheit und Klarheit habe man nicht nur über taktische Fragen, sondern auch über die verschiedenen Personen diskutiert, die zur Auswahl standen. Insbesondere habe es eine intensive Diskussion der relativen Qualifikation von Heiner Geißler und Kurt Biedenkopf gegeben. In dieser Diskussion hätten sich vor allem die Leipziger als hervorragende Truppe erwiesen. Heiner Geißler sei vielleicht eher in der Lage, Schultern zu klopfen, hätten sie erklärt. Ich sei dagegen jemand, der sich nicht um populistische Zustimmung bemühe, sondern die Probleme erfasse und einer Lösung zuführe. Und genau dies sei in der DDR jetzt gefragt. Aufgrund meiner bisherigen Tätigkeit in Leipzig könnten sie dies beurteilen. Am Ende habe es eine einmütige Zustimmung gegeben, keine Ablehnung, keine Enthaltung. Herr Vaatz sei auf Herrn Reichenbach zugegangen, um ihm zu erklären, dass damit die Streitigkeiten innerhalb der CDU beendet seien. Die Reaktion der Presse sei gewesen: Die CDU steht geschlossen hinter Biedenkopf. Vaatz habe auch ihm, Späth, versichert, dass er sich uneingeschränkt für den Erfolg der Kandidatur und die erfolgreiche Arbeit einsetzen werde; was immer dies auf Dauer bedeute. Jedenfalls habe die Vorstandssitzung mit einer fast euphorischen Stimmung geendet. Man sei entschlossen zu kämpfen und überzeugt, dass man es schaffen könne.

Er habe auch im Vorstand sein volles Engagement zugesagt, seine eigenen Verpflichtungen definiert und seine Bereitschaft zu einer engen politischen Zusammenarbeit mit mir wiederholt. Auf den Einwand, angesichts unserer Meinungsverschiedenheiten sei eine Kooperation mit Kohl schwierig, habe er geantwortet: Auch er habe Probleme mit Helmut Kohl. Dies hindere ihn nicht daran, als Ministerpräsident mit dem Bundeskanzler konstruktiv zusammenzuarbeiten. Dies werde bei Kurt Biedenkopf ebenso der Fall sein. Im Übrigen sei es für Sachsen eher ein Vorteil, einen unabhängigen Ministerpräsidenten zu haben statt eines Befehlsempfängers aus Bonn. Insbesondere dieses Argument habe dem Landesvorstand sehr eingeleuchtet.

Damit seien alle Voraussetzungen für einen gelungenen Landesparteitag gegeben. Er selbst werde auf dem Landesparteitag das Abschlussreferat halten. Er freue sich auf die politische Zusammenarbeit.

Später sprach ich mit Reichenbach, der Lothar Späths Bericht bestätigte und durch die Feststellung ergänzte, dass auch nach seiner Überzeugung die sächsische CDU nun geschlossen sei und bereit, einen erfolgreichen Wahlkampf zu führen. In der Volkskammerwahl habe man gut 44, in der Kommunalwahl gut 45 Prozent erzielt. Der Vorstand sei entschlossen, den kommenden Wahlkampf mit dem Ziel zu führen, die absolute Mehrheit zu erobern. Ausgeschlossen ist dies nicht; gleichwohl wäre ich bereits zufrieden, wenn das Kommunalwahlergebnis eingestellt werden könnte. Man sollte Anke Fuchs als Gegenkandidatin nicht unterschätzen.

Wolfgang Berghofer und Kurt Masur konnte ich nicht erreichen.

Beide waren nicht zu Hause. Ich hätte gerne mit ihnen über die neue Entwicklung gesprochen. Ich weiß, dass sie sich beide freuen werden, auch wenn Wolfgang Berghofer der Meinung war, ich sollte mich nicht im Amt des Ministerpräsidenten verschleißen, sondern für die großen Aufgaben bereithalten, die in den kommenden Jahren auf Europa zukommen. Das eine schließt das andere nach meiner Überzeugung nicht aus.

Wenn es jetzt gelingt, in Sachsen zu demonstrieren, dass die Integration zweier antagonistischer Volkswirtschaften praktisch möglich ist und zu Wohlstandsgewinnen für beide führen kann, dass es außerdem möglich ist, auf der Ebene der Länder grenzüberschreitende wirtschaftliche Kooperationen vorzubereiten und durchzuführen, etwa zwischen Sachsen und Polen oder Sachsen und der Tschechoslowakei, dann sind gute Voraussetzungen dafür geschaffen, auch die Bewältigung der großen Defizite anzugehen, die ich in meinem Buch »Zeitsignale« behandelt habe. Wenn mir Gesundheit und Kraft auch in den nächsten Jahren geschenkt werden und in den ersten beiden Jahren die schwierigsten Probleme in Sachsen überwunden werden können, dann wird das Amt des Ministerpräsidenten mit seinen Möglichkeiten im Bundesrat, im Bundestag und auf der europäischen Ebene eine gute Ausgangsposition für ein über das Land hinausgreifendes Engagement in Grundsatzfragen bieten. Vor allem die nächsten beiden Jahre werden hart werden. In dieser Zeit allerdings werde ich mich auch auf die Menschen stützen können. Denn sie wollen keinen Parteihader, sondern Menschen in Führungspositionen gleich welcher politischer Couleur, die ihre Probleme lösen und ihnen eine offene und chancenreiche Zukunft sichern.

So will ich auch mein politisches Engagement anlegen. Ich werde nicht die SPD bekämpfen, sondern im glücklicherweise kurzen Wahlkampf zwischen dem 1. September und 14. Oktober ausschließlich über die Aufgaben reden, die in Sachsen anstehen, über die Rahmenbedingungen, die für die Bewältigung dieser Aufgaben in Deutschland und Europa geschaffen werden müssen, und die Notwendigkeit, den Aufbau des östlichen Teils Deutschlands als eine gesamtdeutsche Verpflichtung zu begreifen. Dabei kann ich nahtlos an die Reden anknüpfen, die ich im Dezember 1989, im März 1990 und im April 1990 in Leipzig gehalten habe. Ich kann aufbauen auf dem Memorandum zur Wirtschafts- und Währungsunion, auf den zahlreichen Aufsätzen zur Deutschlandpolitik. Der inhaltliche Rahmen ist bereits umfassend abgesteckt. Diese Reden oder Auszüge daraus sollten kurzfristig neu gedruckt und den Delegierten des Landesparteitages zur Verfügung gestellt werden. Auf diese Weise können sie sich mit meinen Gedanken vertraut machen und diese Gedanken auch in die Wahlkampfführung einbringen. Vor allem sollten sie auch mit Material über mein bisheriges DDR-Engagement versorgt werden. Es wäre geeignet, den noch immer latent vorhandenen Vorwurf des »Politiker-Imports« weitgehend zu entkräften.

27. August 1990

Im Büro von Klaus Reichenbach. Für 9.30 Uhr ist eine Pressekonferenz anberaumt, auf der der sächsische Landesvorsitzende Reichenbach mich als Kandidat des Landesvorstandes für das Amt des Ministerpräsidenten in Sachsen vorstellen will. Noch immer kommt mir das Ganze sehr unwirklich vor. Als ich heute Morgen um 5.30 Uhr aufwachte, ging es mir ähnlich wie gestern Morgen: Ich erschrak zunächst bei der Vorstellung, was jetzt auf mich zukommt und wie sich mein Leben ändern wird. Aber ebenso wie gestern gewann auch heute schnell die Neugier und das Interesse an der neuen Aufgabe die Oberhand. Langsam gewöhne ich mich daran, dass ich noch einmal eine völlig neue Herausforderung habe. Mein Vater war 58, als er von Wiesbaden nach Troisdorf wechselte und als Mitglied des Vorstandes der Dynamit Nobel AG eine gänzlich neue Aufgabe übernahm. Ich bin zwei Jahre älter. Er hatte damals noch sieben Jahre vor sich, in denen er die neue Aufgabe bewältigen konnte. Bei mir ist es nicht anders.

Gestern Nachmittag ausführliches Gespräch mit Lothar Späth im Hotel Mövenpick am Flughafen in Stuttgart. Als Erstes hat mir Späth mit einem Mitarbeiter aus seinem engsten Kreis geholfen, der mir ab sofort zur Verfügung stehen wird. Herr Röhrle ist ein Amtmann, der wie Späth aus der Wohnungswirtschaft stammt und seit acht Jahren zum persönlichen Stab des Ministerpräsidenten gehört. Er betreut den Wahlkreis von Lothar Späth und ist für die Organisation der Wahlkämpfe verantwortlich. Ein kompetenter, erfahrener Mann, mit dem ich gut zusammenarbeiten werde.

Die baden-württembergische CDU wird uns in Sachsen in vielfältiger Weise unterstützen. Wir haben Fragen wie Wahlkampfhilfen für Spitzenkandidaten, finanzielle Ausstattung der Partei, Rekrutierung des Personals und Gestaltung des Wahlkampfes besprochen. Lothar freut sich auf die Kooperation mit mir nicht nur auf der Ebene der Partei, sondern vor allem auch auf der Ebene des Bundesrates. Wie ich ist er überzeugt davon, dass die Länder im geeinten Deutschland eine wichtige Rolle spielen müssen. Die Bundesregierung wird sich stärker nach Europa orientieren, die Länder werden stärker die innenpolitischen Aufgaben übernehmen. Der Bundestag wird nachhaltig an Bedeutung verlieren. Es wird ihm ähnlich gehen wie den Länderparlamenten seit Jahren: Abgesehen von der Wahl des Ministerpräsidenten und der Verabschiedung der Haushalte haben sie praktisch keine nennenswerten Kompetenzen mehr.

Die Neugestaltung Deutschlands und Europas wird, das sieht Späth ebenso wie ich, vor allem eine Sache der Exekutive sein. In Deutschland heißt dies die Sache von fünfzehn bis sechzehn Ministerpräsidenten und der Bundesregierung.

Wir besprechen dann mehrere Personalien, die Frage, wer mir beim Wahlkampf praktisch zur Hand gehen könnte, und die Zuordnung der drei sächsischen Bezirke zu den Parteibezirken in Baden-Württemberg. Leipzig korrespondiert mit Südwürttemberg, Dresden mit Südbaden und Chemnitz mit Nordwürttemberg.

Gestern Abend sprach ich mit Reichenbach über seine zukünftigen Pläne und meine bisherigen Vorstellungen von der neuen Aufgabe und ihren Bedingungen. Kohl will, dass Reichenbach nach Bonn kommt. Reichenbach durchschaut den Grund. Er weiß, dass Kohl daran interessiert ist, den Ministerpräsidenten und den Landesvorsitzenden zu trennen und beide, wenn möglich, gegeneinander auszuspielen. Er weiß aber auch, dass ein Landesvorsitzender in Bonn seine Basis verliert und dann für Kohl auch in Bonn uninteressant wird. Kohl wird Reichenbach nicht deswegen zum Parlamentarischen Staatssekretär oder Junior-Minister machen, weil er seine Qualifikationen schätzt, sondern weil er auf ihn politisch Einfluss nehmen will. Lohnt sich die Einflussnahme nicht mehr, wird Kohl auch das Interesse an Reichenbach verlieren. Das habe ich ihm gesagt.

Kohl habe auf die Mitteilung, der Landesvorstand habe mich einmütig und ohne Enthaltung nominiert, geschluckt und dann erklärt, er stünde hinter mir. Wir werden sehen, ob er zum Landesparteitag am kommenden Samstag eine entsprechende Grußadresse schicken wird. Ich werde jedenfalls der Landespartei, sowohl dem Vorstand wie dem Parteitag selbst, am Samstag sagen, meine Schwäche bestünde darin, dass ich für Intrigen ungeeignet sei. Ich wolle mich an ihnen nicht nur nicht beteiligen; ich könne es auch nicht. Es waren Intrigen, an denen ich in Nordrhein-Westfalen gescheitert bin. Ich habe mir geschworen, mich nie wieder in eine vergleichbare Lage zu bringen. Diesen Schwur werde ich auch nicht zugunsten Sachsens brechen. Deshalb: Wenn es Intrigen gibt, müssen sie sofort aufgedeckt und ausgetragen werden. Aus der Position des Ministerpräsidenten ist dies allerdings auch wesentlich einfacher als aus der des Oppositionsführers.

Auf dem Rückflug nach Bonn. Die Pressekonferenz in Berlin mit Klaus Reichenbach liegt hinter mir. Sie war gut besucht, aber ohne Aufregung. Am Samstag müssen wir die regionale Presse ausführlich bedienen. Für Berlin ist Sachsen Provinz.

Gestern Abend sprach ich mit Wolfgang Berghofer. Er hatte in Übersee angerufen, um zu sagen, wie sehr er sich freue. Ich erreichte ihn in Dresden. Wir hätten uns die Entwicklung im Sommer zwar anders vorgestellt, meinte er, aber die Wirklichkeit sei über unsere Absicht hinweggegangen. Er halte die Entscheidung für richtig. Wir haben uns für das kommende Wochenende verabredet. Was immer er beitragen könne, um der Unternehmung zum Erfolg zu verhelfen, wolle er gerne tun.

An dem Gespräch mit Reichenbach nahm auch Professor Jürgen Kleditzsch aus Dresden teil, ein Orthopäde, der erst Gesundheitsminister war und seit dem Rücktritt von Frau Hildebrandt auch Sozialminister ist. Reichenbach ist kein starker Mann. Aber ich halte ihn für ehrlich. Er will, wie er sagte, in Bonn noch lernen. Das äußerte er auch in der Pressekonferenz.

Vor der Pressekonferenz gingen wir zu de Maizière. Ich wollte seinen »Segen« für die Kandidatur haben. Für mich war dies mehr als nur ein Plazet. Er gab ihn mir und schien sich dabei wohl zu fühlen. Mit Kohl habe er heute Morgen auch darüber gesprochen. Dieser sei nicht begeistert gewesen, habe die Entscheidung jedoch akzeptiert.

Im Vorzimmer de Maizières traf ich Krause, der den Einigungsvertrag mit Schäuble ausgehandelt hat. Die vorgesehene gesetzliche Regelung der Eigentumsfragen an Grund und Boden halte ich nach wie vor für unbrauchbar. Das Verfahren ist zu kompliziert. Klärungen werden, wenn sie gerichtsanhängig werden, Jahre dauern. Das wird den Aufbau der Städte weiter erschweren. Krause äußerte die Sorge, ein erneutes Infragestellen der gefundenen Kompromisse bedeute, die Büchse der Pandora zu öffnen. CDU und SPD könnten sich wohl verständigen. Aber die FDP verweigere eine brauchbare Lösung.

Das Aufbauministerium, das Krause anstrebt, soll eine Art Ombudsmann-Funktion für die DDR erhalten. Ich muss ausführlicher mit ihm darüber sprechen. So etwas wie ein DDR-Ministerium ist jedenfalls nach der Gründung der Länder und der Aufnahme ihrer Arbeit nicht mehr notwendig. Schon gar nicht ist es erforderlich, eine Art Zwischenregierung für die DDR am Kabinettstisch einer gesamtdeutschen Regierung zu etablieren. Kohl will sich damit offenbar den weiteren Zugriff auf die DDR und ihre Länder sichern und Krause sich die Macht, die er als Verhandlungsführer der DDR-Regierung erlebt hat. Er ist ein Mann, bei dem es mich nicht überraschen würde, wenn er jetzt schon seinen eigenen Weg ins Kanzleramt plante. Dagegen ist im Prinzip nichts einzuwenden. Nur darf ein solcher Ehrgeiz nicht zu sachfremden Entscheidungen führen.

Nun bin ich also Kandidat für das Amt des Ministerpräsidenten in Sachsen. An meiner Bestätigung durch den Parteitag besteht wohl kein Zweifel. Dann werde ich sechs Wochen im Wahlkampf sein, unterbrochen durch zwei bis drei Aufenthalte in Übersee und vielleicht auch eine Amerikareise im Zusammenhang mit der Aufgabe, die ich für die Trilaterale Kommission übernommen habe. Der Rest des Jahres wird ausgefüllt sein mit der Bildung einer Regierung und dem Beginn der Regierungsarbeit. Die Bundestagswahl wird mich kaum noch tangieren. Im Bundestag bleibe ich bis zur Wahl zum Ministerpräsidenten und zum Mitglied des Bundesrats. Dann muss mein Büro in die neue sächsische Landesvertretung umziehen. Und ich muss in meinem Büro die nordrhein-westfälische gegen eine sächsische Fahne austauschen. Die werde ich aber erst nach der Landtagswahl bestellen.

Eine Genugtuung habe ich. Ich werde nun wohl doch Ministerpräsident werden, wenn auch nicht in Nordrhein-Westfalen.

30. August 1990

Ich bin wieder in Dresden und wohne in unserem schönen Appartement im Bellevue. In wenigen Minuten werde ich zur konstituierenden Aufsichtsratssitzung der Firma Heckmann in Heidenau fahren. Es wird die erste und voraussichtlich auch die letzte Sitzung sein, an der ich teilnehmen werde.

Seit Dienstagnacht bin ich wieder in Sachsen. Nach der Rückkehr aus Berlin am Montag wartete in Bonn zunächst eine Menge Arbeit im Büro auf mich. Später fuhr ich zu dem verabredeten Besuch zur Hüls AG. Die Werksbesichtigung musste gestrichen werden. Aber wir hatten Zeit für ein intensives Gespräch über das Engagement der Hüls AG bei der Buna AG. Carl Heinrich Krauch macht auf mich immer wieder einen hervorragenden Eindruck. Er gehört zu den wenigen Vorstandsvorsitzenden großer deutscher Unternehmen, die sich persönlich engagieren und durch Investitionen in der bisherigen DDR einen Beitrag zum Aufbau dieses Teils Deutschlands zu leisten suchen, auch dann, wenn sich vergleichbare Investitionen in der Bundesrepublik besser rechnen würden.

An das Gespräch schloss sich eine Veranstaltung mit Renate Diemers an. Ich freue mich, dass sie in das erste gesamtdeutsche Parlament einzieht. Sie ist eine tüchtige Frau, eine kompetente Sozialpolitikerin und ein wirklich guter Freund. Obwohl es eine Wahlkampfveranstaltung war, sprach ich kaum über die Sozialdemokraten. Lafontaine hat sich mit seiner blassen Antwort auf die Regierungserklärung zur deutschen Einheit am 23. August im Deutschen Bundestag praktisch selbst aus dem Rennen genommen. Er hat keine politische Botschaft, die es nahelegt, ihn zu wählen. Zwar hat auch Helmut Kohl keine ausdrückliche politische Botschaft. Aber er ist Regierungschef und muss nur dann eine Abwahl fürchten, wenn sein Konkurrent es eindeutig besser machen könnte. Davon kann bei Lafontaine nach dem, was er am vergangenen Donnerstag geboten hat, keine Rede sein. Unter vier Augen erklären sozialdemokratische Freunde seine Schwäche mit Anlaufschwierigkeiten. Mir scheint, dass es ein inhaltliches Defizit ist. Lafontaine hat sich auf die Sozialkonflikte kapriziert. Aber die Größe der Aufgabe, die von den Deutschen geleistet werden muss, wenn sich die Integration nun tatsächlich vollzieht, wird die soziale Komponente überlagern.

Dienstagnachmittag in Gütersloh. Gerhard Konzelmann berichtet über die Nahostkrise. Er ist nicht nur ein hervorragender Erzähler, sondern auch der beste Kenner der arabischen Welt, dem ich bisher begegnet bin. Es waren aufregende zwei Stunden und ein schöner Abschluss meiner Moderatorentätigkeit im Bertelsmann-Forum.

Vorher Gespräch mit Reinhard Mohn und Mark Wössner. Beide Herren sind sehr einverstanden, dass ich mich in Sachsen engagiere. Mohn ist begeistert von der Idee, was alles an Innovationen möglich ist, wenn man auf der grünen Wiese mit dem Aufbau einer Landesregierung beginnen kann. Das eine oder andere Projekt der Bertelsmann Stiftung werde ich noch im Sinne einer Abwicklung begleiten können. Aber den Kooperationsvertrag mit der Stiftung und der AG müssen wir beenden.

Mit Mark Wössner spreche ich nach dem Forum noch über die weitere Zusammenarbeit. Ich möchte ihn nicht nur als Investor in Sachsen gewinnen, sondern auch als Mitglied in einem Kreis von Beratern, die mir bei der schwierigen Aufgabe helfen, die wirtschaftliche Entwicklung in Sachsen in Gang zu setzen und zur Erneuerung der sächsischen Wirtschaft beizutragen. Er sagt mir jede Unterstützung zu.

Gegen 00.30 Uhr morgens war ich in Leipzig. Die Fahrt war problemlos, aber mich verlangt nicht nach ständiger Wiederholung.

Im Mittelpunkt des gestrigen Tags stand die Aufsichtsratssitzung im Buna-Werk. Für meinen Vater, den ich morgens anrief, war der Gedanke, dass sein Ältester im Aufsichtsrat des Unternehmens sitzt, das er als sein Lebenswerk betrachtet, aufregend. Ehe ich nach Schkopau fuhr, wollte ich mir in Leipzig noch Literatur zur sächsischen Geschichte besorgen. Im Stadtzentrum war der Verkehr blockiert. Die ÖTV führte einen Warnstreik durch. Die Organisatoren des Streiks kommen überwiegend aus der Bundesrepublik. Den Gewerkschaften geht es weniger um die Menschen hier als um die Wirksamkeit ihrer Organisation.

Wollten sie das Los der Menschen in der DDR, insbesondere im öffentlichen Dienst, verbessern, so müssten sie sinnvolle Vorschläge machen, wo die Haushaltsmittel herkommen sollen, die für eine Verbesserung der Einkommenslage notwendig sind. Solche Vorschläge werden jedoch nicht gemacht. Hätte ich schon die Möglichkeit, ich würde die Streikenden in Leipzig mit ihren Kollegen in der Bundesrepublik zusammenbringen und ihnen die Entscheidung der Frage überlassen, wie die öffentlichen Kassen ausreichend finanziert und in welchem Umfang Einkommen verteilt werden können, so dass eine Einkommensangleichung auch dann schon möglich ist, wenn die sächsische Wirtschaft die notwendigen Steuern noch nicht verdienen kann.

Da der Platz vor der Universität durch den Warnstreik blockiert war, parkte ich hinter dem Gewandhaus auf dem Parkplatz Kurt Masurs. Der Pförtner, der mich daran hindern wollte, den geheiligten Platz des Meisters in Anspruch zu nehmen, erkannte mich und rief voller Freude: »Ei verbibsch! Der neie sächs'sche Kenich.« Er und seine Kollegin begrüßten mich herzlich und wünschten mir alles Gute. Seitdem ist mir dies schon oft widerfahren.

Literatur über die sächsische Geschichte gab es nicht, nur etwas über Leipzig. Allerdings hat Mark Wössner mich gut ausgerüstet. Er schrieb mir einen reizenden Brief zur Nomination und fügte ein Buch über Sachsen und eines über August den Starken bei. Für die Vorbereitung meiner Vorstellungsrede auf dem Landesparteitag reicht dies aus.

Die Aufsichtsratssitzung dauerte vier Stunden. Es ging um das Reorganisationskonzept für das Buna-Werk. Saalbach hatte mit Krauch einen Rationalisierungs- und Sanierungsplan ausgearbeitet. Die Hülser wollen sich, wenn der Plan sich realisieren lässt, mit rund 1,8 Milliarden DM Investitionen im Buna-Werk engagieren. Man rechnet damit, dass man zwischen sechs- und zehntausend Arbeitsplätze erhalten kann. Vor allem die Karbidfabrik muss abgebaut werden. Sie hat keine Zukunft.

Auch hier wieder die Erfahrung, dass die Arbeitnehmervertreter im Aufsichtsrat in hervorragender Weise mitarbeiten. Keiner führt Klagen über soziale Konsequenzen. Man erwähnt die Notwendigkeit eines Sozialplanes, ohne aber die Zustimmung zu den dringenden Entscheidungen schon von der Festlegung seines Inhaltes abhängig zu machen. Im Aufsichtsrat sind zwei Gewerkschaftler aus der Bundesrepublik. Beide machen auf mich einen guten Eindruck. Sie sind um Lösungen bemüht und bringen eine Menge Sachverstand ein. Krauch demonstriert alle Eigenschaften einer Chemikertradition, die schon sein Großvater begründet hat. Er gewinnt das Vertrauen der Menschen auch dadurch, dass er ihnen die Wahrheit sagt, ihnen aber gleichzeitig bei der Bewältigung eben dieser Wahrheit hilft.

Anschließend in Leipzig bei der Baukema. Ich muss noch die Verträge des Vorstands unterschreiben und mit dem Betriebsrat Weise, der auch Mitglied des Aufsichtsrats ist, über die Beschlüsse des Personalrats sprechen. Als dieser sich am Ende für das Gespräch bedankt, erklärt er mir auch, er freue sich über die Entscheidung, mich nach Sachsen zu holen. Auf meine Frage, ob seine Kollegen ähnlich dächten, sagt er, alle in seinem Betrieb seien von der Idee begeistert. Ich weiß nicht, ob dies repräsentativ ist. Aber es ist schon eine Ermutigung.

Für den Abend habe ich mich mit Rudolf Krause verabredet. Er ist stellvertretender Vorsitzender der DDR-CDU und Landesbeauftragter für den Bezirk Leipzig. Als Landesbeauftragter nimmt er die Funktion einer Art Regierungspräsident wahr. Zu dem Gespräch hat er seine beiden Kollegen aus Chemnitz und Dresden, Albrecht Buttolo und Siegfried Ballschuh, mit eingeladen. Auch sie gehören der CDU an.

Das Treffen wird zur ersten Arbeitssitzung über die zukünftige Regierungsbildung in Sachsen. Alle drei machen einen kompetenten Eindruck auf mich, freuen sich auf die Zusammenarbeit. Krause kam aus dem Gästehaus des Bezirks, als ich eintraf, um mich zu umarmen. Dies sei ein glücklicher Tag in seinem Leben, strahlte er. Die Reaktion auf die Nomination ist wirklich überwältigend.

Wir sprechen vor allem über die Neugestaltung der öffentlichen Verwaltung in Sachsen. Ballschuh, der Landesbeauftragte für den Bezirk Dresden, erklärt sich bereit, die Grundlagen für den Aufbau einer Landesverwaltung zu legen und auch die ersten Strukturentscheidungen vorzubereiten. Wir verabreden, uns zu diesen Fragen bald nach dem Landesparteitag zu gründlicher Beratung zusammenzusetzen. Ich erhalte eine Menge guter Hinweise für die Rede, die ich am Samstag halten muss, und für den Beginn der Arbeit hier in Sachsen. Wir sprechen über das Gebäude für die Staatskanzlei, über die Frage, welchen Umfang an Repräsentation ich für erforderlich halte, wie groß der Personalbestand in der Staatskanzlei sein müsse. Ich bitte die Herren, zu zahlreichen Punkten Ausarbeitungen zu machen, was sie versprechen. Dabei wollen sie sich auch die Daten der Länder Baden-Württemberg, Hessen und Nordrhein-Westfalen zur Größe der verschiedenen Institutionen und Ministerien besorgen. Wir brauchen diese Vergleichszahlen schon deshalb, weil wir ohne sie praktisch keine Diskussionsgrundlage für die Gestaltung der Verhältnisse in Sachsen haben. Ich denke, dass wir uns vor allem an Hessen orientieren können, dessen Bevölkerung zahlenmäßig etwa der Sachsens entspricht.

Gegen 22.00 Uhr fahre ich weiter nach Dresden, wo ich nachts um 23.30 Uhr eintreffe. In der Bar sitzen Kurt Körber und Wolfgang Berghofer. Sie haben über ein Pilotprojekt gesprochen, mit dem die Möglichkeit demonstriert werden soll, Energieprobleme in Sachsen mit Hilfe der Wasserstoffenergie zu lösen. Körber ist wie immer begeistert von der neuen Aufgabe und sieht in dem Vorschlag Wahlkampfmunition für die Landtagswahl. Man ist mit den Überlegungen schon ziemlich weit.

Auf dem Weg zurück von der Aufsichtsratssitzung bei Heckmann. Bei einem Rundgang durch die Werkstatt, bei dem mich ZDF und WDR begleiteten, sprach mich ein Schlosser an, dem ich bei der Arbeit an der Karusselldrehbank zusah. Er freue sich sehr darüber, dass ich nach Sachsen kommen wolle. Alle seine Kollegen sähen das genauso. Er wünsche mir viel Glück und wolle mithelfen. Das Mitglied des Aufsichtsrats und des Betriebsrats, Herr Ziegenbalg, der Meister der Werkstatt, nahm am Ende des Rundgangs Haltung an: Im Namen aller Kollegen wolle er mir dafür danken, dass ich bereit gewesen sei, den Aufsichtsratsvorsitz der Firma Heckmann zu übernehmen. Die erste Frage nach seiner Rückkehr aus der Sitzung sei gewesen, ob ich die Wahl zum Aufsichtsrat angenommen hätte. Es sind bewegende Szenen, die mich sehr glücklich machen.

Von Pirna, wo wir in einem Restaurant mit Blick über das oberelbige Städtchen gegessen haben, fahren wir rechtselbig nach Dresden zurück vorbei an Schloss Pillnitz mit seinem herrlichen Treppenaufgang. August der Starke soll sich von seinem Stadtschloss hierher haben rudern lassen, um auf dem Weg nach Pillnitz die Freuden mit den Damen zu genießen. Er soll sie, wie die Dresdner Lästermäuler behaupten, auf der Elbbrücke in der Stadt in die Kutsche befohlen haben. So jedenfalls erklärt sich der Dresdner Volksmund den Namen Dimitroff-Brücke. In den Vororten Dresdens, die wir durchfahren, wird Sperrmüll am Straßenrand gelagert. Riesige Berge alter Auto- und Fahrradreifen, alter Fernsehgeräte, alter Waschmaschinen und Ähnliches türmen sich links und rechts der Fahrbahn. Die Häuser entrümpeln sich. Man schmeißt alles weg, was man jahrelang aufgehoben hat, weil man es vielleicht noch einmal hätte gebrauchen können. Es muss Platz geschaffen werden für das Neue. Ein riesiger Abfallbeseitigungsvorgang mit entsprechenden Entsorgungsproblemen findet statt. Auch dies ist eine Folge der Wende und der Wirtschafts- und Währungsunion. Ganze Kolonnen von Müllwagen müssen den Schrott der vergangenen Jahre abtransportieren.

Die Straße führt jetzt entlang der Elbe. Über das Blaue Wunder sind wir wieder auf die linke Seite des Flusses gewechselt.

Von Dresden geht es nach Berlin zu Detlev Rohwedder. Er hat die Leitung der Treuhandanstalt übernommen, die von Hans Modrow gegründet worden war. Struktur und Aufgabenstellung der Anstalt will er grundlegend verändern. Sie soll dezentralisiert werden. Nur die wichtigsten Entscheidungen sollen in Berlin fallen.

Die Frage, ob DDR-Betriebe die Chance erhalten sollen, sich im Eigentum des Staates zu leistungsfähigen selbständigen Unternehmen zu entwickeln und dann über die Börse zu privatisieren, ist vom Vorstand der Treuhandanstalt noch nicht entschieden. Man ist bisher nicht davon ausgegangen, dass es Unternehmen gibt, für die ein solcher Weg eine realistische Option darstellt. Rohwedder ist dem Gedanken gegenüber aufgeschlossen. Er begrüßt insbesondere die Überlegung, Arbeitnehmern durch Optionen bereits jetzt den zukünftigen Aktienerwerb zu ermöglichen und ihnen damit die Chance zu bieten, am Wertzuwachs des Unternehmens teilzuhaben.

Rohwedder will dafür sorgen, dass einzelne Mitglieder im Vorstand der Treuhandanstalt als direkte Ansprechpartner der Ministerpräsidenten der Ostländer bestimmt werden. Auf diese Weise soll vermieden werden, dass die Ministerpräsidenten auf die Zusammenarbeit mit der Bürokratie der Treuhandanstalt angewiesen sind.

Im September will die Treuhandanstalt die Liste der Unternehmen veröffentlichen, die auf keinen Fall überlebensfähig sind. Dies wird auch eine Reihe von Unternehmen in Sachsen betreffen. Ich habe Rohwedder gebeten, mich rechtzeitig vorher zu unterrichten, damit man sich auf das Auffangen des Schocks vorbereiten kann, der mit der Bekanntgabe dieser Prüfungsergebnisse verbunden sein wird.

Als ich zur Treuhandanstalt am Alexanderplatz kam, wartete Hähnel auf mich. Er übergab mir die Einbürgerungsurkunde. Damit wurde ich Staatsbürger der DDR. Morgen werde ich mich in Dresden polizeilich anmelden und damit die Voraussetzungen für meine Wählbarkeit schaffen.

Vor der Fahrt nach Berlin sprach ich mit dem Generalsekretär der sächsischen CDU, dem Landessekretär Johannes Schramm. Er beurteilt die Stimmung in der Partei positiv und glaubt an ein gutes Ergebnis bei der Abstimmung über den Spitzenkandidaten. Wir werden morgen gemeinsam zur Polizei und zum Landratsamt gehen, um die Formalitäten der Anmeldung in Dresden zu erledigen.

4. September 1990

Am vergangenen Samstag hat mich der Landesparteitag der sächsischen CDU mit 260 von 268 Stimmen zum Spitzenkandidaten gewählt. Gestern Morgen habe ich Helmut Kohl im Bundeskanzleramt in meiner neuen Eigenschaft einen Besuch abgestattet. Unser Gespräch dauerte von 10.00 bis 11.00 Uhr. Kohl kam mir schon in das Vorzimmer entgegen, erkundigte sich nach meinen Wünschen und wollte dann wissen, wie sich die Dinge in Sachsen entwickeln. Nichts mehr von der Animosität. Er habe meine Kandidatur unterstützt und sei entschlossen, alles zu tun, um ihr zum Erfolg zu verhelfen. Uns verbinde das gleiche Interesse, er sei zur dauerhaften Zusammenarbeit bereit.

In der Nacht zuvor waren wir mit dem Wagen von Leipzig nach Bonn gefahren. Um 19.30 Uhr hatten wir das Merkur verlassen, um 4.30 Uhr trafen wir in Bonn ein. Mein neuer Pressesprecher, Herr Schnee, begleitete uns und entlastete mich beim Fahren. Für die Strecke von Leipzig zum Hermsdorfer Kreuz brauchten wir über vier Stunden, davon fast eine Stunde vor der einzigen Tankstelle zwischen Leipzig und der alten Grenze zur Bundesrepublik. Diese Erfahrung mit dem deutsch-deutschen Straßenverkehr nahm ich zum Anlass, um mit Kohl über die Notwendigkeit des Ausbaus der Verkehrsadern zu sprechen. Ohne einen zügigen Ausbau von Straßen und Schienenwegen sei es unmöglich, die wirtschaftliche Entwicklung in der DDR so voranzutreiben, wie wir uns das vorstellen und wie es zur Genesung dieses Teils Deutschlands erforderlich ist. Statt im Dreischichtbetrieb wird an den Autobahnbaustellen im Rahmen normaler Arbeitszeiten gearbeitet. Vom Schkeuditzer bis zum Hermsdorfer Kreuz sind die Autobahnstrecken überwiegend nur einspurig. Sie können das neue Verkehrsaufkommen nicht verkraften. Auf der Schiene bewegt sich der Verkehr mit 50 Kilometern pro Stunde. Höhere Geschwindigkeiten halten die Betonschwellen nicht aus, die vor Jahren verlegt wurden. Praktisch muss der gesamte Gleisoberbau ausgewechselt werden.

Die damit verbundenen Investitionen können nicht ausschließlich aus den öffentlichen Haushalten finanziert werden. Deshalb erörterten wir die Möglichkeit einer nationalen Anleihe, die aus der späteren Wirtschaftskraft der heutigen DDR-Wirtschaft zurückgezahlt werden könnte. Wir sprachen auch über die weiteren Verhandlungen des deutsch-sowjetischen Generalvertrags. Kohl sieht wie ich die Notwendigkeit, konkrete Projekte zu definieren und den Deutschen respektive den Europäern praktisch die Stellung eines Generalübernehmers einzuräumen. Nur so ist es möglich, in der Sowjetunion die Entscheidungen herbeizuführen, ohne die eine Bewältigung bestimmter Großaufgaben nicht gelingen kann. Nach einer Stunde trennten wir uns mit der Versicherung, zu kooperieren und uns anzurufen, wann immer Probleme auftauchen.

Ich gebe mich nicht der Illusion hin, dass unsere Schwierigkeiten damit gelöst sind. Aber gemeinsame Interessen sind der haltbarste Kitt für eine politische Partnerschaft. Die Aussicht, in Sachsen zum Ministerpräsidenten gewählt und damit Kohls Partner im Bundesrat zu werden, hat unser Verhältnis neu gestaltet. Im Übrigen muss Kohl ein Interesse daran haben, dass das sächsische Experiment gelingt. Zu Späth sagte er heute am Telefon, ich hätte ja nun die Möglichkeit zu zeigen, was ich könnte. Die Entwicklung scheint ihn nach wie vor zu beschäftigen.

Die Ereignisse der vergangenen Woche sind so umwälzend, dass sie mir noch immer unwirklich vorkommen, obwohl ich bereits mitten in der Arbeit stecke. Der Parteitag war, auch für unsere Verhältnisse, eine runde Sache. Nach einer eher blassen Einführung durch Klaus Reichenbach, dem ich am Abend das Du anbot, sprach Lothar de Maizière. In seiner ruhigen und etwas hölzernen Art berichtete er über den Einigungsvertrag und die Möglichkeiten, die er eröffnet. In meiner Nominierung zum Spitzenkandidaten durch den Landesverband sehe er einen Glücksfall für Sachsen.

Diese Passage nahm ich in meiner Vorstellungsrede auf. Die Nominierung sei auch ein Glücksfall für mich. Die Rede war ein Erfolg. Ich war sehr gelöst; es gelangen mir humoristische Einstreuungen. Mit einer sächsischen Passage erntete ich große Heiterkeit und Zustimmung. Viele meinten, durch die Rede hätte ich mindestens zehn bis fünfzehn Prozent der Delegierten zusätzlich gewonnen. Es muss wohl so gewesen sein, denn das Abstimmungsergebnis war wirklich überwältigend. Den größten Beifall erhielt ich für mein Versprechen, dafür zu sorgen, dass Sachsen wieder der Freistaat Sachsen werde. Die sächsische Volkskammer hatte in ihrer konstituierenden Sitzung im Februar 1919 beschlossen, das ehemalige Königreich jetzt Freistaat zu nennen – im Übrigen rund acht Monate vor dem gleichen Beschluss in Bayern!

Nachmittags kam Lothar Späth. Auch er gewann die Delegierten, nicht nur durch seine Rede, sondern auch durch seine Hilfestellung bei der Listenberatung, in die der Parteitag sich zu verheddern drohte. Dies, obwohl kaum mehr als zehn Listenbewerber Aussicht haben, tatsächlich in den neuen Landtag einzurücken. Wenn das Ergebnis der Wahl auch nur annähernd so ausfällt, wie Beobachter es erwarten, wird der überwiegende Teil der Kandidaten in Direktwahlkreisen gewählt werden. Im extremen Fall kann es sogar mir passieren, dass ich als Listenführer nicht in den Landtag einziehe. An der Möglichkeit, zum Ministerpräsidenten gewählt zu werden, würde dies allerdings nichts ändern.

Mehrere westfälische Freunde waren zum Parteitag gekommen. Einige blieben auch abends. So konnten wir, nach dem Empfang, den die CDU nach Abschluss des Parteitags im Hygienemuseum gab, noch im Bellevue zum Abendessen zusammenkommen. Es war ein schöner Abend, wenn er auch gegen Ende etwas durch meine Müdigkeit beeinträchtigt wurde. Denn die vorausgegangene Nacht war kurz, obwohl ich meine Rede bis 00.30 Uhr weitgehend fertiggestellt hatte.

Am Sonntag um 10.00 Uhr Zusammenkunft der Kandidaten der Direktwahlkreise aus dem Bezirk Dresden in der Landesgeschäftsstelle. Landesgeschäftsführer Schramm war stolz und zufrieden darüber, dass der Spitzenkandidat einen Tag nach der Wahl schon bereit war, mit der Arbeit in der Partei und in den Wahlkreisen zu beginnen. Gegen 11.30 Uhr ging es dann weiter nach Chemnitz, wo für diesen Bezirk ein ähnliches Treffen organisiert war. Die dritte Zusammenkunft fand wenige Stunden später in Leipzig statt. An sie schloss sich noch ein Gespräch mit den neuen Mitarbeitern, Herrn Röhrle für die Organisation und Herrn Schnee für die Pressearbeit, an. Gegen 19.00 Uhr hatten wir auf den Fahrten nach Chemnitz und Leipzig und mit dem Gespräch im Merkur schon die wesentlichen Grundlagen für die Wahlkampfführung, die Plakatierung, die Aufkleber und die Slogans geleistet. Meine bisherige Wahlkampfpraxis aus der Zeit als Generalsekretär und Landesvorsitzender in Westfalen kommt mir jetzt sehr zugute.

Gestern Nachmittag im Fraktionsvorstand Begrüßung durch Dregger. Das Verhalten der Kollegen hat sich nachhaltig verändert. Sie sehen in mir den zukünftigen Ministerpräsidenten und nicht länger ihren Kollegen. Ich kann nicht verhehlen, dass mich die Veränderung mit Genugtuung erfüllt.

Abends in der nordrhein-westfälischen Landesgruppe war es ähnlich. Wir diskutieren über den § 218 StGB und die Frage, ob man von Steuererhöhungen sprechen dürfe. Die Bedenken, die manche Kollegen wegen der Vereinbarung über die Anwendung des § 218 StGB gegen den Einigungsvertrag vorbringen, scheinen mir nicht schlüssig. Im Grunde ändert sich nichts. Auch der gesamtdeutsche Gesetzgeber wird kaum in der Lage sein, eine andere als die jetzt in der Bundesrepublik geltende Regelung zu verabschieden, falls es überhaupt zu Mehrheiten in dieser Richtung kommt.

Was Steuererhöhungen anbetrifft, vertrete ich meine Auffassung, es sei vernünftiger, sich schon jetzt in der Argumentation auf deren Unabwendbarkeit einzustellen, als durch die Entwicklung der Wirklichkeit kurz vor den Wahlen dazu gezwungen zu werden. Für die Regierung sei es ein geradezu idealer Zustand, dass die Opposition Steuererhöhungen fordere, um die Kosten der deutschen Einheit zu finanzieren. Gehe die Regierung auf diese Forderung jedenfalls prinzipiell ein, so nehme sie die Frage, ob Steuererhöhungen notwendig seien oder nicht, aus dem politischen Streit.

Abgesehen von diesen taktischen Überlegungen sei eine Steuererhöhung auch aus sachlichen Gründen unvermeidbar. Bereits heute seien die Wiedervereinigungskosten höher als angenommen. Die Erwartung, die Arbeitslosenversicherung und die Krankenversicherung bezahlten sich durch die Beitragseinnahmen im Wesentlichen selbst, habe sich nicht bestätigt. Das soziale Netz sei in erheblichem Umfang subventionsbedürftig. Die bisher im Bereich der Treuhand vorgesehenen Verkaufserlöse seien zum großen Teil nicht zu erzielen. Die Forderungen an die Unternehmen aus Krediten, die ihnen während der Zeit der Planwirtschaft gewährt und mit der Währungsunion in D-Mark-Kredite umgewandelt wurden, seien kaum realisierbar. Dadurch entstünden Ausfälle, die die Kosten weiter steigen ließen. Eine Finanzierung der gesamten Kosten durch Kreditaufnahme sei nicht nur mit der bisherigen Politik der Union unvereinbar. Sie werde wahrscheinlich auch auf den entschiedenen Widerstand der Bundesbank stoßen. Diese könne es nicht zulassen, dass die Zinsen weiter hochgetrieben würden. Auch wenn die Bundesregierung vor den Wahlen den gesamtdeutschen Haushalt noch nicht vorlegen könne, müssten wir mit Erklärungen der Bundesbank zur Notwendigkeit von Steuererhöhungen rechnen.

Jochen Borchert vertritt die Ansicht, die Bereitschaft, Steuern zu erhöhen, lasse sich in ihren politischen Wirkungen nicht auf die Wiedervereinigungskosten beschränken. Werde eine solche Bereitschaft signalisiert, so würden auch andere Forderungen an die öffentlichen Haushalte angemeldet. Zugleich werde es unmöglich, den notwendigen Subventionsabbau (Berlin-Förderung, Zonenrandförderung und so weiter) voranzutreiben. Er hat den Glauben daran, dass ein Subventionsabbau möglich sei, noch immer nicht verloren, obwohl es uns trotz Hochkonjunktur während der letzten Jahre nicht gelungen ist, die Subventionslast zu verringern.

6. September 1990

Gestern stand die erste Lesung des Einigungsvertrags auf der Tagesordnung des Bundestages. Am Montagnachmittag hatte ich Dregger angerufen und mein Interesse an einem Redebeitrag angemeldet. Er war sehr kooperativ. Nach kurzer Zeit rief er zurück und bot mir zehn Minuten Redezeit an. Nur über Steuererhöhungen dürfe ich nicht reden. Ich versprach es ihm. In der späteren Fraktionsvorstandssitzung gab es viele Glückwünsche, auch von Dregger. Zahlreiche Kollegen freuen sich über die Entscheidung der sächsischen CDU. Man rechnet mit einem Wahlsieg der Union und behandelt mich schon jetzt als zukünftigen Ministerpräsidenten. Das Amt hat doch wesentlich größere Wirkungen auf die Menschen, als ich vermutet hatte.

Am Montagmorgen hatten wir bei Peter Radunski die wesentlichen Entscheidungen für die Wahlkampfvorbereitung getroffen. In der zweiten Dekade wird die Großfläche nur mit dem Spitzenkandidaten plakatiert; die erste Dekade erhält Helmut Kohl. Aufkleber, Ständerplakate, Werbeslogans und Ähnliches sind im Großen und Ganzen festgelegt. Als wir zum Konrad-Adenauer-Haus kamen, traf gerade Frau Kohl ein. Sie begrüßte mich sehr freundlich und verwickelte mich in ein Gespräch über Sachsen. Nur über Steuererhöhungen sollte ich nicht sprechen, meinte sie zum Schluss. Das sei schädlich.

Montagabend waren wir mit den Freunden zusammen. Heinrich Ostrop, Jörg Twenhöfen, Georg Milbradt, Jochen Reck, Hejo Arentz, Bernd Westkamp und Norbert Lammert waren gekommen. An der Besprechung nahm auch Herr Wagner aus dem niedersächsischen Finanzministerium teil. Er war bis zum Regierungswechsel der Persönliche Referent von Birgit Breuel und kann jetzt beim neuen Minister der unterschiedlichen Parteizugehörigkeit wegen nicht bleiben, obwohl der Minister ihn gerne behalten würde. Die Freunde übernehmen eine Reihe von Aufträgen, die der Vorbereitung des Wahlkampfes dienen. Georg Milbradt, den ich eigentlich nach Sachsen holen will, gefällt mir an diesem Abend nicht. Er wirkt mürrisch und ist zu den wichtigen Fragen eher negativ eingestellt. Der alte Pep fehlt.

Eben komme ich von einem Frühstück mit Klaus Reichenbach. Er war gestern Abend mit Kohl verabredet. Kohl habe ihm bedeutet, dass er ihn ins Kanzleramt holen wolle, wahrscheinlich als Parlamentarischer Staatssekretär mit der Aufgabe, ihn, Kohl, über die Stimmungslage der Bevölkerung und das politisch Machbare in der ehemaligen DDR zu beraten. Er solle, wie Reichenbach meint, eine Art Stimmungsbarometer für Kohl werden.

Ich habe Reichenbach noch einmal erläutert, dass sein politischer Wert für Kohl ausschließlich von seiner Verankerung in der Landespartei abhänge. Solange er unbestritten Vorsitzender der sächsischen CDU sei, sei er für Kohl wichtig. Sobald eine Lücke zwischen ihm und mir sichtbar werde, werde Kohl sie nutzen. Dies liege in der Natur des Geschäfts der Macht. Deshalb sei es notwendig, die Entstehung solcher Lücken zu vermeiden. Ich sei bereit, ihn als Landesvorsitzenden zu unterstützen und dafür zu sorgen, dass sich Interventionen von außen auf unser Verhältnis nicht auswirken könnten. Er müsse das Gleiche tun. Mein Interesse gehe nicht dahin, die sächsische CDU zu führen. Es bestehe ausschließlich darin, in den ersten Jahren des Freistaates Sachsen als Anwalt der Menschen in Sachsen das Land, seine Verwaltung, seine kulturellen Einrichtungen und seine Wirtschaft so aufzubauen, dass seine, Reichenbachs, Generation danach die Arbeit fortsetzen könne. Mit 65 wolle ich mich auf meine wissenschaftliche und schriftstellerische Tätigkeit und auf Fragen der Europa- und Außenpolitik konzentrieren. Deshalb sei ich auch nicht von Wiederwahlen oder von Bestätigungen abhängig. Diese Unabhängigkeit wolle ich dazu nutzen, auch harte und schwierige Entscheidungen schnell zu treffen. Im Interesse der Zukunft des Landes sei dies zwingend erforderlich. Ich sei sicher, dass die Menschen eine solche Handlungsweise nicht nur billigen, sondern aktiv unterstützen würden.

Wir vereinbaren, dass wir uns bald mit den Landräten in Sachsen treffen. Es gibt rund fünfzig Landkreise im Land. Ich habe die Absicht, die jetzt bestehenden Bezirke aufzulösen und die Landräte und Bürgermeister direkt der Kommunalaufsicht der Landesregierung zu unterstellen. Nur so ist es möglich, die Machtebenen auf den bisherigen Bezirken zu beseitigen und wirksam eine neue Kommunalverwaltung aufzubauen. Für jeden Landkreis will ich einen Berater gewinnen, der in den ersten Jahren dem Landrat zur Seite steht, um die jeweilige Kreisverwaltung neu zu organisieren.

Gestern Abend habe ich mit Heinz unsere Leipziger Initiativen durchgesprochen. Wir haben jetzt sieben entscheidungsreife Projekte, zum Teil Großprojekte, deren Verwirklichung etwa 1,5 Milliarden DM kosten wird. Mit ihrer Ausführung sind rund 15 000 Mannjahre Arbeit für Bauarbeiter und die Entstehung von rund 8000 Arbeitsplätzen verbunden. In der kommenden Woche werde ich mit der Leipziger Stadtverwaltung sprechen. Ich erwarte, dass die Voraussetzungen für die Durchführung dieser Bauvorhaben schnell geschaffen werden. Das Gleiche wollen wir in Dresden, in Zwickau und in Chemnitz machen. So können wir für die Städte ganz konkrete Projekte anbieten und zeigen, wie man das Land wieder aufbaut.

Reichenbach berichtet, über den Chemnitzer Oberbürgermeister Noll werde geredet. Die Stimmen mehrten sich, die vermuteten, dass sich Noll von Investoren aus dem Westen bestechen lasse. Ich habe Reichenbach gebeten, mir einige derjenigen aus Chemnitz zu schicken, die über solche Informationen verfügen. Falls Konkreteres an mich herangetragen wird, werde ich mit Noll sprechen, von ihm eine Klärung verlangen oder den Rückzug aus dem Amt des Oberbürgermeisters.

Zurück zur ersten Lesung des Einigungsvertrags. Die Einführung durch Schäuble war gut. Schäuble und Krause haben mit diesem Vertragswerk eine Meisterleistung vollbracht. Die sozialdemokratische Opposition antwortete durch Herta Däubler-Gmelin. Trotz kritischer Anmerkungen stimmte sie dem Einigungsvertrag zu. Die Debatte zog sich hin bis gegen 16.00 Uhr. Sie war ohne wesentliche Höhepunkte. Nach den Hauptreden leerte sich das Plenum schnell. Ich sprach gegen 15.30 Uhr. In meinem zehnminütigen Redebeitrag kam es mir vor allem auf die Gemeinsamkeit der Entscheidung und damit die breite politische Grundlage für die weitere Arbeit, die Interpretation der Eigentumsregelung und Fragen im Zusammenhang mit der Privatisierung an. Der Einigungsvertrag sei eine solide Grundlage für den Aufbau von Wirtschaft und Gesellschaft im östlichen Teil Deutschlands. Über die Finanzdiskussion dürften wir nicht die eigentliche historische Dimension der Aufgabe übersehen. Der Vertrag schaffe eine gute Grundlage für das Zusammenwachsen der beiden Teile Deutschlands. Das sei nicht nur eine wirtschaftliche Aufgabe. Die schwersten Schäden im Osten Deutschlands seien nicht bei den Straßen, in den Fabriken, an den Häusern, in der Infrastruktur entstanden, sondern in den Köpfen, Herzen und Seelen der Menschen. Diese Schäden abzubauen, sie zu überwinden, die Wunden vierzigjähriger Unrechtsherrschaft und staatlicher Bevormundung zu heilen, das sei eine Aufgabe vor allem auch der Kultur.

Deshalb sei es für die Menschen im östlichen Teil Deutschlands von größter Bedeutung, dass sie das, was sie in den Nischen der Freiheit an Kulturellem erhalten konnten, weiterführen und gerade in diesen kulturellen Institutionen auch ihre eigene Identität und ihre eigene Kontinuität entdecken können.

Wenn die Wahl in Sachsen erfolgreich ausgeht, werde ich in Zukunft von der Bundesratsbank aus sprechen. Es wird dann keine Diskussionen mehr über Redezeiten oder die Möglichkeit geben, sich zu Wort zu melden. Schon lange habe ich vorausgesehen, dass die Zeit der deutschen Einheit und der Neugestaltung Europas vor allem eine Zeit der Exekutive sein wird. Es ist eine glückliche Fügung, dass ich gerade zu diesem Zeitpunkt selbst in die Exekutive eintrete.

Während der langen Debatte ereigneten sich wundersame Dinge. So kam der Parlamentarische Geschäftsführer Friedrich Bohl schon bald nach Beginn zu mir und bat mich, neben Dregger in der ersten Reihe Platz zu nehmen. Dregger begründete seinen Wunsch damit, dass er mit mir fotografiert werden wolle. Wir unterhielten uns kurz über Belangloses, Dregger warnte noch einmal vor Steuererhöhungsdiskussionen. Nach etwa zehn Minuten zog ich mich wieder in die hinteren Reihen zurück, wo ich ungestört an meinem eigenen Redebeitrag arbeiten und mich mit anderen Dingen beschäftigen konnte.

Später setzte sich dann Genscher zu mir. In der Steuerfrage stimme er mit mir überein. Wenn man in der Außenpolitik ähnlich konventionell vorgegangen wäre, wie man dies in der Wirtschaftspolitik tue, so wäre es nie zur deutschen Einheit gekommen, meinte er. Im Übrigen gratuliere er mir zur Nominierung in Sachsen. Wäre er nicht Außenminister, so hätte er sich selbst im Osten engagiert. Man habe ihm nahegelegt, in Halle zu kandidieren, aber er könne Nordrhein-Westfalen nicht im Stich lassen.

Auch sonst kamen viele zu mir, um mir Glück zu wünschen. »Kurfürst von Sachsen« war ein Titel, den Kollegen mir verliehen. Einige sprachen mich an, um mitzuarbeiten, wie Heinz Schwarz, Hermann Kroll-Schlüter oder der grüne Abgeordnete Wilhelm Knabe. Es gibt viel Interesse an dem Engagement in Sachsen.

Abends bei *stern TV*. Nicht Günther Jauch, sondern Désirée Bethge moderiert. Eine begabte jüngere Journalistin, die auf reizende Art Klarheit und Präzision mit Weiblichkeit verbindet. Die Entscheidung, nach Sachsen zu gehen, steht auch hier im Mittelpunkt.

9. September 1990

Zum letzten Mal sind wir zu einem Wochenende auf den Westerbuchberg gefahren. Zwar werde ich noch einmal einen Tag hier sein können. Der nächste längere Aufenthalt wird jedoch in die Zeit nach dem 14. Oktober fallen. Dann ist endgültig entschieden, ob wir nach Dresden gehen oder weiter in Bonn bleiben.

Am Donnerstagvormittag ausführliches Interview mit dem *Stern*. Es geht um Sachsen, die Entwicklung der DDR, die weitere wirtschaftliche Zukunft und Fragen der Steuererhöhung. Anschließend im Konrad-Adenauer-Haus Fototermin mit Jupp Darchinger. Wir fotografieren im Präsidiumszimmer im zehnten Stock, da die Lichtverhältnisse im Freien nicht günstig sind. Es ist erstaunlich, welche persönliche und zwanglose Atmosphäre der alte Darchinger bei seiner Arbeit schaffen kann. Er ist wirklich ein überragender Fotograf.

Der Nachmittag ist angefüllt mit Vorbereitungen des Wahlkampfes. Auch in Sachsen werde ich mit einem Biedenkopf-Team auftreten. Schnee organisiert in Stuttgart bei der Schwaben-Garage vier kleine Autos für diesen Zweck. Insgesamt ist die Unterstützung durch die Baden-Württemberger unbezahlbar. Die eigene Erfahrung, ein eingespieltes Team und die Freude an der neuen Aufgabe verbinden sich auf das Glücklichste miteinander.

Die Baukema meldete sich aus Leipzig. Sie hat bei der Treuhandanstalt die Gewährung einer Bürgschaft für den Erwerb der Allgemeinen Baumaschinen-Gesellschaft in Hameln beantragt. Ein solcher Vorgang hätte nicht nur eine wirtschaftliche, sondern auch eine hohe politische Wirkung. Er würde demonstrieren, dass es auch DDR-Unternehmen gibt, die aktiv unternehmerisch tätig sein und Akquisitionen im Westen vornehmen können. Die »Schrotthaufen-Vorstellung«, die derzeit viele Initiativen in der DDR lähmt, könnte zumindest in einem Fall durchbrochen werden.

Überhaupt bereitet mir die Darstellung der DDR-Entwicklung in den Medien große Sorgen. Unsere Medien sind für die Deutschen in der bisherigen DDR der Spiegel, in dem sie sich selbst sehen. Ihren eigenen Medien trauen sie nur bedingt. Sie orientieren sich vor allem an dem, was wir über sie berichten. Unsere Berichterstattung jedoch ist chaosorientiert. Positives wird kaum dargestellt. Man sieht nur zerfallene Häuser, verrottete Fabriken, heruntergekommene Infrastruktur, überhöhte Preise, Wohnungselend, Arbeitslosigkeit und Armut. Dieses Zerrbild wirkt auf die Menschen in der DDR zurück und beeinträchtigt ihre Bereitschaft, sich für den Aufbau und die Erneuerung einzusetzen. Hinzu kommen die Versuche der Gewerkschaften, durch Lohnforderungen Mitglieder zu gewinnen, und die Folgen gewerkschaftlicher Auseinandersetzungen, etwa zwischen der ÖTV und der IG Bergbau und Energie. Nichts ist für uns schlimmer als die Wirkung einer solchen Auseinandersetzung um Mitglieder zu einer Zeit, wo es nicht darum gehen kann, die Menschen zu zusätzlichen Forderungen zu veranlassen, sondern sie zur Leistung zu motivieren. Diese Probleme werden sicher auch im Wahlkampf eine Rolle spielen. Ich bin jedenfalls entschlossen, solch negativen Auswirkungen der gewerkschaftlichen Organisationsarbeit öffentlich entgegenzutreten. Wir können kein starkes Sachsen schaffen, wenn wir mit Forderungen beginnen, die ohne jede realistische Basis sind.

Klaus Reichenbach, der Kohls Beauftragter für den Landtagswahlkampf in der gesamten DDR werden soll, schlage ich vor, in den Städten Leipzig, Dresden, Chemnitz, Bautzen und Zwickau in den nächsten Wochen wichtige Bauprojekte zur Spruchreife zu bringen. Es muss sichtbar werden, dass wir konkret Arbeit schaffen können. Er stimmt mir zu. Ebenso teilt er meine Ansicht, dass wir in Sachsen die jetzige Mittelinstanz abschaffen müssen. Die Beibehaltung der Bezirke würde den Versuch weitgehend vereiteln, mit einer gezielten Kommunalaufsicht die kommunale Basis des Landes zu erneuern und damit erst funktionsfähig zu machen. Allerdings habe ich den Eindruck, dass er sein Einverständnis auch deshalb erteilt, weil er selbst von den politischen Folgen einer solchen Maßnahme kaum betroffen sein wird. Er hat sich schon ganz nach Bonn orientiert. Trotzdem ist es eine Hilfe, wenn der Landesvorsitzende mein Vorhaben unterstützt. Wahrscheinlich ist die Entscheidung über die Mittelinstanz die wichtigste Einzelentscheidung, die ich in den ersten hundert Tagen treffen muss.

Am Freitag fahren wir mittags nach Langen, wo ich bei der Bull

AG einen Vortrag halten soll. Vorher begutachten wir im Konrad-Adenauer-Haus das Ergebnis der Arbeit Darchingers vom Vortage. Unter den Dias finden wir ein Bild, das allen gleichermaßen zusagt. Wir wählen es für die Großflächenplakate und für die DIN-A1-Plakate aus, die die Hauptlast der Werbung tragen werden. Von Mannstein wird das Plakat gestalten, Radunski wird sich darum kümmern, dass es gut wird. Er berichtet, die Kandidatur habe nicht nur in Sachsen, sondern auch in der Bundesrepublik große Aufmerksamkeit und Interesse gefunden. Man sei »elektrisiert« von dem Gedanken, dass sich damit auch die Strukturen innerhalb der CDU verändern könnten.

Am Rande der Veranstaltung in Langen sprechen wir mit dem Staatssekretär im hessischen Finanzministerium Claus Demke. Sein Chef, Manfred Kanther, habe für einige Zeit als Ministerpräsidentenkandidat für Thüringen zur Diskussion gestanden. Er habe diese Aufgabe jedoch nicht übernehmen wollen. Wegen der kommenden Landtagswahl am 20. Januar macht man sich erhebliche Sorgen. Wallmann sei es nicht gelungen, wirklich hessischer Landesvater zu werden. Die Fähigkeiten, die ihn in Frankfurt ausgezeichnet hätten, habe er nicht auf das ganze Land übertragen können. Der ländliche Raum interessiere ihn nicht. Seine Spannkraft habe nachgelassen. Die Wahl wäre sehr viel eher zu gewinnen, wenn Kanther Spitzenkandidat wäre und Wallmann nach Bonn zurückginge.

In Rheinland-Pfalz gibt man dem Team Wagner/Wilhelm keine Chance. Weder Wagner noch Wilhelm könnten die notwendigen Stimmen mobilisieren. Nur Geißler wäre als Kandidat für das Ministerpräsidentenamt in der Lage, die CDU vor einer sonst sicheren Wahlniederlage zu bewahren. Mit einer Zustimmung Kohls zu Geißlers Kandidatur sei jedoch nicht zu rechnen.

Gegen 20.00 Uhr verlassen wir Langen und sind um Mitternacht in Übersee. Ich bin froh, dass ich mich jetzt zwei Tage ausschlafen kann.

Von Heinz erhalte ich die Liste mit den sieben Projekten, die in Leipzig sofort durchführbar wären, wenn die Stadt sich zur Bereitstellung der Grundstücke und der Erteilung der Baugenehmigung aufraffen könnte. Das erste Projekt, Nordstraße, könnte zugleich als Pilotprojekt für die Zusammenarbeit mit der Baukema dienen. Man habe sich darauf eingerichtet. Im Übrigen sei das Bauen in der

DDR teurer als in der Bundesrepublik, selbst wenn man die geringeren Löhne zugrunde lege. Ein Objekt, das er in der Bundesrepublik in neun bis zwölf Monaten ausführen könne, sei in der DDR nicht unter zwei Jahren fertigzustellen. Baue man nur mit westdeutschen Bauunternehmern, müsse man erhebliche Trennungszulagen zahlen. Baue man überwiegend mit DDR-Bauunternehmern, müsse man mit sehr viel längeren Zeiträumen rechnen. Durch Umschulung und Weiterbildung im Rahmen durchgeführter Projekte könnten diese Zeiten allerdings sukzessive verkürzt werden.

Max berichtet mir heute von seinem Besuch aus Bautzen. Eine Delegation ist zu ihm nach München gereist, um mit ihm einen Teil des Aufbaus des Stadtkerns zu besprechen. Man will in drei alten erhaltenen Bürgerhäusern ein Hotel unterbringen. Max will sich der Sache annehmen, obwohl er keine großen wirtschaftlichen Chancen in dem Projekt sieht. Die Vertreter der Stadt Bautzen, alles CDU-Mitglieder, hätten sehr von meiner Kandidatur geschwärmt. Max hätte ihnen bisher nicht offenbart, dass wir gut befreundet sind. Ich bitte ihn, die Bautzener zu grüßen und ihnen zu sagen, dass ich sie bald besuchen wolle.

Heute Morgen ruft Kurt Körber an: Oberbürgermeister Wagner aus Dresden sei bei ihm zu Besuch. Er wolle vorschlagen, Herrn Wagner Kurt Rossa aus Köln als Berater zur Seite zu geben. Rossa habe angedeutet, dass er bereit sei, eine solche Aufgabe zu übernehmen. Körber geht davon aus, dass dies ehrenamtlich geschehe. Eine Rückfrage durch Heinz Barth zeigt jedoch, dass Rossa nur gewillt ist, nach Dresden zu gehen, wenn er ein angemessenes Honorar erhält. Er verdiene derzeit als Anwalt und als Mitarbeiter von RTL gut. Eine wesentliche Verschlechterung seiner Einkommensverhältnisse wolle er nicht akzeptieren. Außerdem stehe er nur dann zur Verfügung, wenn er institutionell so eingebaut sei, dass er Dinge auch entscheiden und vorantreiben könne. Eine reine Beraterrolle interessiere ihn nicht.

11. September 1990

Zweiter Tag im sächsischen Landtagswahlkampf. Gestern Morgen fuhren wir von Übersee nach Dresden. Die Straßen waren weitgehend frei, und wir waren um 13.30 Uhr am Ziel. Um 15.00 Uhr stieß ich zum Wahlkampfteam in der Landesgeschäftsstelle. Es ging um die Vorbereitung der Aufkleber, die Plakatgestaltung und die Bestimmung des Wahlkampfslogans. Nach längerer Diskussion war eine gute Konzeption für die Großflächenplakate gefunden: Neben dem Porträt soll als Haupttext »Kurt Biedenkopf für Sachsen« stehen und in schräger, wie von Hand geschriebener Schrift »Ein starkes Stück Deutschland«, außerdem das CDU-Signet mit Rhombus und sächsischem Wappen. Bei der Gestaltung des Ankündigungs- und des Kandidatenplakats entschlossen wir uns für den Text »Mit uns für ein starkes Sachsen«.

Gegen 17.00 Uhr begann die Präsidiumssitzung. Klaus Reichenbach kam später; Rolf Rau übernahm zunächst den Vorsitz. Eine längere Aussprache zur Auswertung des Landesparteitags beendete Arnold Vaatz mit der zutreffenden Feststellung, in der Presse sei keine Kritik geübt worden, die so wesentlich sei, dass man sich mit ihr beschäftigen müsse. Breiten Raum nahm die Diskussion der Wahlkampfgestaltung ein. Über die gute Zusammenarbeit mit der Bundesgeschäftsstelle und die Koordination der Anstrengungen der Bundespartei mit unseren eigenen Wahlkampfüberlegungen herrschte Erleichterung.

Ich erläuterte die vorgeschlagene Gestaltung der Großfläche und der Ankündigungsplakate. Eine Diskussion entstand über den Slogan »Mit uns für ein starkes Sachsen«. Man wies auf den Umstand hin, dass »stark« ein hartes Wort sei, und schlug vor, es durch das Wort »blühend« zu ersetzen. Ein Konsens war bald gefunden. Das blühende Land, die blühende Stadt, die blühende Wirtschaft, die blühende Kultur: All das lässt sich zusammenfassen in der Aussage »Für ein blühendes Sachsen«. Einzelheiten der Wahlkampforganisation und der Durchführung der verschiedenen Aktivitäten wurden diskutiert. Für die Finanzierung des Wahlkampfes stehen uns rund 800 000 DM zur Verfügung. Dazu kommen eine Reserve, über die Klaus Reichenbach verfügt, und die Mittel, die ich selbst eingeworben habe. Auch dort, wo die professionelle Kompetenz nicht besonders entwickelt ist, herrscht eine breite Unterstützung für meine Arbeit. Wir haben nicht die gleichen Probleme, wie sie in Nordrhein-Westfalen nach dem Vereinigungsparteitag 1986 aufgetreten sind. Der Schulterschluss zwischen Klaus Reichenbach und mir ist für alle erkennbar. Anschließend regeln wir noch die Finanzierung der Kandidateneinsätze in den achtzig Wahlkreisen und eine Reihe weiterer technischer Probleme.

Heute Mittag Fortsetzung unserer Arbeit in der Landesgeschäftsstelle. Es geht vornehmlich darum, die Termingestaltung für die nächsten vier Wochen festzulegen. 32 Tage sind keine lange Zeit, und die Anforderungen für Wahlkampfveranstaltungen, Gespräche, Zusammenkünfte mit Zielgruppen und so weiter sind gewaltig. Wir konzentrieren uns vor allem auf die Medienlandschaft und neben den städtischen Ballungsgebieten auf die Problemzonen in Sachsen: Görlitz und die Schlesier-Frage, Bautzen und die Minderheit der Sorben, Zwickau und Annaberg, die Probleme des Vogtlandes und des sächsischen Erzgebirges. Nach längerer Diskussion entscheiden wir, die Vortragstermine bei IBM, Siemens und Henkel nicht zu streichen, sondern durchzuführen, allerdings in möglichst kurzer Zeit. Wir wollen im Wahlkampf auch deutlich machen, dass der zukünftige Ministerpräsident in der Lage ist, national und international Investoren einzuwerben und damit zur Entwicklung Sachsens beizutragen.

Um 15.00 Uhr Termin mit den Produzenten der Radiospots. Die Vorlagen, die mein Gesprächspartner mitgebracht hat, sind reichlich konventionell. Er hat über die eigentlichen Hintergründe der Kampagne kaum Informationen erhalten. So sprechen wir erst über den konzeptionellen Hintergrund des Wahlkampfes in Sachsen, ehe wir eine Reihe von Aufzeichnungen für die Gestaltung der Werbespots machen.

Anschließend bereite ich mich auf das Gespräch mit Vaatz vor. Er ist Vorsitzender des Koordinierungsausschusses, der auf überparteilicher Basis die Struktur für die neue Landesregierung festlegen soll. Vaatz hat mir die Ergebnisse der Arbeit des Koordinierungsausschusses und seine eigenen Beiträge zur Lektüre überlassen. Mit großer Erleichterung stelle ich fest, dass gute Vorbereitungsarbeit geleistet und Strukturen entwickelt wurden, die weitgehend meinen eigenen Vorstellungen entsprechen. Lediglich in der Frage der zukünftigen Gestaltung der Mittelinstanz ergeben sich Meinungsverschiedenheiten. Ich möchte auf die Mittelinstanzen am liebsten ganz verzichten; die Strukturvorschläge gehen davon aus, dass sie bestehen bleiben. Als Vaatz um 18.00 Uhr zu mir kommt, erfahre ich, dass auch er gern ohne Mittelinstanzen auskommen würde. Als

Kompromiss hat man sich darauf geeinigt, die drei Regierungspräsidien nicht größer als 200 bis 250 Mitarbeiter werden zu lassen. Im Übrigen ist die Struktur für die Landesregierung mit acht Ministerien plausibel und gut fundiert. Lediglich die Gestaltung des Umweltministeriums bedarf weiterer Präzisierung. Meinungsverschiedenheiten gibt es über die Zuordnung verschiedener Referate zu den Ministerien. Dabei handelt es sich weniger um strukturelle Probleme als um Fragen, die im Rahmen der Richtlinienkompetenz gelöst werden können.

Die Landesregierung muss bis Mitte November gebildet sein. Das Ländereinführungsgesetz schreibt vor, dass die Landtage sich spätestens 14 Tage nach der Landtagswahl konstituieren und spätestens 20 Tage nach ihrer Konstituierung eine vorläufige Landesregierung bilden müssen. Gleichzeitig fungieren sie als verfassunggebende Versammlung. Nach der Verabschiedung der Verfassung soll dann die endgültige Landesregierung gebildet werden. Wir haben nur wenig Zeit, um einen Regierungsapparat aufzubauen und als Regierung handlungsfähig zu sein. Selten wird man in eine solche »Null-Situation« gestellt. Selten kann man aber auch so vieles neu gestalten wie in einer solchen Situation.

Arnold Vaatz erweist sich im Gespräch als ein ungewöhnlich kompetenter, mit der schwierigen Materie umfassend vertrauter junger Mann. Er ist Diplom-Mathematiker, 35 Jahre alt und offensichtlich hochbegabt. Meine ursprüngliche Einschätzung, es handle sich um einen eher zum Jakobinertum tendierenden Revolutionär, muss ich nachhaltig revidieren.

Beim anschließenden Abendessen mit Staatssekretär Lorenz Menz aus Baden-Württemberg geht es vor allem um die Frage, welche Hilfe Baden-Württemberg bei dem weiteren Aufbau der Landesregierung in Sachsen leisten könne. Menz berichtet über das Gespräch mit Schäuble, zu dem die Länder und die Landesbeauftragten aus der bisherigen DDR nach Bonn eingeladen waren. Es stellt sich heraus, dass wir in Sachsen mit den Vorbereitungen für die Bildung einer Landesregierung schon viel weiter fortgeschritten sind, als es in Bonn vermutet wird. Die von Bonn vorgeschlagene Einrichtung von Koordinierungs- und Beratungsstellen kommt für Sachsen zu spät. Wir brauchen sie nicht mehr. Dies bedeutet aber auch, dass die Möglichkeit der Einwirkung auf unsere Entwicklung durch Bonn wesentlich geringer ist, als man sich das in der Bundeshauptstadt vorstellt.

Die entscheidende Frage ist jetzt, wie das Personal für die neue Landesregierung gewonnen werden kann. Wir brauchen etwa fünfzig bis sechzig Abteilungsleiter und rund dreihundert Referatsleiter. Die Stellen sollen bundesweit ausgeschrieben werden. Ein erster Durchlauf, zu dem wir die sachverständige Mitwirkung baden-württembergischer Personalleiter erbitten wollen, soll die Spreu vom Weizen trennen. Die verbliebenen Bewerber sollen dann begutachtet und durch einen Personalausschuss interviewt werden. Für die acht Ministerien, für die Staatskanzlei und für die Landtagsverwaltung soll je ein Personalausschuss gebildet werden.

Im Zuge der Personalrekrutierung wollen wir dann auch die qualifizierten Mitarbeiter aussuchen, die in den Mittelinstanzen und in den Ministerien in Berlin beschäftigt sind, welche sich nach dem 3. Oktober auflösen. Konkursverwaltung und Aufbauverwaltung müssen gewissermaßen Hand in Hand arbeiten. Der Prozess muss so vorangetrieben werden, dass nach dem 14. Oktober die abschließenden Entscheidungen über die Besetzung der Abteilungsleiter- und Referatsleiterstellen erfolgen können. Dabei wollen wir nicht streng entlang parteipolitischen Linien entscheiden. Vielmehr streben wir eine parteipolitische Streuung an, die zwar auch das Wahlergebnis widerspiegelt, aber keine neue parteipolitische Polarisierung nach sich zieht. Vaatz und ich stimmen darin überein, dass zumindest in der Legislaturperiode des Aufbaus eine solche Polarisierung unerwünscht ist.

Besondere Schwierigkeiten bereitet die Frage nach der Einbeziehung früherer SED- und heutiger PDS-Mitglieder. Vaatz hält die Mitglieder der PDS für die ehrlicheren, weil sie sich zu ihrer Bindung an den Sozialismus bekennen. Aber auch unter den früheren SED-Mitgliedern seien viele, die für die neue Aufgabe gewonnen werden könnten. Die Unterscheidung zwischen denjenigen, die die Partei verlassen und einen echten Gesinnungswandel vollzogen hätten, und denjenigen, die sich lediglich von der alten Partei distanzierten, aber in den alten Seilschaften verhaftet blieben, sei besonders wichtig. Ein wesentliches Erkennungszeichen sei die Sprache, insbesondere die Verwendung der alten Begrifflichkeiten. Solche Begrifflichkeiten sind auch beim Landessekretär Schramm anzutreffen, der noch immer vom »Kollektiv« in der Landesgeschäftsstelle spricht. Ich habe davon abgesehen, ihn zu korrigieren. Er wird es nicht mehr anders lernen können.

Besondere Sorge bereitet Vaatz die Behandlung der Stasiakten. Sie müssten unter allen Umständen unter Verschluss gehalten werden. Weder dürfe ihre Erschließung durch die Zerstörung der Generalkartei unmöglich gemacht werden, noch dürfe man die Akten selbst vernichten oder der Öffentlichkeit zugänglich machen. Es sei ein Drahtseilakt, der nur in der DDR selbst bewältigt werden könne. Mir scheint, dass hier ein Stück »Restsouveränität« der DDR bestehen bleibt, das uns noch lange beschäftigen wird. Auch hier hofft man auf die Autorität von außen, die die Dinge beruhigen und zur gerechten Bewältigung der Vergangenheit beitragen kann.

12. September 1990

Gegen Morgen hatte ich einen merkwürdigen Traum. Wir wohnten in unserem Haus am Chiemsee; der Garten war ähnlich wie in Wirklichkeit, aber weitläufiger. Am hinteren Gartentor standen einige Menschen brauner Hautfarbe. Sie hatten das Tor geöffnet, zögerten aber, in den Garten einzudringen. Plötzlich kamen weitere Menschen in weißen Gewändern, zum Teil mit Turbanen oder weißen Kopfbedeckungen. Sie warfen Abfall in den Garten, zum Teil in zerbeulten Behältnissen. Eines dieser Behältnisse flog in die Nähe des Hauses und fing an zu brennen. Die Menschen fingen an, in den Garten einzudringen. Ihnen voran kam ein kräftiger, großgewachsener Mann mit weißem Turban und weißem Gewand auf mich zu. Er hielt einen schweren Gegenstand in der Hand, mit dem er mich offenbar angreifen wollte. Dann endete der Traum. Ich habe in der Vergangenheit viel über die Gefahr eines Einwanderungsdrucks aus dem Süden auf Europa gesprochen. Dies war wohl eine Umsetzung dieser Gedanken in Bilder.

Morgens Besuch in einem Altersheim im Dresdner Stadtteil Grobitz. Etwa 250 alte Menschen und die Mitarbeiter des Heimes, soweit sie abkömmlich sind, haben sich im Speisesaal versammelt. Der Leiter des Altersheims führt uns ein. Arnold Vaatz sagt wenige Worte zu unserer politischen Mission. Dann spreche ich zu den alten Menschen, erzähle ihnen von der Stunde des Mauerdurchbruchs und meinen Erlebnissen im Bundestag, von der großen Leistung, die sie erbracht haben, von dem, was wir in Zukunft in Sachsen vorhaben, und von der Notwendigkeit, aber auch Berechtigung, optimistisch zu sein und Mut zu haben.

Die Fragen drehen sich um die Rente, die Einlösung des Wortes von Helmut Kohl, dass es nach dem 1. Juli niemandem schlechter, vielen aber besser gehen werde, sowie um Probleme der Arbeitslosigkeit und ihre Überwindung. Eine Frau will wissen, ob ich es für richtig hielte, dass Herr Krause in Berlin ein Haus mit sieben Zimmern bewohne, wo sie doch selbst in einem einzigen Zimmer leben müssten. Ich antworte ausführlich und beziehe in meine Aussagen auch das Personal des Hauses ein, dessen dienende Leistung ich bewundere. Der Heimleiter klagt über die seit Jahren nicht bearbeiteten Freiflächen zwischen den Plattenbauten und die Schwierigkeiten, die es den alten Menschen bereite, im Freien spazieren zu gehen, solange diese Zwischenflächen nicht gärtnerisch gestaltet sind. Ich verspreche ihm, zukünftige Investoren in Dresden zu bewegen, das Problem zu lösen. Die Sache kann nicht die Welt kosten, und das nächste große Investitionsprojekt in Dresden muss die Kosten eben mittragen. Schwierigkeiten bereite auch der Mangel an Einzelzimmern. Die Zusammenlegung vieler älterer Frauen in Zweibettzimmern sei oft unzumutbar und könne so nicht beibehalten werden. Angst haben die Menschen, dass durch die steigenden Heimkosten ihre Renten aufgezehrt werden und sie auf ein Taschengeld verwiesen bleiben könnten. Die parteipolitische Alternative spielt in unserer Diskussion keine Rolle.

Auf dem Rückweg zum Bellevue halten wir an einem Früchtestand, um uns mit Obst einzudecken. Die Preise sind wesentlich niedriger als in Bonn oder in Traunstein. Sie weichen auch stark von den Preisen ab, die im Stadtzentrum verlangt werden.

Im Hotel gehe ich direkt zur Tagung der baden-württembergischen CDU-Landtagsfraktion. An meinen Vortrag schließt sich eine Fülle von Fragen an, bei deren Beantwortung mir auffällt, dass ich mich schon gut in die sächsische Problematik eingearbeitet habe. Ich beginne, die Detailkenntnisse zu einem größeren Bild zusammenzufügen. Die Hilfe, die die Baden-Württemberger mir bei meiner Kandidatur geben, ist wertvoll; die personelle Unterstützung auf Stabsebene unverzichtbar.

Lothar Späth und ich essen anschließend noch zu Mittag. Wir besprechen das Personaltableau, das nach dem 14. Oktober schnell zusammengestellt werden muss. Lothar hat bereits mit dem gegenwärtigen Präsidenten der Universität Tübingen gesprochen. Dieser wäre eventuell bereit, eine Kabinettsposition zu übernehmen. Ich trage ihm meine Probleme mit der Baukema und der Politik der Treuhandanstalt vor. Lothar verspricht, Rohwedder anzurufen und ihn auf den Pilotcharakter der geplanten Akquisition hinzuweisen.

Dann sprechen wir über die Zukunft der CDU. Wir sind uns einig darin, dass Helmut Kohl an der Förderung der Partei kein Interesse mehr hat. Er sieht seinen Platz in der Geschichte bestimmt und wird nach dem Ende der kommenden Legislaturperiode kaum noch Motivation besitzen, seine Kanzlerschaft fortzusetzen. Das bedeutet, dass die jüngere Generation mit einer stark lädierten CDU zurückgelassen wird. In Hessen und Rheinland-Pfalz beurteilt Lothar Späth die Wahlaussichten der CDU im kommenden Frühjahr ähnlich negativ wie der hessische Finanzstaatssekretär Demke. Umso wichtiger sei es, dass Sachsen möglichst bald mit einer leistungsfähigen Regierung in das Konzert der Bundesländer eintrete. Die wesentlichen politischen Entscheidungen würden dann im Vermittlungsausschuss fallen. Auch er geht davon aus, dass die nächsten Jahre vor allem zu einer Stärkung der Exekutive führen werden. Die europäische Dimension der Landespolitik ist ihm wichtig. Er erwartet, dass Sachsen bald in den Verband der europäischen Regionen eintreten werde. Der Vorsitz in diesem Verband werde in Kürze frei und soll dann wohl ihm angetragen werden.

Ich erwähne meine Absicht, im Fall meiner Wahl zunächst Havel in Prag und dann die Regierung in Warschau zu besuchen. Die wirtschaftliche Situation in den Nachbarländern Sachsens, der Tschechoslowakei und Polens, ist nach den Einsichten, die Lothar Späth zur Verfügung stehen, katastrophal. In der Tschechoslowakei bremst Havel den Übergang zur marktwirtschaftlichen Ordnung. In Polen fehlen die Wissens- und Bildungsvoraussetzungen für eine Wirtschaftsverfassung, die vor allem auf dem Privatrecht aufbaut. Die katholische Kirche hat die Entwicklung entsprechender Fähigkeiten nie befördert, da sie mit der marktwirtschaftlichen Ordnung selbst wenig anfangen kann. Sie denkt vornehmlich in Hierarchien, nicht in Strukturen, die auf Koordination und Prozesssteuerung beruhen.

Nachmittags das Treffen mit Künstlern und »Kulturschaffenden«. Wir waren uns schnell einig darüber, dass die kulturelle Substanz Sachsens erhalten und auch für die Zeit gesichert werden muss, in der die Wirtschaft noch nicht die Kraft hat, die Kulturlandschaft Sachsens zu tragen.

Unser Gespräch kam rasch zu praktischen Fragen. Wie kann man die Kosten ermitteln, die die Erhaltung der wesentlichen Kultursubstanz verursachen wird? Wie kann man die Künstler ermutigen, sich auf sich selbst und die Bedeutung ihrer künstlerischen Leistung zu verlassen? Die enormen Subventionen durch das alte Regime, mit denen es eine kulturelle Identität der DDR erkaufen wollte, nachdem sich eine nationale oder staatliche Identität nicht begründen ließ, hat bei vielen Künstlern zum Verlust der Fähigkeit zur Eigenständigkeit geführt und viel »Kunst« erhalten, die bei einem internationalen Vergleich kaum Bestand haben wird. Die Künstler, jedenfalls die anerkannten, lebten auf der Sonnenseite des Regimes. Viele trauern zwar nicht der alten Ordnung, aber doch dem nach, was das Leben für sie angenehm machte. Der Trade-off zwischen Freiheit und materiellen Möglichkeiten, der vielen Deutschen in der DDR den Verlust materieller Sicherheit auf niedrigem Niveau erträglich erscheinen lässt, ist für die Künstler weniger attraktiv, da sie häufig nur geringeren Beschränkungen unterworfen waren.

So kommen wir zu der Frage, was mit den Ateliers der Künstler in Dresden werden soll. Würden Mieten wie für gewerbliche Räume verlangt, wären die Ateliers nicht zu halten. Ich empfehle eine Bestandsaufnahme und die Bildung einer Genossenschaft der Künstler, die die Räume auf Zeit verwalten und ihre Nutzung regeln könnte. Die Stadt sollte die Gebäude oder Stockwerke der Genossenschaft zur Verfügung überlassen. Eine Klärung der Sachverhalte sei jedoch Voraussetzung.

Im Gespräch werden auch die Spannungen zwischen den Alten und den Jungen im politischen Sinne deutlich. Es gibt, wie überall, konkurrierende Gruppen, Eifersüchteleien, aber auch gemeinsame Sorgen und Ängste. Der Schauspieler Friedrich-Wilhelm Junge berichtet von dem neuen Theater, das er mit anderen gegründet hat. Es wird bald Premiere haben. Auf die Frage, ob er nicht Sorge haben müsse, vor leerem Haus zu spielen, versichert er uns seiner

Zuversicht, dass sich das »freie« Theater durchsetzen werde. Wir trennen uns nach zwei Stunden und vereinbaren ein weiteres Gespräch.

Abends in Chemnitz. Interviewgespräch mit Böger von der *Bild am Sonntag*. Er porträtiert in seiner Kolumne »Tafelspitz« Menschen aus unterschiedlichen Lebensbereichen. Wir haben uns im Chemnitzer Hof verabredet. Das sechzig Jahre alte Hotel hat seinen Namen nicht geändert. Als Chemnitz 1952 in Karl-Marx-Stadt umbenannt wurde, führte man im Hotel eine Betriebsversammlung durch: Zur Auswahl standen der alte Name, Hotel der Nationen und Karl-Marx-Hof. Die Belegschaft entschied sich mit der Begründung für den bisherigen Namen, auch der Fluss, die Chemnitz, werde ja nicht umbenannt. Der Oberkellner, seit vierzig Jahren im Haus, erzählt die Geschichte mit Stolz.

Ingrid und Schnee sind mit von der Partie. Böger erweist sich als ein angenehmer Gesprächspartner. Sein Fotograf ist ein bildhübscher junger Mann, dessen Sicherheit sich auf sympathische Weise mit Bescheidenheit und Natürlichkeit verbindet. Wie er begegnen uns gerade im Bereich der Medien viele nette, angenehme, begabte junge Menschen.

13. September 1990

Zum Frühstück treffe ich erneut mit Staatssekretär Menz aus Baden-Württemberg zusammen. Wir besprechen noch einmal den Einsatz weiterer vom Land abgestellter Beamter vor allem auf kommunaler Ebene. Menz berichtet über die Auseinandersetzungen zwischen Baden-Württemberg und Bayern um die Frage der Federführung beim Aufbau der sächsischen Landesregierung. Beide Länder konkurrieren um Einfluss. Die Bayern beanspruchen das Wirtschaftsministerium, das Innenministerium und eine Reihe anderer Ressorts als »ihre« Ministerien. Nachdem sie anfangs zögerten, sich in Sachsen zu engagieren, weil sie glaubten, auf die Landespolitik über die DSU einwirken zu können, versuchen sie jetzt, sich mit Macht zu etablieren. Beide Länder streiten sich wie zwei Hunde um einen saftigen Knochen. Mit dem Selbstverständnis der Sachsen ist dies unvereinbar. Deshalb schlage ich Herrn Menz vor, sich mit den Bayern dahingehend zu verständigen, dass die Frage durch

Sachsen entschieden wird. Ich werde dies auch selbst noch beiden Ministerpräsidenten mitteilen.

Anschließend fahren wir, bei leider kühlem Wetter und bedecktem Himmel, mit dem Fotografen nach Meißen zu Aufnahmen für die CDU-Zeitung. Die ursprünglichen Aufnahmen in Leipzig sind missglückt. Fotograf und Bundesgeschäftsstelle streiten sich darüber, wer dies zu verantworten hat. In Meißen entscheiden wir uns für Aufnahmen am östlichen Ausgang der Brücke über die Elbe mit Blick auf den Meißener Dom. Die Altstadt gehört zu den Kleinodien Sachsens. Sie muss nachhaltig restauriert und zum Teil vor dem Verfall gerettet werden.

Nachdem der Fotograf seine Arbeit beendet hat, gehen Ingrid und ich über den Markt in der Altstadt und essen eine Kleinigkeit im Rathaus. Es schließt sich ein Besuch der Porzellanmanufaktur an. Der Direktor, Dr. Walter, empfängt uns am Portal des Manufakturgebäudes. Nach einem Gespräch in seinem Büro über Entwicklung und Geschichte der Manufaktur, ihre heutige Wirtschaftslage und ihre Zukunftsaussichten besuchen wir Porzellanmaler und -formgeber bei ihrer Arbeit. Nur so kann man verstehen lernen, warum Meißener Porzellan so teuer sein muss. Alles wird von Hand hergestellt. Die Einzelteile der herrlichen Figuren und Gefäße, oft Dutzende, manchmal Hunderte, werden in Formen von Hand geformt oder von Hand gepresst, zusammengesetzt, entgratet, nachgeformt und geglättet, dann gebrannt und glasiert, um anschließend auf das Feinste bemalt zu werden. Unter anderem erleben wir die Herstellung des sächsischen Landkartenverkäufers. Die Manufaktur hat zum Tag der Entstehung des Landes eine kleine Stückzahl der Figur aufgelegt, die vor langer Zeit schon einmal produziert wurde, wenn auch mit einer anderen Landkarte. An einem anderen Arbeitsplatz wird eine Henschel-Figur bearbeitet.

Franz Alt, der uns begleitet, will wissen, ob ich im Falle meiner Wahl die Manufaktur privatisieren oder als staatliche Manufaktur beibehalten möchte. Ich antworte ihm, auch als Marktwirtschaftler sei ich für Staatsbesitz. Man könne einem Privaten nicht die Entscheidung der Frage überlassen, ob es Meißen in hundert Jahren noch gibt.

Auf unserem Weg durch das Haus besuchen wir auch das Depot der Manufaktur. Dort, in schmalen Kellerräumen, wird von allen Artikeln, die die Manufaktur je hergestellt hat – es sind rund 150 000 – ein Exemplar aufbewahrt. Ein unvorstellbar wertvoller Schatz, der sich hier angesammelt hat. Die Einzelstücke dienen als Vorlagen für die Neuauflage oder die Herstellung weiterer Einzelstücke. Meißen verspricht seinen Kunden, alles zu liefern, was die Manufaktur je produziert hat. Eine 280-jährige Geschichte kann so immer neu belebt werden.

Abends folge ich einer Einladung der Landespressekonferenz. Sie ist erst am Vorabend gegründet worden. Ich bin ihr erster Gast. Neben Journalisten aus Dresden und Umgebung nehmen auch westdeutsche Journalisten teil. Gespräche dieser Art sind für mich nicht nur ein Gewinn. Sie bereiten mir auch viel Vergnügen. In ihnen kann ich meine argumentative Fähigkeit entfalten, ohne an das Ritual von Frage und Antwort gebunden zu sein. An diesem Abend gelingt es mir, auch solche Journalisten für mich einzunehmen, die der CDU nicht nahestehen. Das gilt insbesondere für die Mitarbeiter von Radio Sachsen. Wiederum sind westdeutsche Journalisten, so der Vertreter des *Spiegel*s, überrascht über den »neuen« Biedenkopf. Sie spüren die Ehrlichkeit des Engagements und des Wunsches, Anwalt der Menschen und des Landes zu sein. Wahrscheinlich ist es schon richtig, dass mir die Aufgabe, wie es einer formuliert, auf den Leib geschneidert ist.

14. September 1990

Heute beginnt der Arbeitstag erst um 10.00 Uhr. Trotzdem stehen wir, wie auch in den letzten Tagen, um 6.30 Uhr auf, um gegen 7.00 Uhr zum Schwimmen zu gehen und um 8.00 Uhr zu frühstücken. Dieser Tagesbeginn hat sich als angenehm und fruchtbar erwiesen. Vor dem ersten Termin gegen Mittag räume ich den Schreibtisch auf, sortiere den wachsenden Berg an Unterlagen, Dokumentationen, Ausarbeitungen und Schriftverkehr, führe meine Aufzeichnungen fort und bereite mich auf den Nachmittag vor.

Gegen Mittag zeichnen wir meine Aussage für den Fernsehspot auf. Der Kameramann wählt den neuen Brunnen am Eingang zur Straße der Befreiung und die berühmte Dresdner Kulisse als Hintergrund. Zuerst gibt es Irritationen, weil mir niemand sagen kann, wie sich der insgesamt drei Minuten lange Spot zusammensetzt und in welchem Umfeld meine Aussage platziert wird. Außerdem hat es wieder Ärger mit den Plakaten gegeben. Der von der Bundesgeschäftsstelle eingereichte Entwurf für die Großfläche ist handwerklich miserabel. Der Vorname ist weggelassen, im Rhombus mit den Nationalfarben fehlt das sächsische Wappen ebenso wie der Schriftzug »Ein starkes Stück Deutschland«. Brückmann erreichen wir nur auf dem Umweg über das Büro Reichenbach in Berlin. Dort bitten wir die Sekretärin, zwischen der Ostleitung in das Büro und der Westleitung aus dem Büro zu dolmetschen. Als uns dies zu bunt wird, verlangen wir von Brückmann, dass er ein Gespräch nach Dresden dringend anmeldet und die doppelten Gebühren in Kauf nimmt. Eine Viertelstunde später kommt so eine telefonische Verbindung zustande.

Klaus Reichenbach, mit dem ich um 13.30 Uhr verabredet bin, hat sich verspätet. Als ich ins Hotel zurückkehre, um eine Kleinigkeit zu essen, laufe ich ihm in die Arme. Im Hotel tagt das Münsteraner Führungsgespräch, ein Kreis von Vorstandsvorsitzenden und Eigentümerunternehmern, der sich regelmäßig trifft, um über Perspektiven der marktorientierten Geschäftstätigkeit in der DDR zu sprechen. Wir statten ihm einen Besuch ab. Franz Alt ist mit von der Partie. Er begleitet mich seit einigen Tagen, um über meine sächsische Initiative zu berichten. Von Walter Tacke, dem Geschäftsführer des Emnid-Instituts, der zum Kreis gehört, erhalte ich die letzten Umfragen. Man hat mich im *Spiegel* wieder in die Politikerbewertung aufgenommen. 50 Prozent der Befragten sprechen sich dafür aus, dass ich in Bonn mehr Einfluss haben sollte. Mehr als bei Blüm oder Lambsdorff. 12 Prozent kennen meinen Namen nicht. Hohe Bekanntheit und relativ gute Mittelfeldposition – beides überrascht mich. Ich hätte nicht damit gerechnet, dass die Verankerung im öffentlichen Bewusstsein auch nach Jahren des Rückzugs aus der aktiven Politik noch so stabil sein würde.

Abends Fahrt nach Chemnitz zum festlichen Konzert anlässlich der 825-Jahr-Feier der Stadt. Frau Eva Müller von *Capital* begleitet uns auf der Fahrt. Sie will ein Porträt über mich schreiben und ist glücklich, so viel Zeit für ihre Fragen zur Verfügung zu haben.

Zum Empfang vor dem Konzert hat der Oberbürgermeister Noll eingeladen, ein Unternehmensberater aus Mainz, der sich entschlossen hat, sich in Chemnitz zu engagieren. Auch Wolfgang Mischnick ist gekommen. Die Erwartung der Fernsehleute, sie könnten mich im Gespräch mit Anke Fuchs filmen, erfüllt sich leider nicht. Frau Fuchs ist nicht erschienen; sie ist anderweitig im Wahlkampf unterwegs.

Das Robert-Schumann-Symphonie-Orchester, das von der Stadt getragen wird, spielt die Neunte von Beethoven. Obwohl die Stadthalle als Mehrzweckhalle keine besonders gute Akustik hat, wird der Abend zu einem schönen Erlebnis. Beim anschließenden Stadtempfang bekommen wir viele Freundlichkeiten zu hören. Ein SPD-Stadtverordneter gesteht mir, er freue sich, falls ich in Sachsen Ministerpräsident würde.

20. September 1990

Während ich dies diktiere, fahren wir nach Dorfchemnitz in der Nähe von Stollberg im Vorerzgebirge zu einer Abendveranstaltung. Schon Stollberg wirkt wie eine kleine verträumte Stadt aus der Zeit der fünfziger Jahre. Noch stärker habe ich dieses Empfinden bei den kleinen Bauerndörfern, durch die uns der Weg nach Dorfchemnitz führt. In einem Vorort vor Stollberg sehe ich das erste Biedenkopf-Plakat. Es ist ein älteres Ankündigungsplakat, das ein treuer Anhänger an prominenter Stelle an einem Schaufenster angebracht und auf das er, anstelle der Veranstaltungsankündigung, mit Filzstift geschrieben hat: »Spitzenkandidat für Sachsen«. Dass Menschen sich auf diese Weise für mich engagieren, überrascht mich immer wieder. In Dorfchemnitz selbst dient eine alte Turnhalle als Kulturhaus. Sie ist, als wir gegen 19.00 Uhr mit der Versammlung beginnen, überfüllt. Die Menschen sind zurückhaltend, lassen sich dann aber doch zunehmend ansprechen und gehen mit dem Vortrag mit. In der Diskussion nach meiner Rede kommt es zu einem Disput unter den Teilnehmern über die Frage, ob man für den Bau der Wasserleitung Schulden aufnehmen dürfe. Die Älteren sind dagegen. Man dürfe die Zukunft der Jungen nicht mit Schulden belasten. Die Jüngeren sind mit dem Argument dafür, ohne Wasserleitung würden sie wohl kaum in Dorfchemnitz bleiben. Auch darum wird es in den kommenden Jahren gehen.

Zurück zum vergangenen Samstag. Um 10.00 Uhr traf ich Herrn Ziegenbalg, einen baden-württembergischen Bauunternehmer und

Immobilienmakler, der mir von Klaus Reichenbach vorgestellt und von Lothar Späth empfohlen worden war. Er war weniger aufdringlich als am Tag zuvor, aber immer noch unangenehm. Die beabsichtigten Bauprojekte, die er mir vorstellt, sind in meinen Augen völlig unrealistisch. So will er in Dresden auf einer Strecke von über einem Kilometer zwischen Hauptbahnhof und Postamt eine überdachte Verkaufsallee bauen, ein Projekt von rund 1,5 Milliarden DM, für das er die Dresdner Bank als Partner gewonnen haben will. Als ich wenige Tage später den Vertreter der Dresdner Bank in Dresden nach Ziegenbalg frage, ist ihm nicht einmal der Name bekannt. In Moritzburg will Ziegenbalg ein Kurgelände anlegen. Er habe einen Verband gegründet, an dem sich die Umlandgemeinden beteiligten, um das Vorhaben gemeinsam zu tragen. Schließlich berichtet er von einem Projekt Gastronomie und Hotels. Hier will er eine große Anzahl Gaststätten und Restaurants, die bisher im volkseigenen Vermögen standen, erworben haben, um sie zu reorganisieren und die ertragreichen unter ihnen zu betreiben. Das Gleiche will er mit bereits vorhandenen Hotels der Mittelklasse veranstalten. Zu beidem verspricht er mir ein Memorandum, das mich über Einzelheiten informieren soll. Interessant sind schließlich seine Bemerkungen zur Besetzung der Treuhandnebenstelle Dresden. Sie werde von ehemaligen Genossen geführt, die kein Interesse daran hätten, die eigentlichen politischen Anliegen zu verwirklichen, denen die Treuhandstelle dienen soll. Insgesamt erscheint mir der Mann genauso unzuverlässig, wie ihn Dreyer geschildert hat.

22. September 1990

Auf dem Flug nach Boston zum Gespräch über den Bericht an die Trilaterale Kommission.

Inzwischen sind drei Wochen seit meiner Nominierung durch den CDU-Parteitag in Sachsen vergangen. Sie kommen mir wie Monate vor. Noch nie bin ich so vollkommen in eine neue Aufgabe eingetaucht wie in diesem Falle. Alles scheint zu stimmen: das Amt, die Art der Berufung, die Herausforderung, die Vorbereitung auf sie und die persönlichen Neigungen und Fähigkeiten. Kohl hat recht, wenn er vom richtigen Mann zur richtigen Zeit am richtigen Ort spricht. Außer in meiner Zeit als Rektor der Ruhr-Universität waren Aufgabenprofil und Leistungsprofil noch nie so deckungsgleich wie diesmal. Manchmal ist mir, als habe sich in den letzten Jahren alles so gefügt, dass es der jetzigen Aufgabe dient: Die Ausbildung als Hochschullehrer erscheint als Voraussetzung für die grundlegenden Reformen in den Universitäten; die Bochumer Rektoratsjahre während der 68er Zeit als Probelauf für Runde Tische und die argumentative Integration unterschiedlichster Gruppen und Bewegungen; die Tätigkeit bei Henkel, aber auch der Aufbau und die Entwicklung des Bonner IWG als Vertiefung wirtschafts- und sozialpolitischer Kenntnisse. Die Zeit als Vorsitzender der Partei in Westfalen, vorher als Generalsekretär der CDU, gab mir Einblick in die praktische Parteipolitik; das Mandat im Bundestag, im Düsseldorfer Landtag und wieder im Bundestag war Vorbereitung für den neuen, sächsischen Landtag, die Arbeit als Fraktionsvorsitzender für die Beherrschung der künftigen CDU-Fraktion. Mitbestimmungskommission und Bertelsmann Stiftung waren die Eckpunkte einer gründlichen Beschäftigung mit den Gewerkschaften, ihren Eigengesetzlichkeiten und ihren Problemen. Im Medienbereich habe ich Erfahrungen gesammelt, selbst geforscht und geschrieben, aber auch Organisationen geleitet. Und Niederlagen der Vergangenheit werden mich vor Übermut in der Zukunft bewahren. Schließlich habe ich keinen Machtehrgeiz und dränge mich nicht in Ämter. So bin ich auch nicht von den Bedingungen abhängig, die an Macht oder Amtserwerb geknüpft sind. Viel eher fühle ich mich als Anwalt der Menschen in Sachsen.

Vor allem aber haben mich die Zusammenarbeit mit Nötzold und die Teilnahme an zahlreichen Tagungen und Konferenzen in Leipzig, Dresden und Berlin auf die neue Aufgabe vorbereitet. Was mir heute die meisten Türen und Herzen der Menschen öffnet, ist mein Verständnis für ihre Lage und meine Fähigkeit, ihre Vergangenheit zu begreifen. Dazu wiederum haben Günter Nötzold, Wolfgang Berghofer, Friedrich Schorlemmer, in jüngerer Zeit Arnold Vaatz, Manfred Stolpe und viele andere beigetragen.

Selten habe ich mich aber auch so in Übereinstimmung mit mir selbst befunden wie diesmal. Auch hier kann ich mich außer an das Rektorat an keine Zeit erinnern, in der ich so wenig Widerspruch zwischen meinen Veranlagungen und dem empfand, was ich als Aufgabe zu bewältigen hatte, wobei das Rektorat und die Mitbestimmungskommission zusammengehören. Auch im persönlichen Bereich bin ich glücklich. Ich habe eine Frau, die vor der Aufgabe nicht Angst hat, sondern sich auf sie freut und sie mit Energie und dem Willen annehmen wird, sie zum Erfolg zu führen.

Selbst meine Position zwischen den christlichen Konfessionen kommt mir jetzt zugute. Als Katholik, mit einer Protestantin in zweiter Ehe verheiratet, bin ich meiner Kirche noch nahe genug, um ihr in der Diaspora als Ministerpräsident eine Ermutigung zu sein; aber auch fern genug, um Nähe zu den Protestanten zu empfinden. Deren Denkweise ist mir seit meiner Studienzeit am presbyterianischen Davidson College in den USA und der Betreuung und Anleitung durch dessen Präsidenten Professor Cunningham ohnehin vertraut.

Diese Stellung zwischen den Konfessionen wurde mir zuletzt vor wenigen Tagen bewusst, als ich in Görlitz am späten Abend erst mit dem evangelischen, dann mit dem katholischen Bischof Bernhard Huhn zusammentraf. Der evangelische Bischof, Professor Joachim Rogge, ein Theologe, der zugleich an der Humboldt-Universität lehrt, ist voller intellektueller Neugier, weit lebhafter, als es die Schlesier sind, Genießer hübscher Formulierungen, aber zugleich reich an Ideen und Anregungen, wenn es um die schlesische Oberlausitz und Görlitz geht. Sein katholischer Amtsbruder Bernhard Huhn ist Schlesier, sicher der bessere Hirte seiner Gläubigen, seit knapp zwanzig Jahren Bischof in Görlitz, das früher zur Breslauer Diözese gehörte und deshalb eher ein Restbistum darstellt im Schatten des Dresdner Bischofs. Mit beiden habe ich mich auf Anhieb verstanden; mit beiden hatte ich viel gemeinsam.

Offenbar empfinden auch andere diese besondere Symbiose zwischen Mann und Aufgabe. Denn viele sagen mir, sie freuten sich über die Berufung nicht nur für Sachsen, sondern auch meinetwegen. Schon dass sie sich über den Ruf nach Sachsen freuen und nicht nur eher teilnahmslos gratulieren, ist neu. Ich habe auch das noch nicht erlebt.

Noch einmal zurück zum vergangenen Samstag, dem 15. September. Kaum war Ziegenbalg verschwunden, tauchte Max Schlereth auf. Wegen seiner Dresdner Projekte will ich in den kommenden Tagen mit Oberbürgermeister Wagner sprechen. Der SPD-Bürgermeister blockiert nach wie vor jede sinnvolle Baumaßnahme. Er hat offenbar Angst zu entscheiden und meint, die Investoren plünderten die Stadt. Nach dem 14. Oktober werden sich solche Fragen leichter lösen lassen als jetzt. Aber auch der Wahlkampf bietet Möglichkeiten, die ich nutzen kann.

Nachmittags kommt als Nächster ein Staatssekretär Rohde, der in der Berliner Regierung für Fragen des Verkehrs zuständig ist. Sein Hauptanliegen ist offenbar der Wunsch, in die neue Landesregierung übernommen zu werden. Ich gebe ihm einige Aufträge, die er rasch zu erfüllen verspricht. Allerdings habe ich eine Woche später noch keine Ergebnisse. Mit Herbert B. Schmidt, der nach wie vor in Dresden herumgeistert, will er wegen des Wirtschaftsprogramms der CDU sprechen, das Schmidt mit seiner Wirtschaftsvereinigung verabschieden will. Der CDU-Wirtschaftsrat ist auch aktiv, und sein Geschäftsführer Rüdiger von Voss hofft, dass ich an der Gründung der sächsischen Filiale teilnehme. Ich werde nicht hingehen. Die Überzeugung der Wähler ist wichtiger als die Bedienung von Leuten, die ohnehin CDU wählen und zudem zum großen Teil aus dem Westen anreisen.

Ein besonderer Gewinn ist schließlich mein letzter Besucher, Oberkirchenrat Steffen Heitmann. Er ist Vorsitzender des Verfassungsausschusses. Dieser ist, wie der Koordinierungsausschuss, aus dem Runden Tisch hervorgegangen, der sich seinerseits zum Sächsischen Forum weiterentwickelt hat. Am Sächsischen Forum wie am Verfassungsausschuss und Koordinierungsausschuss sind alle wesentlichen politischen Parteien beteiligt. Ihre Integration durch Männer mit persönlicher Autorität und die Organisations- und Beratungsleistungen, die vom Forum selbst und seinen Ausschüssen erbracht wurden, sind eindrucksvolle Zeugnisse der politischen Begabungen, die die friedliche Revolution gelenkt und die neue politische Ordnung in den vergangenen Monaten geprägt haben. Die Leistung erscheint umso eindrucksvoller, wenn man bedenkt, dass sie ohne jede institutionelle Hilfe erbracht werden musste: Weder die Mitglieder noch die Vorsitzenden der Gremien hatten einen gesetzgeberischen Auftrag oder konnten sich auf staatliche oder verfassungsrechtliche Institutionen berufen. Die Strukturen, deren sie sich bedienten, existierten allein kraft der Autorität und des Konsenses, den ständig zu erneuern sie fähig waren.

Heitmann ist Theologe und Jurist. Er gehört keiner Partei an, weiß aber, dass dies kein persönliches Verdienst, sondern Folge seiner kirchlichen Position ist. Er gibt mir zunächst eine Reihe von Anregungen für Themen, die im Wahlkampf, aber auch danach behandelt werden müssen. Dazu zählt er die Erneuerung des Personals im Bereich der mittleren Führungsebenen, sowohl in den Schulen wie den Universitäten und der öffentlichen Verwaltung. Vielfach würden die alten Lehrer wiedergewählt. Mangels überzeugender Alternativen entschieden sich die Wahlgremien, die oft willkürlich zusammengesetzt seien, für den bisherigen Lehrer, damit überhaupt Unterricht erteilt wird. Man solle ein Austauschprogramm zwischen bundesdeutschen Lehrern und noch tragbaren Lehrern aus den östlichen Bundesländern organisieren. Das Gleiche gelte für die Hochschulen.

Die Sicherung der Eigenständigkeit der Sorben, ihrer kulturellen und sprachlichen Selbständigkeit, sei für die Befindlichkeit ganz Sachsens bedeutsam.

Noch vor den Wahlen solle ich die Bischöfe ansprechen, empfiehlt Heitmann. Dabei rate er mir, mit Rücksicht auf meine Konfession zunächst den evangelischen Bischof Johannes Hempel zu besuchen. Das Zusammentreffen mit den Bischöfen müsse pressewirksam geschehen. Im evangelischen Bereich seien wichtig der Konsistorialpräsident Hans-Dieter Hofmann, ein Oberkirchenrat Volker Kreß und der Superintendent Christof Ziemer.

Bei der weiteren politischen Arbeit dürften die Behinderten nicht unberücksichtigt bleiben. Es gebe viele Behinderte, und wir müssten deutlich machen, dass wir auch ihr Schicksal sähen.

Schließlich wendet sich Heitmann dem inneren Zustand der CDU zu. Er fürchtet, dass die in der Partei noch immer bestehenden Altlasten dem politischen Gegner wertvolle Ansatzpunkte für seinen Wahlkampf bieten könnten.

Als Ergebnis unseres Gesprächs übernimmt er zwei Aufgaben: Erstens verspricht er, mir eine Anleitung zum Thema Stasi und SED-Vergangenheit zu erarbeiten. Zum Zweiten will er sich Gedanken machen über die Zusammensetzung eines Beraterkreises aus den Bereichen Kirche, Kultur und neue reformerische Kräfte, der dem Ministerpräsidenten nach der Wahl zur Verfügung stehen könnte.

Schon hier deutet sich an, dass es notwendig sein wird, nach der Wahl des ersten Landtags einen geordneten Übergang von den bisherigen zu den neuen Institutionen zu finden. Für einige Zeit werden beide sicher nebeneinander bestehen; das darf aber nicht bedeuten, dass die Existenz des Sächsischen Forums die Autorität des Parlaments beeinträchtigt. Gerade hier wird viel Fingerspitzengefühl notwendig sein, um bei den Menschen nicht den Eindruck zu erwecken, mit der Wahl des Parlaments sei die Beziehung zwischen Volk und Regierung wieder erloschen, die sich nach der friedlichen Revolution so hoffnungsvoll entwickelt hat.

Heitmann hat mich sehr beeindruckt. Er strahlt eine Ruhe und Kompetenz aus, die man nicht vermutet, wenn man ihm zuerst begegnet: ein eher schmächtiger, gleichwohl großgewachsener Mann mit einem schmalen Kopf und einem gut geschnittenen Gesicht, zurückhaltend in seiner Gestik, bescheiden, fast etwas schüchtern wirkend, aber von kraftvoller Gedankenführung und klarer Sprache.

Gegen 18.00 Uhr fahren wir nach Leipzig, wo ich mit Beschnitt verabredet bin. Anschließend sind wir bei der Jungen Union eingeladen. Sie feiert im AGRA-Park ihre Einheit, die sie im Rahmen des ersten gesamtdeutschen Deutschlandtages beschlossen hat. Die Junge Union braucht den Namen ihrer jährlichen Zusammenkünfte nicht zu ändern. Sie hat sich schon immer zu einem Deutschlandtag versammelt.

Beschnitt erwartet uns bereits. Er hat sich mit einer größeren Zahl von führenden Mitarbeitern des früheren Kombinats Polygraph selbstständig gemacht. Forschung, Unternehmensberatung und Problemlösungen im technischen Bereich sind die Spezialitäten der neuen Firma mit etwa 200 Mitarbeitern. Sie führt den alten Unternehmensnamen Polygraph weiter. Das Kombinat, berichtet Beschnitt, habe sich inzwischen aufgelöst. Die einzelnen Unternehmensteile würden sich mehrheitlich als lebensfähig erweisen. Seine Entscheidung, durch die rechtliche Verselbstständigung der Teile schon im Januar eine solche Entwicklung vorzubereiten, habe sich im Großen und Ganzen bewährt.

Beschnitt gehört zu den Managern mit eindeutiger SED-Vergangenheit und zumindest unterstützenden Funktionen im riesigen Netz der Staatssicherheit. Deshalb kann er nicht mehr als Unternehmensleiter Verwendung finden. Es gehört zu den teuflischen Folgen des Stasistaates, dass er wesentliche Teile der verbliebenen Intelligenz der alten DDR korrumpiert und damit einer neuen Ordnung praktisch entzogen hat. Wir werden in erheblichem Umfang auf Kräfte aus dem Westen Deutschlands zurückgreifen müssen, um dieses Defizit auszugleichen. Aber auch dann wird das Stasigift noch lange fortwirken und die Wunden, die die SED-Herrschaft den Menschen und dem Land zugefügt hat, immer wieder neu entzünden.

Morgens fanden wir im Übrigen den Bescheid vor, dass die Treuhandanstalt die von der Baukema beantragte Bürgschaft für den Erwerb der Allgemeinen Baumaschinen-Gesellschaft in Hameln endgültig nicht genehmigt hat. Wahrscheinlich hat Rohwedder, mit dem ich am Freitagmorgen noch gesprochen hatte, recht, wenn er den Antrag ablehnt. Jedenfalls hat er nicht nach politischen Gesichtspunkten entschieden. Das stand zu befürchten. Denn in Bonn ist man der Meinung, die Unternehmen in der Noch-DDR seien schnellstens zu verkaufen, aber nicht bei Akquisitionen zu unterstützen, selbst wenn dies ihre Lebensfähigkeit verbessert.

Die Talkshow, die die Junge Union nach 21.00 Uhr organisiert hatte, fand im Freien im Park nördlich des AGRA-Ausstellungsgeländes statt. Ronald Pofalla und seine Frau waren da und manche Bekannte aus Westfalen. Eine grässlich laute Showband mit einer Sängerin, die ihre fehlende Stimme durch Schreien und Herumgezappel auszugleichen suchte, spielte auf einer überdachten Bühne, auf die wir dann auch stiegen, um von Ronald interviewt zu werden. Ingrid sprang fröhlich mit den Jungen und weniger Jungen zu dem Krach auf der feuchten Wiese umher, angeblich, um sich warm zu halten. Aber es war wohl nicht nur das: Sie hatte auch Spaß daran. Sie ist mir eine große Ermutigung.

Für den folgenden Sonntagmorgen hatten wir uns mit Masur verabredet. Unser Gespräch brachte folgende Ergebnisse:

Kurt Masur wird mit seinen Freunden die notwendigen Daten zusammentragen, um ein Kulturbudget für 1991 aufstellen zu können. Die Gruppe wird sich auch öffentlich äußern und mir so Gelegenheit zur Stellungnahme geben. Wir brauchen den Wohlstand der ehemaligen Bundesrepublik und diese als Treuhänderin für die Wirtschaft in Sachsen, bis die sächsische Wirtschaft die Kultur wieder selbst tragen kann. Das wird in einigen Jahren hoffentlich der Fall sein.

Wir diskutierten den Gedanken, Genossenschaften der Künstler zu bilden, die die vorhandenen Ateliers tragen und verwalten können, etwa in Dresden oder in Leipzig. So kann man auf Zeit diese Räume von der Einbeziehung in die gewerbliche Vermietung schützen, wenn auch nicht auf Dauer. Später lässt sich die künstlerische Arbeit auf andere Weise fördern, etwa durch Erteilung von Aufträgen an noch unbekannte, aber begabte Komponisten. Die DDR-Orchester waren bisher verpflichtet, zwei Aufträge im Jahr an Komponisten zu vergeben. Das hat wesentlich zur Förderung des Nachwuchses beigetragen. Wir sollten diese Praxis auf die ganze Republik Deutschland übertragen.

Wir erörterten dann die Frage, ob es ein Kulturministerium geben sollte. Als Alternative schwebt mir vor, eine Kulturstiftung zu schaffen, die die Kulturmittel auch selbst verwaltet. Der Ministerpräsident könnte Vorsitzender des Stiftungsrates sein. Im Landeshaushalt würden Dotationen für die Stiftung vorgesehen werden. Unternehmen wie die Deutsche Bank, die sich schon dazu bereit erklärt hat, könnten ebenso mitwirken wie Spielbanken oder andere Landeseinrichtungen, etwa Toto und Lotto.

Anschließend auf der Veranstaltung der Jungen Union. Ich spreche, ehe Kohl eintrifft. Er wartet vor der Türe, bis ich fertig bin. Gegen Ende meiner Ausführungen äußere ich mich auch zur DSU. Ich sehe mich dazu durch die Plakatierung der DSU und die Aussagen veranlasst, die ein DSU-Vertreter am Abend zuvor in der Talkshow gemacht hat. Die DSU wirbt mit einem unbekannten Kandidaten unter dem Motto »Für Sachsen ein Sachse« und mit dem Anspruch, die neue Union zu sein. Als ich dies kritisiere, bemerke ich Widerspruch im Präsidium der Jungen-Unions-Veranstaltung.

Mit Kohl kommt auch der DSU-Vorsitzende Hansjoachim Walther in den Saal. Er setzt sich zunächst neben Kohl, obwohl er unser Wettbewerber ist und wir auch die DSU bekämpfen müssen, wenn wir unseren Stimmenanteil steigern wollen. Kohl sollte die DSU nicht aufwerten, denn er schadet damit der CDU in Sachsen.

In seiner Rede spricht Kohl vom Traum, der in Erfüllung gegangen ist. Er wendet den Blick zurück und erinnert an die Hoffnungen, die man auf früheren Tagungen der Jungen Union hatte. Die Verantwortung für die Zukunft, die Dritte Welt, das Überleben der Umwelt – er nennt die Regenwälder – und damit der Umweltschutz sind ihm wichtig. Europa, die Freundschaft mit Frankreich und den Vereinigten Staaten werden beschworen, aber auch unsere zukünftige Verantwortung als geeintes Deutschland für Europa und die Welt. Aus dieser Verantwortung leite sich die Verpflichtung ab, auch in Polen, Ungarn und der ČSFR zu helfen. Niemals dürfe man vergessen, dass Ungarn als Erstes die Grenzen geöffnet habe. So sei selbstverständlich, dass wir den Osten unterstützen und damit die Zukunft mitgestalten.

Niemand solle sagen, dies alles sei zu teuer. »Ein Land, das sich nichts mehr zutraut, hat keine Zukunft.« Er sei traurig, dass es darüber keinen Konsens zwischen den großen Parteien geben könne. Nicht »ich«, sondern »wir« sei das entscheidende Wort, mit dem wir die Probleme zu lösen hätten. Am Wege sollten wir jene zurücklassen, die keine Zuversicht hätten.

Kohl beschwört Sensibilität und Offenheit zum Miteinander. Die wenigsten von uns hätten verdient, dass sie auf der Sonnenseite leben dürften. Wir könnten kaum ermessen, was die Mauer für diejenigen in der DDR bedeutet habe, die beim Mauerbau Abitur gemacht hätten und heute rund fünfzig Jahre alt seien. Die Mauer habe sie praktisch vom Leben in Freiheit ausgeschlossen und gezwungen, sich im Unrechtsstaat einzurichten.

Die anschließende Diskussion ist wohlwollend. Provokative Fragen gibt es nicht. Zu den Kosten der Einheit befragt, antwortet Kohl, er habe darüber noch keinen Überblick, wisse zum Beispiel noch nicht, wie schlimm die Altlasten im Umweltbereich seien. Diesen Überblick müsse er sich erst verschaffen. Das werde noch vor der Bundestagswahl geschehen. Ungewöhnliche Maßnahmen seien erforderlich. Vor allem im Bereich der Kommunikations- und Verkehrswege müsse investiert werden. Das werde hohe Kosten verursachen, zumal wenn man bedenke, dass wir auch in der Bundesrepublik noch Bedarf hätten.

Zur DSU stellt er fest, er habe viel Erfahrung mit dem Verhältnis von CDU und DSU gesammelt. Er fühle sich an Vereinbarungen gebunden, die im Vorfeld des Einigungsvertrags getroffen worden seien, akzeptiere also die Existenz der DSU. Aber die Werbung mit dem Slogan »Für Sachsen ein Sachse« sei nicht gut. Wo kämen wir in einem vereinten Deutschland hin, wenn wir diese Aussage zum generellen Prinzip erheben würden.

Meine Kandidatur unterstützt Kohl uneingeschränkt. Ich sei der richtige Mann am richtigen Ort. Im Wahlkampf sei neben der Polarisierung zwischen den Parteien auch ein selbstkritischer Umgang mit der eigenen Partei erforderlich. Er übernimmt die Formel »Wir kämpfen um jede Stimme« und macht deutlich, dass eine Konkurrenz auch zur DSU besteht.

Nach Abschluss der Veranstaltung fahren wir nach Dresden zurück. Auf dem Weg aus der Halle begegnet uns ein Volkskammerabgeordneter der DSU. Er begrüßt uns und freut sich auf die politische Zusammenarbeit. Die könne sich nur entfalten, antworte ich ihm, wenn die DSU aufhöre, mich zu bekämpfen. Wir diskutieren über das Plakat »Für Sachsen ein Sachse«, die Abhängigkeit der DSU von der CSU und die Wahrscheinlichkeit, dass die CSU durch die DSU den Versuch unternehme, auf die sächsische Landesregierung einzuwirken. Der arme Abgeordnete macht einen eher hilflosen Eindruck. Die Wahlpropaganda war ihm noch nicht bekannt. Aber er sieht auch keine Möglichkeit, wie man sich dem Dilemma entziehen könne, in das die DSU durch die Anbindung an die CSU geraten ist: Bekämpft sie den CDU-Kandidaten, spaltet sie das bürgerliche Lager; unterstützt sie ihn, verliert sie ihre Identität.

Unterwegs machen wir in einem Gasthof am Wege Rast. Nur Einheimische sind Gäste in dem gepflegten und angenehmen Lokal. Einige erkennen uns. Der Kellner ist ein heller Sachse von fröhlichem Gemüt, das Essen ist ansprechend. Als wir zahlen, verlässt ein Gast den Raum, sein kleiner Sohn folgt ihm nach. Sie wollten nach dem Auto sehen, um herauszufinden, ob »er« es wirklich ist. Ich komme mit dem Mann ins Gespräch. Er arbeitet im Gleisbau für die Reichsbahn und sorgt sich um Aufträge. Trotz dieser Sorgen ist er nicht ohne Hoffnung. Er will seine Selbstständigkeit verteidigen.

In Dresden kommen wir kurz vor dem Termin mit Erich Iltgen an. Er erwartet uns schon. Wir führen ein intensives Gespräch, das wir beenden müssen, weil Iltgen verabredet ist.

Iltgen ist von Beruf Ingenieur und betreut die Bauten der katholischen Kirche im Bistum Dresden. Er ist Vorsitzender des sächsischen Runden Tisches, des heutigen Sächsischen Forums. Ebenso wie Arnold Vaatz im Koordinierungsausschuss wurde auch er einstimmig als Vorsitzender gewählt. Bis heute ist es ihm gelungen, kraft seiner Autorität das Gremium zusammenzuhalten und dafür zu sorgen, dass es arbeitsfähig bleibt, obwohl es immer wieder Konflikte und widerstrebende Interessen gibt. Iltgen gehört der CDU an und kandidiert für den Landtag.

Vor allem beschäftigt ihn die Bildung des Landes Sachsen. Dazu hätten die Bürgerkomitees und die vom Runden Tisch abgeleiteten Strukturen wesentlich beigetragen. Durch ihren Einsatz sei die Konstituierung des Landes Sachsen zur Bürgerangelegenheit geworden. Den Koordinierungsausschuss habe man gebildet, um die Bezirke in die Vorbereitungsarbeiten einzubeziehen und die Landesgründung nicht den alten Kadern alleine zu überlassen.

Auf die Tendenz der Berliner Regierung, die Bildung der Länder wieder zentralistisch anzugehen, habe man mit dem Runden Tisch als Gegenkonzept geantwortet. Nur so habe man die Bürgerbewegungen und die neuen Parteien, aber auch die Volkskammerabgeordneten in den Prozess einbeziehen können.

Das Verhalten der Behörden sei nach wie vor weitgehend zentralistisch. Man warte auf Anweisungen und sei kaum in der Lage, selbst zu handeln. Mit Blick auf die kommenden Wochen, das heißt bis zur Wahl, mache ihm die Möglichkeit Sorge, dass sich Mitarbeiter des Staatssicherheitsdienstes wieder an entscheidenden Hebeln festsetzen und die ehemaligen Betriebsleiter sich auch in Zukunft ihre Positionen sichern könnten. Käme es dazu, würden sich zwischen ihnen und den von Entlassungen betroffenen Arbeitnehmern Spannungen und Hass entwickeln.

Im Erneuerungsprozess sieht Iltgen einen kontinuierlichen Vorgang. In Dresden habe die CDU bewiesen, dass sie dazu fähig sei; in den anderen beiden Bezirken noch nicht.

Auch von Iltgen bin ich beeindruckt. Es ist für mich eine große Erleichterung, durch diese Gespräche zu erfahren, dass es bedeutende und tragende Persönlichkeiten gibt, auf die ich bei der Arbeit als Ministerpräsident zurückgreifen kann und die imstande sind, auch außerhalb parlamentarischer Institutionen den notwendigen gesellschaftlichen Konsens sichern zu helfen.

Abends Kundgebung mit Kohl auf dem Platz vor der Ruine der Frauenkirche. Kohl kommt vorher ins Bellevue. Wir setzen uns zu ihm und seiner Frau ins Restaurant. Er frönt seiner Kuchenleidenschaft, obwohl er schon wieder ein formidables Gewicht erreicht hat.

Gegen 19.00 Uhr fahren wir in Kolonne zum Veranstaltungsort.

Rund 80 000 bis 100 000 Menschen haben sich eingefunden, weit mehr als ich erwartet habe. Wir nehmen das »Bad in der Menge«, das Kohl so liebt. Auf der Tribüne stehen Ingrid und ich neben Kohl und seiner Frau. Die Menschen skandieren »Helmut!« und jubeln dem Kanzler immer wieder zu.

Reichenbach eröffnet. Beide, Kohl und ich, werden mit großem Beifall begrüßt. Ich rede anschließend. Den weitaus größten Beifall findet meine Feststellung, die alten Garden und Seilschaften in den Betrieben müssten neuen Leuten weichen. Wie ein Aufschrei der Befreiung wirkt der stürmische Applaus auf mein Versprechen, diese von den Menschen so schmerzhaft empfundene Last abzutragen. Es war zugleich eine Kriegserklärung an die Stasimafia – und sie ist wohl auch mit ähnlichen Risiken verbunden.

Kohls Rede war wie immer eher nachdenklich, bedächtig, staatsmännisch, stellenweise langatmig, aber einfühlsam. Die Menschen dankten ihm mit langem Beifall.

Auf dem Weg zum Dresdner Hof wurden wir von Kohls Entourage getrennt. Über die Abzäunung streckten sich uns Hunderte von Händen entgegen. Bewegend war der Dank, der uns entgegengebracht wurde, dafür, dass ich nach Sachsen gekommen bin.

Mit Kohl sprach ich anschließend über die DSU und die Treuhandanstalt. Die Wahlkampfwerbung kommt auch nach Kohls Ansicht aus Bayern. Es sei unvorstellbar, meint er, wie sich die Bundesländer derzeit verhielten. Sie stünden den Glücksrittern der Wirtschaft in nichts nach, wenn es darum gehe, sich im neu hinzugetretenen Territorium »claims« abzustecken und Einfluss zu sichern. Ich sehe es genauso.

In Sachen Treuhand teilt er meine Ansicht, dass eine Dezentralisation der Organisation dringend geboten sei. Er verweist mich an seinen Mitarbeiter Johannes Ludewig im Kanzleramt, will mir aber auch selbst jederzeit zur Verfügung stehen. Die Veranstaltung hat ihm offenbar gut gefallen. Mir auch! Wer hätte noch vor wenigen Wochen gedacht, dass wir mit unseren Frauen gemeinsam auf einer Tribüne vor der Ruine der Frauenkirche stehen und vom Volk gemeinsam gefeiert würden? Am gleichen Ort, an dem Kohl am 19. Dezember 1989 zum ersten Mal in der damaligen DDR zu einer Großkundgebung sprach, während ich in Dresden von Ardenne besuchte, ohne dass es zwischen uns beiden zu einem Kontakt gekommen wäre. Die Politik ist wirklich voller Überraschungen, wie das Leben selbst.

Ingrid erzählt mir später von ihrem Gespräch mit Franz Alt über Kohl und sein Verhältnis zu mir. Alt habe ihr gesagt, der Grund für Kohls bisheriges Verhalten sei doch offensichtlich. Kohl habe Angst vor mir als Konkurrenten und als jemandem gehabt, der seine ganze Energie darauf verwenden werde, ihn zu stürzen. In seinem Verdacht habe er sich durch alles bestätigt gefühlt, was ich in der Vergangenheit unternommen hätte, teils zu Recht, teils zu Unrecht.

Vor allem jedoch habe es ihn irritiert, dass es ihm trotz aller Anstrengungen nicht geglückt sei, mich wirklich aus der Politik zu verdrängen. Beim ersten und beim zweiten Anlauf in Nordrhein-Westfalen, aber auch schon in Kiel 1979, als er versuchte, meine Rückkehr ins Präsidium zu verhindern: Immer sei es mir gelungen, mich zu behaupten und mir in einer Weise Gehör zu verschaffen, die er nicht habe ignorieren können, auch wenn er öffentlich verkündet habe, dass er meine Ansichten schon lange nicht mehr zur Kenntnis nehme.

Jetzt sei eine Situation eingetreten, die ihm keine andere Wahl lasse als die Anerkennung und Unterstützung. Zugleich sei ich aber auch kein Konkurrent mehr. Vielmehr verbänden uns jetzt gemeinsame Interessen. Es bestehe deshalb keine Veranlassung mehr, mich zu fürchten, umso weniger, als Kohls eigene Position durch die Einheit enorm gestärkt worden sei. Was auch immer die Ursache sein mag, unser Verhältnis ist plötzlich unkompliziert und eher freundschaftlich. Auch ich bin nicht mehr verkrampft. Die deutsche Einheit hat Raum für beide geschaffen, und wir werden diesen Raum in den kommenden Jahren gemeinsam ausfüllen können. Jedenfalls waren die Bedingungen für eine gemeinsame Arbeit für unser Land, wie ich sie mir vor siebzehn Jahren eigentlich vorgestellt hatte, noch nie so günstig wie heute.

(Gerade habe ich den Film *Pretty Woman* gesehen, ein zauberhaftes Märchen mit zauberhaften Menschen. Es ging mir wie in meiner Kindheit: Das Märchen nahm mich so gefangen, dass ich alles andere um mich vergaß, auch warum ich nach Boston fliege und was in Dresden wieder auf mich wartet, wenn ich zurückkomme.)

Am Montagmorgen, dem 17. September, fahren wir nach Leipzig. Gegen zwölf sind wir beim Oberbürgermeister Lehmann-

Grube. Er macht einen etwas gelösteren Eindruck. Die Kritik an ihm und die Bedenken, die er allerorts gegen zügiges Handeln erhebt, sind allerdings noch nicht verstummt. Wir diskutieren die Aussichten, nun schnell Projekte in Gang zu bringen, damit auch die Baukema sich an diesen Projekten beteiligen kann. Schwerpunkte sind die Entwicklung des Schkeuditzer Flughafens und – von mir aufgeworfen – die Zukunft des AGRA-Messegeländes. Lehmann-Grube stimmt mir zu, dass es sinnvoll sein könne, an der Flughafengesellschaft nicht nur das Land Sachsen und die Stadt Leipzig, sondern auch Halle und das Land Sachsen-Anhalt zu beteiligen. Er unterstützt die große Regionallösung und ist der Auffassung, dass eine Verlagerung des Flughafens nach Süden, das heißt in die Nähe von Chemnitz, kaum in Frage komme.

Nachmittags fliege ich mit Herrn Wrede nach Köln. Er hat sich angeboten, mehrere Flüge als Wahlkampfunterstützung zur Verfügung zu stellen. Ich bin ihm dafür dankbar, denn so kann ich einige unaufschiebbare Verpflichtungen im Westen Deutschlands wahrnehmen, ohne meinen Wahlkampf zu lange unterbrechen zu müssen. Für den Abend ist ein Vortrag vor Kunden der Kreissparkasse Köln über den Wandel der Märkte in der DDR und in Osteuropa vorgesehen. Ich kann solche Vorträge inzwischen ohne Manuskript halten. Interessant sind immer die Fragen. Sie geben Auskunft über das jeweilige Denken derer, die wir als Investoren und Unternehmer im Osten Deutschlands brauchen. Der Widerstand gegen Steuererhöhungen – als ich danach gefragt werde, vertrete ich meine bisherige Position – ist weit geringer, als die Bundesregierung zu befürchten scheint. Man weiß, wie im Übrigen die ganze Bevölkerung, dass Steuererhöhungen wahrscheinlich unvermeidlich sein werden, denn es wird kaum gelingen, die notwendigen Mittel allein im Kreditwege und durch Abbau der Subventionen zu erhalten.

Am nächsten Morgen, Dienstag, treffen sich Meinhard und ich zum Frühstück. Wir haben uns länger nicht gesehen. Meinhard war in Amerika, ich in Dresden. Er berichtet von der Niedergeschlagenheit, die Amerika erfasst habe. Man ist unglücklich über die Entwicklungen im Mittleren Osten und darüber, dass eine Weltmacht von einem 16-Millionen-Volk vorgeführt werden kann. Amerika geht offenbar wieder durch eine seiner Depressionen. Mein Engagement in Dresden überrascht Meinhard. Er meint, er habe schon in unserem ersten Telefongespräch über das Thema das Gefühl gehabt, ich hätte mich für die Aufgabe entschieden.

In Dresden treffen wir uns nachmittags zur Besprechung über den weiteren Wahlkampfverlauf. Die Stuttgarter Agentur hat erste Plakatentwürfe mitgebracht, die sich als änderungsbedürftig erweisen. Arbeit wird verteilt, Stichworte für den Wahlkampf müssen geschrieben werden, Zitate aus meinen früheren Reden sollen zusammengestellt und wichtige Texte den Abgeordneten zugeschickt werden. Es schließt sich das Dresdner Gespräch im Hotel Bellevue an. Neben mir nehmen Anke Fuchs, Jürgen Schwarz von der DSU und der neue Intendant der Semperoper Christoph Albrecht teil, der aus Hamburg kommt. Ich werde in den darauf folgenden Tagen noch viel auf dieses Gespräch angesprochen. Man war mit mir sehr zufrieden.

Mittwochmorgen (19.9.) fahren wir beizeiten nach Berlin. Der Klöckner-Aufsichtsrat tagt dort, und ich möchte die Sitzung nicht wieder versäumen. Frau Fuchs hat sich allerdings entschuldigen lassen. Gegen 12.00 Uhr treffe ich mit der sächsischen Landesgruppe der CDU-Fraktion in der Volkskammer zusammen. Die Abgeordneten beschäftigt die Frage, was sie nach der Auflösung der Volkskammer beruflich erwartet. Nur wenige von ihnen können in den Bundestag einziehen.

Viele rechnen damit, in die Landesregierung übernommen zu werden oder auf andere Weise durch die Bildung des Landes Sachsen eine Beschäftigung zu finden. Trotzdem äußere ich mich nicht zu Personalfragen und finde dafür auch Verständnis. Wir trennen uns gegen 14.00 Uhr in einem freundschaftlichen Klima. Ich habe den Eindruck, dass man mit den Frauen und Männern gut zusammenarbeiten kann, die sich, oft ohne jede Vorwarnung, für eine wichtige politische Arbeit kurzfristig zur Verfügung gestellt haben.

Gegen 18.00 Uhr sind wir in Görlitz. Die Fahrt dorthin vermittelt mir einen ersten Eindruck über die katastrophale Verkehrsanbindung dieses östlichsten Raumes des Landes Sachsen. Als Hinterhof der DDR bezeichnen sich die Stadt und die schlesische Oberlausitz selbst. Die Region fürchtet, nun auch ein Hinterhof Deutschlands zu werden.

Im Pressegespräch in der Stadthalle, mit dem wir den Besuch in Görlitz beginnen, spielt dies eine zentrale Rolle. Es liegt deshalb nahe, dass wir in diesem Gespräch Überlegungen entwickeln, wie man die schlesische Oberlausitz und die Stadt Görlitz vor dieser Gefahr schützen kann. Neben der Notwendigkeit, die Autobahn bis zur polnischen Grenze auszubauen, die Stadt durch eine Umgehungsstraße von der Last des Grenzverkehrs zu befreien (Görlitz wurde durch den Grenzfluss geteilt, der östliche Stadtteil bildet jetzt die polnische Stadt Zgorzelec) und die Eisenbahnanbindung zu verbessern, kommt dabei der Brückenfunktion der Stadt nach Polen eine wesentliche Bedeutung zu.

Mit der Integration der bisherigen DDR in die Bundesrepublik und damit der Bildung Deutschlands verschiebt sich die Trennungslinie, die bisher die »Armutsgrenze« bildete, nach Osten. In Zukunft wird zwischen Deutschland und Polen ein wirtschaftliches Gefälle bestehen, dessen Überwindung auch im deutschen Interesse liegt. Es kann beseitigt werden, wenn wir den Westpolen beim Aufbau ihrer Wirtschaft und bei der Verbesserung ihrer Infrastruktur behilflich sind. Dabei müssen wir berücksichtigen, dass ein wesentlicher Teil der industriellen Substanz Schlesiens, insbesondere seine Facharbeiterschaft, und die Eingebundenheit in die Industriekultur Mitteleuropas durch die Vertreibung der Deutschen verlorengegangen ist. Die Polen, die jetzt in Schlesien leben, stammen zum Teil aus Ostpolen und sind ebenso Vertriebene wie die Schlesier, die jetzt in Deutschland leben. Wir sollten am Aufbau des ehemaligen schlesischen Industriegebiets mitwirken. Aber wir dürfen nichts tun, das den Verdacht einer neuen Kolonisationsabsicht begründen könnte.

Für den Aufbau werden entsprechende Fachkräfte, auch Ingenieure und Techniker, gebraucht. An der Hochschule in Görlitz könnten deutsche und polnische Studenten in diesen Bereichen ausgebildet werden. Die Hochschule würde dann ebenfalls eine Brückenfunktion erfüllen. Görlitz könnte Sitz deutsch-polnischer Gemeinschaftsunternehmen werden und auch sonst, zusammen mit dem polnischen Teil der Stadt, gemeinsame Funktionen für die ganze Region übernehmen.

Zugleich ist es notwendig, die herrliche Altstadt in Görlitz zu sanieren und zu erneuern. Die Stadt ist im Krieg kaum zerstört worden. Ganze Häuserzeilen bestehen aus herrlichen vier- bis fünfstöckigen Gebäuden. Sie sehen verfallen aus und sind zum Teil in ihrer Bausubstanz bedroht. Wie in Meißen sind auch hier große Anstrengungen erforderlich, um das Kulturgut zu erhalten, das sich über Jahrhunderte entwickelt hat.

Diese Fragen spielen auch in der anschließenden öffentlichen Versammlung eine Rolle. Die Stadthalle ist gefüllt. Die Menschen sind freundlich, hören zu, und mancher bedankt sich in der Diskussion wiederum dafür, dass ich gekommen bin. Man kann den Menschen Mut machen, wenn man selbst die Kraft und den Glauben an die Möglichkeit hat, das Land in relativ überschaubarer Zeit wieder aufzubauen.

Um diesen Aufbau der Oberlausitz drehen sich auch die Gespräche, die ich anschließend mit den beiden Bischöfen führe. Beide können viel zur Ermutigung und zur Aktivierung der Bevölkerung und ihrer Initiativen beitragen. Erst lange nach Mitternacht kommen wir wieder nach Dresden zurück.

Am Donnerstagmorgen holt mich Frau Dittmann von der Zeitung *Union* zu einem ersten Gespräch mit Superintendent Ziemer im Hotel ab. Ziemer war eine der führenden Persönlichkeiten in den Auseinandersetzungen, zu denen es zwischen dem 3. und 10. Oktober 1989 mit dem alten Regime in Dresden kam. Schon Jahre vor der Wende bemühte er sich um eine Sammlung der Friedenskräfte in seiner Kirche, um die Sicherung von Freiräumen für diese Menschen und dann, in der kritischen Phase im letzten Herbst, um die Vermeidung von Gewalt und Unruhe. Er gehört zu den eindrucksvollen Persönlichkeiten, die mit anderen den Mut hatten, sich gegen das scheinbar unüberwindliche Herrschaftssystem zu stellen und zu seinem Ende beizutragen. Ein großgewachsener Mann, von ähnlich bescheidener Zurückhaltung wie Heitmann, besonnen, aber kraftvoll, bemüht um eine richtige Definition der Rolle der Kirche in den zukünftigen politischen Entwicklungen, engagiert er sich für die Fortführung der friedlichen Revolution und die Überwindung der Resignation, die nach der euphorischen Phase eingetreten ist. Er will nicht selbst in die Politik gehen. Aber er will seine Kirche näher an die Politik heranführen, ohne die Grenze zur staatlichen Macht zu überschreiten.

Nach dem Gespräch fahren wir wieder nach Leipzig, wo ich an der Umland-Konferenz teilnehmen will, zu der Gormsen eingeladen hat. Als wir im sogenannten Turmzimmer des Rathauses zu

Leipzig eintreffen, beginnt man gerade mit der Beratung der regionalpolitischen Fragen, die sich aus der Entwicklung des industriellen Ballungsraumes Leipzig, Halle, Merseburg und Chemnitz ergeben. Auch hier sind schon beachtliche Vorarbeiten geleistet worden. Man ist sich einig, dass die gesamte Region ähnlich geplant werden müsse wie das Ruhrgebiet. Langfristige Zielvorgaben sollen Gestaltungsräume sichern, eine Zersiedelung der Landschaft vermeiden und den ökologischen Notwendigkeiten Rechnung tragen. Derzeit stehe der Planungsprozess praktisch auf dem Kopf. Statt mit einer Raumplanung für das Land und die Regionen zu beginnen, gebe man dem Druck von unten nach. Man müsse deshalb Wege suchen, um ein Planungschaos zu vermeiden. Eine mitteldeutsche Wirtschaftsförderungsgesellschaft wird vorgeschlagen. Besonders der Südraum Leipzig sei auf Unterstützung angewiesen.

Heinz Barth nimmt an der Konferenz teil. Man sieht, wie seine Ungeduld mit der Diskussion wächst. Endlich bricht es aus ihm heraus: Man könne die Ansiedlung von Supermärkten im Umland dadurch vermeiden, dass man einen großen Supermarkt an geeigneter Stelle in Leipzig ansiedele. Kein Investor finde dann in einer kleinen Gemeinde für seinen Supermarkt mehr einen Mieter, so dass der Bau solcher Supermärkte schon aus diesem Grunde unterbleiben würde. Die Reaktion der Versammlung zeigt, dass man noch weit davon entfernt ist zu verstehen, welche Wirkung Investitionen haben können, welche Steuerungsfunktionen man damit ausüben kann und wie man auf die Willensbildung der Investoren einwirkt, ohne ihnen durch Gesetz oder staatliche Anordnung ihre Verhaltensweise vorzuschreiben. Große Kraftanstrengungen werden notwendig sein, um diese Wissenslücken zu schließen.

Um 13.00 Uhr bin ich dann beim Rektor der Leipziger Universität Professor Gerald Leutert. Sie heißt wieder Leipziger Universität; man hat sich kurz zuvor entschlossen, auf die Bezeichnung Karl-Marx-Universität zu verzichten. Der Rektor hat die Rektoren der anderen sächsischen Hochschulen eingeladen und somit eine sächsische Rektorenkonferenz einberufen. Im Mittelpunkt des Gesprächs stehen die Personalpolitik und die Möglichkeit, durch Umsetzung der Stellen und öffentliche Ausschreibung Menschen für die Arbeit an der Universität zu gewinnen, die das notwendige Wissen mitbringen und damit die eigenen Lücken schließen. Ich bitte die Rektoren um ein Budget für die Hochschulen in Sachsen, das ich bis Ende Oktober brauche. Man will sich bemühen, ein solches Budget aufzustellen. Die Schwierigkeiten bleiben den Rektoren nicht verborgen. In ihren Zweifeln, dass eine eigenständige Budgetierung für die Hochschulen möglich sei, werden sie von Beamten aus der Bundesrepublik bestärkt. Die Beamten können sich offenbar nicht vorstellen, dass man im Zusammenhang mit der Überwindung der deutschen Teilung auch auf dem Territorium der DDR etwas Neues, im Westen noch nicht Erprobtes unternehmen kann.

Über den Ausflug nach Dorfchemnitz habe ich schon berichtet. Als ich wieder in Dresden ankomme, höre ich, dass inzwischen die ersten Abdrucke der Plakate eingetroffen sind. Die Farbabstimmung ist miserabel; das Plakat selbst, das aus der Bundesgeschäftsstelle stammt, entspricht weder unseren Vorstellungen noch den Vereinbarungen, die wir getroffen haben. Aber es gelingt mir gegen 1.00 Uhr morgens nicht mehr, Radunski zu erreichen. Mit dem Vertreter der Stuttgarter Agentur habe ich ein heftiges Telefongespräch. Ich kann nicht verstehen, wieso die Bilder, die wir am 7. September ausgesucht haben, von der Agentur erst am 18. September in Bonn abgeholt wurden. Eben war ich noch glücklich mit dem Verlauf des Tages; jetzt gibt es schon wieder neuen Ärger.

Am anderen Morgen erreiche ich Radunski. Er kann mir versichern, dass die Großflächenplakate in Ordnung seien. Um die kleineren Plakate wolle er sich kümmern. Der TV-Spot sei auch hervorragend gelungen. Er habe ihn Kohl vorgeführt, der begeistert gewesen sei. Kohl hatte sich schon am Montag im Bundesvorstand lobend über den Wahlkampf in Sachsen und insbesondere über unsere gemeinsame Veranstaltung geäußert. Meine Einführungsrede sei ausgezeichnet gewesen und er sei sehr zuversichtlich, dass wir den Wahlkampf glänzend bestehen würden. So viel Lob wirkt fast beunruhigend.

Der Freitag beginnt mit einem »*Bild*-Frühstück«. Die halbe Redaktion ist anmarschiert, um mit mir zu diskutieren. Viel wird von dem einstündigen Gespräch in der Zeitung kaum erscheinen. Dennoch ist es interessant, die Redaktion kennenzulernen und zu hören, wofür sie sich vor allem interessiert. Ich plädiere auch in diesem Gespräch für eine Darstellung der positiven Entwicklungen in der DDR und für mehr Einfühlungsvermögen in die Probleme, mit denen die Menschen sich herumschlagen müssen. Nicht bei allen Redakteuren stoße ich auf Verständnis.

Um 12.00 Uhr ein Redaktionsgespräch mit Kandidatenbefragung bei der *Sächsischen Zeitung*. Neben Frau Fuchs und mir und dem unvermeidlichen Schwarz von der DSU sind diesmal auch Vertreter der Liberalen, des Neuen Forums und der PDS erschienen. Beim PDS-Vertreter handelt es sich um einen Germanisten aus Österreich. Er passt weder in die Runde noch sind seine Argumente erträglich, wenn man erlebt hat, wie die Menschen im Land immer noch unter der politischen Altlast der SED leiden. Die PDS ist nicht nur vermögensrechtlich ihre Nachfolgerin geworden. Trotzdem verläuft das Gespräch lebhaft. Die Redakteure werden alle Mühe haben, daraus einen lesbaren Text zu machen.

Mittags kommt Brückmann von der CDU-Geschäftsstelle nach Dresden. Er hat den verkleinerten Andruck der Großfläche mitgebracht. Entgegen meinen Befürchtungen ist sie gut gelungen und ich freue mich auf ihre Plakatierung. Was mir vor allem Freude macht, ist die Wahlkampfzeitung. Sie ist ordentlich gemacht, enthält gute Texte, sowohl auf der ersten Seite wie im Mittelteil. Sie sind beide speziell für Sachsen gestaltet. Schlägt man sie auf, so findet man auf den beiden Innenseiten ein großes Bild von Ingrid und mir, eine der Aufnahmen, die wir in Meißen gemacht haben. Das Bild ist ungewöhnlich sympathisch und ansprechend und soll auch als Poster zur Verfügung gestellt werden. Es kann eine eigenständige Werbewirkung entfalten.

Anschließend geht es wieder nach Chemnitz. Zum ersten Mal treffe ich in einer Diskussionsrunde auf Vertreter der PDS. Zwei jüngere Leute argumentieren mit Aggressivität und nicht ohne Frechheit, aber wenig fundiert. Was mich berührt, ist ein etwa 35-jähriger PDS-Angehöriger, der sich von den anderen distanziert und seiner Sorge Ausdruck verleiht, es könne sich im Land ein neuer Hass entwickeln. Ob ich eine Möglichkeit sähe, einer solchen Entwicklung zu begegnen.

Ich antworte ihm ebenso ernst und nachdenklich mit meiner Überzeugung, ein neuer Hass lasse sich vermeiden, wenn es gelänge, die Vergangenheit wirklich ehrlich aufzuarbeiten. Bisher sei das nicht der Fall. Viele ehemalige SED-Mitglieder und Funktionäre könnten zu einem geordneten und friedlichen Übergang und einer wirklichen Aufarbeitung der Vergangenheit auch dadurch beitragen, dass sie sich freiwillig aus den Positionen zurückziehen, die sie ihrer Parteizugehörigkeit und nicht ihrer Kompetenz verdanken. Es wäre gut, wenn er in diesem Sinne auch auf seine Parteifreunde einwirken könne. Der Mann bedankt sich für diese Antwort und hofft noch einmal, dass er nicht Angst vor einer neuen Welle des Hasses haben müsse.

Nach der Veranstaltung treffe ich mit dem Regierungsbeauftragten für den Bezirk Chemnitz, Albrecht Buttolo, in seinem Büro zusammen. Buttolo will mich über verschiedene Personalentscheidungen unterrichten und im Übrigen von mir wissen, was ich denn nun mit den Bezirken vorhätte. Er habe die Bezirksverwaltung schon von 1400 auf 800 Mitarbeiter reduziert. Weitere Reduktionen stünden ins Haus. Eine Mittelinstanz halte er unter den gegebenen Bedingungen für unverzichtbar.

Diese Meinung teile ich inzwischen auch. In Sachsen gibt es 48 Landkreise und sechs kreisfreie Städte. Man kann eine so große Zahl von Einheiten nicht unmittelbar dem Innenministerium unterstellen, ohne zu einem neuen Zentralismus im Land beizutragen. Das Richtige wäre eine Gebietsreform, an deren Ende neben den sechs kreisfreien Städten etwa 12 bis 15 Landkreise übrig blieben. So gibt es in der schlesischen Oberlausitz allein eine kreisfreie Stadt und vier Landkreise für insgesamt 360000 Einwohner. In Nordrhein-Westfalen würde eine solche Anzahl von Menschen in einem Landkreis leben.

Andererseits können wir die Erneuerung Sachsens nicht mit einer Gebietsreform beginnen. Deshalb müssen wir den Zusammenschluss von Landkreisen zu Zweckverbänden ermutigen, aus denen einmal größere Einheiten erwachsen können. Buttolo betreibt dies bereits, und zwar mit Erfolg. Er berichtet über mehrere Fälle, in denen die Landräte sich zu solchen Schritten entschlossen haben.

Am Ende unseres Gesprächs bitte ich ihn, die 100 bis 150 besten Leute aus seiner Bezirksverwaltung namentlich zu erfassen, damit wir auf diese Mitarbeiter für die Regierungsbildung und den Aufbau einer neuen Mittelinstanz zurückgreifen können. In keinem Fall will ich die Mittelinstanz aus der Bezirksverwaltung direkt ableiten. Es muss eine neue Behörde gegründet werden. Deren Stellen sollten ausgeschrieben werden, so dass wir bei der Umsetzung geeigneter Mitarbeiter aus der Bezirksverwaltung in die neue Mittelinstanz in jedem Fall prüfen können, ob es sich um fachlich und politisch geeignete Persönlichkeiten handelt.

Heute Morgen, vor dem Abflug nach Boston, treffe ich noch einmal mit Vaatz zusammen. Wir verabreden für die kommenden Wochen regelmäßige Lagebesprechungen, zu denen wir auch die Beauftragten für die einzelnen Ministerien aus dem Land Bayern und Baden-Württemberg hinzuziehen wollen. Vaatz ist der Auffassung, dass sich der Konflikt zwischen Baden-Württemberg und Bayern beruhigen werde. Er führt dies besonders auf eine kooperative Rolle Stoibers zurück, mit dem er des Öfteren zusammengetroffen sei und mit dem er sich gut verstehe. Stoiber sei nicht an einem Konflikt mit Baden-Württemberg oder mit uns interessiert. So könnten wir in Kooperation mit Stoiber die aufgetretenen Probleme pragmatisch lösen. Zugleich könnten wir durch unsere Lagebesprechungen deutlich machen, dass wir die Absicht hätten, die Führung im Aufbau der Ministerien selbst zu übernehmen. Ich bin immer wieder überrascht über die Leistung, die dieser 35-jährige junge Mann in den letzten Monaten erbracht hat, und das Wissen, das er sich dabei aneignete. Der Mann wird mir in der Staatskanzlei unverzichtbar sein.

Inzwischen haben wir in Boston unser erstes Gespräch hinter uns. Es ist fruchtbar, anregend, und ich bin froh, dass ich hergekommen bin. Wir bemühen uns um eine Neudefinition des Begriffs »leadership« und um die Herausarbeitung der Änderungen, die im Verhältnis der trilateralen Partner – Amerika, Europa, Japan – in den letzten fünfzehn Jahren aufgetreten sind.

Ärgerlich ist, dass mein Koffer hier nicht angekommen ist. In Dresden hatte ich noch die Absicht, ihn mit ins Flugzeug zu nehmen. Dann habe ich ihn doch Interflug und Lufthansa anvertraut. Das war ein Fehler. So musste ich nach der Ankunft noch Rasierapparat, Hemd, Schlips und Strümpfe kaufen, um wenigstens einigermaßen ausgestattet zu sein. Auch ein Schlafanzug war eingeschlossen. Die Rechnung werde ich Herrn Ruhnau präsentieren.

25. September 1990

Auch nach der Rückkehr von Harvard beschäftigt mich unser Gespräch über den trilateralen Bericht. Dies gilt vor allem für die Frage, ob unsere Lebensweise und ihre Wert- und Zielordnungen universelle Gültigkeit beanspruchen können und wie wir sie ändern müssen, damit sie für alle Menschen gültig sein können. Eine für unsere eine Erde gültige Ordnungs- und Lebensvorstellung muss für unsere Reformarbeit Maßstab werden. Politisch heißt das, dass wir auf die Privilegierung verzichten, die die europäische Lebensweise seit der Aufklärung für sich in Anspruch genommen hat. Dass eine solche Neuorientierung möglich sein könnte, ist eine fast utopische Vorgabe. Aber sie ist unverzichtbar, wenn die Menschheit eine Zukunft haben soll.

Gestern Abend Essen mit dem neuen Präsidenten der Georgetown University. Mit Pater O'Donovan hat Georgetown einen Präsidenten gewonnen, der weniger priesterlicher Hirte oder kirchlicher Manager ist als Gelehrter. Er wird die Universität nicht managen, sondern führen. Als Schüler von Rahner und als Frucht seines Studiums in Münster spricht er fließend und gepflegt Deutsch und hat Zugang zu deutschem und europäischem Denken. Seine intellektuelle Sensibilität beeindruckt mich ebenso wie seine priesterliche Souveränität, sein Humor, seine Unabhängigkeit von der Bürokratie der Kirche. Unser Gespräch konzentriert sich auf die geschichtlich-kulturellen Bedingungen der weiteren europäischen Entwicklung. Meinhard schätzt den Zeitraum, in dem im Osten Europas die geistigen Grundlagen für marktwirtschaftliche Systeme entwickelt werden können, auf drei Generationen. Die Teilung Europas könne nicht auf Ereignisse in diesem Jahrhundert allein bezogen werden. Sie gehe im Prinzipiellen auf die Kirchenspaltung zwischen Rom und Byzanz zurück. Das Schisma habe zu gänzlich unterschiedlichen Entwicklungen in Ost- und Westeuropa geführt.

Als in ihrer Wirkung nachhaltigste Folge dieser Spaltung sei die Aufklärung am östlichen Teil Europas vorbeigegangen. Der von der Aufklärung ausgelöste Wandel unseres Bewusstseins, der Paradigmenwechsel, müsste deshalb von den Menschen im Osten nachvollzogen werden. Das lasse sich nicht in wenigen Jahren bewerkstelligen.

Im weiteren Verlauf interessiert uns vor allem, in welchem Maß der Individualismus unserer Kultur die Grenze der Gemeinschaftsverträglichkeit durchbrochen haben könnte. Meinhard macht uns darauf aufmerksam, dass Individualismus als gesellschaftliches Ordnungsprinzip außerordentlich aufwendig sei. Wenn jeder für sich selbst sorgen solle, würden wesentlich mehr Ressourcen gebunden, als wenn Risikobewältigung vorwiegend gruppen- oder gemeinschaftsorientiert erfolge.

Deutlicher als die Ressourcenbindung durch individuelle Vorsorge scheint mir der zunehmende Individualverkehr die gemeinschaftssprengende Wirkung eines expansiven Individualismus zu verdeutlichen. In den USA sind Fahrbahnen auf den Stadtautobahnen Autos vorbehalten, die mit vier oder mehr Personen besetzt sind. Durch das Angebot eines schnelleren Fortkommens in die Stadt will man die Pendler veranlassen, sich zu Fahrgemeinschaften zusammenzuschließen, und damit die Verkehrsinfrastruktur entlasten. Der Widerstand gegen solche Gemeinschaften ist beachtlich. Niemand will auf die durch das Auto vermittelte Zeitsouveränität verzichten. Umfragen der Georgetown University, ob man zu mehreren fahren und dafür weniger Parkgebühren bezahlen oder individuell fahren und mehr bezahlen wolle, seien eindeutig zugunsten der individuellen Alternative ausgegangen.

Das Beispiel bestätigt, dass die eigentliche Ursache für das Scheitern der bisherigen Nahverkehrspolitik nicht in den unterschiedlichen Kosten zu suchen ist, sondern in der kaum veränderbaren Präferenz für die individuelle Zeitsouveränität. Man will sich nicht in das »Kollektiv« des Fahrplans einordnen, selbst dann nicht, wenn die Frequenzen regelmäßiger Transportleistungen hoch sind. Die Menschen werden auch wesentlich mehr bezahlen, um ihre Zeitfreiheit zu erhalten. Ähnliches lässt sich bei den Schwierigkeiten mit der Einführung von Geschwindigkeitsbegrenzungen beobachten.

Ein gemeinschaftsverträgliches Verhalten und damit eine Begrenzung der Individualisierung, wo diese zu unverhältnismäßigen Gemeinschaftskosten führt (Straßen, Parkflächen, Umweltbelastung, Verkehrsunruhe), lässt sich somit nicht mit normalen ökonomischen Anreizen bewirken. Denn die Menschen sind offenbar entschlossen, ihre individuellen Handlungsansprüche auch in solchen Fällen mit hohem Aufwand zu verteidigen. Wir werden deshalb darauf angewiesen sein, derartige Begrenzungen auch durch direkte staatliche Eingriffe zu bewirken, indem wir etwa die Stadt für den stehenden Verkehr sperren, die Kosten des Individualverkehrs erhöhen, die Geschwindigkeit begrenzen und Ähnliches.

Damit verlagert sich das Begrenzungsproblem aus dem gesellschaftlichen in den politischen Bereich. Wird es möglich sein, Mehrheiten dafür zu gewinnen, die individuellen Bewegungsfreiheiten zugunsten der Sicherung von Gemeinschaftsgütern zu begrenzen?

Der heutige Tag begann mit der Sitzung des Beirats der Bertelsmann Stiftung in Gütersloh. Auch dort freut man sich über mein Engagement in Sachsen und verspricht, mit der Stiftung bei Aktivitäten zu helfen, die auf Eigeninitiative beruhen. Die Verbindung zur Stiftung sollte auch in Zukunft nicht abreißen. Sie kann als wichtiges Forum für die Förderung von Innovationen in Sachsen dienen, die wir von Staats wegen nicht unterstützen können, auf deren Verwirklichung wir jedoch angewiesen sind.

Wir fahren weiter nach Münster, um den Einstand Christa Thobens als Hauptgeschäftsführerin der IHK Münster mitzufeiern. Christa Thoben ist in ihrem Element. Ich hatte sie gefragt, ob sie Wirtschaftsministerin in Sachsen werden wolle. Nach reiflicher Überlegung hat sie abgelehnt. Sie könne ihre Entscheidung, nach Münster zu gehen und die erste Hauptgeschäftsführerin einer deutschen Industrie- und Handelskammer in der 300-jährigen Geschichte der Kammern zu werden, nicht wenige Monate später revidieren. Auch wenn ihr Kammerpräsident, den Helmut Kohl auf meine Bitte angerufen hatte, mit einer solchen Entscheidung einverstanden wäre; sie selbst würde nie den Ruf loswerden, von einer Position zur anderen gesprungen zu sein.

Abends treffen wir uns mit dem Wahlkampfteam »Biedenkopf für Sachsen« der Jungen Union im Dresdner Lokal »Linie 6«. Der Wirt hat die Kneipe seit vielen Jahren als privatwirtschaftliches Unternehmen betrieben. Es ist ihm trotz mancher Anfechtung gelungen, unabhängig zu bleiben. Die Innendekoration besteht aus Elementen der Straßenbahn. Prominente werden gebeten, sich an den Wänden des Lokals mit ihrer Unterschrift und einem flotten Spruch zu verewigen. Ich steige auf eine Leiter und schreibe Folgendes an die Wand: »Sechs mal sechs plus zweimal sechs macht Sachsen sexy.« Es ist meine Wahlprognose für den 14. Oktober.

Spät abends treffen wir uns noch mit Bundespostminister Christian Schwarz-Schilling im Hotel Bellevue. Wir wollen ihm erneut die Dringlichkeit westlicher Telefonanschlüsse in Leipzig und des Ausbaus des C-Netzes vor Augen führen. Obwohl die Post Monate Zeit hatte, sich auf die neue Situation vorzubereiten, ist es ihr immer noch nicht gelungen, uns mit vernünftigen Telefonverbindungen auszustatten. Wie sollen wir die Länder im Osten aufbauen, wenn wir nicht einmal mit dem Westen telefonieren können? In Bonn macht man sich eben immer noch keine Vorstellungen von der Dimension der neuen Herausforderung.

In unserer Verzweiflung greifen wir dann doch auf private Unternehmen zurück. Innerhalb von 24 Stunden haben wir ein Satellitentelefon, mit dem wir über die USA, Norwegen oder Griechenland Bonn erreichen können. Das Postmonopol verbietet eine direkte Verbindung von Ost nach West über Satelliten auch dann, wenn die Post selbst nicht in der Lage ist, eine solche Verbindung rechtzeitig zur Verfügung zu stellen!

26. September 1990

Kohl ist zu zwei weiteren öffentlichen Veranstaltungen in Sachsen. Mittags Grundsteinlegung im Trabantwerk in Mosel bei Zwickau. Volkswagen hat sich engagiert und will zunächst eine Polo-, später eine Golf-Produktion aufbauen. Die Menschen knüpfen große Hoffnungen an diese Investitionen. Denn sie wissen, dass ihr bisheriges Produkt, der Trabant, in Kürze unverkäuflich sein wird.

Von Zwickau fliegen wir weiter nach Görlitz zu einer Veranstaltung auf dem Untermarkt. Wieder Zehntausende von Menschen, die uns zujubeln und für unsere Bereitschaft danken, uns zu engagieren. Dann geht es mit dem Hubschrauber zurück nach Zwickau zu einer Abendveranstaltung auf dem Marktplatz. Auch hier rund 40000 Menschen, keine Störungen, breite Zustimmung und Hoffnung in den Gesichtern der Menschen.

27. September 1990

Für 10.00 Uhr habe ich die Kreisgeschäftsführerkonferenz nach Döbeln in den Sitzungsraum des Rathauses eingeladen. Als wir dort eintreffen, erfahren wir, dass die Kreisgeschäftsführer von meiner

Teilnahme ebenso wenig wussten wie von meiner Initiative. Die Partei ist in keinem guten Zustand. Das Kreisgeschäftsführercorps ist von unterschiedlicher Qualität. Viele sind neu, engagiert und einsatzfreudig; andere gehören zur alten Garde und können sich an die neue Situation nur schwer gewöhnen. Insgesamt können wir mit 54 Kreisgeschäftsführern auf Dauer ohnehin nicht bestehen. Trotzdem motiviert das Treffen die Frauen und Männer, die auf Kreisebene für die Organisation des Wahlkampfes verantwortlich sind.

Nach einem Betriebsbesuch in einem Achsenfedern- und Schmiedewerk in Roßwein und einem anschließenden Pressegespräch in Döbeln – dem örtlichen Kandidaten verdanke ich den Satz: »Was man in 15 000 Tagen zerstört hat, kann man in 150 Tagen nicht wieder aufbauen« – fahren wir nach Torgau zu einer Kundgebung und einem anschließenden Gespräch mit den Landräten des Landes Sachsen. Mit Torgau lernen wir eine zauberhafte Stadt und ein wunderschönes Schloss kennen. In dem Saal, in dem wir uns mit den Landräten versammeln, wurde eine Oper von Heinrich Schütz uraufgeführt.

Unser Gespräch mit den Landräten dreht sich vor allem um die Zukunft der Mittelinstanzen. Die Landräte lehnen eine neue Mittelinstanz ab. Sie wollen keine Wiederholung der Erfahrungen, die sie in den letzten Jahren mit der Bezirksverwaltung machen mussten. Sie übertragen diese Erfahrungen auch auf zukünftige Regierungspräsidien, obwohl deren Aufgabe eine gänzlich andere ist. Es bedarf langer Diskussion und Überredung, um die Landräte davon zu überzeugen, dass eine Direktunterstellung von 45 Einheiten unter das Innenministerium nicht in ihrem Interesse liegen könne. Die Bereitschaft der Landräte, sich mit dem Gedanken einer Gebietsreform vertraut zu machen, ist groß. Allerdings habe ich den Eindruck, dass sie sich die Konsequenzen noch nicht klargemacht haben. Sie berichten von Überlegungen, mehrere Landkreise in einem Regionalverband zusammenzuschließen und als Landräte diese neue Region gewissermaßen gemeinsam zu verwalten. Wie dies im Einzelnen funktionieren, wie die Aufgabenteilung gestaltet werden und wie die staatlichen Aufgaben im Gesamtkreis wahrgenommen werden sollen, ist ihnen allerdings noch unklar. Aber die Bereitschaft zu Reformen ist groß. Es gibt kaum Besitzstände, die sie blockieren.

28. September 1990

Der Tag beginnt mit einem Besuch auf dem Bauernhof von Gunder Scorl in Herrenhaide bei Chemnitz. Gunder Scorl hat einige Nachbarn zu einem »Jungbauern«-Gespräch eingeladen. Das »jung« bezieht sich weniger auf das Alter als auf den Umstand, dass es sich um Bauern handelt, die aus den Produktionsgenossenschaften ausgeschieden sind, um sich wieder selbstständig zu machen. Wir frühstücken in der guten Stube, begleitet vom Fernsehen, das die Gemütlichkeit der Morgenstunde nachhaltig beeinträchtigt. Anschließend nimmt Gunder Scorl mich zu einer Traktorfahrt mit. Er möchte mit mir die erste Furche in sein wiedergewonnenes Land ziehen. Der Traktor ist neu, sein Vorgänger steht als museumsreifes Stück auf dem Hof. In der frühen Morgensonne fahren wir auf ein taunasses Feld. Scorl senkt den Pflug und zieht eine erste lange Furche auf der grünen Wiese, die er wieder bewirtschaften will. Die symbolische Bedeutung der Stunde bewegt uns beide.

Am späteren Vormittag fliege ich nach Baden-Baden, um den Abschlussvortrag einer IBM-Veranstaltung zu halten, den ich vor langer Zeit schon versprochen hatte. Mit Bernhard Dorn diskutiere ich die Möglichkeit, den Wiederaufbau der inneren Verwaltung in Sachsen so anzulegen, dass ihre Strukturen eine spätere Vernetzung durch Kommunikation und Datenverarbeitung erlaubt. Ziel soll es sein, am Ende der Gebietsreform zwölf bis fünfzehn leistungsfähige Kreise und die kreisfreien Städte mit einem Netzwerk zu verbinden, das es gestattet, die angestrebte Dezentralisation aufrechtzuerhalten und dennoch jederzeit einen Überblick über den Stand der inneren Verwaltung zu haben.

29. September 1990

Der Tag ist dem Land der Sorben gewidmet. Wir verbringen ihn vor allem in Bautzen und Kamenz. Die Sorben sind die Nachkommen der »Urbevölkerung« Sachsens. Sie haben Dresden gegründet und den Grundstein für manche andere Stadt gelegt. Später wurden sie von gegen Süden ziehenden Niedersachsen vertrieben. Als eigenständiges Volk mit einer eigenen Sprache haben sie sich als Minderheit im Raum Kamenz-Bautzen, aber auch in den brandenburgischen Nachbargebieten erhalten. Im »Dritten Reich« wurden sie verfolgt und unterdrückt. Das SED-Regime schützte und finanzierte sie als »Vorzeigeminderheit«. Aus dieser Zeit stammt eine ganze Reihe von Einrichtungen, wie eine sorbische Tageszeitung, Wochenzeitungen, Bücher und eine Rundfunkstation sowie das Haus der Sorben in Bautzen. Nach Angaben meiner Gesprächspartner kosten diese Einrichtungen im Jahr rund 25 Millionen DM.

Die Sicherung der Minderheitenrechte der Sorben ist den Sachsen ein wichtiges Anliegen. Im Entwurf für die sächsische Verfassung werden sie ausdrücklich genannt. Sie soll die Selbstständigkeit des sorbischen Volkes mit einer eigenen Sprache garantieren. Man legt mir nahe, in der Staatskanzlei oder im Innenministerium in gehobener Position einen sorbischen Beamten zu beschäftigen, der die Interessen dieses Volksstammes innerhalb Sachsens vertreten könne.

Über die spätere Kundgebung in Kamenz schreibt Süskind, der uns, ebenso wie Franz Alt, begleitet, eine hübsche Passage. Sie ist Ingrids Sopran gewidmet, der uns nach meiner Rede aus der Verlegenheit hilft. Die junge Kapelle, die das Deutschlandlied intonieren soll, spielt es zum ersten Mal. Der größere Teil der Zuhörer kennt den Text nicht. Ingrid nimmt das Mikrofon und führt die Zuhörer mit ihrem Gesang. Süskind schrieb dazu, ihr Sopran habe vielleicht mehr dazu beigetragen, die Zuhörer zu überzeugen als meine Rede. Wahrscheinlich hat er recht.

2. Oktober 1990

Am Sonntag fliegen wir von Berlin nach Hamburg zum Bundesparteitag. Als wir eintreffen, ist die Tagung des CDU-Bundesvorstandes schon vorbei. Auf dem Treffen der Delegierten aus Nordrhein-Westfalen werden Ingrid und ich von vielen herzlich begrüßt. In einer kurzen Ansprache verabschiede ich mich von den Delegierten und berichte ihnen über die Schwierigkeiten, die auf die Menschen in Sachsen warten und die sie in den nächsten Jahren überwinden müssen. Die Ruhe im Saal verrät die Aufmerksamkeit, mit der man mir folgt. Vielen ist diese Dimension der deutschen Einheit noch völlig unbekannt. Später gehen wir zu den Sachsen, die Gäste der Baden-Württemberger sind. Auch dort ist die Freude groß, dass wir jetzt alle Mitglied einer großen Volkspartei sein werden.

Am Morgen des 1. Oktober. Gespräch mit Manfred Lahnstein über die zukünftige Medienpolitik in Sachsen. Lahnstein ist nicht nur an terrestrischen Frequenzen für RTL, sondern auch an der Gestaltung eines privaten Programms für klassische Musik interessiert. Das Interesse an einer »Good-Music-Station« wächst überall. Offenbar gibt es immer mehr Menschen, denen die ganztägige Berieselung mit Diskomusik auf die Nerven geht. Sie wollen sich an einer Musik erfreuen, die über Jahrzehnte und Jahrhunderte Gültigkeit behalten hat.

Auf dem Parteitag spreche ich zur bevorstehenden Einheit der Deutschen und zu dem, was sie uns inhaltlich aufgibt. Das Interesse der Delegierten an den Problemen, mit denen wir uns in den kommenden Monaten und Jahren befassen müssen, ist nicht besonders groß. Man ist ganz auf die Freude über die Einheit fixiert.

Abends sind wir bei Gerd Schulte-Hillen zur Feier seines fünfzigsten Geburtstages. Frau Schulte-Hillen hat im Garten des herrlichen Hauses ein großes Zelt aufgestellt, in dem über hundert Gäste Platz finden. In einem Gespräch mit Erich Böhme erfahre ich davon, dass dem *Spiegel* Material gegen de Maizière vorliege. Es soll Verbindungen de Maizières zum Staatssicherheitsdienst beweisen, die seine politische Laufbahn gefährden könnten. Ich bin erschrocken über die Gleichgültigkeit, mit der man sich über die Konsequenzen einer solchen Veröffentlichung hinwegsetzt, von der man weiß, dass sie allenfalls auf Indizien, aber nicht auf Beweisen beruht.

Heute sind wir wieder in Sachsen zu mehreren Kundgebungen. Leider kann unser Flugzeug nicht rechtzeitig landen, so dass die Kundgebung in Annaberg ausfällt. Wir waren zwar um 12.45 Uhr in Annaberg. Dort wurde uns berichtet, der Flughafen habe sich gemeldet und mitgeteilt, wir kämen nicht. Wer immer uns auf diese Weise im Wahlkampf behindern wollte: Er erreicht nur, dass ich den Annabergern einen späteren Besuch verspreche.

Für den geplanten Betriebsbesuch in einem Unternehmen, das Elektroinstallationen herstellt, reicht es noch. Was mich dort am meisten beeindruckt, ist das Rehabilitationszentrum, das von einem jungen Meister geleitet wird. Es entspricht unseren geschlossenen Werkstätten für Behinderte, ist liebevoll ausgestaltet und gibt vielen behinderten Menschen unterschiedlichen Alters die Möglichkeit, durch die Verrichtung einfacher Tätigkeiten an der gesellschaftlichen Arbeit teilzuhaben.

Am späteren Nachmittag fliegen wir nach Berlin. Dort ist eine ZDF-Sondersendung aus dem Reichstag aus Anlass der Verwirklichung der deutschen Einheit geplant. Viele nehmen daran teil, so dass mein eigener Beitrag nicht sehr umfangreich ausfällt. Zudem muss unser Sendeabschnitt vorzeitig abgebrochen werden, da das ZDF den letzten Satz von Beethovens Neunter übernehmen will, die Kurt Masur in der Berliner Philharmonie dirigiert. Alle, die sich im Reichstag versammelt haben, können sich der historischen Bedeutung der herannahenden Stunde nicht entziehen. Das Wetter ist hervorragend, ein klarer, vom Mond beleuchteter Nachthimmel.

Gegen 23.30 Uhr haben sich vor dem Reichstag Hunderttausende von Menschen versammelt, um den Augenblick zu erleben, in dem vor dem Reichstagsgebäude die bundesdeutsche Fahne gehisst wird. Ingrid und ich stehen auf den obersten Stufen der Treppe, die zum westlichen Reichstagsportal führt, angelehnt an eine der Säulen, die das Portaldach tragen. Es kommt mir in den Sinn, dass vor 45 Jahren und wenigen Monaten Soldaten der siegreichen Sowjetarmee auf den Trümmern eben dieses Gebäudes die rote Fahne hissten, um damit den Sieg über Hitler-Deutschland zu verkünden. Jetzt, anderthalb Generationen später, dürfen wir am gleichen Ort miterleben, wie die deutsche Fahne langsam am Fahnenmast emporsteigt, die Menschen in Jubel ausbrechen, ein Feuerwerk die Stadt erleuchtet und die Deutschen ihre wiedergewonnene Einheit feiern.

Nur langsam verlaufen sich die Menschen nach der Mitternachtsstunde. Es dauert noch Stunden, bis man das Reichstagsgebäude mit dem Auto wieder verlassen kann. Aber den Abend und die Nacht werden wir nie vergessen.

3. Oktober 1990

Wir bleiben nicht zum ökumenischen Gottesdienst und dem anschließenden Zusammentritt der beiden deutschen Parlamente in Berlin, sondern fahren nach einem frühen Frühstück mit Susanne zurück nach Leipzig. Dort wollen wir mit einer Kundgebung auf dem Karl-Marx-Platz in Leipzig die deutsche Einheit begehen. Zu meiner großen Überraschung versammeln sich rund 15 000 Menschen, um mir zuzuhören. Es ist die größte Versammlung, die ich je selbst bestritten habe. Sicher hat der Anlass ebenso dazu beigetragen wie der Feiertag und das herrliche Wetter, das uns den Tag verschönte.

4. Oktober 1990

Um 6.45 Uhr Teilnahme an der Betriebsversammlung des Kraftwerks Thierbach im Kreis Borna bei Leipzig. Der Betriebsratsvorsitzende des Kraftwerks, Heibutzki, hatte mich eingeladen. Als wir das Werkstor erreichen, sehen wir, dass sich dort eine größere Anzahl von Bergleuten aus dem nahen Braunkohletagebau versammelt hat. Sie wollen an der Betriebsversammlung der Kraftwerker teilnehmen. Man habe sie nicht auf das Werksgelände gelassen. Ich sorge dafür, dass sie zugelassen werden. In der großen Kantine sind schließlich rund 1200 Menschen versammelt. Sie wollen mir zuhören. Ich spreche über die Notwendigkeit der Umrüstung der Wirtschaft und der Erneuerung auch der Energieversorgung. Vor allen Dingen kommt es mir auf die Erläuterung der Ursachen dafür an, dass so viele Arbeitsplätze entfallen. Wer einen Arbeitsplatz verliert, so lautet die Botschaft, ist deshalb nicht überflüssig. Wir brauchen jeden Menschen.

Nachmittags bei Henkel in Düsseldorf zu einem Vortrag vor Führungskräften und einer Signierstunde im Fritz-Henkel-Haus. Auch diesen Vortrag hatte ich vor langer Zeit versprochen. Ich wollte nicht absagen, zumal ich mich Henkel verbunden fühle.

8. Oktober 1990

Heute jährt sich der Tag, an dem eine Demonstration in Dresden den Dialog mit der Staatsmacht erzwang, die »Gruppe der 20« entstand und der damalige Oberbürgermeister Berghofer sich bereit erklärte, mit den Demonstranten zu sprechen. Es war, am Tag vor der Leipziger Demonstration, die erste Überwindung der Staatsmacht durch die Gewaltlosigkeit einer friedlichen Demonstration.

Die Gedenkveranstaltung begann mit einem ökumenischen Gottesdienst in der Kreuzkirche, der von Superintendent Ziemer und

Pater Kuczera gestaltet wurde. Aus dessen Predigt beeindruckte mich vor allem die Passage über die Rolle der politischen Parteien und die Bedeutung der Macht in der Politik. Später versammeln sich auf der Prager Straße 10 000 Menschen, um Kaplan Richter sprechen zu hören, den Mann, der vor einem Jahr aus der Menge trat und auf die Polizei zuging, um sie als Repräsentanten der Staatsmacht zum Dialog einzuladen. »Wir wollen uns heute erinnern an das, was geschehen ist«, beginnt er seine Rede. »Das Volk unseres Landes, das über vierzig Jahre vieles erduldet hatte, das lange geschwiegen und sich arrangiert hatte mit den Verhältnissen; das Volk unseres Landes, das sich auch mitschuldig gemacht hat an mancher Lüge wider besseres Wissen, an vielen kleinen und großen Ungerechtigkeiten: Dieses Volk hat vor einem Jahr sich selbst, seine Sprache und seine Macht wiedergewonnen. Viele haben uns dabei von außen ermutigt und geholfen. Weil wir es aber vor allem selber waren, die das vollbrachten, können wir erhobenen Hauptes in die Zukunft schauen. Und wir dürfen unseren westdeutschen Mitbürgern sagen: Wenn wir auch die wirtschaftlich Schwächeren und die materiell Ärmeren sind, um eine wichtige Erfahrung sind wir reicher als ihr: Euch wurde die Demokratie von anderen gegeben, wir haben sie uns selbst erkämpft. Verachtet sie nicht, unsere junge Demokratie.«

Kaplan Richter sprach dann von den Tausenden, die verhaftet und schlimmen körperlichen und seelischen Misshandlungen ausgesetzt wurden. Aber niemand habe später nach Rache gerufen. Wer Frieden wolle, müsse täglich neu fragen: Wie gehen wir miteinander um in dieser Gesellschaft? Wie behandeln wir die nachfolgenden Generationen? Wie gehen wir mit der eigenen und der fremden Schuld um? Und er schloss: »Die Demokratie braucht Menschen, die zu persönlichen Gewissensentscheidungen fähig und willens sind. Der Frieden braucht Menschen, die Schuld erkennen und bekennen, die dann aber auch bereit sind, einander zu vergeben.« Die Gesichter der Menschen, die sich auf der Prager Straße versammelt hatten, waren ernst und aufmerksam. Undenkbar, dass sich in einer westlichen Stadt aus gleichem Anlass so viele Menschen abends auf einem öffentlichen Platz einfänden, um einer Rede zuzuhören, die in Wirklichkeit eine Predigt ist.

Die letzten Tage waren ganz vom Wahlkampf ausgefüllt. Der

Freitag beginnt mit einem Spatenstich für das Gewerbegebiet Kesselsdorf. Die Veranstaltung verschafft mir das Vergnügen, zum ersten Mal einen großen Schaufelbagger zu bewegen. Kaum zu glauben, mit welcher Leichtigkeit sich das Ungetüm führen und steuern lässt. Auf einer anschließenden Pressekonferenz im Hotel Bellevue nutze ich die Gelegenheit, die Säumnisse der Stadt Dresden an der Initiative eines Dorfes wie Kesselsdorf zu messen. Während im Umfeld der Stadt die Bürgermeister rege seien und Investoren gewönnen, blockiere insbesondere der Erste Bürgermeister Nedeleff, der der SPD angehöre, jedes Investitionsprojekt in der Stadt. Diese Investitionsblockade schade nicht nur den Menschen, sondern auch der Entwicklung der Hauptstadt des Landes Sachsen.

Die SPD reagiert auf den Vorwurf mit dem Hinweis, für die Investitionsblockade sei nicht die SPD, sondern die CDU verantwortlich. Nedeleff selbst wehrt sich in einem offenen Brief. Der Stadt lägen etwa 870 seriöse Investitionsvorhaben vor. Einige seien bereits entschieden, weitere würden während der nächsten sechs Wochen beurteilt. Im Übrigen wolle er mich seiner Hochachtung versichern. Damit ist zwischen den beiden Parteien zumindest außer Streit, dass es in Dresden eine gefährliche Investitionsblockade gibt. Das deutlich zu machen, darauf kam es mir an.

Der Samstag führt uns über Niesky und Dresden nach Leipzig, Zwickau und Bautzen. In Bautzen feiert die CDU mit einem bunten Abend die deutsche Einheit. Frau Bergmann-Pohl und ich sind die Ehrengäste. Während der Veranstaltung treffen wir uns mit Vertretern der Sorben zu einem Gespräch über deren Probleme. Wie es scheint, sind die Sorben untereinander zerstritten. Nicht nur die protestantischen und die katholischen Sorben haben verschiedene Vorstellungen von der zukünftigen Entwicklung ihres Volkes; man wehrt sich auch gegen die im Haus der Sorben noch immer mächtigen alten Seilschaften.

Überhaupt zieht sich das Thema der alten Seilschaften wie ein roter Faden durch alle Veranstaltungen. Überall kommen die Menschen auf uns zu und beschweren sich darüber, dass aktive SED-Mitglieder, hauptamtliche Parteifunktionäre, parteipolitisch ausgewählte Betriebs- und Kaderleiter noch immer im Amt seien, zunehmend selbstbewusst aufträten und die neu gewonnenen Freiräume für sich in Anspruch nähmen. Kein Unternehmen, in dem ich nicht mit diesen Problemen konfrontiert werde. Meistens sind es die Betriebsräte oder Arbeiter, die von ihrer Sorge sprechen, ihnen könnten die Früchte der Revolution durch die alten SED-Kader gestohlen werden. Die »roten Socken«, wie Frau Bergmann-Pohl sie nennt, müssen weg! Diese Forderung ist den Menschen oft wichtiger als die Sicherung ihrer Arbeitsplätze oder die soziale Sicherheit.

Der Sonntag beginnt mit einem Betriebsbesuch im Stahl- und Walzwerk Gröditz im Kreis Riesa. Ohne grundlegende Erneuerung hat das Werk keine Zukunft. Seine Anlagen sind veraltet, der Standort ist ungeeignet, die Produkte finden kaum noch Abnehmer. Knapp 2000 Arbeitnehmer sind betroffen. Auch hier spielt die Frage nach der politischen Vergangenheit der Unternehmensleitung eine Rolle. Der Vorsitzende des Betriebsrats verneint die Frage des Landtagskandidaten, ob er schon früher ein führender Gewerkschaftler gewesen sei. Später erzählt mir der Pfarrer Sandig, der für den Landtag kandidiert, der Mann sei zwar kein Gewerkschaftsfunktionär, aber ein hoher Parteifunktionär gewesen. Selbst in der Vertretung der Arbeitnehmerschaft, soweit sie schon im Frühjahr gewählt wurde, trifft man auf alte SED-Funktionäre. Sie konnten, zum Teil mit Hilfe einer unwissenden IG Metall, wiedergewählt werden, weil es keine Alternativen gab.

»Höhepunkt« unseres Besuchs in Dippoldiswalde ist die Fahrt mit der Kleinbahn nach Schmiedeberg. Gerne lasse ich mich überreden, auf dem Stand der Lokomotive mitzufahren und sie selbst zu steuern. Ein Kindheitstraum geht in Erfüllung!

In Annaberg besuchen wir den Kahleberg, eine der höchsten Erhebungen im Erzgebirge. Er war früher dicht bewaldet; heute wird er seinem Namen gerecht. Der Wald ist gestorben und abgeholzt – Folge der Luftbelastungen, die aus Böhmen nach Sachsen hinübergetragen werden. Unterhalb des Berges sind mehrere große Wasserspeicher angelegt. Sie dienen der Aufbereitungsanlage eines Zinnbergwerkes, in dem mehrere Hundert Menschen beschäftigt sind. Die Anlage macht einen modernen Eindruck, kann allerdings auch dauerhaft nur mit Subventionen betrieben werden. Der Wasserverbrauch ist enorm. Andererseits fehlt das Wasser für die Versorgung der Bevölkerung, denn die Wasservorräte im Erzgebirge nehmen als Folge der ökologischen Verwüstung ab. Der kahle Boden kann das Wasser nicht mehr halten, das der Wald einst gespeichert hat. Wir werden entscheiden müssen, ob wir das Zinnbergwerk nicht schon deshalb schließen müssen, weil sein Wasserverbrauch mit der zukünftigen Wasserversorgung der Bevölkerung nicht vereinbar ist.

In Dippoldiswalde beschwert sich der Bürgermeister darüber, dass die Stadt Gebäude, die ihr früher gehörten, zurzeit nur nutzen kann, wenn sie an die Fundament GmbH, die Vermögensverwaltungsgesellschaft der PDS, Miete zahlt. So könne die Stadt Schulklassen aus der renovierungsbedürftigen Schule nur in andere Gebäude auslagern und Ratssitzungen in diesem Haus nur veranstalten, wenn die PDS zustimme. Die SED habe sich diese Immobilien rechtswidrig angeeignet. Aber noch immer sei es nicht möglich, sie an die Stadt zurückzugeben. Viele beschweren sich in diesem Zusammenhang auch über die Arbeit der Treuhand. Sie blockiere mehr, als sie helfe, und unterstütze damit die alten Kader, statt zur Neuerung beizutragen.

Heute Vormittag flogen wir nach Madrid, wo ich auf einer Veranstaltung der Firma Siemens einen Vortrag über die deutsch-deutsche Entwicklung halten soll. Heinz Barth hat uns seinen Jet zur Verfügung gestellt, ein Wunderwerk der Technik. Es trug uns von 6.30 bis 9.00 Uhr von Dresden nach Madrid und brachte uns mittags in zwei Stunden wieder zurück. Die Veranstalter waren begeistert, dass ich trotz des Wahlkampfes kam. Ob es sich wirklich gelohnt hat, dafür vier Stunden zu fliegen und Tausende Liter Treibstoff zu verbrauchen?

12. Oktober 1990

Die letzten Tage vergingen wie im Fluge. Wir waren von morgens bis abends unterwegs, um Land und Leute zu besuchen, über die Zukunft des Landes zu reden und mit den Menschen zu sprechen. Der Mittwoch führte uns ins Erzgebirge und ins Vogtland. Die erste Kundgebung um 10.00 Uhr in Johanngeorgenstadt. Die Geschichte hat dieser Stadt in besonders entsetzlicher Weise mitgespielt. Sie erlebte das Kriegsende völlig unzerstört in der ganzen Schönheit eines erzgebirgischen Ortes. Dann wurde sie praktisch niedergewalzt, um den Bedürfnissen des Uranbergbaus Platz zu machen. Nur die Kirche und einige wenige Häuser blieben stehen. Die Menschen verloren ohne einsichtigen Grund ihre Heimat. Sie versuchen seitdem mühsam – und bisher vergeblich –, das Alte zu erneuern und neue Wurzeln zu schlagen.

In Neugersdorf besuchen wir am Nachmittag die Oberlausitzer Textilindustrie. Vorstand und Betriebsrat der Lautex-Holding sind optimistisch, dass sie mit Hilfe westdeutscher Partner einen Teil der Textilbetriebe erhalten können. Als wir das Werkstor erreichen, steht dort ein großer Lastwagen aus Westfalen. Ich frage den Fahrer, was er transportiert. Er ist überrascht, mich zu sehen, und begeistert, seine Fracht zu erläutern. Es ist Bier aus Warstein.

In Zittau lernen wir den Landrat des Landkreises, Heinz Eggert, kennen. Er war bis zu seiner Wahl Studentenpfarrer. Wie viele andere hat er nach der Kommunalwahl ein öffentliches Amt übernommen, auf das er nicht vorbereitet war. Eggert beeindruckt uns durch seine Ernsthaftigkeit, durch seine Entschlossenheit, für den Landkreis zu arbeiten, und durch die Kompetenz, die er sich bereits erworben hat. Einer der besten Landräte, die uns auf unserer bisherigen Rundreise begegnet sind.

Gestern besuchten wir in Neustadt die Firma Erntemaschinen GmbH, früher VEB Fortschritt. Der Betriebsrat hat uns eingeladen. Frau Fuchs war wenige Tage vorher als Gast der Geschäftsleitung zu Besuch. Von den Arbeitern wurde sie deshalb ausgepfiffen. Es bestehen enorme Konflikte zwischen der Belegschaft und der alten Betriebsleitung, die politisch ausgewählt und durch die Vergangenheit geprägt ist. Wieder erwartet man von mir, dass ich zur Entfernung der alten Seilschaften beitragen möge.

Während des Betriebsrundganges kommt es plötzlich zu einem heftigen Zusammenstoß zwischen der Geschäftsleitung, die mich begleitet, und den Arbeitern, die sich um uns versammelt haben. Es wird deutlich, dass es an jedem Dialog zwischen beiden Seiten fehlt. Nicht die Konfrontation von Kapital und Arbeit, sondern die Konfrontation zwischen der alten und neuen Ordnung bestimmt die Auseinandersetzung.

Anschließend in Oelsnitz. Im Kreis rumort es. Viele wollen, so wird behauptet, nicht bei Sachsen bleiben, sondern in das nahe gelegene Bayern. Der Landrat stammt aus Bayern und ist Mitglied der CSU. Ein Mann, der unter erheblicher Selbstüberschätzung leidet und nicht in die Landschaft passt. Er verbreitet viel Unruhe durch seine Bestrebungen, mehrere Kreise zusammenzulegen, aber auch durch seine Unterstützung der DSU und seine »Anschluss«-Überlegungen an Bayern.

Auf dem Wege nach Treuen, dem nächsten Veranstaltungsort, fahren wir am Haus des Kreisvorsitzenden der CDU Plauen vorbei. Er wohnt am Ortseingang von Treuen. Wenige Meter von seinem Haus entfernt ist an einem Hang eine riesige Müllkippe entstanden. Man hat den Müll ohne jede Vorkehrungen zu einem großen Berg aufgehäuft. Die Menschen haben sich daran gewöhnt, obwohl der Schaden nicht nur für die Umwelt, sondern auch für die Wohnqualität des kleinen Ortes riesig ist. Überall stößt man auf die Rücksichtslosigkeit, mit der die sozialistische Herrschaft die Umwelt zerstört und die Bedürfnisse der Menschen missachtet hat.

Der letzte Wahlkampftag führt uns erneut nach Zwickau in das Automobilwerk Sachsenring. Nach einem Vortrag über die Zukunft des Werkes zeigt man uns die Endmontage des Trabi. Die Arbeit ist hart und nach unseren Vorstellungen streckenweise primitiv organisiert. Wenn man bedenkt, dass in den gleichen Fabriken vor sechzig Jahren eines der schönsten europäischen Autos entstand, der Horch, kann man erneut das Ausmaß des Rückstandes sozialistischer Betriebe ebenso ermessen wie die Distanz, die wir zurücklegen müssen, um die Folgen sozialistischer Wirtschaftsordnung zu überwinden.

Um 16.00 Uhr dann die Schlusskundgebung auf der Prager Straße. Etwa 5000 Menschen haben sich eingefunden. Eine Stunde später wird Herr Waigel auf der Schlusskundgebung der DSU auf dem Schlossplatz sprechen – eine absurde Situation. Der Wahlkampf ist zu Ende. In meiner Rede fasse ich noch einmal die wichtigsten Eindrücke zusammen. Wiederum reagieren die Menschen am heftigsten bei dem Versprechen, die politische Altlast des SED-Regimes abzutragen und die Betriebe, die Verwaltungen und die Universitäten in ihren Führungsschichten personell zu erneuern. Wir beschließen den Tag beim Wahlkampftreff der Jungen Union in Freital. Dort werden wir mit dem Lied begrüßt »Jetzt kommt Kurt«. Es war ein fröhlicher Abschluss.

13. Oktober 1990

Morgens fliegen wir nach München, wo ich beim Möbeleinkaufsverband als Festredner erwartet werde. Abends gehen wir in Leipzig ins Konzert. Von Andrew Lloyd Webbers Requiem, das Kurt Masur dirigiert, sind wir tief beeindruckt. Ein gemeinsames Abendessen mit Kurt Masur beschließt den Tag.

14. Oktober 1990

Heute ist Wahltag in Sachsen. Das Wetter verwöhnt uns sehr: ein strahlender warmer Herbsttag. Dresden liegt im Sonnenlicht gebadet. Das Gesicht der Stadt erinnert mich an das Gesicht einer Frau, das durch die Narben eines schweren Unfalls entstellt ist, aber immer noch die Schönheit ausstrahlt, für die die Frau gerühmt wurde.

Nach vier Wochen Wahlkampfreise und Besuch fast aller Landkreise und kreisfreien Städte in Sachsen sehe ich das Land mit anderen Augen. Was mir noch vor Monaten trüb und grau erschien, beginnt zu leuchten. Ich kann erkennen, wie die Dörfer und Städte in fünf Jahren aussehen werden. Überall beginnt es zu sprießen. Kleine Läden werden neu eingerichtet, an den Häusern erscheinen Gerüste, erste Baustellen entstehen. Eine große Geschäftigkeit hat weite Teile des Landes erfasst.

Aber dies ist nicht der allgemeine Zustand. In weiten Regionen herrscht noch immer tiefe Niedergeschlagenheit. Vor allem dort, wo große Unternehmen ohne Alternative schließen müssen, weil sie dem Wettbewerb des europäischen Westens nicht gewachsen sind. Es ist erschütternd zu erleben, wie umfassend Menschen, Natur und Zukunft durch die Verwirklichung sozialistischer Ideologie ausgebeutet wurden. Hunderttausende wurden mit unnützen Tätigkeiten beschäftigt, die keinen anderen Zweck hatten als die Aufrechterhaltung eines Herrschaftssystems, das nicht den Menschen, sondern den Herrschenden diente.

Was mir schon zu Beginn des Jahres in der Leipziger Universität begegnet ist, die Umkehrung des Verhältnisses von Recht und Macht, zieht sich in seinen Folgen wie ein roter Faden durch das ganze Land. Die Bürokratien sind arrogant. Es gibt einen »Behördentag« in der Woche, an dem die Bürger Behörden aufsuchen und ihre Angelegenheiten erledigen können. Mangels klarer Zuständigkeitsangaben kann es ihnen dabei passieren, dass sie wochenlang von einem Amt zum anderen geschickt werden, weil uninteressierte Bürokraten sich für unzuständig erklären, Weisungen von oben fehlen oder die schlichte Absicht regiert, die Menschen zu demütigen. Sie haben sich in den letzten dreißig Jahren an diesen Zustand gewöhnt und können sich kaum vorstellen, dass in Zukunft das Recht und nicht die Gewalt herrschen soll. Es wird lange dauern, bis sie das Vertrauen in die Rechtsordnung zurückgewinnen.

Die wichtigsten Eindrücke unserer großen Rundreise durch Sachsen sind:

1. Die Menschen haben zunehmend Angst, um die Früchte ihrer friedlichen Revolution betrogen zu werden. Allerorten melden sich die alten Seilschaften wieder zu Wort. Sie haben sich vor allem in den Betrieben, Unternehmen und Kombinaten und in wesentlichen Teilen der öffentlichen Verwaltung eingenistet. Dass alte SED-Funktionäre, die noch heute in führender Position tätig sind, Arbeiter auf Kurzarbeit setzen oder entlassen und gleichzeitig ehemalige Stasimitarbeiter als persönliche Referenten einsetzen, ist keine Ausnahme.

Schon im Januar und Februar haben die alten Garden die Zeichen der Zeit begriffen. Sie gründeten ihre Unternehmen um, gliederten sie in GmbHs auf, schickten ihre Mitarbeiter zur Spezialisierung gegen Westen, machten sich auf diese Weise unentbehrlich und boten dann ihre Zusammenarbeit westdeutschen oder ausländischen Partnern an. Westliche Investoren waren in erster Linie an technischer, kaufmännischer oder unternehmerischer Befähigung interessiert. Sie fragten nicht nach der politischen Vergangenheit der Unternehmensleitungen, auf die sie stießen. In vielen Betrieben haben erst jetzt Betriebsratswahlen stattgefunden. Oft wurden sie, vor allem in der Metallindustrie, von den alten Betriebsgewerkschaftsleitungen vorbereitet und durchgeführt. Als Ergebnis sitzen häufig die alten Funktionäre in den neuen Vertrauenspositionen. Die IG Metall hat dazu durch ihre pauschale Übernahme der Gewerkschaftsorganisation wesentlich beigetragen. Den Werbern der Gewerkschaft war es offenbar wichtiger, die Mitglieder zu gewinnen, als die Vergangenheit zu bewältigen.

So wächst unter den Arbeitern das Gefühl der Ohnmacht. Wut

und Hass machen sich bemerkbar. Die Menschen verbinden mit mir die Hoffnung, dass ich in der Lage sein könne, dieses sie bedrängende Problem zu lösen. Wohl auch deshalb, nicht nur wegen meiner wirtschaftspolitischen Kompetenz, habe ich so viel Vertrauen bei den Arbeitern gefunden.

2. Immer mehr Menschen werden auf Kurzarbeit zum »Nulltarif« gesetzt, was gleichbedeutend ist mit Arbeitslosigkeit zu besseren Bedingungen. Sie wissen, dass dieser Zustand mit dem Jahresende in echte Arbeitslosigkeit übergehen wird. Nach dem, was ich bisher gesehen habe, wäre ich nicht überrascht, wenn rund die Hälfte der Arbeitsplätze im Prozess der Umstrukturierung entfällt und durch neue ersetzt werden muss. So verwende ich viel Zeit darauf, den Menschen die Ursachen dieser Arbeitslosigkeit zu erklären. Ich beschreibe die unnötigen, unproduktiven Tätigkeiten, in denen sie in der Vergangenheit gebunden waren, und zeige ihnen, wie viel nützliche Arbeit deshalb liegen geblieben ist. Worum es geht, ist, eine Brücke über dieses Tal zu bauen, durch das die Menschen mit dem Prozess der Umstrukturierung gehen müssen; eine Brücke in Gestalt von umfassenden Fortbildungs- und Umschulungsmaßnahmen, Beschäftigungsprogrammen der Kommunen oder des Landes und anderer organisierter Aktivitäten. Sie soll den Betroffenen die Möglichkeit geben, an irgendeiner Stelle in geregelter Tätigkeit zu verbleiben, um so nicht wirklich arbeitslos zu sein. Es fehlt den Menschen jede Erfahrung mit Arbeitslosigkeit, mit Mobilität im Arbeitsmarkt und mit der Bewältigung dieses Zustandes durch die Entfaltung eigener Initiative. Sie brauchen Strukturen, an denen sie sich auch in Zukunft festhalten können, bis sie »laufen gelernt haben«.

Ich schätze, dass die Zeit der Umstrukturierung nicht viel länger als ein bis zwei Jahre dauern wird. Dann werden, jedenfalls in Sachsen, genug neue Aktivitäten entstanden sein, die zu einem Netzwerk der Aktivitäten zusammenwachsen können, das sich früher oder später selbst tragen wird. Das erste Jahr ist das kritischste. Die politische Führung wird ihre ganze Kraft darauf verwenden müssen, die Menschen zu motivieren und zu ermutigen. Sie muss ihnen damit die Zuversicht vermitteln, die sie brauchen, um diese riesige Umstellung zu verarbeiten.

3. Nicht ein Tal der Ahnungslosen ist der östliche Teil Sachsens,

wie er im Blick auf den fehlenden Fernsehkontakt zur Bundesrepublik jahrzehntelang genannt wurde. Die ganze DDR und damit auch Sachsen ist ein einziges Tal der »Erfahrungslosen«. Den Menschen fehlt jede Erfahrung mit der neuen Ordnung. Sie bewegen sich im bundesrepublikanischen Recht unsicher und ängstlich. In einem Gespräch mit Polizisten im Landratsamt in Sebnitz wurden wir gebeten, Material zu beschaffen, das den Mitarbeitern ermöglicht, Führerscheine auszustellen, Einwohnermeldevorgänge zu bearbeiten und Ähnliches. Man wolle, so meinten sie, doch gerne alles richtig machen, habe aber keinerlei Unterlagen.

Anlässlich eines Besuches einer Betriebsversammlung in einem mittleren Unternehmen in Eilenburg bat ein Mitglied des Betriebsrats um den Text des Einigungsvertrags. Ob dieser Vertrag, im Unterschied zum ersten Staatsvertrag, geheim gehalten werde. Noch niemand habe ihm den Text beschaffen können. Er meine jedoch, dass er ihn kennen müsse, um zu wissen, was auf ihn zukomme. Dies sind keine Ausnahmen, sondern typische Sachverhalte für die immer wiederkehrende Erfahrung, dass ein riesiges Informationsdefizit die Menschen verunsichert. Die Aufarbeitung dieses Defizits ist ohne umfassende Hilfe aus dem Westen nicht möglich. So brauchen wir Hunderte von Beamten und Angestellten aus dem kommunalen Bereich, um die Kommunen in die Lage zu versetzen, auch nur die einfachsten Angelegenheiten der kommunalen Selbstverwaltung zu erledigen.

In den Betrieben fehlt es an Führungskräften, was zur starken Stellung der alten Garden beiträgt. Ähnlich wie die Professoren die Studenten in den 68er Jahren provozieren sie die Arbeiter mit der Aufforderung, sie sollten die Führungsleistungen doch selbst erbringen, wohl wissend, dass die Arbeiter dazu nicht in der Lage sind. So demonstrieren sie ihre Unentbehrlichkeit und verhöhnen oft diejenigen, die ihre Angst vor der staatlichen Gewalt und Willkür in der friedlichen Revolution überwanden und sich nun einer neuen »Gewalt« ausgeliefert sehen: der Gewalt der Experten ohne politische und betriebliche Legitimation.

4. Die Entscheidungsprozesse in den Kommunalverwaltungen, vor allem in den größeren Städten, funktionieren nicht. Wie schon gesagt, liegen in der Stadt Dresden rund 870 Investitionsanträge unentschieden auf dem Tisch des zuständigen SPD-Bürgermeisters.

Zwar legte mir der CDU-Oberbürgermeister, Herbert Wagner, wenige Tage später eine Liste von 16 Projekten aus den 870 vor, bei denen in den nächsten drei bis sechs Wochen mit einer Entscheidung zu rechnen sei. Aber damit ist kaum etwas erreicht. Der praktische Stillstand dauert fort.

In Leipzig bewegt sich ebenfalls kaum etwas. Zwar bemüht sich der Dezernent für Stadtentwicklung, Herr Gormsen, redlich, die Entscheidungsprozesse in Gang zu setzen. Dem Oberbürgermeister Lehmann-Grube fällt es jedoch schwer, zu improvisieren und sich durchzusetzen. So fehlt es allerorten an angekurbelten Bauvorhaben, die geeignet wären, die wachsende Zahl Arbeitsloser jedenfalls teilweise aufzunehmen und so neue Hoffnung zu erzeugen. Wenn wir die Entscheidungsblockaden nicht bald überwinden können, wird es auch aus diesem Grunde einen harten Winter geben.

Zu den positivsten Eindrücken, die wir mitnehmen, gehört die Einstellung der Menschen selbst. Sie sind offen und freundlich. Sie wollen arbeiten, sich anpassen und sind bereit, jede Tätigkeit auszuüben, solange sie nur das Gefühl haben, dass sie sie voranbringt. Sie schenken uns großes Vertrauen und projizieren alle ihre Hoffnungen auf mich. Immer wieder danken sie uns dafür, dass wir nach Sachsen gekommen sind, um zu helfen. Wenn es noch einer wirklichen Verpflichtung bedurft hätte, die Aufgabe zu übernehmen, so haben die Menschen selbst sie begründet. Sie haben mich durch ihr Vertrauen in die Pflicht genommen.

Derweil erweist sich die CDU selbst als reichlich amorph und desorganisiert. Die wenigen Mitarbeiter, die wir hier neben den Mitstreitern aus dem Westen Deutschlands in der Landesgeschäftsstelle antrafen, haben Erstaunliches geleistet. Die Parteihierarchie dagegen hat sich nur sehr mäßig am Wahlkampf beteiligt. Der Landesvorsitzende Reichenbach war kaum zu sehen. Wir haben nur wenige Wahlkampfveranstaltungen zusammen durchgeführt. Neben den Kundgebungen mit dem Bundeskanzler eigentlich nur eine in Zwickau und eine in Chemnitz.

In der Parteiführung wächst deshalb die Unzufriedenheit mit dem Landesvorsitzenden. Zweimal musste ich mir bereits von Vertretern des Landesvorstands die Bitte anhören, statt Klaus Reichenbach für den Landesvorsitz der CDU zur Verfügung zu stehen. Ich habe die

Herren aufgefordert, bis zum Frühjahr nächsten Jahres jegliche Personaldebatte zu unterlassen und sich zunächst einmal auf die drängenden Aufgaben im Land selbst zu konzentrieren. Über personalpolitische Fragen im Zusammenhang mit der Parteiführung könne man im nächsten Frühjahr sprechen, wenn Klaus Reichenbach Gelegenheit gehabt habe, zu zeigen, ob sein Bonner Engagement sich mit dem Landesvorsitz in Sachsen vereinbaren lässt. Jeder früheren Diskussion würde ich auch öffentlich entgegentreten. Meine Aufgabe sähe ich nicht darin, die sächsische CDU zu führen, sondern die sächsische Landesregierung und damit das Land selbst.

18.00 Uhr: Wir haben uns mit Journalisten in einem Fernsehraum des Hotels Bellevue versammelt, um die für diese Minute angekündigte Wahlprognose zu sehen. Ingrid und ich, aber auch die Mitarbeiter sind sehr ruhig. Wir wissen, dass wir auf jeden Fall die stärkste Partei sein werden. Am 11. Oktober hatte uns noch eine vertrauliche Nachricht der Forschungsgruppe Wahlen erreicht. Die letzte Montagsumfrage habe eine sehr hohe persönliche Zustimmung für den Spitzenkandidaten ergeben. Auch die Partei stehe in Sachsen am besten da. Sie liege deutlich über 40 Prozent mit starker Tendenz auf 50 Prozent. Die SPD werde wohl unter 30 Prozent fallen. Zur DSU und FDP sowie zur PDS ließ man uns wissen: »Nichts Weltbewegendes«.

Um 18.00 Uhr kam dann die Wahlprognose. Für die CDU wurden 56 Prozent vorausgesagt. Ein unglaublicher Erfolg. Die absolute Mehrheit war uns offenbar sicher. Obwohl die Journalisten wussten, dass wir die Wahl gewinnen würden, waren sie vor Überraschung sprachlos.

Im Kongresszentrum des Hotels hatten die Fernsehanstalten ihre Studios eingerichtet. Ingrid und ich gingen von einem Stand zum nächsten. Wir dankten den Wählern, beantworteten die Fragen und zeigten unsere Freude, ohne übermütig zu sein. Es war klar: Die CDU würde alleine die Verantwortung tragen. Wir brauchten keine Koalitionsverhandlungen zu führen. Unser Ergebnis war das beste in der ganzen ehemaligen DDR.

Als wir nach der Fernseh- und Rundfunkrunde in das Zelt kamen, das wir neben der Landesgeschäftsstelle an der Straße der Einheit hatten aufstellen lassen, war der Jubel unbeschreiblich. Überglücklich lagen wir uns in den Armen, freuten uns über das Ergebnis und genossen den Sieg. Wieder wurde das Lied »Jetzt kommt Kurt« gespielt. Die Leute stiegen auf Bänke und Tische, schwangen ihre Gläser, ließen uns hochleben und waren ganz einfach glücklich. Die Wahl war überzeugend gewonnen. Wir hatten den Auftrag, das Land wieder aufzubauen.

Als wir uns am späten Abend zurückzogen, müde, aber glücklich und zufrieden mit dem Erfolg unseres sechswöchigen Einsatzes, wurde mir aber auch klar, dass jetzt die Verantwortung für dieses Bundesland unwiderruflich auf meine Schultern gelegt worden war. Das Vertrauen der Menschen war riesig. Sie erwarteten von mir Leistungen, die wahrscheinlich niemand erbringen konnte. So würde es schon werden, wie ich in vielen Wahlreden vorausgesagt hatte: Es würde Demonstrationen und Proteste geben, Auseinandersetzungen und Widerspruch, Enttäuschungen und Verbitterungen. Aber am Ende der Wegstrecke würden wir alle mit dem Erfolg zufrieden sein. Gott gebe, dass es so wird.

15. Oktober 1990

Parteipräsidium und Parteivorstand in Bonn. Die Stimmung ist überschattet durch die ersten Nachrichten über Wolfgang Schäubles Gesundheitszustand. Er ist nach wie vor in Lebensgefahr. Jedenfalls droht ihm eine lebenslange Lähmung. Nicht die Kopfverletzung ist das Hauptproblem. Es wird keine dauerhafte Verunstaltung des Gesichts geben. Aber die Kugel, die das Rückenmark traf, hat mit ihrer Druckwelle möglicherweise zu einer dauerhaften Beschädigung des Nervensystems geführt. Eine Lähmung unterhalb des Gürtels ist eingetreten.

Seinem Bericht über den Zustand Schäubles ging die Ermahnung Kohls voraus, die Partei müsse nun große Geschlossenheit zeigen. Dies sei vor allem vom menschlichen Miteinander in der Führung abhängig. Kein Programm und keine Sachpolitik könne dieses Miteinander ersetzen. Die Menschen hätten kein Verständnis dafür, wenn in der Führung nicht zusammengearbeitet werde.

Wir haben gestern Abend einen großen Sieg errungen. Wahlbeteiligung und Wahlergebnis für die CDU waren in Sachsen am besten: Beteiligung 73,3 Prozent; für die CDU abgegebene Stimmen 53,8 Prozent. Alle 80 Wahlkreise wurden von der CDU direkt geholt. Zwölf weitere Kandidaten ziehen über die Landesliste in den Landtag ein. Mit ihrem sächsischen Stimmenanteil liegt die sächsische CDU 8,4 Prozent vor dem nächstbesten CDU-Ergebnis in Thüringen mit 45,4 Prozent und 24,4 Prozent vor dem schlechtesten in Brandenburg. In Sachsen-Anhalt und Mecklenburg-Vorpommern hat die CDU knapp 40 Prozent erreicht. In Brandenburg, Thüringen und Sachsen-Anhalt hat sie gegenüber der Volkskammerwahl verloren. In Sachsen haben wir gegenüber der Volkskammerwahl 10,4 Prozent gewonnen. Es war ein »bayerisches« Ergebnis, durchaus eines Freistaates Sachsen würdig.

Kohl dankt ohne Namensnennung allen, die zum Wahlergebnis beigetragen haben. Kein Wort zur absoluten Mehrheit in Sachsen. Stattdessen behandelt er das Wahlergebnis in Bayern, wo ebenfalls Landtagswahlen stattfanden. Es sei der Erfolg des neuen Teams aus Waigel und Streibl. Das Thema DSU werde in der CSU unterschiedlich kommentiert. Viele sähen in der Ausdehnung die Gefahr, dass die CSU ihre Identität verlieren und die CDU dann überall kandidieren müsse. Ausschweifend spricht Kohl in diesem Zusammenhang über die Gefahr des Bruderstreits, den er in Rheinland-Pfalz in der früheren Pfalz kennengelernt habe. Noch immer habe man mit Problemen eines Schismas zu rechnen. Nun gelte es, in Sachen DSU Schadensbegrenzung zu betreiben. Man müsse sich auch um die Motivation der CSU für die Bundestagswahl sorgen. Dabei spiele die Angst der CSU vor Einflussverlust eine wichtige Rolle.

Zur Wahl im Osten sollten die Spitzenkandidaten im Vorstand berichten. Man wolle jetzt über die Regierungsbildung sprechen. Auch die Verfassungsgebung in den Ländern müsse erörtert werden. Denn die Entscheidungen der Länder blieben nicht ohne Einfluss auf die politische Entwicklung in Deutschland.

Alle Kraft müsse sodann auf die Bundestagswahl am 2. Dezember und die Landtagswahlen konzentriert werden. Die Landtagswahlen im Januar in Hessen und im April in Rheinland-Pfalz dürften nicht durch ein »Postentheater« bei der Bildung der neuen Bundesregierung belastet werden.

Kohl will im kommenden Jahr die wohl »schwierigste Frage der Union« anpacken: die Frage des § 218 StGB. Er erläutert ausführlich, warum diese Frage so wichtig sei und welche Schwierigkeiten durch Initiativen der SPD und FDP ausgelöst werden könnten.

Anschließend ruft er die Berichte aus den östlichen Ländern auf und beginnt mit mir. Er kann sich auch jetzt nicht zu einem Wort der Gratulation verstehen. Das Einzige, was ihm über die Lippen kommt, ist: »Sachsen ist in Sachen Koalition der einfachste Fall.« Ich stimme ihm zu und melde für Sachsen Fehlanzeige. Im Bericht nenne ich als Probleme die Bewältigung der Staatssicherheit und der alten Seilschaften und die Arbeitsbeschaffung im kommenden Winter. Notwendig sei eine baldige Klärung der Gehalts- und Einkommensfrage für Leute aus dem Westen und die Verbesserung der Kommunikation. Auch nach dem Bericht gibt es kein Wort zur Leistung der Sachsen, kein Wort der Anerkennung. Deshalb stelle ich selbst fest, dass wir sowohl für die Partei wie bei der Wahlbeteiligung das beste Ergebnis erzielt haben.

Auch im Bundesvorstand spricht Kohl nur allgemein vom Wahlsieg, nachdem er über das Attentat auf Schäuble berichtet hat. Auch hier die Ermahnung zum Zusammenhalt. Dann noch einmal der Rückblick auf die Volkskammerwahl, die Kommunalwahlen, die Währungsunion. Die Union stehe gegen die Medienlandschaft. Die Chancen, diese Landschaft zu verbessern, bestünden jetzt. Zurzeit gebe es eine positive Grundstimmung für die CDU, die man nutzen müsse. Kohl sieht eine Welle der Diffamierung durch die Medien auf die Union zukommen. Er spricht bereits von den Wahlen 1994, ein Jahr, in dem vierfach gewählt werde. Deshalb müsse man darüber reden, wer uns in den Medien vertrete.

Jetzt gehe es im Osten um den Aufbau von fünf Regierungen. Rund 40 bis 50 Minister und Staatssekretäre müssten berufen werden. Ein neues politisches Establishment entstehe. Die Erwartungen dürften in den kommenden Wochen nicht enttäuscht werden. Die Probleme Arbeitslosigkeit, noch immer vorhandene alte Garden und Schwierigkeiten mit der Treuhand müssten bewältigt werden. Aus der Bundesrepublik müssten exemplarische Maßnahmen kommen.

Kohl wendet sich dann den bayerischen Wahlen zu. Er gratuliert Theo Waigel zum großartigen Ergebnis in Bayern. Zur DSU äußert er sich ähnlich wie im Präsidium. Man müsse mit der CSU Geduld haben. Die CDU dürfe jetzt nicht ihre Stärke ausspielen.

Sodann fordert Kohl erneut den vollen Einsatz aller für die Bundestagswahlen ein. Er erwähnt wieder die folgenden Landtagswahlen im Januar und April. Deshalb könne man das Thema § 218

StGB nicht auf die lange Bank schieben. Zwischen Juni und November 1991 müsste eine Antwort vorliegen. Der FDP/SPD-Initiative (Übernahme der bisherigen DDR-Regelung in die Bundesrepublik) dürfe sich niemand anschließen. Sie sei noch vor der Bundestagswahl zu erwarten. Jetzt sei nicht die Zeit für persönliche Profilierung.

De Maizière sieht in den Landtagswahlen eine erste Durchsetzungswahl, nach den beiden Abwahlen des alten Regimes am 18. März und 6. Mai. Die CDU genieße bei den Arbeitnehmern einen deutlichen Vorsprung. Die Partei werde als kompetent angesehen im Bereich der Wirtschaft und im Bereich Umwelt. Die Arbeitnehmer seien bereit, die Leistungen des Bundeskanzlers, aber auch die Leistung der Ost-CDU anzuerkennen.

Ich äußere mich im Bundesvorstand wie folgt: »Ihnen liegen die Ergebnisse der Wahlen vor. Der Vorsitzende hat das bayerische Ergebnis als ein großartiges Ergebnis bezeichnet. Ich messe uns deshalb jetzt an dem bayerischen Ergebnis. Wir haben eine 7,3 Prozent höhere Wahlbeteiligung und sind 1,1 Prozent hinter dem bayerischen Ergebnis zurückgeblieben. Es ist auch interessant, dass wir im Verhältnis zur Volkskammerwahl einen sehr großen Zuwachs von 10,4 Prozent erreicht haben. In einem weiteren Land, nämlich in Mecklenburg-Vorpommern, ist ein Zuwachs von 1,9 Prozent erzielt worden. In den anderen Ländern ist der Stimmenanteil gegenüber dem Volkskammerergebnis gesunken. Wir sehen in diesem Ergebnis eine wirklich großartige Leistung der Partei. Die Leute haben fabelhaft gearbeitet.

Ich habe in diesem Wahlkampf 46 von 48 Landkreisen und alle kreisfreien Städte besucht, teilweise doppelt. Unser Medienbild war insgesamt sehr gut. Ich kann die Beschwerde über Medien für Sachsen deshalb nicht teilen. Auch die überregionalen Medien haben, gleich ob Printmedien oder elektronische Medien, mitgemacht. Sie haben jedenfalls nicht in einer gehässigen oder negativen Weise berichtet.

Wir hatten einen sehr fairen Wahlkampf, in dem es praktisch keine Ausreißer gab. Frau Fuchs hat mal versucht, die alte Blockflötenleier zu spielen. Sie hat es sofort wieder aufgegeben, weil sie gemerkt hat, dass das nicht geht. Die Partei hat sich, und zwar gerade auch dank der Entscheidung von Klaus Reichenbach, der ja ganz wesentlich daran mitgewirkt hat, dass dieser Zusammenhalt zustande gekommen ist, zwischen Mitte August und Anfang September sehr geschlossen hinter den Wahlkampf und die Wahlkampfanstrengungen gestellt.

Gestern Abend haben wir wirklich ein tolles Fest gefeiert; wie ich glaube, auch zu Recht.

Wir sind uns völlig darüber im Klaren, dass das Ergebnis eine enorme Inpflichtnahme bedeutet, einen riesigen Vertrauensvorschuss und damit auch eine große Bürde. Wir werden bis Anfang Dezember auch nicht schon so viel bewegen können, dass die Leute sagen, wir hätten unsere Versprechen bereits eingelöst. Umso wichtiger ist, zwischen jetzt und Dezember alles überhaupt nur Denkbare zu tun, um die gewachsene Bereitschaft zur Eigeninitiative nicht im bürokratischen Dickicht verkommen zu lassen.

Was wir jetzt brauchen, sind Projekte, damit sich die Kräne drehen und die Leute Hoffnung bekommen. Ich habe in all meinen Wahlreden den Zuhörern gesagt, dass wir in den nächsten zwölf Wochen Auseinandersetzungen haben werden, dass sie demonstrieren werden. Das hat die Leute überhaupt nicht gestört.

Wie man sieht, haben uns vor allem auch die Arbeiter gewählt. 60 Prozent der Stimmen kommen aus der Arbeiterschaft. Wir sind durch Fabriken gelaufen, da hatten die Arbeiter ›Biedenkopf für Sachsen‹ an ihre Werkzeugmaschinen geklebt.

Dabei wurden auch die Probleme deutlich, die mit der Fortexistenz der alten Seilschaften zusammenhängen. Diese Leute müssen abgelöst werden. Als Folge wird es eine ganze Reihe von Hilfeersuchen geben, die nicht in erster Linie finanzieller Art sind. Was wir dringend brauchen, sind Männer und Frauen aus den mittleren und gehobenen Führungsebenen der Unternehmen, die bereit sind, zwei oder drei Jahre in Betrieben im Osten Deutschlands zu arbeiten. Unternehmern habe ich gesagt, ich erwartete von ihnen, dass sie dies bei ihrer Nachwuchsplanung berücksichtigen. Keiner sollte Direktor oder Vorstand werden, der nicht drei Jahre im Osten gearbeitet hat. Wir brauchen diese Leute sehr schnell. Denn das Hauptargument der SED-Garde lautet: Wenn ihr uns rausschmeißt, habt ihr niemanden. Und die Investoren im Westen sind in erster Linie an den Spezialisten interessiert und fragen nicht nach ihrer politischen Vergangenheit. Das war schon immer so.

Wichtig ist, dass wir über diese Hilfen bald Klarheit bekommen. Dies gilt auch im Blick auf das, was du, Helmut, vorhin gesagt hast. Der Zusammenhalt, den du einforderst, ist unverzichtbar. Wir werden ihn auch haben. Nur müssen wir uns darüber im Klaren sein: Wenn wir in den nächsten sechs Wochen nichts in Gang bringen, sieht das Wahlergebnis am 2. Dezember in Sachsen anders aus. Dann werden nicht 53 oder fast 54 Prozent, sondern vielleicht noch 40 Prozent der Wähler für uns stimmen. Denn wenn das, was sich jetzt an Vertrauen aufgebaut hat, zusammenbricht, wird es schwer sein, neues Vertrauen zu gewinnen.

Die Aufarbeitung der Vergangenheit und die Aufnahme des Neuen kann nur gelingen, wenn die Menschen im Osten das Gefühl haben: Wir machen dies alles gemeinsam. Und wenn hier in Bonn verstanden wird, was man von ihnen verlangt. Denn was wir von ihnen verlangen ist unglaublich. Jeder Schritt ist für die Menschen neu, alles, was sie tun, tun sie gewissermaßen zum ersten Mal. Ich weiß nicht, ob man sich das vorstellen kann, wenn man selbst in einer geordneten, über Jahrzehnte verfeinerten und entwickelten Gesellschaftsordnung lebt: welche Unsicherheit mit einer solchen Lage verbunden ist.

Letzter Punkt: Ich habe in Hamburg beim Institut für Kommunalwissenschaften der Konrad-Adenauer-Stiftung für jedes Landratsamt fünf Sätze der Publikationen und der Kommunalpolitischen Blätter bestellt. Für die meisten Landratsämter war es die erste Information, die sie über die Art und Weise bekommen haben, wie man in unserer Rechtsordnung ein Landratsamt führt. Auch dies zeigt: Man kann sich einfach nicht vorstellen, wie groß die Defizite sind und wie dringend es ist, überall Literatur zur Verfügung zu stellen. Die meisten Betriebsräte haben kein Betriebsverfassungsgesetz. Alles das nützt den alten Garden; die Unwissenheit wird ebenso ausgenutzt wie das Defizit an neuen Strukturen. Der Revolution zweiter Teil wird ein sehr hartes Geschäft werden. Ob wir uns da bewähren, nicht nur in der Solidarität der Euphorie, sondern auch in der Solidarität des Alltags: Das wird darüber entscheiden, ob die Sache gutgeht.«

Kohl spricht auch im Bundesvorstand keine Gratulation aus. Er äußert sich kritisch zur Qualität der Parteiorganisation im Osten. Zur Qualität im Westen könne man auch eine Menge Anmerkungen machen. Immer wieder wird deutlich, dass er schon jetzt Ursachen etablieren will für die Möglichkeit, dass die CDU im Dezember schlechter abschneiden könnte als in der Landtagswahl.

19. Oktober 1990

Die letzten Tage waren angefüllt mit Gesprächen, Gesprächen, Gesprächen. Im Bellevue zogen wir von unserer kleinen Suite in eine große im vierten Stock um. Vier Räume einschließlich eines großen Sitzungsraums, der sich schnell mit Akten und Unterlagen füllt. Eine wachsende Flut von Briefen und Eingaben ergießt sich in die werdende »Staatskanzlei«.

Die Zahl der Glückwunschtelegramme und Glückwunschschreiben ist unübersehbar. Wir werden Wochen brauchen, um sie zu beantworten. Viele Menschen freuen sich mit uns, von denen ich es nicht erwartet hätte. Häufig ist von einem »bayerischen« Ergebnis die Rede. Andere freuen sich vor allem, dass es mir gelungen ist, mich in der Politik nun doch noch durchzusetzen, und dies mit einem solchen Erfolg.

Zwei Dinge sind es, die uns nun vor allem beschäftigen: die Vorbereitung der konstituierenden Sitzung des Landtages, das sogenannte Vorschaltgesetz, auf dessen Grundlage der Landtag erst tätig werden und einen Ministerpräsidenten wählen kann, und die Regierungsbildung.

Das Vorschaltgesetz wird vor allem von Vaatz und seinen Mitarbeitern vorbereitet. Die Vorgespräche zur Bildung der Regierung sind meine Sache. Endgültige Vereinbarungen möchte ich nicht treffen, ehe ich zum Ministerpräsidenten gewählt bin, obwohl an der Wahl angesichts der absoluten Mehrheit der CDU kein Zweifel besteht. Zahlreiche Vorgespräche habe ich schon geführt und mir dabei auch mehrere Absagen eingehandelt. Nicht nur Christa Thoben, auch Werner Tegtmeier und Birgit Breuel sagten mir ab. Staatssekretär Werner Tegtmeier, den ich als Arbeitsminister gewinnen wollte, musste ablehnen, weil seine Frau ihm »die rote Karte« gezeigt habe. Er wäre gerne gekommen. Birgit Breuel möchte die Aufgabe, die sie in der Treuhandanstalt übernommen hat, nicht wieder aufgeben. Bei ihrer Berufung in den Vorstand habe sie versprochen, nicht in ein politisches Amt überzuwechseln. So bemühe ich mich um Georg Milbradt als Finanzminister und Kajo Schommer als Wirtschaftsminister.

Bei der Bearbeitung der Kabinettsliste kommt mir der Gedanke, die Überwindung des Gegensatzes von Kapital und Arbeit auch durch die Bezeichnung des Ministeriums zu dokumentieren, das Schommer leiten soll. Ich nenne es »Staatsministerium für Wirtschaft und Arbeit«. Damit teile ich das klassische Arbeits-, Sozial- und Gesundheitsministerium und beschränke Letzteres auf Soziales, Gesundheit und Familie, wahrhaft ein umfangreiches Gebiet. Beide sagen mir zu, Georg Milbradt sicher auch unter dem Eindruck der Gemeinschaft, die sich in Sachsen bildet. Professor Hans Joachim Meyer, mit dem ich in Berlin im Juli zum ersten Mal zusammengetroffen war, hält seine Zusage aufrecht, mir als Kultusminister zur Verfügung zu stehen. Rudolf Krause bitte ich, das Innenministerium zu übernehmen. Steffen Heitmann ist bereit, Justizminister zu werden.

Donnerstag besuche ich Bischof Hempel in seiner Wohnung in Dresden. Ein angenehmes und inhaltsreiches Gespräch, bei dem wir am Rande auch Fragen der konfessionellen Zugehörigkeit der Regierungsmitglieder berühren. Nachdem feststeht, dass Iltgen Parlamentspräsident werden soll, zeichnet sich ein »katholisches Übergewicht« in den führenden Positionen ab. Der Bischof erwähnt es vorsichtig und gibt seiner Hoffnung Ausdruck, dass man für die Schule einen Protestanten gewinnen könne. Für mich bedeutet das den Verzicht auf ein gemeinsames Ministerium für Hochschulen und Schule, denn Meyer ist ebenfalls Katholik. So muss ich Meyer davon überzeugen, dass wir, entgegen unserer bisherigen Absprache, das Ressort teilen müssen. Allerdings spricht für diese Teilung auch die ungeheure Schwierigkeit der Aufgabe, die sowohl in der Universität wie in der Schule mit der Erneuerung beider Bereiche auf uns wartet. Später könnte man die beiden Ressorts immer noch zusammenführen.

Heute tagte das Präsidium und der Landesvorstand der CDU in Dresden. Im Präsidium erläutert Reichenbach die Notwendigkeit, die Partei zu regenerieren. Er bezieht seine eigenen Aktivitäten und die der Präsidiums- und der Vorstandsmitglieder mit ein. Die Kreisgeschäftsführer müssten geschult, die Organisation innerlich neu aufgebaut und die inhaltliche Arbeit der CDU belebt werden. Neben Herrn Schramm als Landessekretär will er einen Parteigeschäftsführer gewinnen. Auch von Radunski erwartet er Vorschläge.

Wir beginnen eine erste Diskussion über die Struktur der Parteikreise, insbesondere der Kreisverbände. Sollen die Landkreise oder die Bundestagswahlkreise Grundlage der Organisation sein? Ohne dass die Partei einer Gebietsreform vorgreifen will, muss sie diese Frage bald beantworten. 48 Kreisverbände in den Landkreisen und 6 Kreisverbände in den kreisfreien Städten sind zu viel. Eine so große Zahl von Einheiten erlaubt keine übersichtliche Organisation, abgesehen davon, dass wir das Personal auf Dauer nicht bezahlen können.

Über das Wahlergebnis sprechen wir kaum noch. Jeder im Saal weiß, wem die absolute Mehrheit zu verdanken ist. Deshalb akzeptieren Präsidium und Landesvorstand auch meine Feststellung, dass ich derzeit noch nicht über Personalfragen diskutieren könne. Ich habe nicht die Absicht, die Zusammensetzung der Regierung vorher mit der Partei abzusprechen.

24. Oktober 1990

Montag und Dienstag waren wir in Bonn. Am Nachmittag des 22. Oktober treffen sich die vier designierten CDU-Ministerpräsidenten aus den ostdeutschen Ländern mit dem Bundeskanzler im Kanzleramt. Ehe Kohl kommt, diskutieren wir mit Rudolf Seiters über die Bezahlung der Mitarbeiter im öffentlichen Dienst. Der Vorschlag, lediglich 35 Prozent der vergleichbaren B-Gehälter in Ostdeutschland zu zahlen, erscheint uns nicht akzeptabel. Zwei Alternativen stehen zur Diskussion: entweder 60 Prozent plus Zulagen für diejenigen, die aus Westdeutschland kommen, bis die Einkommen an die westdeutschen Einkommen angeglichen sind, oder die Bereitstellung von 40 Prozent des Personaletats eines vergleichbaren Bundeslandes im Westen und die Befugnis, mit diesen 40 Prozent weniger Mitarbeiter besser zu bezahlen. Eine Entscheidung wird nicht getroffen. Kohl macht sich jedoch unsere Sorgen wegen einer zu geringen Bezahlung der Mitarbeiter im Osten zu eigen und erteilt die Weisung, das Problem ernsthaft zu prüfen.

Nach den Berichten aus den verschiedenen Ländern sprechen

wir über die Medienpolitik und über die Treuhand. Kohl misst der Neuordnung der Medien im östlichen Teil Deutschlands höchste Priorität bei, und dies zu Recht. Wir haben die Chance, über die Umstrukturierung der Medien als Folge der deutschen Einheit insgesamt auf die Medienlandschaft einzuwirken.

Die Arbeit der Treuhand macht uns nach wie vor Sorge. Rohwedders Vorstellung, die Zuständigkeiten zu dezentralisieren, ist noch nicht umgesetzt. Noch immer bleibt das meiste in der Bürokratie der Treuhand hängen, in der nach wie vor viele der Mitarbeiter sitzen, die von Modrow eingesetzt wurden.

Am Dienstag besuchen mich zunächst Rau und Reichenbach mit Vorschlägen, wie man die Bauindustrie in Leipzig und Umgebung aktivieren kann. Um 13.00 Uhr kommt Hans-Jochen Vogel. Wir tauschen unsere Erfahrungen mit den Wahlkämpfen im Osten aus und unterhalten uns über die weiteren Maßnahmen, die notwendig sind, um die Erneuerung der Länder im Osten zügig voranzutreiben. Vogel spricht kaum von Lafontaine und erweckt den Eindruck einer nicht unbeachtlichen Distanzierung zum Kanzlerkandidaten der SPD. Zum Schluss bittet er mich, schonungsvoll mit der SPD in Sachsen umzugehen. Ich verspreche es ihm und begründe mein Versprechen mit meiner Absicht, die politische Kultur weiter zu pflegen, die in den letzten Monaten in Ostdeutschland entstanden ist.

Heute hat sich die neue CDU-Fraktion im »Blockhaus« nahe des Bellevue konstituiert. Herbert Goliasch soll zum Vorsitzenden gewählt werden. Die meisten Mitglieder der Fraktion haben noch keine parlamentarische Praxis. Viele sind durch die Erfahrungen mit dem Runden Tisch geprägt und begreifen erst langsam, dass sie nun nicht mehr mit allen anderen politischen Gruppierungen die Verantwortung teilen, sondern sie alleine tragen müssen. Der Übergang von der revolutionären Situation zur Normalität wird nicht leicht sein. Aber er wird schneller vollzogen werden, als viele glauben. Nach der Fraktionssitzung besuche ich die SPD-Fraktion. Man hat mich zu einem Gespräch über das Vorschaltgesetz gebeten. Die SPD möchte, dass das Gesetz im Landtag mit Zweidrittelmehrheit verabschiedet wird, da es sich um ein verfassungsähnliches Gesetz handle. Ich muss lange darüber diskutieren, dass die CDU nicht bereits zu Beginn der parlamentarischen Arbeit auf ihre Entscheidungskompetenz als Mehrheitspartei verzichten und die Entscheidung mit den Oppositionsparteien teilen könne. Einen vorkonstitutionellen Grundsatz, dass Gesetze von der Art des Vorschaltgesetzes nur mit Zweidrittelmehrheit verabschiedet werden könnten, gebe es nicht. Karl-Heinz Kunckel, der SPD-Fraktionsvorsitzende, teilt meine Auffassung, stößt allerdings in seiner eigenen Fraktion auf erhebliche Widerstände.

26. Oktober 1990

Sitzung der Fraktionsvorsitzenden, die abschließend über das Vorschaltgesetz beraten sollen. Alle fünf Fraktionen sind beteiligt. Die Vorsitzenden versuchen, einen Kompromiss zu finden, der es erlaubt, das Vorschaltgesetz mit großer Mehrheit zu verabschieden. Immer wieder wird der Versuch gemacht, die CDU auf eine Zweidrittelmehrheit festzulegen. Vorübergehend schien es, als wolle die eigene Fraktion diesen Weg mitgehen. Ich halte sie jedoch davon ab. Sie muss lernen, dass sie die Verantwortung notfalls auch alleine zu tragen hat.

Schließlich finden wir einen Kompromiss, der es der SPD erlaubt zuzustimmen. Wir legen fest, dass weitere Gesetze mit verfassungsähnlichem Charakter im Landtag mit Zweidrittelmehrheit verabschiedet werden und der Landtag bestimmen soll, ob es sich um solche Gesetze handelt. Tatsächlich hat damit die CDU-Fraktion die Entscheidung darüber zu treffen, ob sie sich durch eine Zweidrittellösung binden oder mit normaler Mehrheit entscheiden will. So ist die Formel eher ein Weg, der es der SPD ermöglicht, ohne Gesichtsverlust ihre bisherige Position zu räumen. Die FDP-Fraktion, die ich ebenfalls besucht habe, stimmt diesem Weg zu. Damit sind die inhaltlichen Hindernisse für die konstituierende Sitzung des Landtags ausgeräumt.

27. Oktober 1990

Heute konstituierte sich der Landtag des Freistaates Sachsen, verabschiedete eine vorläufige Geschäftsordnung und das Vorschaltgesetz und wählte den Ministerpräsidenten.

Der Tag begann mit einer Andacht in der Kreuzkirche. Die Kirche wurde im Zweiten Weltkrieg durch Bomben schwer beschädigt und nach dem Krieg provisorisch wieder aufgebaut. Im Inneren begnügte man sich mit einem grauen Putz. Man hat ihn bis heute beibehalten. Seine rauen Strukturen verleihen dem Kirchenraum eine Atmosphäre der Vorläufigkeit, die mich schon beim ersten Besuch beeindruckte. Auch in der Rundung des Altarraumes sind die Kriegseinwirkungen deutlich erkennbar.

Die Bischöfe beider Konfessionen gestalten die Andacht gemeinsam. Der evangelische Landesbischof spricht über Losung und Lehrtext des Tages. »Ertraget einander«, ist seine Aufforderung an uns alle. Wir spüren, wie wichtig es sein wird, einander zu ertragen und miteinander auszukommen, so wie man es in den zurückliegenden Monaten gelernt hat. Eine neue politische Kultur ist im Gefolge der friedlichen Revolution entstanden. Ich nehme mir vor, sie, so weit wie möglich, zu erhalten, auch wenn die Verantwortung uns eindeutig zugeordnet ist und nicht durch eine Fortsetzung des Runden Tisches wieder aufgelöst werden darf.

Eine Fotografin schickt uns später eine Aufnahme, die nur Ingrids und meine Hände zeigt, die einander halten. Sie hat unsere Gefühle damit besser eingefangen, als ich es beschreiben kann.

Als wir, zusammen mit meinem 90-jährigen Vater, die Kirche verlassen, werden wir von einer großen Menschenmenge erwartet, die uns herzlich begrüßt und sich unserem Gang durch die Altstadt, über die Augustusbrücke zur Dreikönigskirche, anschließt. Unterwegs halten wir an, um die Eingangshalle des alten Landtagsgebäudes zu besichtigen und vom Denkmalpfleger etwas über das Bauwerk und seine mögliche Restaurierung zu hören. Die Türen des Hauses haben sich heute zum ersten Mal seit dem 13. Februar 1945 wieder dem Volke geöffnet.

Das Wetter meint es gut mit uns. Ein wolkenloser Himmel, eine noch immer wärmende Herbstsonne, die uns die frische klare Luft angenehm erscheinen lässt, tragen das Ihre zu dem festlichen Tage bei. Auch vor dem Tagungsort des Landtages, der Dreikönigskirche, haben sich viele Menschen versammelt. Immer wieder will man unsere Hände drücken und uns danken für unsere Bereitschaft, nach Sachsen zu kommen und beim Neubeginn zu helfen. Viele Menschen wünschen uns Gottes Segen. Es geschieht auf eine natürliche und ungekünstelte Weise und bewegt uns gerade deshalb.

Die Dreikönigskirche ist in einen Kirchenraum und in einen

Versammlungsraum geteilt. Im Erdgeschoss hat man eine Sammlung alter Texte aus der jüngeren Vergangenheit des Landes, seines Landtages und seiner Regierung ausgestellt. Ich entdecke einen Text aus dem Jahre 1875, ein, heute würde man sagen ökologisches Gutachten zu den Auswirkungen der »fiskalischen Fabriken« in Chemnitz auf die landwirtschaftliche Produktion, insbesondere die Rinderzucht. Schon mehr als hundert Jahre währt der Konflikt zwischen Natur und Industrialisierung in Sachsen. Im Jahre 1900 promovierte mein Großvater Biedenkopf, der damals als Lehrer in Chemnitz tätig war, an der Gießener Universität mit einer Arbeit über die Auswirkungen der Industrialisierung auf die Landwirtschaft im Raume Chemnitz. Der ökologische Widerspruch folgte nicht dem sozialen, welcher die Geschichte des Landes so lange bestimmte und zum »roten Sachsen« nach dem Ersten Weltkrieg beitrug; er trat zugleich mit diesem auf, wenn sein ganzes Ausmaß auch erst in den letzten vierzig Jahren sichtbar werden sollte.

Der Alterspräsident, Dr. Heinz Böttrich, ein Mediziner, eröffnet sodann die Sitzung. Alles geschieht zum ersten Mal im Leben der Beteiligten, ist gewissermaßen jungfräulich. Aber sogleich entfalten sich auch die Normalitäten parlamentarischer Arbeit. Aus den letzten Monaten der Beratungen am Runden Tisch und in der Volkskammer hat man die Praxis der Geschäftsordnungsdebatten mitgebracht. Die Oppositionsgruppen, vor allem Bündnis 90, aber auch die SPD, machen reichlich davon Gebrauch. Immer wieder geht es um den Wunsch, alle wesentlichen Entscheidungen des neuen Parlaments mit Zweidrittelmehrheit zu verabschieden und damit der Gefahr, wie man es sieht, entgegenzusteuern, dass die CDU als Mehrheitsfraktion die anderen Gruppierungen überstimmen könnte.

Den neu gewählten Parlamentariern fällt es schwer, sich an Mehrheitsentscheidungen zu gewöhnen, auch in den Reihen der Mehrheit selbst. Bisher musste man sich um Konsens bemühen, denn für Mehrheiten am Runden Tisch gab es keine institutionellen Vorkehrungen. So beschwört man diese Praxis auch jetzt und lässt die Auffassung erkennen, dass Mehrheiten, die ohne Konsens entscheiden, im Grunde undemokratisch handeln und an die überwundene Vorherrschaft einer Partei erinnern.

Herr Goliasch, der neu gewählte Vorsitzende der CDU-Fraktion, hat Sorge, über die Geschäftsordnungsdebatten könnte das Pathos der ersten Stunde verlorengehen. Er fürchtet, der Landtag könne dadurch seine Autorität ebenso beschädigen, wie das bei der Volkskammer der Fall war. Diese hatte bei der Bevölkerung wegen der ständigen Debatten über Geschäftsordnungsfragen wesentlich an Ansehen verloren. Ich beruhige Goliasch und die anderen, die meinen, sich bei mir entschuldigen zu müssen. Tatsächlich hat die Auseinandersetzung durchaus Format. Fragen des Selbstverständnisses des neuen Parlaments und seiner Fraktionen sind immer bedeutsame Fragen.

Schließlich sind die Voraussetzungen für die Wahl des ersten Parlamentspräsidenten geschaffen. Erich Iltgen, bisher Leiter des Arbeitsstabes Landtag und Vorsitzender des sächsischen Runden Tisches, wird mit großer Mehrheit gewählt. Dr. Böttrich ist erleichtert, dass er sein Amt in erfahrenere Hände abgeben kann. Der Beamte aus Bonn, den uns die Bundestagsverwaltung zur Verfügung gestellt hat, hatte den Alterspräsidenten schlecht beraten und wesentlich zu dessen Nervosität beigetragen. In Bonn bewegt man sich eben auf dem breit ausgetretenen Pfad jahrzehntelanger Routine und nicht auf den steinigen Wegen eines parlamentarischen Anfangs. Entsprechend hilflos wirkte der Bonner »Experte«.

Die Verabschiedung des Vorschaltgesetzes nimmt längere Zeit in Anspruch. Wieder geht es um die Forderung, das Gesetz als Verfassungsgesetz mit Zweidrittelmehrheit zu verabschieden. Erst nach mehreren Beratungspausen und zahlreichen Einzeldiskussionen kann das Vorschaltgesetz mit großer Mehrheit beschlossen werden. De facto wird die Zweidrittelmehrheit noch weit überschritten, auch ohne Selbstbindung des Parlaments. Als Iltgen das Gesetz öffentlich verkündet, läuten draußen die Abendglocken. Hinter dem Präsidenten füllt das Wandgemälde »Versöhnung« die ganze Stirnseite des Sitzungssaales aus. Es zeigt im Mittelpunkt den leidenden Christus am Kreuze und Szenen aus dem Konflikt zwischen Staat und friedlichen Bürgern, aus dem Leben der Menschen und ihrer Zuwendung zum Nächsten, die um das Symbol der Erlösung gruppiert sind. Ein bewegender Anblick: Das erste frei gewählte Parlament, nach 45 Jahren Diktatur und Zwangsherrschaft des vormundschaftlichen Staates, unter dem Kreuz, in einem Land, in dem die Hälfte der Bevölkerung keiner christlichen Kirche mehr angehört.

Sodann wählt der Landtag den ersten Ministerpräsidenten. Zuvor hat er einer Entschließung zugestimmt, das neue Bundesland Freistaat Sachsen zu nennen. Die Wahl erbringt eine breite Mehrheit für den Ministerpräsidenten. 120 Abgeordnete stimmen für mich, 10 stimmen mit Nein und 23 enthalten sich der Stimme. Neben den 88 anwesenden Abgeordneten der CDU-Fraktion stimmen 32 Abgeordnete aus der Opposition mit Ja. Auch im Landtag verbindet man mit mir Erwartungen und Hoffnungen, die ich kaum werde einlösen können. Obwohl ich wusste, dass ich gewählt werden würde, war ich sehr aufgeregt. Man spürte es wohl auch in meinen Dankesworten.

Mein Vater ist sehr glücklich, dass er all dies noch erleben darf. Als wir den Saal nach der Vereidigung verlassen – ich hatte vor Aufregung die ganze Eidesformel nachgesprochen und nicht nur den Schlusssatz, den ich dann zur unterdrückten Heiterkeit des Hohen Hauses noch einmal nachsprechen muss –, gibt auch Paps den zahlreichen Reportern Interviews.

Wir fahren zum Empfang, den Iltgen im Rathaus gibt, und anschließend zu einem Essen im Kreis der Familie im Bellevue. Paps, der erst jetzt Zeichen der Ermüdung zeigt, schenkt mir sein einziges Exemplar der Dissertation seines Vaters aus dem Jahre 1900 zu Fragen der Landwirtschaft im Industrieraum Chemnitz. Immer wieder schließt sich der Kreis.

29. Oktober 1990

Am Sonntag reisen wir nach München und zum Bocksberg. Max lässt uns von seinem Fahrer mit dem alten Mercedes 600 abholen. Auf dem Bocksberg treffen wir mit Masurs und Kreiles zusammen. Wie immer ein kulturelles, geistiges und menschliches Vergnügen. Auch Pläne werden geschmiedet. Silvester 1991/92 erst mit der Neunten in Leipzig, dann bei uns in Dresden und am 1. Januar nach Ägypten, am 6. und 7. in Israel, wo Masur den »Elias« dirigieren wird. Wir versprechen uns, alle dabei zu sein.

Montagmorgen treffe ich dann mit dem baden-württembergischen Innenminister Schlee im Hotel Vier Jahreszeiten in München zusammen, um mit ihm über Personalien und Vorschläge zu sprechen, die er im Blick auf die jetzt anstehende Kabinettsbildung machen kann.

Mittags Essen mit Streibl. Ich möchte, noch ehe ich nach Bonn komme, den Ministerpräsidenten der beiden Partnerländer meine Aufwartung machen. Wir treffen uns im Bogenhauser Hof. Alles ist noch sehr unwirklich, am meisten die neue Anrede. Ich habe den Eindruck, viele freuen sich über den Erfolg in Sachsen und zelebrieren die Anrede regelrecht. Streibl wirkt müde auf mich. Er ist mitten in seiner Kabinettsumbildung, nachdem er seine Landtagswahlen am 14. Oktober glänzend bestanden hat. Von einer weiteren Unterstützung der DSU in Sachsen hält er nichts. Schon den CSU-Einsatz vor der Landtagswahl habe er nicht für sinnvoll gehalten. Der bayerische Freistaat wolle gerne helfen. Aber man dränge sich nicht auf. Wir sollten in allen Fragen eng zusammenarbeiten, vor allem auch, wenn es um die Rolle der Länder im Bund gehe. Der Eintritt der neuen Bundesländer biete die Chance einer Erneuerung der föderativen Strukturen in Deutschland.

Anschließend geht es mit dem Hubschrauber nach Stuttgart zum Treffen mit Lothar Späth und seinem Kabinett. Ich werde freundlich begrüßt und halte eine kleine Ansprache, mit der ich mich für die Hilfe Baden-Württembergs in Sachsen bedanke. Im anschließenden Pressegespräch geht es vor allem um die neu belebte Diskussion über Steuererhöhungen zur Finanzierung der deutschen Einheit. Trotz zurückhaltender Äußerungen wird deutlich, dass wir beide Steuererhöhungen für unverzichtbar halten. Konkret erwähnen wir die Mineralölsteuer. Abends geht es dann weiter mit dem Hubschrauber in die Bundeshauptstadt. Immer wieder bin ich beeindruckt von der Fülle der Lichter, der Aufgeräumtheit der Landschaft und den Wundern der Technik, die uns einen solchen Flug erlauben.

30. Oktober 1990

Der Tag beginnt mit einem Telefoninterview zu den Kosten der Einheit und Fragen der Steuererhöhungen. Waigel hat sich aggressiv zu Wochenendmeldungen geäußert, die über Späths und meine Anmerkungen zur Mineralölsteuererhöhung berichteten. Wir gefährdeten das Erscheinungsbild der Union und so weiter. Bonn leistet sich wieder eine Nonsensdiskussion, statt sich mit den eigentlichen Finanzierungsproblemen der deutschen Einheit zu befassen.

Um 9.00 Uhr kommt Heinz-Werner Meyer ins Bundestagsbüro zu Besuch. Wir freuen uns beide über unsere jeweilige jüngere Entwicklung. Er wird den Bundestag verlassen, weil er Bundesvorsitzender des DGB geworden ist, ich, weil ich Ministerpräsident in Sachsen geworden bin. Zwei Probleme liegen ihm am Herzen. Zum einen sitzen zwar alte Kombinatsleiter im Verwaltungsrat der Treuhandanstalt in Berlin, aber keine Arbeitnehmervertreter. Wir sind beide der Meinung, dass sich dies ändern muss. Zum Zweiten will er sich Gedanken über eine Besetzung des Arbeitsministeriums in Dresden machen. Als Maßstab nenne ich seine eigenen Qualifikationen.

Um 11.30 Uhr Gespräch beim Kanzler. Die Treuhandanstalt ist geladen, vertreten durch Rohwedder und Odewald. Odewald spricht vorher mit mir. Man habe, so Odewald, in der Treuhand ein Verfahren vorgesehen, das Interessenkonflikte bei Abstimmungen vermeiden solle. Allerdings wolle man es nun doch noch förmlich im Verwaltungsrat beschließen. Außerdem stünde mir doch nun im Verwaltungsrat ein Sitz zu. So könne ich auch selbst eine gewisse Kontrolle ausüben.

Wenn mir der förmliche Beschluss vorliege, wolle ich gerne prüfen, ob meine Bedenken ausgeräumt seien, verspreche ich ihm. Dann könnte ich mich auch entsprechend äußern. Es sei ihm, so Odewald, eine große Hilfe, wenn ich mich dazu entschließen könnte. Die ständige Anrede Ministerpräsident verwirrt mich noch. Es kommt mir vor, als sei ein anderer gemeint.

Im Kanzlergespräch wird vereinbart, die Außenstellenleiter der Treuhand mit den Ministerpräsidenten zusammenzubringen. Ich plane eine Art Treuhandkabinett, in dem alle für Sachsen bedeutsamen Entscheidungen behandelt werden. Auf meinen Hinweis, dass Regional- und Wettbewerbspolitik jetzt in die politische Zuständigkeit der Länder gehöre, versichert Rohwedder, man wolle sich streng auf die Privatisierung beschränken.

Gesprochen wird auch über die Einrichtung eines Ombudsmannes bei den Außenstellen der Treuhandanstalt. An den Ombudsmann soll man sich wenden können, wenn es um die Bekämpfung alter Seilschaften geht. Man verspricht sich von der neuen Einrichtung eine bessere Berücksichtigung dieses für die Menschen im Osten Deutschlands so wichtigen Problems.

31. Oktober 1990

Am Morgen fahren wir nach Berlin. Dort werde ich um 16.00 Uhr zu einem Vortrag im Rahmen eines *FAZ*-Empfanges erwartet. Pöhl soll ebenfalls sprechen. Erkältet und deshalb schlecht disponiert, bewegt sich Pöhl eher im Konventionellen. Wichtig an seinem Beitrag ist die Entschlossenheit der Bundesbank, eine Kreditfinanzierung der deutschen Einheit nicht zuzulassen. Auch wenn er Steuererhöhungen nicht fordert, schließt er doch alle Alternativen zur Finanzierung der deutschen Einheit praktisch aus, so dass nur Steuererhöhungen übrig bleiben.

Mein Beitrag dreht sich, wie in den letzten Wochen stets, vor allem um die politische und menschliche Dimension der deutschen Einheit. Auch Steuererhöhungen spielen eine Rolle. Dabei verweise ich auch auf die wirtschaftspolitische Notwendigkeit, die Zinsen nicht durch weitere übermäßige Staatsverschuldung zu erhöhen und dem Verfassungsgebot gerecht zu werden, in ganz Deutschland gleiche Lebensverhältnisse zu gewährleisten.

Leider ist der Vortrag entgegen der Zusicherung Facks, der die Veranstaltung organisiert hat, doch nicht aufgezeichnet worden. Als wir mit Fack über die Möglichkeit sprechen, Teile in der *FAZ* zu veröffentlichen, tritt Reissmüller hinzu. Er verhält sich ablehnend, fast feindlich, und das Projekt ist sichtbar zu den Akten gelegt. Für Reissmüller muss meine Wahl in Sachsen schwer zu verkraften sein. Vor allem er hat in den letzten Jahren für die ablehnende Haltung der *FAZ* gesorgt und meine Politik bekämpft.

An die Veranstaltung schließt sich ein Interview mit der *FAZ* an, das in der Sonntagsausgabe erscheinen soll. Auch dabei geht es vor allem um Steuerfragen. Hugo Müller-Vogg, den ich aus den USA kenne, stellt die Fragen. Ein angenehmes Gespräch, das die Hoffnung in mir keimen lässt, eines Tages vielleicht doch wieder zu einem vernünftigen Verhältnis mit der Zeitung zu gelangen, die mir jahrzehntelang nahestand und in der ich seit den 50er Jahren immer wieder selbst geschrieben habe.

Abends sind wir wieder in Dresden. Die Arbeit an der Kabinettsbildung beginnt. Bis zum 6. November müssen alle Entscheidungen getroffen sein.

6. November 1990

Sechs ziemlich aufregende Tage liegen hinter mir. Seit wenigen Tagen wohnen wir in der Schevenstraße, einem ehemaligen Gästehaus der Stasi, dann, nach der Wende, des Hotels Bellevue. Das Hotel hat das Haus inzwischen für uns geräumt. Wir richten die provisorische Staatskanzlei ein. Das Beratungszimmer im Erdgeschoss wird Arbeitszimmer, ausgestattet mit meinem Schreibtisch und dem Beratungstisch aus der Generalsekretärszeit in Bonn. Der kleine Vorraum nimmt das Sekretariat auf. Der Clubraum wird zum Schreibbüro. Der Essraum dient fortan als Großraumbüro. Schon türmen sich Tausende von Briefen, die seit Tagen wie eine Flutwelle auf uns hereingestürzt sind. Man hat die Menschen erzogen, sich mit Petitionen an die Herrschenden zu wenden. Es war der einzige Weg, überhaupt eine Überprüfung staatlichen Handelns zu bewirken. Nun wendet man sich an den neuen Ministerpräsidenten. Aber die Erwartung, dass geholfen wird, wird nicht mehr unterwürfig, sondern selbstbewusst vorgetragen. Ausgeschlossen, mit der Flut fertigzuwerden. Noch fehlt jeglicher Apparat. Die wenigen Mitarbeiter können die Fülle nicht meistern. Aber sie lassen sich nicht entmutigen.

Im Mittelpunkt der letzten Tage stand die Suche nach Ministern und das Interesse der Presse an dem neuen Landeschef und seiner Politik. Schon am Donnerstag spreche ich mit Georg Milbradt, den ich als Finanzminister gewinnen will. Georg ist grundsätzlich bereit, wenn die finanziellen und statusrechtlichen Fragen befriedigend gelöst werden können. Damit habe ich neben Professor Meyer für Wissenschaft und Rudolf Krause für Inneres auch einen Finanzminister.

Nachmittags spreche ich mit Dr. Hansen aus Konstanz. Er kommt weniger in Frage. Danach mit Herrn Nowak, den ich für den Schulbereich gewinnen will, und mit Herrn Hirschle. Er soll Staatssekretär im Innenministerium werden. Ich habe mich entschlossen, die Minister so weit als möglich aus dem Land zu berufen und dafür die Ebene der Staatssekretäre aus dem Westen zu besetzen. Am späteren Abend rufe ich Heinz-Werner Meyer an. Er wollte mir Vorschläge für die Berufung des Arbeitsministers machen. Auch Späth habe ich darum gebeten. Beide nennen zwar Namen. Aber die Vorschläge sind nicht überzeugend.

Am 2. November gewinne ich mit Heitmann und Schommer zwei weitere Minister. Heitmann hatte ich seit dem Tag auf meiner Liste, an dem er mir über die Verfassungsberatungen berichtete. Schommer war mir neben anderen auch von Schulte-Hillen empfohlen worden. Mit seiner Berufung verwirkliche ich zugleich meine alte Idee, Wirtschaft und Arbeit in einem Haus zusammenzufassen. Damit will ich die endgültige Überwindung des Konflikts zwischen Kapital und Arbeit auch nach außen sichtbar machen.

Nachmittags erhalte ich vom baden-württembergischen Innenminister Schlee weitere Anregungen. Die Erwartung der Baden-Württemberger, mit eigenen Leuten im Kabinett vertreten zu sein, kann ich zwar nicht erfüllen. Aber auf der Ebene der Staatssekretäre wird Baden-Württemberg ein erhebliches Gewicht haben. Im Übrigen ändern sich die Loyalitäten schnell, wenn man einmal hier ist. Die Aufgabe, den Menschen hier zu dienen, überlagert und verdrängt schließlich die alten Bindungen. Die »Wessis« werden die besten Anwälte der »Ossis«, jedenfalls in meinem Bereich.

Zwischendurch beehren mich die Herzogin und der Herzog von Sachsen und anschließend auch seine Königliche Hoheit, der Bruder, der Thronfolger gewesen wäre und Chef des ehemaligen Herrscherhauses ist. Die königliche Familie spielt immer noch eine wesentliche Rolle in Sachsen, vor allem bei den Älteren.

Am 3. November habe ich mein Kabinett, das ich am 6. vorstellen muss, noch immer nicht zusammen. Aber einige Vorschläge werden gemacht, die mir gut erscheinen. Am Samstag spreche ich mit Hans Geisler. Er ist Mitglied des Bundestages und kandidiert wieder, ist also durch den Wahlkreis gebunden. Dennoch versuche ich, ihn von der weit größeren Wirkungsmöglichkeit zu überzeugen, die das Ministeramt für Soziales, Gesundheit und Familie bereithält. Geisler kommt vom Demokratischen Aufbruch und gehört zu den profiliertesten Persönlichkeiten, die mir bisher in Sachsen begegnet sind. Ein gläubiger Christ, der Verantwortung tragen, gleichzeitig aber auch seine Ideale erhalten möchte. Wir trennen uns mit seiner Zusage, es sich zu überlegen.

Abends »Fledermaus«-Premiere in der Staatsoperette. Eine hübsche Inszenierung und ein Vergnügen, auch wenn mir die Kabinettsbildung ständig im Kopf herumgeht.

Sonntags habe ich dann drei Anwärter bestellt: Frau Stefanie

Rehm für Kultus, Dr. Karl Weise für Umwelt und Helmut Müller für Landwirtschaft. In Frau Rehm begegne ich einer engagierten Lehrerin aus dem Vogtland, Mitglied des Bundestages, aber ohne Aussichten, in das gesamtdeutsche Parlament zurückzukehren. Ihr Mann hatte sie nach Dresden gefahren. Sie hatte keine Ahnung, was ich von ihr wollte. Nach einer knappen Stunde, in der sie mir von ihrer Arbeit und ihren Ideen berichtet hatte, wusste ich, dass ich sie nehmen würde. Sie würde Farbe in das Amt und in das Kabinett bringen, in der Kultusministerkonferenz für Bewegung sorgen und, unterstützt durch Nowak, auch mit dem Ministerium fertigwerden. Sie nahm die Anfrage mit großer Überraschung und Staunen auf, gewöhnte sich aber schnell an den Gedanken. Kaum hatte sie sich wieder gefasst, begann sie zu entwickeln, was sie tun wolle und welches ihre politischen Vorstellungen sein könnten. Ich war zufrieden.

Karl Weise ist älter als ich. Er ist Tierarzt von Beruf. Der sowjetische Kommandant hatte es ihm, wider alles Erwarten, gestattet, in Gießen zu studieren. Nach dem Studium kehrte er in seine Heimatstadt im Kreis Borna bei Leipzig zurück, in das Gebiet in Sachsen, das stärker als jedes andere durch Umweltschäden belastet ist. Bereits Anfang der siebziger Jahre begann Weise sich mit den Zusammenhängen zwischen Umweltverschmutzungen und Krankheiten an Tieren und Pflanzen zu befassen. Er reiste durchs Land und hielt im kirchlichen Raum Vorträge, die er öffentlich nicht halten durfte. Er beteiligte sich an Umweltaktivitäten, auch in seinem Landkreis, und verschaffte sich so zunehmend einen Namen. Sicher kein Administrator, sondern eher ein Prediger. Seine Leidenschaft für die Sache, mit einer fast rührenden Ernsthaftigkeit vorgetragen, bewegt mich. Mit Herrn Angst aus Baden-Württemberg als Staatssekretär – Schlee hatte mir zugesagt, ihn freizugeben – ist Weises Berufung wohl zu verantworten. Nach einigen Jahren wird er einem Jüngeren Platz machen können.

Schließlich Helmut Müller. Mein Wunschkandidat Gottfried Haschke, ein Bauer aus der Oberlausitz und ebenfalls MdB-Wahlkreiskandidat, hatte mir abgesagt und Müller empfohlen. Er selbst, Haschke, habe in Bonn Aussichten auf ein hohes Staatsamt, wohl Parlamentarischer Staatssekretär, und wolle dort für Sachsen wirken, wie er mir versicherte. Müller gab mir gleich, nachdem er sich niedergelassen hatte, Rätsel auf. Aber ich brauchte einen Landwirtschaftsminister. Da sein Sachvortrag kenntnisreich war, wenn auch von ständigen Bezeugungen persönlicher Geeignetheit unterbrochen, bat ich ihn schließlich, als Minister für Landwirtschaft zur Verfügung zu stehen. Haschkes Empfehlung, die er tags zuvor noch einmal telefonisch begründet hatte, gab den Ausschlag.

Gestern Morgen gab mir Hans Geisler eine positive Antwort. Eigentlich sei er entschlossen gewesen abzusagen. Sein Wahlkreis brauche ihn, und er könne so kurz vor der Bundestagswahl nicht mehr aussteigen. Unser Telefongespräch, das wir am Abend zuvor noch geführt hatten, habe dann doch den Ausschlag gegeben. Die Pflicht gegenüber dem neuen Land Sachsen sei größer als gegenüber dem Wahlkreis. Deshalb stehe er zur Verfügung.

Damit habe ich mein Kabinett komplett. Arnold Vaatz will ich als Minister in der Staatskanzlei berufen. Als beamteter Staatssekretär hätte er sein Landtagsmandat aufgeben müssen. Das hätte ein Loch in die Reformgruppe im Landtag gerissen, das durch niemanden anderen hätte geschlossen werden können. Als Parlamentarischer Staatssekretär wiederum hätte er in der Staatskanzlei keine Weisungsbefugnis gehabt. Also blieb nur das Ministeramt.

Nachmittags machte Dr. Günter Kröber, der FDP-Fraktionsvorsitzende, mir in meinem Leipziger Hochschulbüro einen Besuch. Er brachte eine Liste von FDP-Leuten mit, die er gerne in der Regierung beschäftigt wissen wollte. Beworben hatte sich von den Genannten noch niemand. Adressen und Qualifikationshinweise fehlten. Lediglich die erwünschten Positionen waren angegeben. Dennoch nahm ich das Papier entgegen. Ich bin an einem guten Verhältnis zur FDP interessiert, auch wenn wir auf die Stimmen im Landtag nicht angewiesen sind. Eine breitere Mehrheit kann angesichts der enormen Probleme, die auf uns zukommen werden, nicht schaden.

Für den Abend hatte Schwarz-Schilling zur Übergabe einer Briefmarke zur deutschen Einheit ins Rathaus nach Leipzig eingeladen. Als wir um 19.30 Uhr ankommen, ist niemand zu sehen. Offenbar hatte man uns zu früh bestellt. Unsere noch immer ungelösten Probleme mit Westtelefonanschlüssen und meine Nervosität wegen der langen Zeit, in der wir nutzlos herumstehen, müssen in Ingrid enorme Energien freigesetzt haben. Jedenfalls stürzt sie sich, als sie seiner ansichtig wurde, auf Schwarz-Schilling und überhäuft ihn mit Vorwürfen wegen seiner mehrfachen, aber noch immer nicht eingelösten Versprechen, Telefonanschlüsse zu besorgen. Er verlor beinahe die Fassung.

Offenbar jedoch war die Attacke notwendig. Denn sie löste eine sofortige Reaktion aus: Heute Morgen um 7.00 Uhr stehen bereits Abgesandte der Postdirektion Telekom in der Schevenstraße vor der Tür, um uns einen Westanschluss einzurichten. Die Post hat in der ganzen Zeit keine rühmliche Rolle gespielt. Über Höchsttechnologie zu verfügen ist eine Sache; über die Organisationen, die sie schnell einsetzen können, offenbar eine andere. Die Post jedenfalls gehört nicht zur schnellen Truppe.

Heute Morgen erreicht mich die Nachricht, Müller habe sich am Abend zuvor Vaatz offenbart. Zurückgekehrt von dem Gespräch mit mir, habe ihn sein Vorgesetzter gefragt, ob er denn seine Personalakte auf seine Geeignetheit überprüft habe, im Freistaat Sachsen Minister zu werden. Schließlich könne er doch nicht ausschließen, dass es Eintragungen gebe, die ihn im Zwielicht erscheinen lassen müssten. Damit war ich meinen Landwirtschaftsminister los. Risiken dieser Art konnte ich nicht eingehen. Mein Gefühl, das mich bei der Vorstellung hatte zögern lassen, war offenbar berechtigt. Wahrscheinlich waren Müller selbst Zweifel gekommen, die er so zu erklären versuchte.

Als Alternative zu Müller war mir der Landrat von Borna, Rolf Jähnichen, empfohlen worden. Also bitte ich Jähnichen in das Haus in der Devrientstraße in Dresden, in dem um 13.00 Uhr die Fraktion tagen und um 15.00 Uhr die Pressekonferenz stattfinden wird, auf der ich mein Kabinett vorstellen will. Wir treffen uns im Zimmer der Fraktion gegen 12.00 Uhr. Jähnichen hat keine Ahnung, worum es geht. Als ich ihn bitte, mir als Minister zur Verfügung zu stehen, behält er gleichwohl die Fassung. Binnen 15 Minuten entscheidet er sich und sagt zu. Wir gehen gemeinsam in die Fraktion. Im Fraktionsvorstand hatte ich über die Neubesetzung noch nicht berichten können; aber man hat Verständnis für das Problem. Dass jemand von seiner Vergangenheit eingeholt würde, ist den Beteiligten nicht fremd.

In der Fraktion stellen sich die Ministerin und die Minister dann vor. Jähnichen, dessen Familie noch immer nichts von der neuen

Aufgabe weiß, macht seine Sache großartig. Zwar habe er, so Jähnichen, vor einer Stunde noch nichts von seiner neuen Aufgabe gewusst. Aber er könne gleichwohl einiges zu dem sagen, was in seinem Bereich getan werden müsse. Ich war erleichtert, die Fraktion angetan, dass nur zwei von zehn Ministern aus dem Westen kommen und unter den übrigen nur einer nicht aus Sachsen. Konfessionell gibt es im Kabinett eine Parität. Als man mich in der Pressekonferenz danach fragt, verweise ich auf die Bereitschaft Augusts des Starken, zum katholischen Glauben zu wechseln, um die polnische Krone zu erlangen. Zwar gibt es Irritationen, wie ich später höre. Aber sie werden politisch keine Bedeutung haben.

Der Abend ist der Arbeit an der Regierungserklärung gewidmet. Das »Kabinett«, die Leiter der Arbeitsstäbe, die die Ministerien vorbereiteten, hat mir die üblichen Zusammenstellungen im Stil eines Versandhauskatalogs vorgelegt. Sie geben mir einen Überblick über die Fülle der Einzelprobleme, aber keine Struktur und keinen roten Faden. Am Wochenende hatten wir bereits um unseren »Runden Tisch« in der Schevenstraße gesessen, Gedanken zur Regierungserklärung diskutiert und auf Band festgehalten. Sie liegen mir jetzt schriftlich vor, sind aber im Grunde auch nicht zu gebrauchen.

Ich entschließe mich zu einer weniger durch Einzelheiten als durch generelle Ideen bestimmten Erklärung. Mit Meinhard hatte ich länger über ihre Struktur gesprochen, als er mich zu unserer Jahreswanderung besuchte. Sie führte uns von Wehlen aus an der Elbe entlang nach Rathen, dann über die Höhe zum Lilienstein und, nachdem wir ihn bestiegen hatten, am Fluss zurück nach Stadt Wehlen (rund 23 Kilometer). Es war ein herrlicher Tag, das Wochenende nach meiner Wahl, ein Herbsttag, der sich mit einem zarten Abendrot von uns verabschiedete und mit Äpfeln, die wir auf dem Rückweg vom Boden auflasen und mit Genuss verzehrten. Wir sprachen über die Bedeutung von Eliten, den Paradigmenwechsel und die Erfolge, die der Kommunismus in der DDR tatsächlich erzielt hat. Wenn auch wenig von dem, was wir diskutiert und entwickelt hatten, für eine Regierungserklärung taugte, so gab mir das Gedankengebäude doch Orientierung und damit Sicherheit für den Weg durch das Labyrinth der praktischen Probleme, die mich erwarten würden.

8. November 1990

Gegen 7.00 Uhr verlassen wir am Mittwoch mit dem Hubschrauber Dresden, um nach Würzburg zu fliegen. Dort tagt der 16. ordentliche Gewerkschaftstag der IG Textil. Lange vor meiner Wahl in Sachsen habe ich dem Vorsitzenden Berthold Keller versprochen, auf dem Kongress zu sprechen. Geladen war der Gastprofessor in Leipzig. Es kommt der Ministerpräsident von Sachsen. Der Empfang ist herzlich. Beifall findet bei den Delegierten auch die Zusammenfassung von Wirtschaft und Arbeit in einem Ressort. Die Art, wie die Gedanken aufgenommen werden, die ich auch in meiner Regierungserklärung vortragen will, ermutigt mich. Nach einem wundervollen Hubschrauberflug über die Stadt Würzburg, das schöne deutsche Land und die südlichen Teile Sachsens sind wir gegen Mittag wieder in Dresden.

Der Rest des Tages ist der Arbeit an der Regierungserklärung gewidmet. Sie muss schriftlich vorliegen, also geschrieben werden. Nachts um 2.00 Uhr bin ich fertig. Morgens gegen 6.00 Uhr schreibt Frau Broy den Rest des Textes. Um 9.00 Uhr wird er vervielfältigt und dem Landtag zugestellt.

Dort treffen wir uns gegen 8.30 Uhr zur Übergabe der Urkunden an die Kabinettsmitglieder. Fernsehen und Fotografen drängen sich, die üblichen Aufnahmen zu machen. Um 9.00 Uhr beginnt die Landtagssitzung. Ich stelle mein Kabinett vor. Anschließend vereidigt der Präsident die Minister. Es folgt meine Regierungserklärung. Wir sind bereit für die neue Aufgabe.

Personenregister

Sachregister